Emile Zola

Die Dreyfus-Affäre

EMILE ZOLA

DIE DREYFUS-AFFÄRE

Artikel – Interviews – Briefe

Herausgegeben und kommentiert von
Alain Pagès
Übersetzt und ergänzt von
Karl Zieger

HAYMON

Umschlaggestaltung: *Benno Peter* nach einer Idee
und unter Verwendung eines Bildes von *Martin Hautz*

Das Photoporträt von Zola (Seite 6) sowie die von Zola gemachten Aufnahmen seiner Frau und seiner Kinder mit deren Mutter Jeanne Rozerot (Seiten 200 und 201) stellte das © *Musée Emile Zola, Médan/France,* zur Verfügung, die diversen Zeitungsseiten bzw. Karikaturen die *Österreichische Nationalbibliothek.*

Das Bundesministerium für Wissenschaft, Forschung und Verkehr hat die Drucklegung dieses Werks unterstützt.

Die Deutsche Bibliothek - CIP-Einheitsaufnahme

Zola, Emile:

Emile Zola - die Dreyfus-Affäre : Artikel, Interviews, Briefe / Alain Pagès/Karl Zieger. - Innsbruck : Haymon, 1998
ISBN 3-85218-265-4

Übersetzung sämtlicher Texte von Karl Zieger.

Französische Originalausgabe:

Emile Zola: L'Affaire Dreyfus. Lettres et entretiens inédits.
Textes réunis et présentés par Alain Pagès

Lithos: Gramont, Innsbruck
Druck und Bindung: Wiener Verlag, Himberg

INHALT

Emile Zola im März 1898, aufgenommen vom berühmten Photographen Paul Nadar

Vorwort
Zola und die Dreyfus-Affäre in den deutschsprachigen Zeitungen
Von Karl Zieger

Neben einigen Romanen des *Rougon-Macquart*-Zyklus – insbesondere *Germinal*, *Nana* und *L'Assommoir* – hat vor allem ein „politischer“ Text dem französischen Schriftsteller Emile Zola (1840–1902) Weltruf verschafft: „J'accuse“, der am 13. Januar 1898 erschienene Offene Brief an Félix Faure, den Präsidenten der Republik. Zola klagt darin die französische Armeeführung, die Richter der Kriegsgerichte und Regierungsmitglieder an, wissentlich einen Unschuldigen – Hauptmann Alfred Dreyfus – verurteilt zu haben und den Qualen der Einzelhaft auf der Teufelsinsel auszusetzen, nur um den wahren Schuldigen – Major Ferdinand Walsin-Esterhazy – zu decken. Er stellt damit die moralische Integrität hoher Offiziere öffentlich in Frage. Durch seine Handlung erhält die seit mehr als drei Jahren schwelende Affäre eine neue Dimension. Sie entwickelt sich zu einer politischen und moralischen Krise ungeahnten Ausmaßes und erregt weit über die Grenzen Frankreichs hinaus Aufmerksamkeit. Als frühes Beispiel für die Bedrohung der Demokratie durch nationalistische und rassistische Leidenschaften hat sie Modellcharakter bekommen.

Der Ursprung der Affäre[1] ist – spätestens – mit dem Spätsommer 1894 zu datieren. Zu diesem Zeitpunkt fängt der Geheimdienst der französischen Armee – er nennt sich „Sektion für Statistik“ – in der deutschen Botschaft einen Brief ab, der dem deutschen Militärattaché Maximilian von Schwartzkoppen die Lieferung vertraulicher, die Landesverteidigung betreffender Dokumente ankündigt. Diese fortan als „Bordereau“ bezeichnete Auflistung wird nach einem zweifelhaften Untersuchungsverfahren dem Artilleriehauptmann Alfred Dreyfus zugeschrieben. Er wird am 15. Oktober 1894 verhaftet und am 22. Dezember zur Höchststrafe für Hochverrat – Degradierung und Deportation auf Lebenszeit – verurteilt. Die Eile der mit der Untersuchung betrauten Generalstabsoffiziere hat einen Grund: Kriegsminister General Mercier steht unter dem Druck der nationalistischen Presse und fordert die rasche Entdeckung und Verurteilung des Schuldigen. Und der Generalstab liefert einen in Zeiten des Revanchismus und des zunehmenden Antisemitismus „idealen“ Verräter: den aus dem Elsaß stammenden Juden Alfred Dreyfus, der im Generalstab gerade auf Schulung ist. Seine Verurteilung – unter Verwendung einer „Geheimakte“, die einen Brief mit der Erwähnung „ce canaille de D.“ enthält – ist ein abgekartetes Spiel.

Eineinhalb Jahre nach dieser Verurteilung entdeckt Oberstleutnant Picquart, der neue Leiter des Geheimdienstes, daß der eigentliche Verfasser des Bordereau

Major Walsin-Esterhazy ist. Picquart wird daraufhin nach Nordafrika versetzt, und es dauert weitere eineinhalb Jahre, ehe Esterhazy Anfang Januar 1898 vor ein Kriegsgericht gestellt wird. Der Prozeß endet mit einem Freispruch. Das gibt Emile Zola, der sich nach Gesprächen mit dem Dichter Bernard-Lazare und dem Vizepräsidenten des Senats, Auguste Scheurer-Kestner, schon seit einigen Wochen mit dem Fall Dreyfus beschäftigt, den letzten Anstoß, den berühmt gewordenen Offenen Brief an den Präsidenten der Republik zu richten. Von da an steht die Wiederaufnahme des Prozesses gegen Dreyfus im Mittelpunkt der Debatten, der „Fall Dreyfus" wird zur „Affäre Zola", deren Verlauf die hier veröffentlichten Aufsätze, Briefe und Interviews illustrieren. Das Schicksal des Artilleriehauptmanns tritt dabei zeitweise gegenüber prinzipiellen Fragen, wie zum Beispiel die nach der Vereinbarkeit von Gerechtigkeitsliebe und Vaterlandsglaube (oder auch: Staatsraison), in den Hintergrund.

*

Die Bedeutung der „Affäre" liegt unter anderem in der Rolle, die die Presse in ihr gespielt hat. Auch in dieser Hinsicht hat sie eine internationale Dimension erreicht. Im Herbst 1894 berichten die Zeitungen der deutschsprachigen Länder – wie praktisch die gesamte internationale Presse – über die Verhaftung und später, Anfang 1895, über die Degradierung und Deportation von Alfred Dreyfus. Der Fall wird, dem damaligen Wissensstand entsprechend, als ganz normaler Spionagefall behandelt, an der Schuld des Hauptmanns scheint kaum ein Zweifel zu bestehen. Die Intensität des Hasses, der Dreyfus bei der Degradierung entgegenschlägt, und die Haltung des Verurteilten lassen bei manchen allerdings erste Zweifel über seine tatsächliche Schuld aufkommen. Einer davon ist Theodor Herzl, der spätere Begründer des Zionismus, der zu diesem Zeitpunkt Korrespondent der *Neuen Freien Presse*, der international angesehensten Zeitung der Habsburgermonarchie, in Paris ist und sowohl über den Dreyfus-Prozeß als auch über die Degradierung des Verurteilten am 5. Januar 1895 im Hof der „Ecole Militaire" ausführlich berichtet:

Um neun Uhr war der Riesenhof mit Truppenabteilungen, die ein Karree bildeten, gefüllt. Fünftausend Mann waren ausgerückt. In der Mitte hielt ein General zu Pferde. Einige Minuten nach neun wurde Dreyfus herausgeführt. Er trug die Hauptmannsuniform. Vier Mann führten ihn vor den General. Dieser sagte: „Alfred Dreyfus, Sie sind unwürdig, die Waffe zu tragen. Im Namen des französischen Volkes degradiere ich Sie. Man vollziehe das Urtheil." Da erhob Dreyfus die rechte Hand und rief: „Ich schwöre und erkläre, daß Sie einen Unschuldigen degradieren. Es lebe Frankreich!" In demselben Augenblick wurden die Trommeln gerührt. Der militärische Gerichtsvollzieher begann dem Verurteilten die Knöpfe und Schnüre, die schon vorher gelockert waren, von der Uniform herabzureißen. Dreyfus bewahrte seine ruhige Haltung. Nach wenigen Minuten war die Prozedur vollzogen. – Nun begann der Rundgang vor der Front der Truppe. Dreyfus schritt an dem Truppenspalier vorbei, wie ein Mann, der sich unschuldig fühlt. (*NFP*, 5. Januar 1895)

Doch Herzl läßt, wie die wenigen anderen Zweifler, die Angelegenheit dabei bewenden. Die Enthüllungen des Publizisten und Lyrikers Bernard-Lazare[2], der aufgrund von Informationen, die er von der Familie Dreyfus erhalten hat, im Herbst 1896 eine Revision des Dreyfus-Prozesses fordert, bleiben – vorerst – ebenfalls ohne echte Wirkung.

Die eigentliche Affäre spielt sich zwischen Spätherbst 1897 und September 1899 ab. In diesem Zeitraum erreicht die Berichterstattung in den deutschen und österreichischen Zeitungen die größte Intensität. Zolas „J'accuse" wird – zumindest auszugsweise – auch in mehreren deutschen und österreichischen Tageszeitungen abgedruckt. Praktisch alle Zeitungen räumen, ungeachtet ihrer politischen Zugehörigkeit, den verschiedenen Ereignissen im Verlauf der Affäre großen Raum ein: dem Freispruch Esterhazys, dem Zola-Prozeß und der Verurteilung des Schriftstellers wegen Verleumdung, seiner Flucht nach England, der Enthüllung der Fälschungen des Geheimdienstes, dem Selbstmord von Major Henry, der Einleitung einer Untersuchung über den Dreyfus-Prozeß von 1894, der Aufhebung des Urteils gegen Dreyfus, der Wiederaufnahme des Prozesses, der neuerlichen Verurteilung des Unschuldigen und schließlich seiner Begnadigung.

Die deutschen Zeitungen sind schon deshalb an der Affäre interessiert, weil die nationalistische Presse Frankreichs (allen voran *Le Matin* und *L'Intransigeant*) von Beginn an behauptet, Dreyfus habe für Deutschland spioniert. Diesen Anschuldigungen gegenüber halten sich die meisten deutschen Zeitungen an die offizielle Stellungnahme der deutschen Regierung: Die Dreyfus-Affäre sei eine rein innerfranzösische Angelegenheit, Deutschland habe mit ihr nichts zu tun – was im Hinblick auf Dreyfus natürlich richtig ist, im Hinblick auf Esterhazy aber nicht den Tatsachen entspricht. Im Deutschen Reich sind demnach die Aufnahme und die Interpretation der Affäre stark vom deutsch-französischen Gegensatz geprägt[3]. Dieser jahrhundertealte Antagonismus hat seit 1871 mit der Errichtung der Dritten Republik einen zusätzlichen Ansatzpunkt bekommen, der in Deutschland sehr widersprüchliche Haltungen auslöst: Für manche Deutsche, vor allem für die national-liberal und republikanisch gesinnten, ist Frankreich „Gegner" und „Modell" gleichzeitig. Im wesentlichen gilt das – in abgeschwächter Form – wohl auch für Österreich-Ungarn. Darauf weist zumindest der Ratschlag hin, den Eduard Bacher, der Direktor (?) der *Neuen Freien Presse,* 1891 seinem Korrespondenten Theodor Herzl auf den Weg nach Paris mitgegeben hat: *„Unsere Sympathien stehen eher auf der Seite der Republikaner. Jedoch werden wir oft gezwungen sein, eine anti-französische Haltung einzunehmen; wir erlauben aber mit Vergnügen unserem Korrespondenten, der vielfältige Freundschaften im Lande schließen und erhalten muß, bei Gelegenheit sein Gefühl für Frankreich auszudrücken.“* [4] Frankreich ist tatsächlich nicht nur ein „republikanisches“, sondern vor allem auch ein „kulturelles“ Modell, die französische Literatur hat zu dieser Zeit im ganzen deutschen Sprachraum einen hohen Stellenwert.

Die Dreyfus-Affäre wird im deutschen Sprachraum von den Presseorganen aller politischen Lager wahrgenommen, die Interpretation und Wertung der Ereignisse hängt freilich vom jeweiligen politisch-ideologischen Standpunkt ab. Im wesentlichen stehen einander – vereinfacht dargestellt – das rechte, konservative Lager und die liberalen Zeitungen gegenüber. Eckhardt und Günther Fuchs haben am Beispiel der Berliner Presse anhand von vier Gesichtspunkten – Diskussion um das Regierungssystem (Republik oder Monarchie), Rolle des Antisemitismus, Geschichtssymbolik (Frankreich als Land der Revolution und der Erklärung der Menschen- und Bürgerrechte) und Nationalismus – die Ausnützung der Affäre für unterschiedliche politische Zwecke untersucht.[5]

Die rechts-konservative Presse – dazu gehören, um nur einige Titel zu nennen, im Deutschen Reich Blätter wie die stark antisemitisch ausgerichtete *Staatsbürgerzeitung, Das Reich,* die katholische *Germania* und die protestantische *Neue Preußische Zeitung (Kreuzzeitung)* oder in Österreich das *Deutsche Volksblatt* und die *Reichspost* – nützt die Affäre zur Verbreitung eines negativen Frankreich-Bildes und vor allem zur Kritik an der republikanischen Staatsform. Sie spielt die Stärke der Monarchie gegen die angebliche Schwäche der Republik (Frankreich ist zu dieser Zeit die einzige Republik unter den Großmächten) aus und schürt den deutsch-französischen Gegensatz. So bezeichnet etwa das regierungsnahe *Deutsche Wochenblatt* am 1. Juli 1899 Frankreich als „krankes Land“, dessen Existenz von den Republikanern bedroht sei. Und es setzt auf die konservativ-nationale Öffentlichkeit und deren „sittliche Widerstandskraft“, um die Republik zu beseitigen. Der Antisemitismus ist in diesen Blättern unterschiedlich stark ausgeprägt. Während für die *Neue Preußische Zeitung* der französische Antisemitismus beispielsweise untrennbar mit einem Antigermanismus einhergeht und deshalb abgelehnt wird[6], nützen die betont antisemitischen Blätter wie das in Wien erscheinende *Deutsche Volksblatt* die Affäre zur Verstärkung ihrer antisemitischen Propaganda. Sie sehen in den Verteidigern von Dreyfus die Agitateure eines internationalen Juden-Syndikats. Wenn man

Kikeriki!

Nr. 7. 23. Jänner 1898. Humoristisches Volksblatt. Erscheint wöchentlich zweimal. Postsparcassa-Conto Nr. 801.429. Telephon-Nr. der Administration 3942. XXXVIII. Jahrgang.

Alle Rechte für Illustrationen und Artikel vorbehalten.

Eine merkwürdige Naturwidrigkeit.

– Sonderbar, je mehr als man Dem anhängt, desto höher steigt er!

1848.

Wir sollen nun das „Freiheitsjahr"
Mit Festen froh begehen?
Da lohnt sich's, erst von jener Saat
Die Früchte zu besehen,
Die aus den Furchen blutgedüngt
Gemach zum Vorschein kamen,
Denn leider, bei der Freiheitssaat
War auch viel schlechter Samen.

Sie wurde auch nur dünn gesäet
Und hat noch viel gelitten
Vom Wetter, und von Menschenhand
Ward mehrmals sie beschnitten.
Wie soll's uns in Begeisterung
Und Jubellaune stürzen,
Seh'n wir von ihr fast nichts mehr als
Den – Paragraphus vierzehn.

Was uns noch sonst an Freiheit blieb,
Läßt sich an Fingern zählen,
Und wenn Ihr durchaus mehr verlangt,
So dürft Ihr doch bloß – wählen.
Was nachher der Gewählte heischt,
Das kann gemächlich wandern
Zu des Ministers Ohr hinein
Und 'raus gleich bei dem andern.

Nur Einer trug in jener Zeit
Davon die Siegespalme,
Sein Weizen schoß so überreich,
So üppig in die Halme,
Und Narren sind wir, die sich selbst
Mit dieser Last beluden:
Sie heißt Emancipation
Der P. T. Koscherjuden.

Deutsche „Provocationen".

(Situationsbilder aus Prag.)

Geschildert von der Narrodni Listy.

Der deutsche Uebermuth beginnt sich immer mehr auszubreiten. Da versetzten gestern drei harmlose Bürger einem deutschen Schuljungen **einige wuchtige Ohrfeigen**, aus Spaß notabene – was thut aber der offenbar aufgehetzte kleine Provocateur? Er schreit ganz keck: „**Au weh!**" Nun fragen wir ganz ernstlich, ob sich ehr- und friedliebende Bürger auch schon von Schulbuben mit der **verhaßten deutschen Sprache** höhnen lassen sollen? Nein! Und so sagten auch die drei Bürger, indem sie den kecken Jungen erst recht **durchprügelten**.

Was sich gestern Abends ein deutscher Student erlaubte, das übersteigt schon alle Grenzen nationalen Hasses. Besagter Herr hat einen großen **Bulldogg**, welchen er – welche Dreistigkeit! – auf offener Straße mit „**Wenzl**" anruft . . . Prag den Czechen! – Wir glauben, der Herr Student hätte sich auch die Zunge nicht ausgekegelt, wenn er seinen Hund „**Vaclav**" gerufen hätte!

Nur fort so. Wenn jetzt die Regierung noch nicht bald merkt, wie wir Czechen gemartert sind, dann muß es schief gehen! Wurde da gestern in einer Badeanstalt entdeckt, daß ein deutscher Gast seine Strümpfe mit „**Berlinerwolle**" (!) angestrickt hatte! – – – Wo bleibt da die Polizei?

Standesbewußtsein.

1. Handeljude: Wos biste so nachdenklich, Goldstein, über wos denkste?

2. Handeljude: Ob mer uns sollen nit zusammenthun und überreichen e Protest wegen Freisprechung von dem Esterhazy!

Da er nicht selbst als Jude gebrandmarkt werden konnte, legte das antisemtische Witzblatt Kikeriki *den Schwerpunkt seiner Propaganda auf die angebliche Bestechung durch ein jüdisches Syndikat. („Sonderbar, je mehr man DEM anhängt, desto höher steigt er!")*

die Dreyfus-Anhänger, wie im Fall von Zola, nicht als Juden brandmarken kann, dann unterstellt man ihnen, mit viel Geld bestochen worden zu sein. Dreyfus wird entweder überhaupt für schuldig gehalten, oder man wendet das von den Anti-Dreyfusards in Frankreich gebrauchte Argument der *„autorité de la chose jugée"* an, also der Achtung vor einem Richterspruch, der nicht in Frage gestellt werden dürfe. Keine Gelegenheit wird ausgelassen, die Befürworter einer Revision des Dreyfus-Prozesses in den Schmutz zu ziehen. Das *Deutsche Volksblatt* schimpft Zola einen „Pornologen" und „Pornographen", der *„mit Vorliebe im Kot herum[wühlt], so daß jeder anständige Mensch sein Buch bald mit Ekel aus der Hand legt ..."* (17. Februar 1898), und nimmt damit alte Klischees der konservativen Literaturkritik wieder auf. (Das antisemitische Witzblatt *Kikeriki* symbolisiert Zola vorzugsweise als Schwein.)

Die einflußreichste und – insgesamt – auflagenstärkste Presse im wilhelminischen Kaiserreich ist zu dieser Zeit zweifellos die liberale Tagespresse. Auch sie spart zwar meist nicht mit Kritik an der französischen Regierung und an den französischen Zuständen, erfaßt die Affäre aber mehr als Widerstreit unterschiedlicher Regierungssysteme (der Kampf um die Revision des Dreyfus-Prozesses ist ein Kampf für die Wahrung republikanischer Grundsätze) und als Auswuchs des Antisemitismus.

Eine herausragende Stellung innerhalb dieser Presse kommt der *Frankfurter Zeitung* zu. Das linksliberal ausgerichtete Blatt ist damals sicherlich die deutsche Zeitung mit dem höchsten internationalen Ansehen. Sie ist auch jene, die in Deutschland der Dreyfus-Affäre den größten redaktionellen Raum widmet, und in dieser Hinsicht mit der Wiener *Neuen Freien Presse* vergleichbar. Ihr Pariser Korrespondent, Paul Goldmann, hat schon sehr früh, nämlich 1896, seine Überzeugung von Dreyfus' Unschuld zum Ausdruck gebracht. Für Goldmann ist Dreyfus das Opfer dunkler Machenschaften und der Wahnideen des Antisemitismus und Nationalismus. Goldmann muß sich deshalb sogar mit Lucien Millevoye duellieren[7], einem Abgeordneten der nationalistischen Rechten, der ihn in der Zeitung *La Patrie* wegen seiner Artikel persönlich angegriffen hat. Am 14. November 1897 druckt die *FZ* ein Faksimile des Bordereau und gleichzeitig eine Schriftprobe der Handschrift Esterhazys ab, wodurch die Identität augenscheinlich wird. In ihren Kommentaren drückt die *FZ* ihre Enttäuschung darüber aus, was aus dem Frankreich der Menschenrechte geworden ist.

Eine ähnliche Linie vertritt das *Berliner Tageblatt*, das im Zusammenhang mit der Affäre immer wieder vor der Allianz von Kreuz und Schwert, von „Säbel und Weihwedel" warnt[8]. Theodor Wolff, der spätere Chefredakteur des Blattes, ist zu dieser Zeit Korrespondent in Paris. Als das eigentlich Bedeutende an der Affäre betont er in seinen Berichten *„die Bewährung des einzelnen im*

Zola-Karikatur aus dem Kikeriki *vom 6. Februar 1898*

Angesicht der Masse, das Beispiel bürgerlichen und moralischen Mutes gegen die herrschenden Gewalten, wo diese Unrecht taten“[9]. Nationalistischer eingestellt sind die *Münchner Neuesten Nachrichten*, die größte liberale Zeitung in Süddeutschland. Sie halten die Affäre in erster Linie für eine innerfranzösische Angelegenheit und streichen die antideutschen Attacken der französischen Nationalisten heraus.

Die Linie der *Neuen Freien Presse* hebt sich von der der deutschen Blätter insofern etwas ab, als sie bezüglich der Zugehörigkeit von Dreyfus zum Judentum äußerst diskret ist. In den Berichten von Herzls Nachfolger Berthold Frischauer (er löst 1895 Theodor Herzl ab) tritt die Rolle, die der Antisemitismus in der Affäre spielt, in den Hintergrund. Mit dieser Taktik will man, so hat es jedenfalls den Anschein, verhindern, daß der in Wien ohnedies schon starke Antisemitismus durch die Berichterstattung über Dreyfus noch weiter angeheizt werde. Das Sprachrohr des liberalen Wiener (Groß-)Bürgertums sieht in der Affäre in erster Linie einen Kampf für die Menschenrechte und hebt dementsprechend den Einsatz von Zola für Dreyfus hervor. Er wird als der Held des Rechts gefeiert und als der „Intellektuelle“, der sich in einer öffentlichen Angelegenheit engagiert. Am 17. Juli 1898, also unmittelbar vor der Bestätigung von Zolas Verurteilung durch das Schwurgericht von Versailles, ist in der *NFP* zu lesen: *„Es ist kein Zweifel, das Verfahren Zolas ist ein revolutionäres. Aber welch eine wunderliche Revolution, die sich weder gegen die gesetzgebende, noch gegen die vollziehende, sondern gegen die richterliche Gewalt kehrt. [...]. Er ist ein 'bon bourgeois', aber ein wild gewordener 'bon bourgeois'.“*

In dieser Sicht ist Zola derjenige, der für eine bestimmte Tradition Frankreichs, für die Menschenrechte und die Ideale der Revolutionen von 1789, 1830 und 1848 kämpft. Chauvinismus und Klerikalismus sind für die *NFP* die wesentlichen Ursachen für den Ausbruch der Affäre. So entsteht – übrigens nicht nur in der *NFP* – das auch von Zola in seinen Aufsätzen, Briefen und Interviews immer wieder beschworene Bild von den „zwei Frankreichs“: von jenem der feudalen Standesvorrechte, der Macht des hohen Klerus und der kapitalistischen Ausbeutung, und jenem der Aufklärung, der Demokratie und der Entfaltung der republikanischen, liberalen und linken Kräfte.

Die *NFP* ist – unseres Wissens nach – die einzige Tageszeitung im deutschen Sprachraum, die ein eigenes Interview mit Zola gebracht hat (meist wurden Interviews aus französischen Zeitungen – auszugsweise – nachgedruckt); es wurde wenige Tage vor seinem ersten Schwurgerichtsprozeß von Berthold Frischauer geführt und ist im vorliegenden Band nachzulesen. Außerdem hat die *NFP* die Unterschriftenaktion, die die Wochenzeitschrift *Die Wage* zugunsten von Zola lanciert hat (siehe dazu in diesem Band den Brief von Zola an ihren Heraus-

HUMORISTISCHE BLÄTTER

Der Kampf für Recht und Gesetz in Frankreich.

Die Themis: Ich gebe meine Demission, nimm Du das Schwert und kämpfe für mich!
Die Revolution: Ein aussichtsloser Kampf.

Die Dreyfus-Zola-Affäre kommt den Humoristischen Blättern *(20 Februar 1898) gerade recht, um die innere Unordnung in Frankreich anzuprangern.*

geber Rudolph Lothar, S. 128, und Abbildungen auf S. 129, 130), wirkungsvoll unterstützt. Die Haltung der *NFP* ist auch in Frankreich selbst nicht unbeachtet geblieben: Im Februar 1899 wird Berthold Frischauer wegen seiner dreyfusfreundlichen Berichterstattung aus Frankreich ausgewiesen. Dies veranlaßt die *NFP* im Leitartikel der Ausgabe vom 23. Februar zur Feststellung: *„Marianne zertrümmert unwillig den Spiegel, der Falten auf ihrem Gesicht zeigt.“* [10]

Freilich haben die Berichterstattung der liberalen Zeitungen und besonders das Pathos und die Melodramatik, die die *NFP* an den Tag legt, auch Abwehrhaltungen verursacht. Ein Hinweis darauf ist zum Beispiel Arthur Schnitzlers Reaktion auf die (abermalige) Verurteilung von Dreyfus durch das Kriegsgericht von Rennes: *„Auf Mercier und das Gesindel hab ich ein förmliche Wuth – trotz der Neuen Freien.“* [11] Auch die eigenwillige, umstrittene Haltung von Karl Kraus gegenüber Dreyfus und Zola wird mit seiner Abneigung gegen die journalistische Ausschlachtung der Affäre erklärt.[12] Kraus, ein betonter Gegner des österreichischen Liberalismus und vor allem seines journalistischen Sprachrohrs, wirft den liberalen Blättern vor, über die Dreyfus-Aufregung die „Justizmorde“ im eigenen Land zu vergessen. Die Angriffe auf die französischen Gerichte ließen jeden Anstand vermissen, denn „J'accuse“ hätte in Österreich nicht einmal veröffentlicht werden dürfen, meint der Herausgeber der *Fackel* nicht ganz unrichtig. Die *NFP* ist seiner Ansicht nach ebensowenig objektiv wie das antisemitische *Deutsche Volksblatt* ...

Besondere Aufmerksamkeit erregten die Artikel, die der greise deutsche Sozialistenführer Wilhelm Liebknecht in Kraus' *Fackel* im September und Oktober 1899 veröffentlichte. Liebknecht will darin nicht an die Unschuld von Dreyfus glauben. Es handle sich in seinem Fall um eine ganz normale Spionageaffäre, und der Antisemitismus habe bei seiner Verurteilung keine Rolle gespielt. Liebknecht zeiht alle, die für Dreyfus Partei ergreifen, „hysterischer Verrücktheit“. Seine Hauptsorge ist die Aufrechterhaltung der deutsch-französischen Beziehungen, seine Angst ein Sturz der Republik in Frankreich, der eine Gefahr für den Frieden zwischen den beiden Völkern bedeuten könnte. Die Dreyfusianer stärkten, so Liebknecht, sowohl den Antisemitismus als auch den Militarismus.

Beenden wir den Blick in die Zeitungen mit einem Wort zur sozialdemokratischen Presse (*Vorwärts, Neue Zeit* in Deutschland, *Arbeiter Zeitung* in Österreich)[13]. In ihr dominieren zuerst die Debatten darüber, inwieweit der Fall Dreyfus nicht eine interne Angelegenheit der Bourgeoisie (Dreyfus stammt schließlich aus einer reichen Industriellenfamilie) sei und die Arbeiterschaft überhaupt betreffe. Mit der Veröffentlichung von „J'accuse“ und dem Prozeß gegen Zola wächst aber auch das Interesse der Sozialdemokraten an den gesellschaftspolitischen Aspekten der Affäre, vor allem am Kampf gegen Militarismus und Klerikalismus. Diese seien *„nicht nur die Vertretung der Revanche-Ideen, der nationalen Hoffnungen des Bürgertums, sondern auch das Instrument der Herrschaft über die große Masse des arbeitenden Volkes"* (*Vorwärts*, 25. Februar 1898). Für die Wiener *Arbeiter Zeitung* wird nach Zolas Offenem Brief die Verteidigung der republikanischen Institutionen wichtiger als der Rechtsfall Dreyfus selbst.[14]

*

Diese „Presseschau" zur Dreyfus-Affäre muß sich notgedrungen mit einigen allgemeinen Hinweisen begnügen und müßte im Einzelfall selbstverständlich differenziert werden. Sie soll hier in erster Linie den geistigen und ideologischen Kontext illustrieren, in dem die Ereignisse um Dreyfus und Zola im deutschen Sprachraum von der Öffentlichkeit wahrgenommen werden. Gleichzeitig macht sie auch manche für den Leser von heute unerklärlichen Ängste und Obsessionen, die in den Artikeln und Briefen von Zola häufig wiederkehren, und wohl auch sein Pathos verständlich.

So wird der Leser feststellen, wie sehr Zola um das Ansehen seiner Heimat im Ausland, um die „Größe" Frankreichs besorgt ist und diese – vor allem im Hinblick auf die Weltausstellung des Jahres 1900, die in Paris stattfinden wird – bedroht sieht. Tatsächlich ist gerade in der liberalen Presse immer wieder von der Beschämung darüber zu lesen, daß ausgerechnet das Land der Erklärung der Menschenrechte sich derartige Rechtsverletzungen zuschulden kommen lasse. So betrachten es zum Beispiel die freisinnigen *Berliner Neuesten Nachrichten* in ihrer Abendausgabe vom 24. Februar 1898, also unmittelbar nach der ersten Verurteilung Zolas, als Hohn, daß die Franzosen das 50jährige Jubiläum der Februar-Revolution und das 100jährige der Republik durch den Prozeß Zola feierten. Am 30. Mai 1899 quittiert das *Deutsche Blatt* den bevorstehenden Revisionsentscheid im Fall Dreyfus mit der Bemerkung, daß dessen Rehabilitierung die Rückkehr Frankreichs „zu den edlen Traditionen seiner Vergangenheit" bedeuten würde. In der *NFP* heißt es nach Dreyfus' neuerlicher Verurteilung in Rennes am 20. September 1899 pathetisch: *„Alles erscheint nun in Verbindung und gehört gar zu einer von langer Hand vorbereiteten Aktion gegen die bürgerliche Republik, als Vorbereitung eines Staatsstreichs [...]. Es gibt längst keine Affäre Dreyfus mehr, sondern nur eine Affäre Frankreich [...]."*

Zolas „J'accuse" und die in den Tagen nach seinem Erscheinen in der Tageszeitung *L'Aurore* veröffentlichten, von Schriftstellern und Wissenschaftern unterzeichneten Petitionen gelten als die „Geburtsstunde" des modernen „engagierten Intellektuellen"[15]. Dennoch wird Zolas Haltung auch immer wieder in eine bestimmte französische Tradition gestellt. Dazu gehört auch der Vergleich mit Voltaire und dem Fall Calas. Jean Calas, ein protestantischer Textilhändler aus Toulouse, war 1762 unter der Anschuldigung, seinen zum Katholizismus konvertierten Sohn ermordet zu haben, zum Tode verurteilt und unter grausamen Qualen hingerichtet worden. Voltaire hat damals für Jean Calas Partei ergriffen, den religiösen Fanatismus angeklagt (*Sur la tolérance à cause de la mort de Calas*, 1763) und dadurch – drei Jahre nach der Vollstreckung des Urteils – die offizielle Rehabilitierung von Calas durch Ludwig XV. erreicht. Die Parallele zwischen Voltaire/Calas und Zola/Dreyfus wird unter anderem vom *Berliner Tageblatt* gezogen, in dem es am 16. Januar 1898 heißt: *„Wie Voltaire [...] so stellte sich auch der große zeitgenössische Romancier unerschrocken der ungezügelten Meute gegenüber. Jean Calas war Protestant, wie Dreyfus Jude. Jean Calas war ein Opfer des Religionsfanatismus, wie Dreyfus ein solches der antisemitischen Demagogie.“* Für die *NFP* wird Zola durch sein „J'accuse" zum „Voltaire des modernen Calas" (16. Januar 1898). In Wien findet im März 1898 eine öffentliche Vorlesung eines Dramas von Victor Stern mit dem Titel *Calas* statt, über die die *NFP* (17. März) und das *Neue Wiener Tageblatt* (22. März) berichten. *Die Volksstimme* druckt eine Textprobe ab, und im dazugehörigen Kommentar von Agnes von Plankenburg heißt es, man habe den Eindruck, ein Zeitraum von 133 Jahren sei aufgehoben.

Auch Zolas Ängste vor einem Krieg werden durch die Pressereaktionen bestätigt. Der Schriftsteller äußert in seinen Briefen und Artikeln, vor allem in dem nach der Verurteilung von Dreyfus in Rennes am 12. September 1899 erschienenen „Le cinquième acte" („Der fünfte Akt"), die Besorgnis, daß die Affäre von der deutschen Regierung, die die Wahrheit ja kennt, im Kriegsfall als moralische Waffe gegen Frankreich benutzt werden könne. Tatsächlich schwingen in der Berichterstattung der nationalistischen Presse beider Länder immer wieder kriegerische Töne mit, schließlich sind ja kaum mehr als 25 Jahre seit der letzten großen Auseinandersetzung vergangen. In Frankreich, das den Verlust von Elsaß-Lothringen nicht verwunden hat, heizt Ende November 1897 vor allem der *Intransigeant* von Henri Rochefort mit seinen „Enthüllungen", Kaiser Wilhelm II. habe persönlich mit Dreyfus Kontakt gehabt, die Kriegshysterie an. In den deutschen Zeitungen werden solche Unterstellungen natürlich auf das schärfste zurückgewiesen und die starre Haltung der französischen Regierung kritisiert, die mit ihrem Verharren in einem Justizirrtum die deutsch-französischen Beziehungen gefährde. Die Presse unterstützt weitgehend die Nichteinmischungsstrategie der deutschen Regierung, weil nur dadurch diplomatische Auseinandersetzungen und ein Krieg vermieden werden könnten. Natürlich bleiben dabei antifranzösische Untertöne nicht aus. So kommen zum

Beispiel die *Berliner Neuesten Nachrichten* in ihrer Ausgabe vom 24. Februar 1898 zum Schluß, daß Frankreich mit seiner „Verblendung, Rechtsbeugung, Disziplin- und Sittenlosigkeit“ Deutschland, den Frieden und die Weltkultur gefährde. Die Wochenschrift *Die Gegenwart* warnt davor, daß Frankreich trotz der Affäre „unser mächtiger, unser gefährlichster Gegner“ bleibe (Nr. 55, 1899, S. 116). Maximilian Harden sieht in der *Zukunft* Deutschland als ein Land, *„das in jeder Stunde vor der Gefahr eines neuen Kampfes mit dem westlichen Nachbarn steht“* (5. Februar 1898). Die – zumindest subjektiv empfundene – Kriegsgefahr scheint auch manche Ausfälle gegen Dreyfus und seine Verteidiger zu erklären. Gerd Krumreich hält etwa die oben dargestellte Haltung von Wilhelm Liebknecht allein dann für nachvollziehbar, *„wenn man hierin den Aufschrei eines Menschen sieht, der sogar bereit war, die französischen Militärs zu verteidigen, weil er ansonsten eine Schwächung Frankreichs befürchtete, die die deutsche Aggressivität noch steigern und den Frieden noch unsicherer machen würde“.* [16]

*

Zola appelliert in seinen Briefen und Artikeln immer wieder an die internationale öffentliche Meinung. Tatsächlich haben die Zeitgenossen in Deutschland und in der Donaumonarchie nicht zuletzt aufgrund der ausführlichen Berichterstattung in den Zeitungen die Dreyfus-Affäre und das Engagement Zolas mit großer Anteilnahme verfolgt. Dies zeigen auch die Reaktionen, die sowohl Dreyfus als auch Zola aus der ganzen Welt zugegangen sind. Im „Musée de Bretagne“ in Rennes ist ein Bestand von mehreren tausend Briefen, Grußadressen und Telegrammen aus dem Besitz der Familie Dreyfus aufbewahrt [17], das „Centre de recherches sur Zola et le naturalisme“ des CNRS (Paris) hat seinerseits unzählige Sympathie- (und auch Antipathie-)Kundgebungen aus dem Nachlaß des Schriftstellers archiviert.

Sieht man etwa die Briefe durch, die Zola aus Österreich erhalten hat [18], fällt das breite soziale Spektrum der Absender auf. Es reicht von Adeligen, hohen Beamten, Ärzten und Rechtsanwälten bis zu Studenten, einfachen Hausangestellten und Arbeitern. Auffallend sind kollektive Sympathiekundgebungen von Gewerbebetrieben, Vereinen, Kaffeehausrunden und besonders der hohe Anteil an Briefen von Frauen. Bekannte Persönlichkeiten sind unter den Briefschreibern allerdings eher die Ausnahme. Die berühmtesten Sympathisanten sind die Pazifistin und spätere Friedensnobelpreisträgerin Bertha von Suttner und ihr Mann Arthur Gundaccar von Suttner, der Präsident der „Liga gegen den Antisemitismus“, sowie Julius von Payer, Alpinpionier und Leiter der ersten österreichisch-ungarischen Nordpolexpedition von 1872/74.

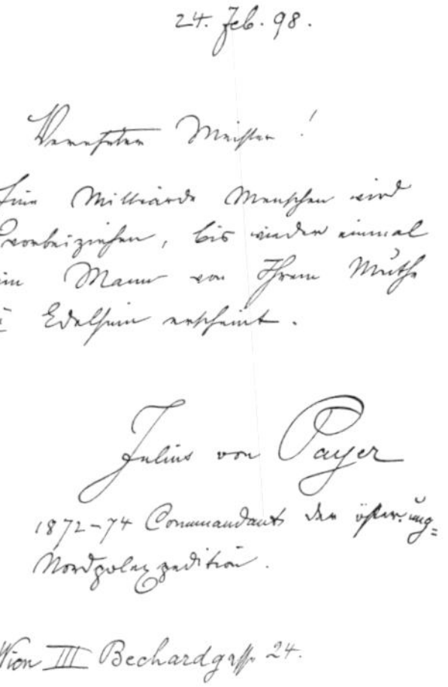
24. Feb. 98.

Verehrter Meister!

Eine Milliarde Menschen wird vorbeiziehen, bis wieder einmal ein Mann von Ihrem Muthe u. Edelsinne erscheint.

Julius von Payer

1872–74 Commandant der österr.-ung. Nordpolexpedition.

Wien III Bechardgasse 24.

Zwei Beispiele für die vielen Solidaritätserklärungen und zustimmenden Briefe, die Emile Zola vor, während und nach seinem Prozeß aus Österreich erhielt:

Links die bewunderden Worte des österreichischen Alpinpioniers und Polarforschers Julius von Payer („Wertester Meister! Eine Milliarde Menschen wird vorbeiziehen, bis wieder einmal ein Mann von Ihrem Muthe u. Edelsinne erscheint").

Rechts der französisch geschriebene Brief des Tiroler Cognac-Produzenten Josef Kamposch. Er beglückwünscht Zola zu seinem Mut, mit dem er einen „armen Unglücklichen" gegen „die Dummheit einer Legion von Bestien" verteidige, sei doch „der Antisemitismus die größte Dummheit des Jahrhunderts".

Die spektakulärste Sympathiekundgebung ist eine von der liberalen Wiener Wochenschrift *Die Wage* veröffentlichte Grußadresse an Zola (Text siehe Illustration). Die am 29. Januar 1898 lancierte Kundgebung vereint innerhalb von vierzehn Tagen rund 16.000 Unterschriften; unter den Unterzeichnern sind neben Bertha von Suttner und den Redaktionsmitgliedern der *Wage* und der *NFP* die Schriftsteller Theodor Herzl, Felix Dörmann, Jakob Julius David und Otto Stoessl, der Schauspieler Alexander Girardi und ein gewisser Stefan Zweig zu finden, der 1898 als „Gymnasiast" unterschreibt. Als Kuriosum kann man, gerade weil es sich beim Betroffenen um Emile Zola handelt, dessen Romane nach dem damaligen Verständnis von Jugendlichen eigentlich nicht gelesen werden sollten, eine Grußadresse von 500 jungen Wiener Mädchen empfinden. In einem Großteil der Briefe sind die Themen der liberalen Presse wiederzufinden. Sie stellen die Vorgangsweise der Kriegsgerichte in Frage, Zola wird als Kämpfer für Wahrheit und Gerechtigkeit, als Verteidiger der Menschenrechte, als Gegner des Klerikalismus und Militarismus apostrophiert und als Messias, der den Glauben an die bürgerliche Revolution und die Republik wiederherstellt. Von einer berührenden Naivität sind die Briefe der sogenannten „kleinen Leute" geprägt, wie zum Beispiel die Äußerung eines Dienstmädchens, das in seinem Brief an Zola schreibt: *„Ich lese täglich die* Neue Freie Presse *meiner Herrschaft und bin ganz traurig, daß man von der Unschuld des armen unschuldigen Herrn Dreifus* [sic] *nichts wissen will"* (Karoline Knoll, Brief vom 22. Juni 1898). Analog dazu herrscht in den an Zola adressierten Beschimpfungen, deren Absender meist anonym bleiben, der Diskurs der konservativ-nationali-

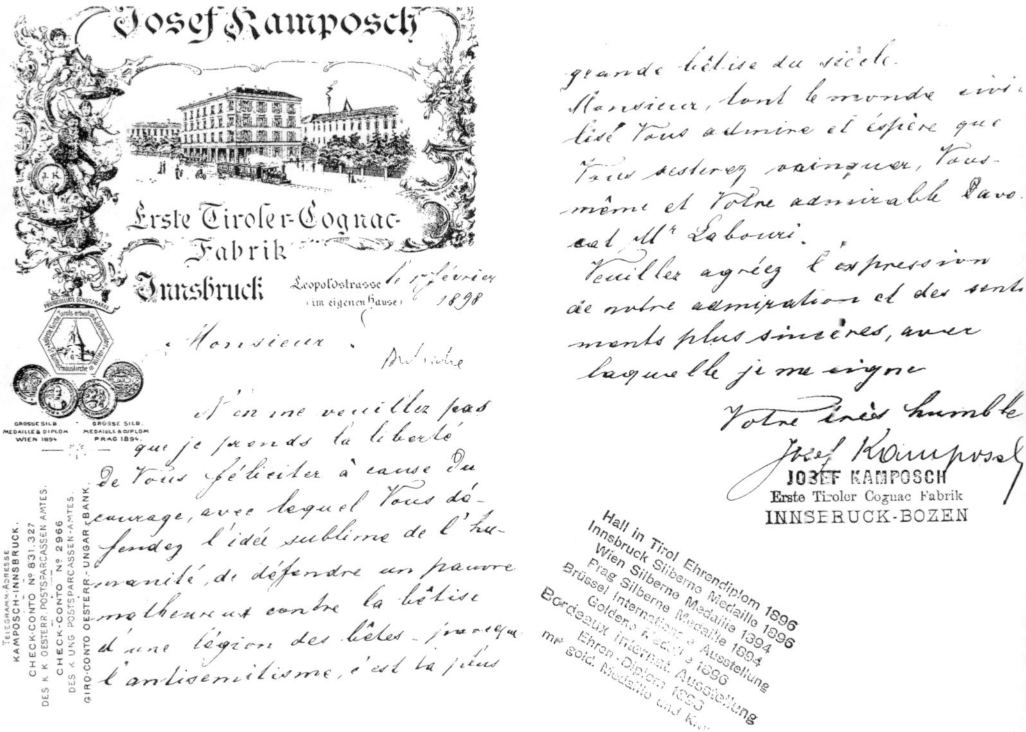
Josef Kamposch
Erste Tiroler-Cognac-Fabrik
Innsbruck
Leopoldstrasse (im eigenen Hause)
le 17 février 1898
Autriche

Monsieur,

On ne veuillez pas que je prends la liberté de Vous féliciter à cause du courage, avec lequel Vous défendez l'idée sublime de l'humanité, de défendre un pauvre malheureux contre la bêtise d'une légion des bêtes – jusqu'à l'antisemitisme, c'est la plus grande bêtise du siècle.
Monsieur, tout le monde civilisé Vous admire et espère que Vous resterez vainqueur, Vous-même et Votre admirable Avocat Mr Labori.
Veuillez agréer l'expression de notre admiration et des sentiments plus sincères, avec laquelle je me signe

Votre très humble
Josef Kamposch

JOSEF KAMPOSCH
Erste Tiroler Cognac Fabrik
INNSBRUCK-BOZEN

Telegramm-Adresse: Kamposch-Innsbruck.
Check-Conto No 831.327 des k. k. oesterr. Postsparcassen-Amtes.
Check-Conto No 2966 des k. ung. Postsparcassen-Amtes.
Giro-Conto Oesterr.-Ungar. Bank.

Grosse Silb. Medaille & Diplom Wien 1894
Grosse Silb. Medaille & Diplom Prag 1894

Hall in Tirol Ehrendiplom 1896
Innsbruck Silberne Medaille 1896
Wien Silberne Medaille 1894
Prag Silberne Medaille 1894
Brüssel Internationale Ausstellung Goldene Medaille 1896
Bordeaux Internat. Ausstellung Ehren-Diplom 1895 mit gold. Medaille und Kr...

stischen Presse vor: Zola gilt hier als „Verteidiger der Verräter und Juden“, als Verräter an der Heimat und am Christentum, als Verleumder der Ehre der Armee und als „Vater aller Schweinereien“.

*

In der innerfranzösischen wie in der internationalen Debatte um Dreyfus und die Revision seines Prozesses hat Emile Zola mit dem „Offenen Brief an Félix Faure, den Präsidenten der Republik“, den verurteilten Artilleriehauptmann eine Zeitlang in den Hintergrund gedrängt. Doch „J'accuse“ ist, im Gegensatz zur häufig kolportierten Legende, nicht nur das Ergebnis einer schlaflosen Nacht, es ist nicht Zolas einziger Text zu den grundsätzlichen Fragen, die die Dreyfus-Affäre aufgeworfen hat. Der Offene Brief ist vielmehr die logische Folge eines Denkens, das Zola erstmals im Artikel „Pour les Juifs“ („Für die Juden“) im *Figaro* vom 16. Mai 1896 formuliert hat. Der vorliegende Band soll es ermöglichen, Zolas Gedankengänge, die den Texten der Jahre 1897 bis 1900 zugrundeliegen, in ihrer Gesamtheit zu erfassen. Wir haben deshalb in die deutsche Ausgabe nicht nur die insgesamt sieben Offenen Briefe[19] aufgenommen, sondern auch die fünf von der Affäre inspirierten Artikel („Scheurer-Kestner", „Das Syndikat", „Bestandsaufnahme", „Gerechtigkeit" und „Der fünfte Akt") sowie auszugsweise die von Zola vor den Geschworenen des Pariser Schwurgerichts am 20. Februar 1898 verlesene Rede[20].

Zola hat in dieser Angelegenheit aber auch nicht im Alleingang gehandelt. Abgesehen von der wichtigen Rolle, die ein Bernard-Lazare, ein Scheurer-Kestner, ein Picquart, ein Joseph Reinach für Dreyfus' Befreiung gespielt haben, zeigen die Briefe das Netz von Freundschaften und Beziehungen, in die Zola eingebunden ist und das sich durch seinen Einsatz für eine Wiederaufnahme des Dreyfus-Prozesses verändert. Alte Freundschaften zerbrechen, wie zum Beispiel jene mit Marius Roux, dem Jugendfreund aus Aix, dafür wird Zola von einst ihm gegenüber kritisch eingestellten Leuten, wie zum Beispiel von Octave Mirbeau und seiner Frau Alice, unerwartete Hilfe zuteil. Neue Beziehungen, zum Beispiel mit Joseph Reinach, entstehen. Der Kern der Freunde, auf die er sich wirklich stützen kann und denen er vertraut, bleibt freilich derselbe und auf einige wenige Personen reduziert: Paul Alexis, Alfred Bruneau, Théodore Duret, die Verleger Georges Charpentier und Eugène Fasquelle und der Zeichner Fernand Desmoulin, der ihm besonders während seines Exils überaus hilfreich ist.

Die Briefe Zolas – eine Auswahl aus dem IX. Band der *Correspondance* von Emile Zola (Paris, Montréal, 1978–1995) – erscheinen zum größten Teil erstmals in deutscher Sprache[21]. Sie erlauben einen Einblick in die Überlegungen von Zola zur Taktik der Dreyfus-Anhänger wie der Dreyfus-Gegner. Sie zeigen aber auch den privaten Zola, seine Hoffnungen und seine Ängste, das zwiespältige Gefühlsleben, seine Empfindlichkeiten und seine Stärken. Es ist geradezu berührend, in den Briefen aus dem englischen Exil zu lesen, wie er, der der englischen Sprache nicht mächtig ist, sich ungeduldig abmüht, um aus den englischen Zeitungen Neuigkeiten über die Entwicklung der Affäre zu erfahren. Diese Briefe zeigen die Selbstaufopferung, die die Unterordnung unter die Taktik der Gruppe der Dreyfus-Verteidiger für Zola bedeutet, sie vermitteln seine persönliche Betroffenheit, seinen Ärger über die Vorgänge. Ihre Lektüre relativiert wohl auch die – sicherlich kontextbedingte – Kritik, die Wilhelm Liebknecht und – Jahrzehnte nach ihm – Hannah Arendt gegenüber dem Verhalten Zolas zum Ausdruck gebracht haben: Ersterer, wenn er in der *Fackel* (Nr. 19, 1899) Zola spöttisch vorwirft, *„vor seinem Process so kühn nach London davongelaufen und dort ein Jahr lang todesmuthig im Mauseloch versteckt"* gewesen zu sein, letztere, wenn sie *„das große rhetorische und politisch inhaltlose Pathos Zolas in* *seiner naiven sentimentalen Eitelkeit, diese großspurige Verlogenheit ...*"[22] rügt. Das Pathos war, wie unser Blick in die Presse dieser Jahre gezeigt hat, wohl zeitbedingt. Es hat uns auch bei der Übersetzung vor einige heikle Entscheidungen gestellt. Unser Bestreben war es, den Texten weitgehend ihre „Patina" zu lassen, den „Ton der Zeit" beizubehalten und sie trotzdem für den Leser von heute „lesbar" zu machen. Im „Originalton" belassen haben wir selbstverständlich die zwei ursprünglich in deutscher Sprache (in der *NFP* und in der *Wage*) veröffentlichten Interviews.

Der vorliegende Band bietet somit erstmals in deutscher Sprache eine zusammenhängende, homogene Darstellung des Engagements von Emile Zola in der Dreyfus-Affäre. Als Quintessenz seines Kampfs für Wahrheit und Gerechtigkeit bleibt uns die Warnung vor reaktionärem Denken, vor übertriebenem Nationalismus, vor Machtmißbrauch und vor Fanatismen aller Art. Das ist eine Warnung, die auch in unseren Tagen nichts von ihrer Aktualität verloren hat.

Karl Zieger
Rueil-Malmaison, August 1997

1) Als aktuellstes Standardwerk zur Dreyfus-Affäre gilt: Jean-Denis Bredin, L'Affaire, Paris: Fayard/Juillard, 1993 (1. Aufl., 1983); es ist leider bis heute nicht ins Deutsche übersetzt. In deutscher Sprache verfügbar: Vincent Duclert: *Die Dreyfus-Affäre. Militärwahn, Republikfeindschaft, Judenhaß*, Berlin: Wagenbach, 1994; Eckhardt und Günther Fuchs, *„J'accuse!" – Zur Affäre Dreyfus*, Mainz, 1994.

2) Bernard-Lazare, der 1895 die Bekanntschaft von Mathieu Dreyfus gemacht hat, hat 1896 in der Imprimerie de Vve. Monnom in Brüssel eine Broschüre mit dem Titel *Une erreur judiciaire. La vérité sur l'Affaire Dreyfus* veröffentlicht; sie ist ein Jahr später bei P.V. Stock in Paris, überarbeitet und erweitert, neu aufgelegt worden.

3) Siehe dazu die aufschlußreichen Artikel von Beate Gödde-Baumanns, „Die helle Seite bleibt verborgen. Über die deutsche Rezeption der Dreyfus-Affäre", in: J.H. Schoeps et al. (Hg.), Dreyfus und die Folgen, Berlin: Edition Hentrich, 1995, S. 92-117 und „Visions contemporaines et visions postérieures de l'Affaire Dreyfus en Allemagne", in: Michel Denis et al. (sous la direction de): *L'Affaire Dreyfus et l'opinion publique en France et à l'étranger*, Rennes: Presses universitaires de Rennes, 1995, S. 229-243. – Zur Haltung der deutschen Regierung siehe auch Eric Cahm, „L'Affaire Dreyfus dans la presse quotidienne allemande 1897-1899", in: Michel Denis et al. (sous la direction de): *L'Affaire Dreyfus et l'opinion publique en France et à l'étranger*, a.a.o., S.215-228, hier S. 216 ff.

4) Zitiert nach Jacqueline Magnou, *Die Dreyfus-Affäre im Spiegel der Wiener Presse, eine ideologische Studie,* Siegen, 1983, S. 13.

5) Eckhardt und Günther Fuchs, „Die Affäre Dreyfus im Spiegel der Berliner Presse", in: J.H. Schoeps et al. (Hg.), *Dreyfus und die Folgen,* a.a.o., S. 51-80.

6) Zur Entwicklung des Antisemitismus der *Neuen Preußischen Zeitung* und zu deren Haltung in der Dreyfus-Affäre vgl. Eric Cahm, a.a.o., S. 219.

7) In diesem Zusammenhang ist eine der wenigen Äußerungen von Arthur Schnitzler zur Dreyfus-Affäre zu registrieren. Schnitzler beglückwünscht Goldmann, mit dem er befreundet ist, in einem Brief vom 22. November 1896 zum guten Ausgang des Duells. Er habe alle seine Artikel in der *Frankfurter Zeitung* (vom 16. 9., 11. und 12. 11.) gelesen, schreibt Schnitzler. Und weiter heißt es: *„Du hast Dich einfach prachtvoll benommen – auf Dein Tun und Schreiben hin müßte das Verfahren gegen Dreyfus neu aufgenommen werden."*

8) E. u. G. Fuchs, Die Affäre Dreyfus im Spiegel der Berliner Presse, a.a.o., S. 57.

9) Zitiert nach Günther Schwarz, *Theodor Wolff und das „Berliner Tageblatt". Eine liberale Stimme in der deutschen Politik 1906-1933,* Tübingen: J.C.B. Mohr, 1968, S. 20.

10) Zu dieser Ausweisung und zur unfreiwilligen „Verwicklung" des österreichisch-ungarischen Militärattachés Oberst Schneider in die Dreyfus-Affäre siehe Erika Weinzierl, „Auswirkungen der Dreyfus-Affäre auf Österreich", in: J.H. Schoeps et al. (Hg.), *Dreyfus und die Folgen,* a.a.o., S. 118-138; hier 129 ff. Im Dreyfus-Prozeß von Rennes hat der ehemalige Kriegsminister General Mercier einen angeblich von Schneider stammenden, tatsächlich aber gefälschten Brief verlesen, in dem von Dreyfus die Rede ist. Schneider ist am 15. September 1899 seines Pariser Postens enthoben worden.

11) Brief an Gustav Schwarzkopf vom 9. September 1899. Diese und die in der Anmerkung 7 erwähnte Äußerung sind die einzigen bekannten Reaktionen von Arthur Schnitzler auf die Dreyfus-Affäre. Nicht zu vergessen ist allerdings, daß er in seinem als „Komödie" bezeichneten Theaterstück *Professor Bernhardi* Elemente der Dreyfus-Affäre aufgreift (die falsche Zeugenaussage z. B.) und die Titelfigur von einem ihrer Gegenspieler als „eine Art medizinischer Dreyfus" bezeichnet wird.

12) Dazu und zur Dreyfus-Affäre in der österreichischen Presse siehe Sigurd Paul Scheichl, „Österreichische Reaktionen auf die Dreyfus-Affäre" in: Félix Kreissler (éd.): *Relations franco-autrichiennes 1870-1970. Actes du colloque de Rouen 1984, Rouen, 1986* (= Austriaca, Spécial colloque), S. 241-257; zu Karl Kraus' Sicht der Dreyfus-Affäre vgl. auch: Helmut Arntzen: *Karl Kraus und die Presse,* München: Fink, 1975, S. 18-24.

13) Vgl. dazu Scheichl, a.a.o., S. 250 ff. und Raymond Winling, „Echos de l'Affaire dans la presse socialiste allemande", in: Géraldi Leroy (éd.): *Les Ecrivains et l'Affaire Dreyfus,* Actes du colloque de l'Université d'Orléans, 29-31 oct. 1981, Paris: PUF, 1983, S. 65-73.

14) Vgl. Scheichl, a.a.o., S. 251.

15) In der Tageszeitung *L'Aurore* sind ab 14. bzw. ab 18. Januar 1898 zwei Petitionen erschienen, die die Wiederaufnahme des Dreyfus-Prozesses fordern. Sie wurden von

den Gegnern in negativem Sinn als die „Petitions des Intellectuels" bezeichnet. Siehe dazu Pascal Ory et Jean-François Sirinelli, *Les Intellectuels en France de l'Affaire Dreyfus à nos jours,* Paris: Armand Colin, 1993 (1. Auflage, 1986).

16) Gerd Krumreich, „Die Resonanz der Dreyfus-Affäre im Deutschen Reich", in: Gangolf Hübinger u. Wolfgang J. Mommsen: *Intellektuelle im Deutschen Kaiserreich,* Frankfurt a. Main: Fischer Taschenbuchverlag, 1993, S. 13-32, hier S. 25 f..

17) Beate Gödde-Baumanns hat bei der Durchsicht der Briefe an die Familie Dreyfus festgestellt, daß die Reaktionen aus Deutschland von berührender menschlicher Anteilnahme geprägt und apolitischer sind als jene aus Großbritannien, Belgien oder Italien, in denen häufiger die Enttäuschung über den Verrat an den republikanischen Hoffnungen, die in Frankreich gesetzt wurden, zum Ausdruck kommt. Vgl. dazu B. Gödde-Baumanns, „Die helle Seite ...", a.a.o., S. 102.

18) Siehe dazu Karl Zieger: „Emile Zola zwischen Verehrung und Verachtung – Dreyfus-Affäre und Zola-Rezeption in Österreich", in: Klaus Amann u. Hubert Lengauer (Hg.), *Österreich und der Große Krieg 1914-1918,* Wien: Christian Brandstätter, 1989, S. 31-37.

19) Siehe dazu in diesem Band die folgende „Einführung" von Alain Pagès.

20) Diese Texte sind in der der Übersetzung zugrunde liegender französischen Ausgabe von Alain Pagès nicht enthalten, aber im französischen Originaltext in diversen Taschenbuchausgaben erhältlich: E. Zola, *J'accuse...! La Vérité en marche.* Présentation de Henri Guillemin, postface de Jean-Denis Bredin, Bruxelles: Editions Complexe, 1991 und E. Zola: *L'Affaire Dreyfus. La vérité en marche.* Préface de Colette Becker, Paris: Garnier-Flammarion, 1994 (= GF 220). Deutsche Übersetzungen der meisten dieser Artikel sind seit Jahrzehnten nicht mehr verfügbar gewesen.

21) Einige wenige der hier abgedruckten Briefe sind in deutscher Sprache zuletzt erschienen in: E. Zola, *Mein Kampf um Wahrheit und Recht. Meist unveröffentlichte Briefe aus dem Nachlaß mit einem Bild seines Lebens von seiner Tochter Denise Leblond-Zola.* Übertragen von Artur Rosenberg, Dresden: C. Reissner, 1928.

22) Zitiert nach B. Gödde-Baumanns, „Die helle Seite...", a.a.o., S. 109. Gödde-Baumanns schränkt zu Recht ein, daß dieses Urteil von Hannah Arendt (*Elemente und Ursprünge totaler Herrschaft,* Frankfurt/Main, 1958, S. 148) in der französischen Fassung des Arendt'schen Textes (*Les Origines du totalitarisme. Sur l'antisémitisme,* Paris, 1984) weniger drastisch zum Ausdruck kommt.

In vielen Exemplaren verbreitete Photographie des verurteilten Hauptmannes Alfred Dreyfus

Einführung
Emile Zola in den Jahren der Dreyfus-Affäre
Von Alain Pagès

Die hier veröffentlichten Schriften hat Emile Zola zwischen Herbst 1897 und Ende 1900 verfaßt. Diese Jahre bilden den Höhepunkt der Dreyfus-Affäre, die Frankreich am Ende des 19. Jahrhunderts in eine tiefe politische und moralische Krise gestürzt hat. Es geht dabei um Alfred Dreyfus, einen Artilleriehauptmann jüdischer Abstammung, der im Herbst 1894 wegen Hochverrats verurteilt worden ist und seit dem Frühjahr 1895 seine Strafe auf der Französisch-Guyana vorgelagerten Teufelsinsel abbüßt. Wie sich im Laufe der Jahre herausstellt, sind die Dokumente, die zu seiner Verurteilung geführt haben, von seinen Anklägern fabriziert worden und reine Fälschungen.

Zolas Briefe und Interviews umfassen jene Phase der Affäre, die mit der von Senator Auguste Scheurer-Kestner geführten Kampagne für eine Rehabilitierung von Alfred Dreyfus beginnt und über dessen neuerliche Verurteilung im Prozeß von Rennes zu dessen Begnadigung und zur Amnestie aller mit der Affäre in Zusammenhang stehenden Verfahren führt. Der vorliegende Band erlaubt somit, die einzelnen Etappen von Zolas persönlichem Engagement in zwei entscheidenden Jahren dieser Affäre nachzuvollziehen. Den zahlreichen privaten Briefen[1] haben wir die Zeitungsartikel hinzugefügt, die Zola in diesem Zeitraum veröffentlicht und 1901 im Band *La Vérité en marche* gesammelt herausgegeben hat. Dazu kommen noch in Buchform bisher unveröffentlichte Interviews. Sie vermitteln Zolas Engagement durch eine andere Diskursform, bewahren gleichzeitig aber den dialogischen Charakter des Bandes.

So sind in chronologischer Abfolge öffentliche Stellungnahmen und Auszüge aus der privaten Korrespondenz – Briefe an seine Frau Alexandrine, an seine treuen Weggefährten Paul Alexis und Fernand Desmoulin, an seinen Anwalt Fernand Labori, an den Historiker Joseph Reinach, an den Schriftsteller Octave Mirbeau – vereint. Die Briefe Zolas sind ein Zeugnis der Situation, in der sich der Schriftsteller während der Dreyfus-Affäre befunden hat: Von Januar 1898 an – „J'accuse" erscheint am 13. Januar – fängt die Polizei mehrfach Briefe ab, Zolas Post wird im „schwarzen Kabinett" der Pariser Polizeipräfektur geöffnet und kopiert, während seines Exils in England wird die Jagd auf seine Schriften verstärkt. Zola lebt in England unter falschem Namen, er wickelt seine Korrespondenz mit Hilfe von Mittelsmännern ab, denen er die Briefe an ihm nahestehende Personen in doppeltem Umschlag anvertraut. Dennoch darf sich der Leser von diesen Briefen nicht die Enthüllung von Geheimnissen erwarten, die ein Jahrhundert lang verschwiegen worden wären. Diese Briefe enthüllen nichts: Sie sind vielmehr der Ausdruck eines ideologischen Kampfes; sie sind in der Hoffnung geschrieben, gegensätzliche Standpunkte einander näherzubringen; sie wollen vor allem überzeugen. Zwischen den für diesen Band *geöffneten* Briefen aus Zolas privater Korrespondenz und den als solchen konzipierten *Offenen* Briefen gibt es keinen Bruch, sondern ganz im Gegenteil eine überraschende Einheit von Ton und Inhalt. Die privaten Äußerungen bilden dank der Freiheit der Reflexion die Grundlage für Zolas polemische Texte.

Für Zola war die Korrespondenz nie ein Ort für unterschwellige Intrigen. Die Dossiers, die er zur Vorbereitung für seine Romane angelegt hat, hat Zola sehr früh schon in der Absicht zusammengestellt, sie eines Tages der Nachwelt zu überlassen. In der gleichen Sorge um Transparenz hat er die Lektüre seiner privaten Korrespondenz ausdrücklich genehmigt. Seinem Schüler Henry Céard antwortet er im Juni 1884, als einige seiner handschriftlichen Briefe verkauft werden, mit einigem Stolz: „Ich habe keine Geheimnisse, bei mir stecken die Schlüssel an den Schranktüren; meine Briefe können veröffentlicht werden, sie werden weder eine meiner Freundschaften noch eine meiner Behauptungen Lügen strafen.“[2] Im Januar 1898, als er in der Tageszeitung *L'Aurore* „J'accuse“ veröffentlicht, hat sich an dieser Einstellung nichts geändert. Seine Korrespondenz, so träumt er, sollte ein für alle lesbares, offenes Buch ohne irgendwelche Geheimnisse sein – trotz der Dreyfus-Affäre, deren Strom ihn mit sich reißt, trotz der Gehässigkeiten und Verleumdungen, denen er ausgesetzt sein wird.

*

Als die ersten hier abgedruckten Briefe geschrieben werden (Anfang November 1897), ist Zola in seiner Pariser Wohnung in der Rue de Bruxelles allein. Er hat einige Wochen zuvor sein Landhaus in Médan, nahe Poissy im Westen von Paris, verlassen, wo er seit 1878 alljährlich den Frühling und den Sommer verbringt. Seine Frau Alexandrine ist am 10. Oktober für einen längeren Aufenthalt nach Italien gereist. Diese herbstliche Reise ist seit zwei Jahren zu ihrer Gewohnheit geworden. Die Eheleute haben die Krisen der vergangenen Jahre überwunden, ihr Verhältnis zueinander ist wieder – beinahe – normal geworden. Alexandrine hat die Liaison des Schriftstellers mit Jeanne Rozerot schließlich – nolens volens – akzeptiert[3]. Alle haben sich mit dem erreichten Kompromiß abgefunden: die Aufteilung der Existenz, die Stunden, die Jeanne und den Kindern gewidmet werden können. Diese sind gewachsen, Jeanne ist jetzt acht, Jacques sechs Jahre alt. Die sonntäglichen Spaziergänge mit ihnen in den Tuilerien zählen zu Zolas glücklichen Momenten in diesen Herbsttagen.

Seine Vaterfreuden genießt Zola umso mehr, als er sich frei und unbelastet fühlt. Mit der Fertigstellung seines Romans *Paris*, der dritten Folge der Trilogie der *Trois Villes (Lourdes – Rome – Paris)*, hat er eine weitere Etappe seines Werks vollendet. Der Roman erscheint seit 23. Oktober im Feuilleton der Tageszeitung *Le Journal*. Er stellt eine Synthese mehrerer Themen dar, die Zola bereits in den *Rougon-Macquart* behandelt hat: Im Mittelpunkt des Romans steht der Priester Pierre Froment, der den Glauben verloren hat und dank der Liebe zur jungen Marie das Glück entdeckt. Der Blick des Priesters erfaßt alle sozialen Schichten der Hauptstadt – von der Armseligkeit der Unterschichten bis zur Zügellosigkeit und Korruptheit bestimmter Kreise des Großbürgertums. In ein und derselben Geschichte sind die Themen von *La Curée*, von *Nana* und von *L'Assommoir*[4] vereint. Das Interesse des Romans liegt aber auch in der Darstellung des Frankreich der Jahre 1892/1894, des Frankreich der politischen Skandale und der anarchistischen Anschläge. Dieses Frankreich nimmt bereits jenes der Dreyfus-Affäre vorweg: Die Zeitung *La Libre Parole* des Antisemiten Edouard Drumont (im Roman *La Voix du peuple* von Sanier) gibt inmitten des parlamentarischen Chaos und seiner Intrigen den Ton an. Der Kritiker Edmond Lepelletier merkt dazu richtigerweise an: „Obwohl *Paris* vor der Wiederaufnahme der Dreyfus-Affäre geschrieben und veröffentlicht wurde, hat Zola darin den Kampf vorausgesehen, der bevorstehen sollte. Die Dreyfus-Affäre ist die reale Umsetzung des Kampfes, den er in seinem Buch dargestellt hat."[5]

Die Dreyfus-Affäre – sie wird das geregelte Leben, das Zola führt, gehörig durcheinanderbringen, das Leben eines Schriftstellers, der nur für sein Werk da ist und den nichts für ein derartiges Engagement zu prädestinieren scheint.

Zola fühlt sich nämlich keineswegs mehr von der Politik angezogen. Mehrmals hat er die Mittelmäßigkeit der Parlamentarier der Dritten Republik verurteilt, ihre moralischen Schwächen und ihre Vorliebe für Intrigenspiele angeprangert. Seine öffentliche Stellungnahmen waren immer unzweideutig, die Thesen, die er 1879 im Artikel „La Republique et la littérature" aufgestellt hat, ebenso wie die Kampagne im *Figaro* 1896[6]. Dennoch ist er sich auch im klaren darüber, welches Gewicht ein ernsthaftes, auf wirksame Reformen abzielendes politisches Engagement haben könnte. Er denkt über das Beispiel von Maurice Barrès nach, der von 1889 bis 1893 Parlamentsabgeordneter war, und über die politischen Aktivitäten von Gabriele D'Annunzio in Italien. Er erwischt sich dabei, gelegentlich an eine politische Laufbahn zu denken: Im August 1893 gesteht er in einem Interview mit Jules Huret, daß auch er sich vorstellen könnte, eines Tages, falls man ihn dazu auffordern sollte, um ein Abgeordnetenamt zu kandidieren[7]. Die Funktion des Präsidenten der „Société des gens de lettres", die er von 1891 bis 1896 ausgeübt hat ihm ebenso den möglichen Einfluß auf die Öffentlichkeit gezeigt wie seine Reisen nach England im September 1893 und nach Italien von Oktober bis Dezember 1894, wo er jeweils als der große Vertreter der französischen Literatur mit allen Ehren empfangen wurde.

*

Zola ist kein Dreyfus-Anhänger „der ersten Stunde", sein Engagement in der Affäre ist vielmehr das Ergebnis mehrerer Gespräche mit überzeugten „Dreyfusards"[8]. Zuerst erhält er am 6. November 1897 den Besuch von Bernard-Lazare. Der junge, dem Symbolismus zugewandte Dichter kämpft seit Februar 1895 an der Seite von Mathieu Dreyfus um eine Revision des Prozesses gegen dessen Bruder. Schon ein Jahr vorher, im November 1896, hat er einen – allerdings vergeblichen – Versuch unternommen, Zola für die Sache zu gewinnen. Diesmal kommt er mit mehr – und besseren – Argumenten. Seine zweite Broschüre[9] zum Fall Dreyfus soll schon in den nächsten Tagen erscheinen; sie enthält von internationalen Experten erstellte, detaillierte Analysen des „Bordereau", also von jenem Aktenstück, aufgrund dessen Alfred Dreyfus verurteilt worden ist. Nach ihm ist Louis Leblois, der Anwalt und Freund von Oberst Picquart, in der Rue de Bruxelles zu Gast. Er besucht Zola zweimal, am 8. und am 10. November, und erläutert ihm die ganze Angelegenheit, beschreibt die Intrigen der Militärs, zeigt dem Schriftsteller einige Dokumente; und er veranlaßt Zola, sich am 13. November bei Auguste Scheurer-Kestner, dem Vizepräsidenten des Senats, zu einem Mittagessen einzufinden.

Dieses Treffen sollte entscheidend werden. Dank des Tagebuches von Scheurer-Kestner sind uns Einzelheiten bekannt: Im Hinblick auf eine Pressekampagne, die er plant, wünscht Scheurer-Kestner „den Rat eines Mannes, der gewohnt ist, die Massen anzusprechen"[10]. Außer Zola hat er noch einen anderen Schriftsteller eingeladen, Marcel Prévost. Am Ende der Mahlzeit schildert er mit Hilfe von Leblois den bisherigen Verlauf der ganzen Affäre. Die beiden Schriftsteller hören gespannt zu. Scheurer-Kestner beobachtet ihre Reaktionen und vergleicht jene von Zola mit jener von Prévost. Im Tagebuch vermerkt er über Zola: „Was für ein Unterschied zu Marcel Prévost, der ein hübscher, feiner und gebräunter Kopf aus dem Süden ist, mit einem forschenden Blick und einem sinnlichen, skeptischen Mund; aber ihm fehlt die Kraft! Das sieht man, das fühlt man in seinen Aussagen. Ich habe den Eindruck, daß Ersterer [Zola] 'etwas' machen und Letzterer [Prévost] bedauernd ablehnen wird."[11]

Zola ist nach diesem Treffen von dem, was er erfahren hat, tatsächlich zutiefst betroffen. Die Frage einer öffentlichen Wortmeldung seinerseits ist erörtert worden. Er versucht noch, Distanz zu bewahren. Aber fast gegen seinen Willen läßt er sich in eine Geschichte hineinziehen, die ihm „außerordentlich“ und „aufregend“ erscheint. In einigen langen Briefen, die wir hier leider nicht veröffentlichen können[12], vertraut er sein Zögern Alexandrine an. Die mutige Haltung von Scheurer-Kestner hat ihn tief beeindruckt. Fernand de Rodays, der Direktor des *Figaro* und ein alter Bekannter von Zola, verspricht ihm seine Unterstützung. Da entschließt sich Zola zu handeln: Am 25. November erscheint im *Figaro* unter dem Titel „Monsieur Scheurer-Kestner“ sein erster Artikel über die Affäre. Der Schriftsteller verteidigt darin die vom Vizepräsidenten des Senats eingeleitete Kampagne für eine Wiederaufnahme des Dreyfus-Prozesses. Damit hat Zola offen sein Lager gewählt.

Halten wir uns zuerst einmal die Tragweite dieser Entscheidung vor Augen. Oft wird die Frage gestellt, ob Zolas Engagement für Dreyfus nicht reichlich spät gekommen ist. Seine Kritiker haben ihm vorgeworfen, nicht zu den „Dreyfusards der ersten Stunde“ gezählt zu haben, und in diesem Zusammenhang die Gleichgültigkeit herausgestrichen, die Zola beim ersten Besuch von Bernard-Lazare 1896 an den Tag gelegt hat. Diese Vorwürfe gehen aber von Rekonstruktionen *a posteriori* aus, die die Chronologie der Ereignisse nicht entsprechend berücksichtigen. Anfang November 1897 gibt es die Dreyfus-Affäre als solche nämlich noch gar nicht. Scheurer-Kestner hat zwar schon am 14. Juli seinen Kollegen im Senat mitgeteilt, daß er die Absicht hat, sich für eine Wiederaufnahme des Dreyfus-Prozesses einzusetzen, und langsam macht sich die Auffassung breit, daß Dreyfus unschuldig sein könnte. Aber abgesehen von Scheurer-Kestner und Leblois, die beide geschworen haben, Stillschweigen zu bewahren, ist noch niemand in der Lage, den Namen des wahren Schuldigen zu nennen. Nicht einmal Mathieu Dreyfus, der bereits seit drei Jahren verzweifelt versucht, das Geheimnis aufzuklären, und der die Wahrheit erst am 9. November entdecken wird ... Erst als der Name Walsin-Esterhazy publik wird, besteht berechtigte Hoffnung, die Unschuld von Alfred Dreyfus zu beweisen. Am Abend des 15. November nennt Mathieu Dreyfus, von Scheurer-Kestner dazu ermutigt, öffentlich den Grafen Walsin-Esterhazy als den Schuldigen: Sein Brief an den Kriegsminister erscheint am folgenden Tag in den Zeitungen. Erst an diesem Tag wird für die Öffentlichkeit der „Fall Dreyfus“ wirklich zu einer Affäre. Die Regierung verlangt eine Untersuchung, mit der General de Pellieux beauftragt wird. Sie führt zu dem von Hauptmann Ravary geleiteten Kriegsgerichtsverfahren gegen Esterhazy. Der Prozeß findet am 10. und 11. Januar 1898 statt.

Zola ist also früh informiert und in die Gespräche eingebunden, die in den ersten zwei Novemberwochen zur Bildung der Dreyfus-Partei um Scheurer-

Kestner und Leblois führen; er gehört zu denen, die sich von Anfang an an der vordersten Front befunden haben. Noch während der von de Pellieux geführten Untersuchung drückt Zola in seinen Artikeln im *Figaro* seine Überzeugung von der Notwendigkeit aus, das gegen Dreyfus erlassene Urteil zu revidieren.

In den drei zwischen dem 25. November und 5. Dezember veröffentlichten Artikeln („Monsieur Scheurer-Kestner", „Das Syndikat", „Bestandsaufnahme") bemüht sich Zola, die Affäre zu umreißen und ihren ideologischen und politischen Hintergrund zu beschreiben. Auf die Ironie, die er an den Tag legt, wenn er die Legende vom berühmten „Judensyndikat" aufs Korn nimmt, folgt im Artikel „Bestandsaufnahme" die Denunziation des Antisemitismus und der „niederträchtigen Ausnutzung des Patriotismus", die die Presse betreibt. Das ist für die konservativen Leser des *Figaro* zu viel, sie bekunden ihre Entrüstung und drohen mit der Auflösung ihrer Abonnements. Zola ist gezwungen, seine Kampagne einzustellen. Deshalb wendet er sich an seinen Verleger Eugène Fasquelle und schlägt ihm vor, seine „Offenen Briefe" in Form von Broschüren herauszubringen. In ihnen will er die Ereignisse aus einer gewissen Höhe betrachten und wählt einen lyrischeren Stil. *Lettre à la jeunesse (Brief an die Jugend)* und *Lettre à la France (Brief an Frankreich)* sind ein Appell an die Vernunft. Sie sind ein hoffnungsvoller Aufschrei, Zola will noch daran glauben, daß Recht gesprochen werden kann. Der Freispruch von Esterhazy am 11. Januar macht diesen Glauben aber zunichte.

Er führt auch zu „J'accuse", dem Offenen Brief von Emile Zola an Félix Faure, den Präsidenten der Republik, den die Tageszeitung *L'Aurore* auf der Titelseite ihrer Morgenausgabe vom 13. Januar 1898 abdruckt. Dieser Artikel ist nicht der Ausdruck einer spontanen Reaktion. Er stellt für Zola vielmehr den Höhepunkt einer Nachdenkphase dar, die Anfang November 1897 begonnen hat, und ist eine Synthese aus der historischen Analyse der im *Figaro* erschienenen Artikel und dem emotionellen Ton der Broschüren. Mit diesem Brief an den Präsidenten der Republik exponiert sich Zola bewußt. Er formuliert das ganz klar im Anschluß an die Anklage, die er gegen die höchsten Verantwortlichen des Staates erhebt: „Ich habe nur eine Leidenschaft, jene des Lichts, im Namen der Menschheit, die soviel gelitten und die ein Recht hat, glücklich zu sein. Mein flammender Protest ist nur ein Aufschrei meiner Seele. Man möge mich vor ein Schwurgericht bringen, und die Untersuchung geschehe in aller Öffentlichkeit! Ich warte." Zolas Absicht ist tatsächlich, einen neuen Prozeß zu erwirken.

Die Wirkung dieses gewagten Aktes ist beträchtlich. „Es war wie ein Aufwallen aller Kräfte", schrieb Charles Péguy: „Der Kampf konnte von neuem beginnen. Den ganzen Tag über riefen die Zeitungsjungen mit heiserer Stimme

L'Aurore, sie liefen mit dicken Bündeln unterm Arm herum und verteilten *L'Aurore* an die eiligen Käufer. Dieser schöne Zeitungsname, der jeder Heiserkeit standhält, schwebte wie ein Getöse über der fieberhaften Atmosphäre der Straßen. Der Schlag war so außergewöhnlich, daß er beinahe ganz Paris erschüttert hätte."[13] Die Auflage von *L'Aurore* stieg auf das Doppelte: zwischen 200.000 und 300.000 Exemplare wurden von dieser Nummer verkauft. „*J'accuse* erschütterte Paris in einem Tag", erinnert sich Léon Blum in seinen *Souvenirs*: „Der 'Dreyfusismus' war wieder 'aufgepumpt'. Wir fühlten in uns ein neues Selbstbewußtsein aufsteigen, während die Gegner vor Wut über den erhaltenen Hieb heulten."[14] Henri Barbusse, der ebenfalls einer der Zeugen des Ereignisses war, kommentierte es so: „Mehr noch als die Tapferkeit des Mannes, der sich voll und ganz auf dieses Justizabenteuer einläßt und das Risiko auf sich nimmt, darin für immer mit seinen Ballen an Büchern und Ehren unterzugehen, muß man die perfekte Klarsicht der ganzen Darstellung bewundern, die er verfaßt hat. [...] Während viele der Zeitgenossen, die wohl die besten Absichten hinsichtlich der Gerechtigkeit hatten, noch verstört und niedergeschlagen waren, noch zögerten und auf irgendwelche Bestätigungen warteten, da hat er sich, ohne über mehr Dokumente zu verfügen als sie, mit unfehlbarer Sicherheit seine Überzeugung zurechtgezimmert."[15]

Als journalistisches Werk ist „J'accuse" eine kollektive Leistung. Clemenceau und Vaughan waren in die Vorbereitungen der Veröffentlichung eingeweiht; schließlich ist, rechtlich gesehen, *L'Aurore* ja für die Veröffentlichung verantwortlich. Clemenceau hat unter Verwendung von Zolas immerwiederkehrender Anklageformel den Titel gefunden. Er sieht den Kampf voraus, den der Artikel auslösen wird, er bereitet sich darauf mit klarem Verstand und sogar mit Begeisterung vor. Der Historiker Joseph Reinach erzählt, daß er bei der Lektüre des druckfrischen Artikels von Zola erklärt haben soll: „Das Kind läuft nun von alleine."[16] Tatsächlich läßt die Reaktion der Regierung nicht auf sich warten. Von den Abgeordneten der eigenen Mehrheit angetrieben, nimmt sie nach einigen Augenblicken des Zögerns den Fehdehandschuh auf, den Zola ihr hingeworfen hat. Am 18. Januar wird im Ministerrat beschlossen, daß der Kriegsminister vor dem Schwurgericht des Departements Seine gegen Zola und gegen Alexandre Perrenx, den Administrator von *L'Aurore*, die Verleumdungsklage einbringen soll. In der Klage werden allerdings nur drei kurze Passagen aus „J'accuse" beanstandet, die „die Ehre des Militärgouverneurs von Paris in Frage stellen" und ausschließlich den Freispruch von Esterhazy durch das Kriegsgericht vom 10./11. Januar 1898 betreffen. Damit wollen die Kläger verhindern, daß im Prozeß gegen Zola und *L'Aurore* die Dreyfus-Affäre angesprochen wird. Dieses Vorhaben schlägt aber fehl.

Der Prozeß erstreckt sich über zwei Wochen – vom 7. bis 23. Februar – und ist Anlaß für leidenschaftliche Debatten. In den ersten Sitzungen werden die wichtigsten Akteure der Affäre angehört; sie erzählen, was sie wissen: Die Anhänger von Dreyfus geben so viele Details wie nur möglich; die Zeugen der Armee legen zwar eine Verschleierungstaktik an den Tag, liefern aber dennoch eine große Zahl an Informationen. Der Höhepunkt dieser „Exposition" ist die Aussage von Picquart: Seine Gegenüberstellung mit Henry artet am 12. Februar in eine regelrechte frontale Auseinandersetzung aus. Dann sind die Experten an der Reihe. Auf die Sachverständigen der beiden Kriegsgerichte vom Dezember 1894 (Prozeß gegen Dreyfus) und Januar 1898 (Prozeß gegen Esterhazy) – Bertillon, Teysonnières, Charavay, Pelletier, Gobert, sowie Couard, Belhomme und Varinard – folgen die von der Verteidigung aufgebotenen „Gegen-Experten": Paul Meyer, Direktor der „Ecole des Chartes", Edouard Grimaux, der an der „Ecole polytechnique" unterrichtet, und Louis Havet, Professor am „Collège de France".

Die neunte Sitzung am 16. Februar gibt der Verhandlung eine neue Wendung: De Pellieux, der sich zu einigen gewagten Äußerungen hat hinreißen lassen, verlangt die Zeugenaussage von Stabschef General de Boisdeffre. Der erscheint in prächtiger Uniform und droht in Richtung Geschworenenbank: „Ihr seid die Geschworenen, Ihr seid die Nation; wenn die Nation kein Vertrauen mehr in die Führer ihrer Armee hat, in diejenigen, die die Verantwortung für die Verteidigung der Nation tragen, dann sind diese bereit, anderen diese schwere Bürde zu überlassen [...]." [17] Mit dieser Rücktrittsdrohung der Armeeführung ist das Schicksal der Angeklagten besiegelt.

Zola trägt seine Erklärung vor den Geschworenen am 21. Februar vor und wiederholt tief bewegt seine innerste Überzeugung: „Dreyfus ist unschuldig, das schwöre ich. Ich schwöre es bei meinem Leben, bei meiner Ehre [...]." Das leidenschaftliche Plädoyer von Labori erstreckt sich über drei Sitzungen vom 21. bis 23. Februar; darauf folgt ein kürzeres von Clemenceau. Das Urteil wird am Abend des 23. Februar verkündet: Perrenx wird zu vier Monaten Gefängnis und 3.000 Francs Geldstrafe verurteilt, der Autor von „J'accuse" ebenfalls zu 3.000 Francs und einer Gefängnisstrafe von einem Jahr.

Zola zieht sich nach dem Prozeß in sein Landhaus in Médan zurück und versucht, den Sturm, durch den er gegangen ist, ein wenig zu vergessen. Die von einigen hundert „Intellektuellen" unterzeichneten und in *L'Aurore* veröffentlichten Petitionen [18] dürfen nicht darüber hinwegtäuschen, daß Zolas Freundeskreis wie Schnee in der Sonne schmilzt. In den literarischen Kreisen von Paris meidet man ihn. Auf der Vollversammlung der „Société des gens de lettres" am 27. März spricht Paul Alexis, der treue Freund, die gewagte Idee aus, eine Unterstützungserklärung für Zola zu verabschieden. Die Folge ist ein schrecklicher Wirbel, die Hälfte der Anwesenden hält das Ansinnen für einen Skandal. Alexis wird das Wort entzogen, sein Antrag brutal abgewiesen[19]. Dieselbe Reaktion, nur auf eine etwas diskretere Art, zeigt die „Académie Française“: Am 26. Mai geht es dort um die Aufnahme von zwei neuen Mitgliedern. Zola ist – wieder einmal – Kandidat und erhält an diesem Tag keine einzige Stimme.

Vom juridischen Standpunkt ist die Affäre aber lange noch nicht beendet. Am 2. April hebt das Kassationsgericht (Berufungsgericht) das Urteil wegen eines Formfehlers auf und bringt damit das Verfahren wieder in Gang. Der Prozeß soll nunmehr am 23. Mai vor dem Schwurgericht in Versailles stattfinden. Die Regierung erwartet sich dort mehr Ruhe als in Paris, die für den Prozeß bestimmten Richter sind für ihre Härte bekannt und man hofft, die Angelegenheit so zu einem „runden Abschluß“ zu bringen. Die Anwälte der Verteidigung aber wollen Zeit gewinnen – in der Hoffnung, daß die anderen gerade laufenden Verfahren in der Affäre (vor allem das Zivilverfahren gegen Esterhazy) neue Fakten zutage fördern würden. Labori stellt den Antrag auf Unzuständigkeit des Gerichts, der sich darauf stützt, daß die Angelegenheit nur von einem Pariser Schwurgericht behandelt werden könne. Sein Antrag wird zwar abgewiesen, er legt aber Berufung ein und erzielt damit eine aufschiebende Wirkung.

Die Affäre muß also neuerlich vor Gericht. Dieses tritt am 18. Juli wieder in Versailles zusammen, wo die Verteidigung wieder dieselbe Taktik anwendet. Sie geht diesmal allerdings nicht auf, der Einspruch bewirkt keinen Aufschub mehr. Die Angeklagten verlassen daraufhin das Gericht und werden in Abwesenheit zur Höchststrafe verurteilt: ein Jahr Gefängnis und 3.000 Francs – wie bereits am 23. Februar. Ist man also wieder am Ausgangspunkt angelangt? Labori und Clemenceau glauben, daß es noch einmal möglich ist, Zeit zu gewinnen; sie raten Zola, Frankreich zu verlassen, damit das ausgesprochene Urteil nicht zugestellt und damit auch nicht vollstreckt werden könne. Noch am selben Abend nimmt der Autor von „J'accuse“ den Zug nach London.

Zola selbst hat diese „Flucht ins Exil“, zu der man ihn veranlaßt hat, nicht gewollt. Durch sein Verschwinden befreit er sich aber von den im Sand verlaufenden juridischen Streitereien und bringt sich gewissermaßen in Sicherheit. Er entgeht zumindest den Gegnern des Augenblicks: dem absurden Haß der antisemitischen Demonstranten, die ihn in Paris und in Versailles vor und nach den Gerichtsverhandlungen verfolgt haben; dem dummen Haß der Soldaten, die ihn am 10. April während eines Radausflugs in Médan angepöbelt haben; dem kalkulierten Haß des Chefredakteurs des *Petit Journal*, Ernest Judet, der seit dem 23. Mai eine Verleumdungskampagne gegen Zola führt und dabei nicht davor zurückschreckt, dessen verstorbenen Vater in den Schmutz zu ziehen ... Seine Kampagne war gut „orchestriert“: Judets erster Artikel („Zola père et fils“) erscheint am 23. Mai, also gerade zum Beginn des (ersten) Prozesses in Versailles. Ein zweiter Artikel folgt am 25. Mai, ein dritter am 18. Juli, als der Prozeß in Versailles wiederaufgenommen wird. Um die militärische Vergangenheit von François Zola in Frage zu stellen und ihn als Dieb darzustellen, bedient sich Judet Akten aus dem Kriegsministerium. Der Schriftsteller antwortet darauf am 28. Mai, indem er in einem Artikel in *L'Aurore* an die Karriere seines Vaters als Zivilingenieur erinnert und das Versprechen ablegt, dessen Ehre zu verteidigen. So entsteht also eine neue „Affäre“, die sich auf die erste überträgt und sie durch einen zweiten Handlungsstrang verkompliziert. Der Traum von der reinen Wahrheit löst sich in schäbigen Machenschaften auf. Wie weit entfernt scheint zu diesem Zeitpunkt für Zola doch der Sieg!

Mit der Ankunft am Viktoria-Bahnhof in London schlägt Zola am Morgen des 19. Juli 1898 eine neue Seite seines Lebens auf. Sein Weg führt ihn ins Ungewisse, in ein Land, das er nicht kennt und dessen Sprache er nicht spricht. In seinem Exil wird er sich sehr einsam, manchmal sogar verlassen vorkommen. Aber er wird es auch dazu nützen, sich selbst wiederzufinden und moralische Kraft zu tanken.

Zola steigt zuerst im Hotel Grosvenor nahe der Victoria-Station ab. Am 22. Juli verläßt er das Zentrum von London und bezieht im Hotel Oatlands Park im Dorf Weybridge (Surrey) Quartier, wobei ihm Fernand Desmoulin, der treue Freund, der ihm nachgereist ist, hilfreich zur Seite steht. Zola tritt unter dem Pseudonym „Jean Beauchamp“ auf, weil er sich so gut wie möglich bedeckt halten will. Die Frage, die sich ihm stellt, ist, ob seitens der französischen Justiz tatsächlich Gefahr für ihn besteht, ob sie auf englischem Boden seiner habhaft werden kann. Seine Berater, sei es nun Labori in Paris oder Wareham, der englische Anwalt, dessen Bekanntschaft er durch seinen Übersetzer Ernest Vizetelly gemacht hat, in London, wissen nicht, was sie ihm raten sollen. Zola verstärkt deshalb einfach seine Vorsichtsmaßnahmen, ohne im Grunde selbst an ihre Wirksamkeit zu glauben. Dies läßt sich in den ersten Briefen aus dem Exil klar nachvollziehen. Die Situation entbehrt bisweilen nicht einer gewissen Komik. Niemand fällt wirklich auf sein angebliches Inkognito herein, aber diejenigen, die ihn erkennen, verhalten sich diskret. Schließlich verläuft alles wunschgemäß. Der sprichwörtliche Charakter der Engländer – ihre Zurückhaltung und ihr Puritanismus – erweisen sich für Zola als der beste Schutz.

Am 24. Juli kehrt Desmoulin nach Frankreich zurück, um die Reise von Alexandrine vorzubereiten. Sie soll so bald wie möglich ihrem Mann nach

England folgen. Desmoulin kommt bereits einige Tage später mit einem großen Koffer wieder, der neben ein wenig Wäsche auch einen Photoapparat und die Vorarbeiten zu *Fécondité* (*Fruchtbarkeit*) enthält, dem Roman, den Zola nun in Angriff nehmen möchte. Am 1. August übersiedelt Zola von Oatlands Park in ein kleines Landhaus, „Penn", das er für vier Wochen gemietet hat. Desmoulin kehrt endgültig nach Paris zurück. Violette Vizetelly, die Tochter seines Übersetzers, dient Zola in dieser Zeit als Haushälterin und Dolmetscherin. Endlich findet der Schriftsteller seinen regelmäßigen Arbeitsrhythmus und damit auch seine innere Ruhe wieder. In seinem Exil-Tagebuch zieht er Bilanz über die Ereignisse, die hinter ihm liegen: „Vor elf Monaten habe ich meinen letzten Roman, *Paris*, fertiggestellt. Die ungeheuerliche Affäre hat mir fast schon ein Jahr meines Lebens und meiner Arbeit gekostet. Ich bedaure nichts und werde den Kampf um Wahrheit und Gerechtigkeit wieder aufnehmen. Es ist aber schon ein erstaunliches Abenteuer, das ich da in meinem Alter und nach einem geregelten Leben als ordnungsliebender Schriftsteller und Stubenhocker erlebe!" Dann fügt er noch hinzu: „Da ich jetzt den Ereignissen ausgeliefert bin, darf ich mich durch nichts mehr überraschen lassen. Ich möchte nur die Kraft haben, selbst inmitten des Trubels der Ereignisse das neue Werk fortsetzen und abschließen zu können. Ich hoffe, daß das für mich eine große Stärkung sein wird. Wie schon so oft wird mir die Arbeit wieder über die schwersten seelischen Qualen hinweghelfen."[20]

Bald wird Zola ein unerwartetes Glück zuteil. Da Alexandrine durch materielle Sorgen von der geplanten Reise nach England abgehalten wird, ermutigt sie Zola, Jeanne und die Kinder nachkommen zu lassen – seine „anderen Lieben", wie sie in einem Euphemismus schreibt ... Die Dreyfus-Affäre hat die Bande zwischen den Eheleuten wieder gestärkt. Diesmal tritt Alexandrine von sich aus in den Hintergrund. Jeanne und die Kinder treffen am 11. August ein und bleiben bis 15. Oktober in England. Am 27. August übersiedeln alle vier ins Haus „Summerfield" nach Addlestone. Das Haus ist größer, „ein großer, halb von Unkraut überwucherter Garten" – wie es in den *Pages d'exil*[21] heißt – und besser für die Kinder geeignet. In der Ruhe des englischen Sommers scheint das Exil fast vergessen.

Dennoch will sich Zola nicht mit dem Gedanken anfreunden, auch den Winter in England zu verbringen. Er schmiedet den Plan, nach dem 15. Oktober nach Italien, in die Gegend von Genua zu reisen und dort endlich Alexandrine zu treffen. Doch am 31. August gibt es in der Affäre einen Paukenschlag: Oberst Henry, der kurz zuvor die Fälschung der Dreyfus angelasteten Dokumente gestanden hat und festgenommen worden ist, wird in seiner Zelle im Militärgefängnis am Mont-Valérien tot aufgefunden. „Ein Augenblick verrückter Freude", schreibt Zola in sein Exil-Tagebuch[22]. Er glaubt, daß damit die Affäre abgeschlossen ist und er nach Frankreich zurückkehren kann. Aber seine Hoffnungen werden bald enttäuscht. Ministerpräsident Henri Brisson windet sich wie gewöhnlich; die nationalistische Presse, der es kurz die Rede verschlagen hat, heult lauter denn je und macht aus Henry einen Helden und Märtyrer; der neue Kriegsminister General Zurlinden widersetzt sich energisch der Revision des Dreyfus-Prozesses.

So beginnt für Zola eine neue Periode des Wartens, die durch die letzten Pariser Ereignisse aber noch unerträglicher geworden ist. Am 15. Oktober läßt er die geplante Italienreise fallen – „wozu das Exil wechseln?", fragt er sich. Unter dem Namen „Richard" quartiert er sich im Queen's Hotel ein; es befindet sich in Upper Norwood, einem südlichen Vorort Londons, in der Nähe des berühmten, für die Weltausstellung 1851 errichteten Crystal Palace. In diesem typisch englischen Hotel, das auf unnachahmliche Weise Komfort, familiäre Atmosphäre und Diskretion vereint, wird er bis zum Ende seines Exils bleiben. Als die Strafkammer des Kassationsgerichtshofs Ende Oktober mit ihrer Untersuchung des Falles Dreyfus beginnt, schöpft Zola erneut Hoffnung auf eine baldige Heimkehr. Aber in Paris sind die führenden Köpfe der Dreyfus-Partei mit den gegen Oberst Picquart eingeleiteten Verfahren beschäftigt und lehnen Zolas Ansinnen ab. Es sei besser, noch abzuwarten, raten sie, und Labori ermahnt Zola zur Vorsicht: „Lassen Sie das Kassationsgericht seine Arbeit machen, solange es nach den Prinzipien der Justiz handelt", schreibt er an Zola, „wenn Sie dann zurückkommen, wird der Glanz Ihres Triumphes durch die Größe des gebrachten Opfers noch stärker und die Dankbarkeit wie die Bewunderung von ganz Frankreich für Sie wird unermeßlich sein."

Die Lage wendet sich aber nicht zum Besseren. Quesnay de Beaurepaire, der Präsident der Zivilkammer, bezichtigt seine Kollegen von der Strafkammer der Einseitigkeit. Die Regierung erläßt daraufhin das Ausnahmegesetz, mit dem die Zuständigkeit der Strafkammer des Kassationsgerichtshofs aufgehoben wird. Als Zola am 10. Februar 1899 erfährt, daß die Abgeordneten dieses Gesetz, das das Revisionsverfahren den drei vereinigten Kammern des Kassationsgerichts überträgt und dadurch eine Wiederaufnahme des Dreyfus-Prozesses noch unwahrscheinlicher macht, verabschiedet haben, hat er den Eindruck, Frankreich sei „dem schlimmsten Wahnsinn" verfallen. Zu einem Zeitpunkt, als alles verloren scheint, ereignet sich für die Dreyfus-Anhänger das zweite Wunder: der Tod von Präsident Félix Faure, einem vehementen Gegner der Revision, der am 16. Februar in den Armen der schönen Madame Steinheil einem Herzschlag erliegt. Der Lauf des Schicksals scheint eine Wende zu nehmen. Emile Loubet, der der Revision wohlwollend gegenübersteht, wird zum Präsidenten der

Republik gewählt, und das klägliche Scheitern des Staatsstreichs, den Paul Déroulède während des Begräbnisses von Félix Faure versucht hat, dämmt zumindest vorläufig die Hoffnungen der Nationalisten ein.

Damit beginnt für Zola die letzte Periode im Exil. Das Warten ist nun mit einer größeren Zuversicht in den Ausgang der Ereignisse verbunden. Die Persönlichkeit von Ballot-Beaupré, des Berichterstatters des Kassationsgerichts, beunruhigt Zola zeitweilig. Von Alexis und von Reinach erhält er aber Informationen, die ihn nach und nach beruhigen. Die letzten Monate im Londoner Exil werden durch die Besuche verschiedener Freunde aus Paris erträglicher gemacht. Auch die Arbeit geht voran: Zola möchte *Fécondité* vor der Rückkehr nach Frankreich abschließen, um sich dann ganz auf die neuen Entwicklungen in der Dreyfus-Affäre konzentrieren zu können. Am 3. Juni erhält er von Alexandrine endlich das verschlüsselte Telegramm: „Scheck zurückgestellt. Rechnung erhalten. Alles in Ordnung". Das soll im Klartext heißen, daß die vereinten Kammern das Urteil von 1894 aufgehoben haben und Alfred Dreyfus vor ein neues Kriegsgericht gestellt wird... Am 4. Juni besteigt Emile Zola in Begleitung seines Verlegers Eugène Fasquelle um 9 Uhr abends den Nachtzug von London nach Paris, wo er am folgenden Tag um 5 Uhr 38 ankommt. Seine Rückkehr ist diskret. Es ist nicht die eines Triumphators, dem die Menge zujubelte, sondern die eines klarsichtigen Mitstreiters, der weiß, daß der endgültige Abschluß der Affäre noch in weiter Ferne ist.

Zola erklärt seine Haltung in einem „Gerechtigkeit" betitelten Artikel, den *L'Aurore* am gleichen Tag veröffentlicht: „Vor fast elf Monaten habe ich Frankreich verlassen. Ich habe elf Monate Verbannung auf mich genommen und dabei vollständige Zurückhaltung und absolutes Stillschweigen geübt. Ich glich einem Toten, der in Erwartung der Wahrheit und der Gerechtigkeit freiwillig in der Tiefe seines Grabes ruht. Heute aber, da die Wahrheit gesiegt hat und das Recht endlich wieder herrscht, lebe ich wieder auf und kehre auf französischen Boden zurück." Am Schluß des Artikels spielt er auf seine eigene Situation als Angeklagter an: „Ich bin wieder zu Hause, der Herr Oberstaatsanwalt kann, wann immer es ihm beliebt, mir das Urteil des Schwurgerichts von Versailles zustellen lassen, das mich in Abwesenheit zu einem Jahr Gefängnis und dreitausend Francs Strafe verurteilt hat. Wir werden uns dann vor den Geschworenen wiedersehen."[23]

Zolas Warten ist aber vergeblich. Die Justiz stellt dem Schriftsteller zwar Ende August eine gerichtliche Vorladung zu, vertagt dann aber seinen Prozeß regelmäßig bis zur Verabschiedung des Amnestiegesetzes im Dezember 1900.

Alfred Dreyfus steht am 7. August 1899, fast fünf Jahre nach seiner ersten Verurteilung, wieder vor einem Kriegsgericht, diesmal in Rennes. Zola bewahrt in dieser Situation die Haltung des Exilierten. Er zieht sich nach Médan zurück und bestätigt Journalisten gegenüber seine Entscheidung, vor dem Kriegsgericht nicht als Zeuge auszusagen und auch den Verhandlungen nicht beizuwohnen. Dennoch verfolgt er sehr genau alles, was sich in diesen langen Sommertagen 1899 ereignet. Allmorgendlich verschlingt er förmlich *L'Aurore* und sucht troz der pessimistischen Briefe, die ihm seine Freunde aus Rennes schicken, hinter jeder Meldung einen Grund zur Hoffnung. Die Nachricht vom Attentat auf Labori am 14. August weckt in Zola wieder die schlimmsten Ängste aus den Zeiten des Exils. Die neuerliche Verurteilung von Dreyfus am 9. September löst reine Bestürzung aus. In *L'Aurore* bekräftigt er einige Tage später: „Ich bin entsetzt. Aber ich verspüre nicht mehr den Zorn oder eine von Rachelust erfüllte Verbitterung, nicht mehr das Bedürfnis, ein Verbrechen anzuprangern und im Namen der Wahrheit und Gerechtigkeit seine Bestrafung zu fordern; heute fühle ich das Entsetzen und das heilige Schaudern eines Mannes, der sieht, daß das Unmögliche wahr wird, daß die Flüsse zu ihren Quellen zurückfließen, daß Erde und Sonne sich überschlagen. Der Schmerz über unser großherziges und edles Frankreich, das Grausen vor dem Abgrund, in den es stürzt, machen mich heute rasend."

Der Prozeß von Rennes läßt Zola den Ton von „J'accuse" wiederfinden: „Wir haben eine unendliche Zahl von Angriffen auf die Wahrheit und die Gerechtigkeit miterlebt. Wir haben da: eine Bande von Zeugen, die die Verhandlungen führt, sich allabendlich über den dunklen Hinterhalt für den nächsten Tag einigt, sich mit Hilfe von Lügen an Stelle der Staatsanwaltschaft zum Kläger aufspielt, die Gegenzeugen einschüchtert und beleidigt und mit ihren Offizierstressen und Federbüschen imponiert; einen Gerichtshof, der unter dem Druck dieser Invasion der Vorgesetzten steht, dem es offensichtlich Unbehagen bereitet, diese in der Rolle von Kriminellen zu sehen, und der einer ganz eigenen Mentalität gehorcht, die man länger wird analysieren müssen, um über die Richter urteilen zu können; eine groteske Staatsanwaltschaft, die an Albernheit alles bisher Dagewesene übertrifft und den Historikern von morgen eine Anklageschrift überläßt, deren stupide und verbrecherische Nichtigkeit sie in maßloses Staunen versetzen wird, eine Staatsanwaltschaft, deren greisenhafte und eigensinnige Grausamkeit von einem noch unbekannten menschlichen Tier herzurühren scheint; eine Verteidigung schließlich, die man zuerst umbringen möchte, der man jedesmal, wenn sie unbequem wird, das Wort entzieht und der man es verweigert, die einzigen Zeugen vorzuladen, die wirklich Kenntnis von der Sache besitzen, und die entscheidenden Beweise vorzubringen."[24]

Die Regierung Waldeck-Rousseau sucht aber nicht die Konfrontation, sondern bemüht sich eher um eine Beruhigung der Gemüter. General Galliffet, der

Bezwinger der „Commune", wurde zum Kriegsminister gemacht, um die Armeeführung zur Vernunft zu bringen. Am 19. September unterschreibt Staatspräsident Loubet die Begnadigung von Dreyfus, am selben Tag stirbt Scheurer-Kestner an den Folgen einer langen Krankheit. Am 21. September 1899 kann General Galliffet der ihm zugedachten Rolle entsprechend an die Armee den berühmt gewordenen Tagesbefehl richten, der mit den Worten beginnt: „Der Zwischenfall ist beendet!".

Dreyfus hat die ihm vorgeschlagene Begnadigung angenommen. Zola weiß, daß dieser politische Kompromiß die Erhabenheit des Kampfes, der im November 1897 begonnen hat, zunichte macht[25]. Aber im Gegensatz zu den hartnäckigsten Dreyfusards (zu denen Clemenceau, Labori und Picquart gehören) weigert er sich, das dem Verurteilten vorzuwerfen. Im großartigen Brief, den er öffentlich an Lucie Dreyfus richtet, gibt er seiner Freude über das Wiedersehen des Vaters mit seinen Kindern Ausdruck; er meditiert über den beispielhaften Charakter des geführten Kampfes und verspricht, ihn bis zum endgültigen Freispruch von Dreyfus weiterzuführen. Dieses Thema behandelt er in seinen zwei letzten Offenen Briefen zur Affäre, die er im Laufe des Jahres 1900 veröffentlicht: Der „Brief an den Senat" richtet sich gegen das Amnestiegesetz, der „Brief an Emile Loubet" greift mit bitterer Ironie den Text von „J'accuse" wieder auf. Über die Ernüchterung hinaus, die die Realitäten des politischen Lebens mit sich gebracht haben, bleibt eine Botschaft der Hoffnung; sie beruht auf dem Vertrauen, daß die Menschheit imstande wäre, aus den durchgemachten Leiden Lehren zu ziehen.

*

Die Gliederung des vorliegenden Bandes ist durch ein grundlegendes Ereignis im Verlauf des Engagements von Zola für Dreyfus bestimmt: die „Flucht" ins Exil am 18. Juli 1898. Vor diesem Datum erscheint uns Zola als der Kämpfer, der, inmitten des Sturms, den er ausgelöst hat, seine Entscheidungen auf sich nimmt und alles daransetzt, um ihre ideologische Ausrichtung zu bewahren. Vom Sommer 1898 an ist Zolas Diskurs stärker von den Gefühlen, von der emotionalen Komponente geprägt; er registriert zwar weiter aufmerksam das Echo der Ereignisse, verinnerlicht sie aber mehr. Gewöhnlich ist Zolas Korrespondenz sehr zurückhaltend und sparsam im Umgang mit Bekenntnissen, muß sie doch auf ein komplexes Netz an öffentlichen Verbindungen Rücksicht nehmen. Die Erfahrung des Exils hat eine Veränderung der Beziehung zu seinen Briefpartnern herbeigeführt, Zolas Briefstil den Emotionen geöffnet und von den ursprünglichen Zwängen befreit.

Verfolgen wir kurz diese Entwicklung: Vom Beginn seines Engagements für Dreyfus an hat Zola eine unglaubliche Energie an den Tag gelegt. Seine Empörung wie seine tiefste Überzeugung erklären den Verlauf seiner öffentlichen Kampagne, von den Artikeln im *Figaro* über die bei Fasquelle erschienenen Broschüren bis zu „J'accuse", dem Offenen Brief an den Präsidenten der Republik. Der Prozeß, der ihm gemacht wird, erschüttert seine Entschlossenheit in keiner Weise. Die Interviews in diesem Band zeigen uns einen vor Selbstvertrauen strotzenden Mann, der dem bevorstehenden Kampf mit der Justiz mit einer gewissen Freude entgegensieht. Der Gerichtsreporter des *Figaro* zeichnet am ersten Verhandlungstag folgendes Porträt von Zola: „Er ist mit einem schwarzen Jacquette und einem hellen, gestärkten Gilet bekleidet. Er scheint glücklich und guter Dinge: Die Abmagerungskur, die er mit der selben Hartnäckigkeit betreibt wie die Revision des Dreyfus-Prozesses, hat ihm die Schlankheit seiner zwanzig Jahre wiedergegeben." [26]

Mit der Fortdauer der Zeugenaussagen läßt sich bei Zola zwar eine wachsende Nervosität feststellen, aber er weiß sich zu beherrschen. Octave Mirbeau, der einmal Zolas morgendliche Stimmung kurz vor der Abfahrt in den Justizpalast beschrieben hat, unterstreicht seine Gelassenheit: „Er beendet in aller Ruhe sein Frühstück; die langen, schrecklichen Sitzungen haben ihn nicht ermüdet; die Todesrufe, die ihn jedesmal bei der Ankunft und der Abfahrt vor dem Justizpalast empfangen, haben ihn nicht aus der Ruhe gebracht; den Anblick einer Zivilgerichtsbarkeit, die sich vor der Militärjustiz prostituiert, das von einem Säbel geschmückte Barett der Richter hat er nicht als Entmutigung empfunden, im Gegenteil. Auf seinem ausgeruhten und lächelnden Gesicht macht sich eine fröhliche Ruhe breit." Und weiter schreibt Mirbeau: „Angesichts dieses so einfachen und so starken Mannes, der in diesen tragischen Stunden nicht die geringste Schwäche gezeigt hat, dessen Seelengröße mit den Beleidigungen und den Drohungen gewachsen ist, erfüllt ein tiefes Gefühl mein Herz... Ich weiß jetzt, was ein Held ist..." [27]

Ein Held... ist das nicht übertrieben? Zola hat tatsächlich ein gewisses Maß an Mut gebraucht, um dem Getöse der nationalistischen Demonstranten vor den Toren des Justizpalastes, dem Gedränge nach den Verhandlungen, dem unerbittlichen Haß auf den Gesichtern und der aufgebrachten Menge zu widerstehen, vor der die Polizei ihm einen sehr zweifelhaften Schutz geboten hat. Die Anhänger von Dreyfus behalten das schmerzvolle Andenken an diese Tage des Kampfes lange in Erinnerung. „Zwei Wochen Abscheu, Schande und Angst", schreibt Pierre Quillard, „der beunruhigende Schauder, einem tristen Schauspiel beizuwohnen, bei dem vielleicht Blut fließen wird, ohne daß die ekeligen Schergen in den Diensten des Antisemitismus auch nur den geringsten Vorwand vorbringen könnten."[28] In einer seiner Reden im Senat wird Clemenceau später in ergreifender Weise die Atmosphäre schildern, die beim Zola-Prozeß geherrscht hat: „Ich habe das selbst miterlebt, ich habe Zola in diesen beklagenswerten Stunden aus nächster Nähe gesehen, ich habe ihn auf den schrecklichen Fluchtwegen begleitet, als nach den Verhandlungen im Schwurgericht Steine, Gejohle und Todesdrohungen auf uns niedergeprasselt sind. Ich war dabei – wir waren unserer Zwölf – als er verurteilt worden ist, und ich gebe zu, daß ich einen derartigen Haßausbruch nicht erwartet hatte; wäre Zola an diesem Tag freigesprochen worden, wäre wohl keiner von uns lebend dem Trubel entkommen. Das alles hat dieser Mann tapfer ertragen. Er hat seiner Zeit, er hat seinem Land die Stirn geboten..."[29]

Auf die außerordentliche Anspannung der Februartage folgt Zolas Rückzug auf sich selbst. Zola hat in seinen Überlegungen zwar den Prozeß einkalkuliert, den Rattenschwanz an juridischen Verfahren, den dieser nach sich ziehen würde, hat er aber nicht vorhergesehen: die Berufung, die abgebrochenen Verhandlungen vor dem Schwurgericht von Versailles, die Tatsache, daß die taktischen Zwänge alle anderen Überlegungen in den Hintergrund drängen würden. Denn er ist im Kampf für Dreyfus ja nicht allein. Labori, sein Anwalt, und die Dreyfus-Partei, angeführt von Georges Clemenceau und Joseph Reinach, bestimmen sein Verhalten mit. Sicherlich ist er noch in der Lage, Widerstand zu leisten, seine Meinung zu vertreten und auf die Ereignisse Einfluß zu nehmen: So zum Beispiel, wenn es um die Veröffentlichung seines Offenen Briefes an Ministerpräsident Brisson in *L'Aurore* vom 16. Juli 1898 geht; da erweist er sich als äußerst hartnäckig. Dennoch ist er, ob er das nun will oder nicht, in eine Logik eingebunden, die ihm von außen aufgezwängt wird. Wahrscheinlich wäre er am liebsten ins Gefängnis gegangen (wobei er davon eine reichlich naive Vorstellung gehabt zu haben scheint, eine Vorstellung, in der sich das Bedürfnis nach Einsamkeit und der Wille zur Arbeit vermischen). Mit juridischen Argumenten zwingen ihn die Freunde zur Flucht ins Exil. Die Entscheidung wird innerhalb weniger Stunden am späten Nachmittag des 18. Juli getroffen.

Plötzlich überstürzen sich die Ereignisse und die Bilder, die Zola davon bleiben: das tränengebadete Gesicht von Alexandrine auf dem Bahnsteig der Gare du Nord um 9 Uhr abends; das Billet an Jeanne, das er wenige Minuten zuvor in aller Eile hingekritzelt hat; der Zug nach Calais, dann das Schiff nach Dover... In seinem Exil-Tagebuch erinnert er sich später genau an diese Augenblicke: „Endlich war ich auf dem Schiff, und es verließ den Hafen. Der entscheidende Schritt war getan, ich war nicht mehr in Frankreich. Ich habe auf die Uhr geschaut, es war halb zwei Uhr früh. Der Himmel war zwar sternenklar, aber ohne Mond, und es herrschte tiefe Finsternis. Auf dem Schiff waren höchstens dreißig Passagiere, alles Engländer. Ich bin auf Deck geblieben und habe zugeschaut, wie die Lichter von Calais in der Nacht verschwunden sind. Ich gestehe, daß mir die Tränen gekommen sind und ich noch nie zuvor eine ähnliche Hilflosigkeit empfunden habe. Natürlich glaubte ich nicht, meine Heimat für immer zu verlassen, natürlich wußte ich, daß ich in einigen Monaten wieder zurückkehren würde und daß meine Abreise nur aus taktischen Überlegungen notwendig war. Trotzdem ist es ein schreckliches Gefühl, nur Wahrheit und Gerechtigkeit gewollt zu haben, nur vom guten Ruf Frankreichs als großzügiger und freier Staat geträumt zu haben, und deshalb gezwungen zu sein zu fliehen, mit einem in eine Zeitung eingewickelten Nachthemd als einzigem Reisegepäck! Und dieses Frankreich war durch die Schmutzpresse derart vergiftet und verwirrt, daß ich noch zu hören glaubte, wie es mich verhöhnte, mich, der ich immer nur für seine Ehre gearbeitet habe, mich, der ich nur der einfache Kämpfer für seine wahre Größe unter den Völkern sein wollte. Gerade ich war also gezwungen, so zu flüchten, allein, ohne Begleitung eines wohlwollenden Menschen, ohne einen Freund, mit dem ich über die schreckliche Verbitterung hätte sprechen können, die mir die Kehle zuschnürte! Ich habe in meinem Leben schon viel gelitten, noch nie aber hatte mein Herz eine so schlimme Krise durchgemacht.“ [30]

Für einen Mann, der seit Jahrzehnten darum bemüht war, die anderen zu beobachten, und dem es immer darum gegangen ist, nicht seine eigenen Seelenzustände zu beleuchten, sondern den Schaffensprozeß, der sein Werk hervorgebracht hat, zu kommentieren, ist ein solches Selbstmitleid einigermaßen ungewöhnlich. Er, der Schöpfer des „Experimentalromans“, befindet sich plötzlich in der Situation eines Experimentalobjekts. Das Exil wirkt wie ein Katalysator, seine Korrespondenz ändert sich schlagartig. Sie beschränkt sich auf einige wenige bevorzugte Briefpartner: auf Alexandrine und Jeanne in erster Linie, dann auf die treuesten Weggefährten, Fernand Desmoulin, Paul Alexis, Alfred Bruneau; schließlich auf Labori und Reinach, die „politischen“ Freunde der „Dreyfus-Partei“ – Octave Mirbeau und seine Frau Alice nehmen in dieser Konstellation eine Mittelstellung zwischen der zweiten und der dritten Gruppe ein. Der Briefverkehr mit allen genannten Personen wird über Mittelsmänner abgewickelt: in Paris sind es der Arzt Jules Larat oder (im Falle von Labori) der Schneider Isidore Paquin; in London ist es der Anwalt Wareham. Die Eigennamen werden in der Korrespondenz abgekürzt, durch Initialen ersetzt oder gänzlich geändert: Alexandrine wird zu „Alexandre“, Jeanne zu „Jean“; Zola selbst nennt sich zuerst „Pascal“, dann „Beauchamp“, schließlich „Richard“. (Das kann zwar niemanden täuschen, aber was macht das schon aus!) Der Verfasser von *L'Assommoir* und von *Germinal*, der es gewohnt ist, seine literarischen Geschäfte in einem weiten Kommunikationsraum abzuwickeln, der die Dimension von ganz Europa, ja zuweilen von der ganzen Welt erreicht, sieht seine Handlungsfähigkeit plötzlich auf den engsten Raum beschränkt. Den erlebt er als bedrückend und beängstigend, die Situation beschwört alle möglichen psychischen Krisen herauf. Das wird auch am Tonfall und am Inhalt der Briefe deutlich.

Dem Leser von heute fallen vor allem die geradezu obsessionelle Besorgnis des Schriftstellers über den – ohnedies raschen – Postweg und die Berechnungen auf, die er über die Tage anstellt, an denen er Briefe abschickt und an denen er Briefe bekommen müßte. Für diese Obsession, die besonders in den Briefen an Alexandrine zum Ausdruck kommt, gibt es zwei Erklärungen: Einerseits mußte Zola damit rechnen, daß seine Post vom Geheimdienst abgefangen und gelesen werden würde; die genaue „Buchführung" ist also eine Art persönliche Kontrolle. Andererseits wollte er Eifersüchteleien zwischen den beiden Frauen in seinem Leben vermeiden und Alexandrine, die natürlich wußte, daß er auch Jeanne häufig schrieb, durch regelmäßige Post in ihrer Rolle als „legitime Ehefrau" bestärken. Ein zweiter wichtiger Aspekt der Briefe aus dem Exil sind die ständigen Überlegungen, wann und wie die Rückkehr nach Frankreich erfolgen könne. Zola hat verständlicherweise das Bedürfnis, sich immer wieder zu vergewissern, daß sein Exil nur von begrenzter Dauer sein wird. Auch hier legt er zwei Haltungen an den Tag: die einer triumphalen Rückkehr und die einer diskreten Heimkehr in aller Stille. Die erste entspricht dem Kämpfer Zola, den Ideen von „J'accuse", die zweite ist Ausdruck eines gewissen Realismus, Ausdruck des Bewußtseins, in dieser Affäre von den Ereignissen und den Interessen der anderen Mitstreiter abhängig zu sein.

Das Gefühl der Abgeschiedenheit, das Zola hat, wird durch das Land selbst verstärkt, in dem er sich vollkommen *fremd* fühlt. Die Lektüre von *La Rue à Londres* von Jules Vallès, der zwanzig Jahre vor Zola die gleiche Exilerfahrung gemacht hat, macht deutlich, warum England am Ende des 19. Jahrhunderts einem Franzosen so feindselig erscheinen mußte. Vallès beklagt sich über die Traurigkeit des Londoner Straßenbildes, dem das malerische Schauspiel der kleinen Handwerksbetriebe fehlt, die Paris so lebendig machen. Er findet die Engländerinnen häßlich, hat den Eindruck, daß sie entweder wie Kinder aussehen oder, im Gegenteil, vorzeitig gealtert seien: „Was gestern eine Gazelle war, ist morgen eine Giraffe, und der Franzose, der die Straße absucht, findet nur aufgeschossene Kleinkinder vor oder Karikaturen von Frauen mit grauen Haaren und gelben Zähnen."[31] Alles erscheint ihm schwarz und schmutzig: „Wer immer das Leben eines Verbannten gekannt hat", schreibt er in einem seiner Briefe, „wird eine unauslöschliche Erinnerung daran behalten, Zorn oder eine unheilbare Melancholie. Es ist einfach schrecklich! England ist wie ein Häftlingsschiff ohne die Fröhlichkeit oder die Revolte der Gefangenen.“[32] Wie Vallès, fühlt sich auch Zola in einer Welt verloren, in der ihm alle seine gewohnten Maßstäbe fehlen: die Küche hält er für abscheulich, das System der Schiebefenster bleibt ihm fremd. Dennoch ist er weit davon entfernt, sich den exzessiven Urteilen von Jules Vallès anzuschließen. Er ist von der englischen Landschaft begeistert („ein Traum von unendlicher Sanftheit und Melancholie“, notiert er in sein Tagebuch) und bewundert die Frauen, besonders die Radfahrerinnen, die viel zahlreicher sind als in Frankreich und deren vornehme Eleganz er schätzt[33].

Zolas Briefe aus dem Exil drücken das schmerzhafte Gefühl der Trennung aus, die ihn beherrscht. Die Wiederaufnahme seiner schriftstellerischen Tätigkeit (am 4. August beginnt er mit der Arbeit an *Fécondité*) verschafft ihm ebenso eine zeitweilige Linderung wie der Aufenthalt von Jeanne und den Kindern und, später, jener von Alexandrine. Aber regelmäßig taucht dieselbe Klage über das Getrenntsein auf, manchmal so vorherrschend, daß sie alle anderen Empfindungen verdeckt, manchmal unterschwellig, wie eine stille Bedrohung. In seiner Exil-Korrespondenz verhandelt Zola unaufhörlich: nicht um einen Vertrag über die Veröffentlichung eines Romans abzuschließen, wie er das gewohnt ist, sondern um den anderen näher zu sein: Jeanne und den Kindern zum Beispiel, deren Reise nach London er skrupulös bis ins Detail vorbereitet; Alexandrine, die in Paris geblieben ist und mit der er unablässig über eine Italienreise korrespondiert.

Die heikelsten dieser emotionsgeladenen Überlegungen sind aber jene, die die Rückkehr nach Frankreich betreffen. Da befindet er sich seinen „Pariser Freunden“ gegenüber in einer schwierigen Lage; manchmal wirkt seine zwischen flehentlichem Bitten und klarer Argumentation schwankende Haltung fast erniedrigend. Mit seinen Vorschlägen erntet er meistens Mißerfolg. Jedesmal muß er hören, daß er im Exil zu bleiben hat, daß der richtige Zeitpunkt noch nicht gekommen ist, daß seine Rückkehr später umso glorreicher sein wird ... und jedesmal gibt er nach. Fügt er sich zu leicht? Paul Alexis warnt ihn vor den politischen Freunden – Clemenceau, Labori, Mirbeau – und fügt hinzu: „Auch wenn wir selbst heute Politik machen, mißtrauen wir ihr dennoch; halten Sie also politische Freundschaften nicht für tiefer, als sie wirklich sind.“[34]

Alexandrine reagiert übrigens ähnlich gereizt: „Der Bammel von Lab[ori], der ebenso übertrieben ist wie einst sein triumphierendes Gehabe, überrascht mich nicht. [...] Ich glaube, daß Du besser daran tätest, Deiner eigenen Intuition zu vertrauen, ohne Dich lange mit den Ratschlägen aufzuhalten, oder von ihnen nur jene zu nehmen, die Deinen Vorstellungen entsprechen. Du hast in Deinem Leben bisher immer selbst entschieden, [warum] hältst Du es nicht weiter so?“[35] Dennoch beugt sich Zola dem Gesetz der Gruppe; er ist davon überzeugt, daß nicht nur sein persönliches Interesse auf dem Spiel steht; er denkt an das Schicksal von Dreyfus, an den Mut von Picquart, dessen Tapferkeit er rühmt, wie um sich selbst Mut zuzusprechen. Die drohende Gefängnisstrafe hat Zola ins Exil getrieben – das Exil aber erlebt er wie ein Gefängnis.

Es wäre vorstellbar, daß die Liebe in den Briefen aus dem Exil einen breiten Raum einnimmt; tatsächlich ist Zola in dieser Hinsicht aber sehr zurückhaltend, das Thema bleibt irgendwie im Halbschatten, ist nur zwischen den Zeilen herauszulesen. Das entspricht Zolas Charakter, der selten sein Herz ausschüttet. Aber es gibt noch einen anderen Grund: Diese Briefe sind geschrieben, um die Gefühle von Trennung und Zerrissenheit zu thematisieren, und nicht, um von Glücksmomenten zu sprechen. Sie müssen das Glück, wenn es Zola empfindet, sogar verheimlichen. Es ist nicht angebracht, hier lange die Situation zu erörtern, in der sich Zola zwischen zwei Frauen – „seinen zwei Frauen“ –, die er gleichermaßen liebt und respektiert, befindet. Der einen wie der anderen muß er seine Glücksgefühle verschweigen: Das ist die einzige Möglichkeit, den Kompromiß zu handhaben, den jede der beiden – nolens volens – akzeptiert hat. So läßt sich erklären, daß die langen Briefe an Alexandrine vom August 1898 – Jeanne und die Kinder befinden sich bei Zola in England – zwar vor Einzelheiten strotzen, aber das Wesentliche verschleiern. „Ich küsse die Kinder und denke dabei an Dich“, schreibt Zola am 18. August. Und am 25. August: „Den Kindern geht es gut. Der Kleine fühlt sich ein bißchen fremd und das schlägt sich auf seinen Gesundheitszustand nieder, aber es ist nichts Schlimmes.“

Der schnelle, unaufmerksame Leser könnte hier nur ein gewöhnliches Vater-Mutter-Kind-Verhältnis sehen. Aber wie viele Untertöne liegen tatsächlich in diesen Zeilen! Alexandrine nimmt hier den Platz von Jeanne ein, die Zola aus der Korrespondenz mit der Ehefrau streichen muß. Es stimmt, daß Alexandrine die Kinder ebenfalls liebt: sie kümmert sich schon seit Jahren um sie und ist um ihre Gesundheit besorgt... Zola lügt und schwindelt hier nicht, das wäre ihm zuwider. Aber es gibt eine Grenze, die die Worte nicht überschreiten dürfen.

Während des Exils hat Zola an Alexandrine und an Jeanne etwa gleich viel Briefe geschrieben. Meistens schreibt er ihnen donnerstags und sonntags und erzählt beiden von seinem Alltag. Mit Alexandrine bespricht er die Entwicklungen und die Auswirkungen der Dreyfus-Affäre, in den Briefen an Jeanne wird das Kapitel der Kinder ausführlicher behandelt. Dieser Band hätte diese Dualität in Sachen Liebe wiederherstellen können; sie wurde – trotz aller

Schwierigkeiten – von allen Teilen mutig gelebt. Aber während hier sicher einige der schönsten Briefe, die Zola an Alexandrine geschrieben hat, zu lesen sind, erlaubt die Nachlaßsituation den Abdruck von nur wenigen Briefen an Jeanne[36]. Das ist schade. Jeanne, die im Exil-Tagebuch *Pages d'exil* nicht vorkommt, verschwindet so noch ein bißchen mehr von der Bildfläche. Der Leser von heute hat aber immerhin die Möglichkeit, sie sich anhand der bewundernswerten Photographien vorzustellen, die der Schriftsteller von den sonnendurchfluteten Tagen in „Penn" und in „Summerfield" gemacht hat[37]. Bilder ohne Legenden – vielleicht entspricht dieses Schweigen dem, was Zola selbst gewünscht hätte ...

*

Die Intimität des Exils steht im Gegensatz zum öffentlichen Diskurs des Polemisten. Während seines Aufenthalts in England hat Zola – trotz intensiver Bemühungen der englischen Presse – kein einziges Interview gegeben und keinen Artikel veröffentlicht. In Frankreich aber weiß Zola sehr geschickt mit den Medien umzugehen. Dieser Aspekt wird vor allem im ersten und im dritten Teil des vorliegenden Buches deutlich; hier finden sich nebeneinander die großen Offenen Briefe, die den Kampf um die Revision des Dreyfus-Prozesses mitbestimmen und, sie ergänzend, einige Interviews.

Die sieben Offenen Briefe[38] kann man in zwei Gruppen aufteilen. Die erste besteht aus Aufrufen, die sich an das kollektive Bewußtsein richten; sie haben geradezu lyrischen Charakter und ein Pathos, das den Leser ansprechen soll: Es handelt sich dabei um den „Brief an die Jugend" vom Dezember 1897, den „Brief an Frankreich", der Anfang Januar 1898 erschienen ist, und um den „Brief an Lucie Dreyfus" vom September 1899. Die zweite Gruppe bilden die politischen Briefe, die direkt die Staatsführung angreifen und vom persönlichen Einsatz des Autors, von seinem „Ethos" getragen sind: „J'accuse", erschienen am 13. Januar 1898, ist das vollendete Modell dieser Gattung und die Vorlage, nach der der „Brief an Brisson" im Juli 1898 sowie die beiden Briefe des Jahres 1900, „An den Senat" und „An Emile Loubet", verfaßt sind. Die Dramatik ist im „J'accuse" und im „Brief an Brisson" schärfer, sie sind der Auftakt vor der juridischen Auseinandersetzung. Die Briefe an den Senat und an Emile Loubet sind nach dem Kampf geschrieben und stellen den Abgesang dar.

Diese Briefe müssen im Kontext der historischen Ereignisse gelesen werden, die sie kommentieren. Allen liegt ein aktueller Tatbestand zugrunde, der die Empörung des Polemisten weckt und ihn zum Handeln treibt. Diese Ereignisse fixieren jeden dieser Texte zeitlich: Der „Brief an die Jugend" ist eine Reaktion auf die Sitzung des Senats vom 7. Dezember 1897, in der Scheurer-Kestners Versuch, seine Position zu erklären und die Senatoren für eine Wiederaufnahme des Dreyfus-Prozesses zu gewinnen, gescheitert ist; der „Brief an Frankreich" hat das Ende der von de Pellieux geleiteten Untersuchung und das gegen Esterhazy eingeleitete Verfahren zum Anlaß; „J'accuse" folgt auf den Freispruch von Esterhazy am 11. Januar 1898, der „Brief an Brisson" auf die Parlamentssitzung vom 7. Juli, in der Kriegsminister Cavaignac angebliche Beweise für die Schuld von Dreyfus vorgelegt hat; im „Brief an Lucie Dreyfus" reagiert Zola auf die Begnadigung des im Prozeß von Rennes trotz seiner augenscheinlichen Unschuld neuerlich verurteilten Hauptmanns, der „Brief an den Senat" und der „Brief an Emile Loubet" thematisieren schließlich das Amnestiegesetz.

Die Parlamentsdebatten nehmen in den Zola'schen Analysen einen besonderen Platz ein. Sie sind zugleich das zentrale Thema und das rhetorische Modell: In seinen Artikeln in *L'Aurore* wendet sich Zola im gleichen Ton an die Regierung, wie es ein Abgeordneter in der Kammer getan hätte. Ein Vergleich mit den Protokollen der Parlamentsdebatten würde es erlauben, den dramatischen Wert der Szenen zu begreifen, die auf Zola gewirkt haben. Nehmen wir als Beispiel die Sitzung im Senat vom 7. Dezember 1897: Der alte Scheurer-Kestner, „groß, aufrecht und blaß, mit einem etwas gelblichen, gelockten Bart, dem strengen Aussehen eines Hugenotten aus dem XVI. Jahrhundert"[39], besteigt mit ruckartigen Schritten die Tribüne und beginnt inmitten des Gelächters und Gejohles zu sprechen... In einem Nebensatz läßt er den Namen Zola fallen. Die Zwischenrufe von den Bänken werden noch lauter und man schleudert ihm ein „Pot-Bouille!"[40] entgegen; oder die Sitzung in der Abgeordnetenkammer vom 7. Juli 1898: Um die Abgeordneten zu beruhigen, zeigt Kriegsminister Cavaignac demonstrativ drei Dokumente aus dem Geheimakt vor, darunter die „Henry'sche Fälschung"; in der allgemeinen Begeisterung beschließt die Kammer praktisch einstimmig den öffentlichen Aushang der Rede von Cavaignac in allen Gemeinden Frankreichs; nur einige wenige vorsichtige Gemüter enthalten sich der Stimme, so als ob sie eine Fortsetzung des Stückes erwarteten. Mit der Öffnung der Geheimakte hat Cavaignac aber, ohne es zu wollen, seinen Gegnern die Argumente geliefert, die wenige Monate später die Revision des Dreyfus-Prozesses unumgänglich machen sollten.

Das beste Beispiel für eine diskursiv abgeleitete Synthese ist „J'accuse": Der Text dieses Offenen Briefes beruht auf grundlegenden Überzeugungen, die wie ein „Credo" wiederholt werden, ebenso wie auf der aufmerksamen Beobachtung der realen Vorgänge, die in ihrer chronologischen Abfolge analysiert werden. Im nachhinein wurden viele der Analysen dieses Pamphlets scharf kritisiert. Ihre reale Entsprechung wurde in Frage gestellt und manche Kritiker

Zolas wollten in seinen Analysen den versteckten Einfluß von Bernard-Lazare entdecken. Zweifellos haben die von Bernard-Lazare verfaßten Broschüren den im Januar 1898 geschriebenen Text von Zola genährt, denn sie bieten zu diesem Zeitpunkt die ausführlichste Information über die Einzelheiten der Dreyfus-Affäre. Es gibt im Zola'schen Text auch historische Ungenauigkeiten, zum Beispiel die Überbewertung der Rolle, die du Paty de Clam gespielt hat, wodurch Major Henry – er wird von Zola gar nicht erwähnt – in den Hintergrund rückt, oder die übertriebenen Anschuldigungen gegen de Pellieux und einige der Schriftsachverständigen. Sie aber als „Irrtümer" zu kritisieren, hieße, die rhetorischen Zwänge der Polemik zu übersehen. Die Unkenntnis der Tätigkeit von Henry hängt außerdem mit dem damaligen Informationsstand der Dreyfus-Anhänger zusammen. Das ist aber nicht das Entscheidende.

Das große Verdienst von „J'accuse" besteht darin, eine klare Lehre aus besonders verwickelten Zusammenhängen gezogen, entscheidende Fragen gestellt und ihre öffentliche Diskussion ermöglicht zu haben. Leon Blum hat dazu nach dem Prozeß angemerkt: „Möglicherweise hat sich Zola in seiner Interpretation einzelner Fakten getäuscht. Aber wer könnte behaupten, daß der Sachverhalt in seiner Gesamtheit durch die Gerichtsdebatten nicht verifiziert und bewiesen worden wäre?"[41] Welcher Historiker würde nicht auf ähnliche Probleme stoßen angesichts einer Geschichte, deren Verlauf er Tag für Tag rekonstruiert? Es gibt sicherlich Schwächen in Details der Beweisführung, die Gesamtheit der Darstellung aber beruht auf der unzweideutigen, klaren und geraden Linie von Zola. Mit einer unglaublichen Weitsicht nimmt Zolas Analyse die Zukunft vorweg.

Welcher Zusammenhang, so kann noch gefragt werden, besteht zwischen diesen polemischen Schriften und dem Dichter Zola, dem Autor der *Rougon-Macquart*? Angesichts der Dreyfus-Affäre reagiert Zola tatsächlich zuerst als Romancier. Am Beginn des im *Figaro* vom 25. November 1897 veröffentlichten Artikels ist zu lesen: „Welch ein ergreifendes Drama und was für großartige Personen! Angesichts dieser Dokumente von einer so tragischen Schönheit, die das Leben uns liefert, geht mein Schriftstellerherz vor leidenschaftlicher Bewunderung über. Ich habe noch kein Beispiel einer tiefergehenden Psychologie gesehen"[42]. Zola ist auch sehr schnell von der Idee angetan, eines Tages die Geschichte der Dreyfus-Affäre zu schreiben. Das gesteht er Eugen Semenov, dem Pariser Korrespondenten der russischen Zeitung *Novosti*, dessen Interview am 4. Dezember 1897 auch vom Pariser *Le Matin* abgedruckt wird und das im vorliegenden Band nachzulesen ist. In den verschiedensten Abwandlungen ist diese Idee in mehreren Briefen wiederzufinden: „Ich bin von der Sache begeistert, denn es läßt sich aus ihr später einmal ein großartiges Werk machen", schreibt er schon am 16. November 1897 an Alexandrine. „Seit 18 Monaten arbeitet die

Geschichte für uns Schriftsteller", heißt es im Brief an Paul Alexis vom 12. März 1899. In einem Brief an Théodore Duret vom 26. März 1899 ist zu lesen: „Abgesehen von der Rolle, die ich in diesen Vorgängen spielen konnte, begeistern sie mich als Schriftsteller, sie liefern mir das Material für die Romane, die ich noch schreiben und mit denen ich mein Werk in einer Art Testament der Wahrheit und Gerechtigkeit abschließen möchte."

Die Monate im Exil haben dieses Vorhaben noch verstärkt. Nach seiner Rückkehr nach Frankreich läßt der Schriftsteller im Juli 1899 in einem Interview dieses Projekt aber fallen. Zola wehrt sich sogar gegen eine „niedrige und abscheuliche Ausnützung" der Affäre. Im Vorwort zum Sammelband *La Vérité en marche*, in dem er im Februar 1901 alle seine Schriften zur Dreyfus-Affäre vereint, bestätigt er diese Haltung und läßt nur die Absicht durchblicken, eines Tages seine persönlichen Erinnerungen an die Ereignisse niederzuschreiben.

Dennoch hat die Dreyfus-Affäre bereits zu diesem Zeitpunkt – ohne daß sich Zola dessen möglicherweise vollauf bewußt ist – im Werk von Zola ihre Spuren hinterlassen. Sie ist mit einem Wort eng verbunden: „Wahrheit". Dieses Wort aber ist der letzte Titel, der dem Projekt des Zyklus der *Evangelien* hinzugefügt worden ist, der ursprünglich nur aus drei Romanen, *Fruchtbarkeit, Arbeit* und *Gerechtigkeit* bestehen sollte. Die Idee zu einem zusätzlichen, vierten Roman entsteht im Dezember 1897. *Fruchtbarkeit* wird im englischen Exil geschrieben und erscheint 1899, *Arbeit* folgt im Jahr 1900. Im April 1901 beginnt Zola mit den Vorbereitungen zum Roman *Wahrheit*, in dem er den Kampf um die öffentliche, laizistische Schule schildern und einen Hymnus auf die Lehrer singen will [43]. Aber plötzlich gehen seine Erinnerungen mit ihm durch. Die Dramen, die er erlebt hat, die in die Dreyfus-Affäre verwickelten Menschen steigen vor seinem geistigen Auge wieder auf und scheinen ideal dazu geeignet, ihre Züge den Protagonisten des Romans zu verleihen, an dem er arbeitet; warum sollte er widerstehen? *Vérité* (*Wahrheit*) wird zu einem doppelten Roman. Ein Roman über die Schule und gleichzeitig ein Roman der „Affäre"; er erzählt die Geschichte von der Verurteilung des Volksschullehrers Simon, eines Juden, der fälschlicherweise des Mordes an seinem Neffen bezichtigt wird. Zola überträgt alle Ereignisse der Jahre 1897 bis 1899 in diesen Roman: seinen Prozeß, die Kämpfe um die Anerkennung der Unschuld, die enttäuschten Erwartungen, die unerwarteten Zwischenfälle, die politischen Kompromittierungen, die Maskerade des Prozesses von Rennes ...

Dennoch widerspricht sich Zola hier nicht selbst, er beutet die „Affäre" nicht aus. Er verlegt nämlich die Handlung in einen vollkommen anderen Kontext und nimmt die Zukunft vorweg. Im Roman *Wahrheit* wird Simon-Dreyfus nach vielen Jahren hartnäckiger Kämpfe rehabilitiert. Die tatsächliche Rehabilitierung von Alfred Dreyfus im Jahr 1906 sollte Zola aber nicht mehr erleben. Offenbar hatte er die geistige Kraft, sie sich vorzustellen, sie gewissermaßen im Roman vorwegzunehmen. *Wahrheit* ist also keine Ausbeutung der „Affäre", sondern ihre Fortsetzung auf anderer Ebene, auf jener des utopischen Denkens und des ideologischen Kampfes, den er 1897 begonnen hat. Dieser Gedanke steht auch hinter dem Projekt der *Vier Evangelien*: Es geht darum, den aus den Ereignissen rund um die Dreyfus-Affäre geborenen Traum zu verwirklichen, die Zeit zu beschleunigen, die „Religion von Christus" durch eine andere zu ersetzen, durch jene „des Unschuldigen", wie er an Lucie Dreyfus schreibt: „Während die christliche Religion vier Jahrhunderte gebraucht hat, um sich zu entfalten und einige Nationen zu erobern, hat die Religion des zweimal verurteilten Unschuldigen mit einem Schlag die ganze Welt erobert und alle zivilisierten Länder in einem unermeßlichen Bedürfnis nach Menschlichkeit vereint."

Der Roman *Wahrheit*, der im Buchhandel im Herbst 1902 einige Wochen nach Zolas Tod erschien, setzt einen Schlußstrich unter das mit „J'accuse" begonnene Abenteuer. Der Roman läßt am Lebensabend des Schriftstellers die einzelnen Episoden der „Affäre" wie ein Film ablaufen. Die letzten Bilder aber geben nicht die Bitterkeit der vergangenen Tage wieder, sondern erstrahlen in leuchtender Hoffnung. Sie bekräftigen die Möglichkeit eines universellen Denkens und beschreiben seine Ausstrahlung. Dieser Kampf ist auch heute noch der unsere.

1) Die Briefe sind dem Band IX der *Correspondance* von Zola entnommen, der 1994 bei den Editions du CNRS und den Presses de l'Université de Montréal erschienen ist. Hinsichtlich der Anmerkungen haben wir uns im vorliegenden Band auf die wichtigsten Basisinformationen beschränkt. Der an mehr Details interessierte Leser sei auf die *Correspondance* (10 Bände, Paris: Edition du CNRS, Montréal: Les Presses Universitaires de Montréal, 1978-1995) verwiesen.

2) Zola an Henry Céard, Brief vom 14. 6. 1884, in: *Correspondance*, op. cit., t. V, p. 125.

3) Siehe dazu die biographischen Notizen am Ende dieses Bandes.

4) Der zweite, neunte und siebente Band des Zyklus *Les Rougon-Macquart*, in denen es um gesellschaftlichen Aufstieg und schrankenlosen Genuß (*La Curée* und *Nana*), Prostitution (*Nana)* und um die Lebensbedingungen des Proletariats (*L'Assommoir*) geht.

5) E. Lepelletier, *Emile Zola. Sa vie. Son oeuvre*, Mercure de France, 1908, p. 419.

6) Diese Artikel sind auch in den Bänden *Le Roman expérimental* (1880) bzw. *Nouvelle Campagne* (1897) veröffentlicht.

7) J. Huret, *Interviews de littérature et d'art*, Ed. Thot, 1984, p. 43-44. Es ist daran zu

erinnern, daß Zola 1871 als Parlamentsberichterstatter für die Zeitungen *Le Sémaphore de Marseille* und *La Cloche* gearbeitet hat.

8) Eine Chronologie der Dreyfus-Affäre findet sich am Ende dieses Bandes.

9) Die Broschüre kommt am 12. November in den Handel. Der Text wurde 1993 von Philipp Oriol bei den Editions Allia wiederaufgelegt und ist auch im Buch von J.-D. Bredin, *Bernard-Lazare*, Ed. de Fallois, 1992 abgedruckt.

10) A. Scheurer-Kestner, *Mémoires d'un sénateur dreyfusard* (hrsg. von A. Roumieux), Straßburg, Bueb & Reumaux, 1988, p. 179.

11) Ibid. p. 180.

12) Diese Briefe sind unveröffentlicht und nur im Familiennachlaß erhalten.

13) *Les Cahiers de la Quinzaine*, 4. 12. 1902, p. 31; abgedruckt auch in: Charles Péguy, *Oeuvres en prose complètes*, Gallimard, collection „Bibliothèque de la Pleiade", 1987, t. I, p. 244.

14) L. Blum, *Souvenirs sur l'Affaire*, Gallimard, collection „Folio", 1993 (Erstausgabe 1935), p. 120.

15) H. Barbusse, *Zola*, Gallimard, 1932, p. 245-246. (dt.: *Zola. Der Roman seines Lebens.* Wien, Leipzig: Zsolnay, 1932).

16) J. Reinach, *Histoire de l'affaire Dreyfus*, Ed. de la Revue Blanche/Fasquelle, 1901-1911, t. III, p. 222.

17) *Le Procès Zola*, P.V. Stock, 1898, t. II, p. 127. – Manche Kommentatoren halten die Auftritte von de Pellieux und von de Boisdeffre für ein „abgekartetes Spiel" der Militärs (so Siegfried Thalheimer, *Die Affäre Dreyfus*, München, dtv, 1963, p. 173-174).

18) Die in *L'Aurore* am 14. und am 18. 1. 1898 veröffentlichten „Protestations" fordern eine Wiederaufnahme des Dreyfus-Prozesses; sie wurden von den Gegnern abschätzig als „Pétitions des intellectuels" bezeichnet; siehe auch Anm. 15 des Vorworts und Alain Pagès, *Emile Zola, un intellectuel dans l'Affaire Dreyfus*, Paris: Séguier, 1991, wo die vollständigen Listen der Unterzeichner dieser Protestkundgebungen abgedruckt sind.

19) „A la Société des gens de lettres", *L'Aurore* vom 28. März 1898.

20) *Pages d'exil*, in: *Oeuvres complètes*, Cercle du Livre Précieux, 1970, t. XIV, p. 1151.

21) Ibid., p. 1159.

22) Ibid., p. 1160.

23) *La Vérité en marche*, in E. Zola: *Oeuvres complètes*, t. XIV, p. 949 und 956 (dt.: *Der Siegeszug der Wahrheit.* Aus dem Französischen von Paul Seliger, Stuttgart, Leipzig: DVA, 1901 (5. Auflage, 1904).

24) „Le cinquième acte", *L'Aurore* vom 12. 9. 1899 und *La vérité en marche*, in: *Oeuvres complètes*, t. XIV, p. 959. Deutsche Übersetzung im vorliegenden Band.

25) Die Begnadigung ist eine „politische Lösung"; als ihr „Architekt" gilt, neben Ministerpräsident Waldeck-Rousseau, Joseph Reinach. Siehe dazu P. Vidal-Naquet, *Les Juifs, la mémoire et le présent*, II, La Découverte, 1991, p. 88-158. Zur Amnestie und der Polemik dazu siehe J. Cl. Cassaing, „Vive la République!", in: *Les Cahiers naturalistes*, Nr. 54, 1980.

26) A. Bataille, „La cour d'assises", *Le Figaro* vom 8. 2. 1898.

27) *Livre d'hommage des Lettres françaises,* Société libre d'édition des Gens de lettres/G. Balat, 1898, Erster Teil, p. 72-73.

28) P. Quillard, „Impressions d'un témoin", *La Revue blanche,* 1. 3. 1898, p. 342.

29) Rede im Senat am 12. 12. 1906, zitiert von L. Leblois in *L'Affaire Dreyfus,* Quillet, 1929, p. 696.

30) *Pages d'exil,* in: *Oeuvres complètes,* t. XIV, p. 1139.

31) Jules Vallès, *La Rue à Londres,* Gallimard, coll. „La Pleiade", 1990, t. II, p. 1136.

32) Jules Vallès an Hector Malot, Brief vom August 1877, ibid., p. 1981.

33) *Pages d'exil,* in: *Oeuvres complètes,* t. XIV, p. 1154.

34) Brief vom 18. 12. 1898, in: *Lettres inédites de Paul Alexis à Emile Zola. 1871-1900* (hrsg. von B. Bakker), Toronto, University of Toronto Press, p. 423-424.

35) Brief von Alexandrine Zola vom 30. 3. 1899, *Correspondance,* t. IX, p. 452.

36) Die übrigen Briefe bleiben vorläufig für eine Veröffentlichung gesperrt.

37) François Emile Zola und Massin (Hg.): *Emile Zola, Photograph – eine Autobiographie in 480 Bildern,* München: Schirmer/Mosel, 1979.

38) Wir haben weder die zwei Briefe an General Galliffet und an Waldeck-Rouseau vom Dezember 1899 noch den Brief an Labori vom März 1901 in den Band aufgenommen. Es sind kurze „Umstandstexte", die den Prozeß von Zola gegen Ernest Judet betreffen. Zola selbst hat sie aus seinem Sammelband *La Vérité en marche* ebenfalls ausgespart. Zolas öffentliche Antwort auf seine vom Kriegsminister beantragte gerichtliche Vorladung in *L'Aurore* vom 22. 1. 1898 trägt zwar Zolas Unterschrift, wurde aber von Georges Clemenceau verfaßt (ebenso wie der Artikel „Pour la preuve" vom 20. 7. 1898).

39) Nach der Beschreibung von Romain Rolland (zitiert von A. Roumieux in *Mémoires d'un sénateur dreyfusard,* op. cit., p. 305). Siehe dazu auch die Zusammenfassung der Debatten bei L. Leblois, *L'Affaire Dreyfus,* op. cit., p. 517-528.

40) Der 10. Band der *Rougon-Macquart* ist eine bittere Satire auf das Leben in einem Bürgerhaus und wurde von den Zeitgenossen als Verunglimpfung des Bürgertums scharf kritisiert.

41) L. Blum, „Le Procès", *La Revue blanche,* 15. März 1898, p. 414.

42) *La Vérité en marche, Oeuvres complètes,* t. XIV, p. 885.

43) Von *Vérité* sind in französischer Sprache derzeit zwei Neuausgaben verfügbar. Hrsg. von Alain Pagès bei den éditions Christian Pirot, 1993, 2 Bände (= Collection „Autour de 1900") und von Colette Becker u. Véronique Lavielle in der collection „Livre de poche", 1996 (= „Classique de poche", no. 3121). Eine deutsche Ausgabe des Romans *Wahrheit* ist derzeit nicht lieferbar. Zuletzt wurde der Roman 1914 im Insel Verlag (Stuttgart, Leipzig) in der Übersetzung von Leopold Rosenzweig aufgelegt.

Erster Teil

Für die Menschheit, die Wahrheit und die Gerechtigkeit

(November 1897 – Juli 1898)

Am Ende des 19. Jahrhunderts erlebt der Antisemitismus in Frankreich einen starken Aufschwung. Äußere Kennzeichen sind unter anderem 1892 der sogenannte „Panama-Skandal", eine Bestechungsaffäre rund um das Bauprojekt des Panama-Kanals, in die einige Parlamentarier verwickelt sind und die der jüdischen Hochfinanz angelastet wird, und 1894 die Verurteilung des Artilleriehauptmanns Alfred Dreyfus, eines Juden, dem Hochverrat vorgeworfen und der im März 1895 deportiert wird. Publizistischer Ausdruck der zunehmenden antisemitischen Stimmung (Frankreich werde von den Juden regiert und kosmopolitischen Interessen geopfert, das Finanzwesen sei in jüdischen, heimatlosen Händen etc.) sind das 1886 erschienene Buch La France juive *von Edouard Drumont, das zum „Bestseller" wird, und die von Drumont 1892 gegründete Tageszeitung* La Libre Parole.

In dieser Situation nimmt Emile Zola nach vielen Jahren ausschließlich dem Romanschaffen gewidmeter Arbeit wieder seine journalistische Tätigkeit auf und verfaßt Chroniken für den Figaro. *In einem Artikel vom 16. Mai 1896 beschäftigt er sich mit dem Antisemitismus und antwortet unter dem Titel „Pour les juifs" („Für die Juden") auf Edouard Drumont, der kurz zuvor anläßlich des vierten Jahrestages der Gründung von* La Libre Parole *den Siegeszug der antisemitischen Ideen gefeiert hat. Zola, der in seinen Romanen* L'Argent *(1891) und* La Débâcle *(1892) antisemitische Stereotypen dargestellt hat, ist von der anti-jüdischen Kampagne angewidert. Sie sei eine Ungeheuerlichkeit, entbehre jeder Sinnhaftigkeit und jeder Wahrheit und werfe Frankreich um Jahrhunderte zurück in die schreckliche Zeit der Religionskriege. Nach einer Auseinandersetzung mit den üblichen Vorwürfen gegen die Juden kommt Zola zum Schluß, daß es die Antisemiten selbst seien, die die Juden „fabriziert" hätten:*

Ihr seid also tatsächlich noch Anhänger ihrer Verfolgung, Ihr glaubt tatsächlich an die Vorstellung, daß man Menschen beseitigt, indem man sie verfolgt? Aber gerade das Gegenteil ist doch der Fall. Jede Sache wird durch das Blut ihrer Märtyrer nur noch erhöht. Wenn es noch Juden gibt, so ist das Eure Schuld. Sie wären schon längst in der Gemeinschaft aufgegangen, wenn sie nicht gezwungen worden wären, sich zu verteidigen, sich zusammenzuschließen und sich auf die Erhaltung ihrer Rasse zu versteifen. Und heute noch rührt ihre tatsächliche Stärke von Eurer Reaktion her, weil Ihr diese Stärke erst dadurch spürbar macht, daß Ihr sie übertreibt. Eine Gefahr wird dadurch erzeugt, daß man jeden Morgen behauptet, sie existiere. Erst dadurch, daß man dem Volk das Schreckgespenst ständig vor Augen hält, schafft man tatsächlich ein Ungeheuer. Sprecht also nicht mehr von den Juden und sie werden kein Problem mehr sein. An dem Tag, an dem der Jude einfach als ganz normaler Mensch betrachtet wird, ist er unser Bruder.

Für Zola ist der Antisemitismus letzten Endes das Werkzeug einer politischen Partei oder die Folge einer schwierigen Wirtschaftslage. Der Schluß seines Artikels ist aber bereits vom Optimismus und Utopismus seines Spätwerks gekennzeichnet:

Daß einige Juden auf schmerzhafte Weise Reichtümer an sich reißen, ist eine Tatsache. Aber dieselbe Gier kann man auch bei Katholiken und bei Protestanten beobachten. Es ist scheinheilig und heuchlerisch, das Aufbegehren des Volkes in den Dienst einer religiösen Leidenschaft zu stellen und den Mittellosen, die ihr Recht fordern, den Juden unter dem Vorwand zum Fraß vorzuwerfen, daß man ihnen damit den Finanzmenschen ausliefert; diese Art des Sozialismus ist zu verurteilen. Wenn eines Tages das Gesetz der Arbeit im Sinne der Wahrheit und des Glücks ausgesprochen wird, wird es die ganze Menschheit neu erschaffen; dann wird es nichts mehr ausmachen, ob man Jude oder Christ ist, denn die neuen Rechte und die neuen Pflichten werden dann für alle gleich sein und alle werden gleichermaßen Rechenschaft abzulegen haben."

Diese Sätze schreibt Zola eineinhalb Jahre nach der Verurteilung von Alfred Dreyfus; die gleiche Zeitspanne trennt ihn noch von seinem Engagement zugunsten einer Revision des Prozesses von 1894. Denn wie viele andere geht er zu diesem Zeitpunkt noch von der Rechtmäßigkeit der Verurteilung von Dreyfus aus.

Noch Anfang November 1897 beschäftigt sich die öffentliche Meinung kaum mit dem Schicksal von Alfred Dreyfus. Zu dieser Zeit geht das Gerücht um, daß sich Emile Zola um einen Sitz in der Abgeordnetenkammer bewerbe. Obwohl dies im nachstehenden Interview dementiert wird, ist es nicht ganz unbegründet. Tatsächlich versuchen einige Privatpersonen – übrigens sehr diskret –, Zola zu einer Kandidatur zu überreden. Für ihn kommt das allerdings nicht in Frage. Aber die Gerüchte geben ihm die Gelegenheit, den Standpunkt in Erinnerung zu rufen, den er in dieser Hinsicht immer vertreten hat: den eines Schriftstellers, der sich zwar mit realen Alltagsproblemen auseinandersetzt, aber abseits der Tagespolitik bleiben möchte ... Ironie des Schicksals: Zola gibt diese „a-politische" Erklärung am Vorabend seines Engagements in der Dreyfus-Affäre ausgerechnet in L'Aurore *ab, also in jener Tageszeitung, die drei Monate später sein „J'accuse" abdrucken wird. Das von Ph. Dubois geführte Interview erscheint am 4. November 1897:*

ZOLA WIRD SICH NICHT UM EIN ABGEORDNETENMANDAT BEWERBEN

Zu Besuch beim Autor der *Rougon-Macquart*

Eine Ente der „*Gazette de Cologne*" – Zolas Meinung über die Parlamentarier – Die Schriftsteller in der Abgeordneten-Kammer – Von der Eitelkeit in der Politik – Die soziale Frage – Ein Wort über G. D'Annunzio

– Stimmt es, Herr Zola, daß Sie die Absicht haben, bei den nächsten Wahlen zur Legislative zu kandidieren?

Der Autor der *Rougon-Macquart* bat mich, Platz zu nehmen, zog seinen Morgenmantel zurecht und setzte sich mir gegenüber.

– Wer hat Ihnen das gesagt?, fragte er mich.

Ich hielt ihm eine Zeitung entgegen, in der folgende Depesche abgedruckt war:

DIE „GAZETTE DE COLOGNE"[1] BERICHTET, DASS SICH EMILE ZOLA ERNSTHAFT MIT DEM GEDANKEN TRAGE, BEI DEN NÄCHSTEN WAHLEN ZU KANDIDIEREN. ZOLA HABE VIELE REDEN ZU HALTEN UND NÜTZE DIESE TRIBÜNE, UM SEINE ANARCHISTISCHEN THEORIEN VORZUTRAGEN.

Während Zola las, warf ich einen schnellen Blick über das Zimmer, in dem er mich soeben empfangen hatte: es war ein großer, sehr hoher Raum, angefüllt mit tausenden Nippsachen, seine Wände zierten Gemälde und Porträts, unter denen sich zwei Porträts des Hausherren befanden, davon eines, von Manet gemalt, gegenüber einer aus Holz geschnitzten Büste von Zola, die die Signatur *Bloch*[2] trägt :

– An dieser Information ist nichts Wahres, begann mein Gesprächspartner mit einem leichten Achselzucken, nachdem er die Lektüre beendet hatte. Ich kann mir schon denken, wie dieses Gerücht entstanden ist. Mein neuester Roman, *Paris*[3], wurde sehr gut lanciert. Die ersten Feuilletons wurden weit verbreitet. Diese Folgen, das wissen Sie, zeigen einen Arbeiter, Salvat, der ein Attentat plant, und Abgeordnete, denen gegenüber ich mich – unter uns gesagt – recht streng gezeigt habe. Aus der Tatsache, daß ich den Leser in das Parlamentsmilieu einführe, hat der *Kölner Anzeiger* wohl geschlossen, daß ich mich selbst anschicke, in dieses Milieu einzudringen, um dort die Theorien von Salvat zu verbreiten. Das ist meines Erachtens der Ursprung der absurden Ente, auf die Sie mich aufmerksam machen. Nein, setzt Zola mit gesenkten Augen fort, als ob er alte Erinnerungen[4] wieder wach werden ließe, seit langem schon denke ich nicht mehr daran, mich wählen zu lassen.

– Sie haben diese Idee also einmal gehabt?

– Warum sollte ich das verheimlichen? Ich habe mir tatsächlich einmal überlegt, meine schriftstellerische Arbeit, die inzwischen schon 45 Romane hervorgebracht hat, für einige Zeit aufzugeben, zwei oder zweieinhalb Jahre meines Lebens der Kammer zu widmen und mich mit der ganzen Kraft meines Wortes für die Lösung einiger sozialer Fragen einzusetzen, zum Beispiel für die Alterspensionen.

– Glauben Sie also an die Effizienz des Parlamentarismus?

– Nicht im geringsten. Die Politik läßt mich vollkommen gleichgültig. Es berührt mich wenig, daß jener Minister gestürzt und durch einen anderen ersetzt wird. Mir graut vor dem Abgeordneten, der sich folgsam einer Gruppendisziplin unterordnet und damit jeder eigenen Handlungsmöglichkeit beraubt. Ich beklage Schriftsteller wie Maurice Barrès oder de Vogüe[5], die sich aufstellen lassen und dann, wenn sie einmal gewählt sind, ruhig auf ihrer Bank sitzen bleiben und sich damit begnügen, am Ende einer Debatte, an der sie sich selbst nicht beteiligt haben, einen Stimmzettel in eine Urne zu werfen.

Ich habe einmal einen schönen Traum gehabt, nämlich den, ein Tribun zu werden, dem es durch die Macht seiner Argumente und die Kraft seiner Rede gelänge, einige seiner Ideen wenn schon nicht in der Kammer, so im Land zu verbreiten, so wie ein Bauer in der Furche eines fruchtbaren Feldes das Korn sät.

Ein Buch stellt eine sehr starke Kraft dar. Es interessiert und bewegt; es rührt und bildet. Die Ideen, die es enthält, durchdringen langsam die Masse der Leser. Sie bohren sich ihr Loch wie die Maulwürfe; eines schönen Tages ist der Durchbruch geschafft, und sie kommen ans Licht. Die Wirkungsweise des Buches ist nicht schnell, aber sicher, denn das Buch überlebt, während das Wort vergeht. Das Wort ist aber nichtsdestoweniger eine starke Waffe. Und welch großartige Tribüne ist die Abgeordnetenkammer für denjenigen, der sich ihrer zu bedienen weiß.

Man braucht Emile Zola nicht zu irgendwelchen Bekenntnissen zu drängen. Er spricht mit Überschwang, Wärme und Überzeugung. Es ist eine wahre Freude, ihm zuzuhören.

– Warum haben Sie nicht versucht, Ihren Traum Wirklichkeit werden zu lassen?

– Weil ich mich davon überzeugen konnte, daß ich nie ein Tribun werden würde, antwortete er. Was ich Ihnen hier erzähle, hat sich in der Zeit zugetragen, als ich zum Präsidenten der „Société des gens de lettres" [der Schriftstellervereinigung] gewählt wurde. Bis dahin hatte ich nie öffentlich das Wort ergriffen. Meine neue Rolle zwang mich, Reden zu halten, in Frankreich, dann in England. Später, während meiner Reise durch Italien – ich trug Dokumente für meinen Roman *Rome* zusammen – wurden mir zu Ehren zahlreiche Banketts gegeben. Ich mußte auf Toasts antworten und selbst welche aussprechen. Dabei habe ich festgestellt, daß ich wohl wie jedermann eine Rede vorbereiten und lesen kann, daß ich aber kein Redner bin. Meine Nerven spielen mir einen Streich und lassen mich stocken, wenn ich mich an eine größere Zuhörerschaft richten muß. Da kann man nichts machen. Ich bin zu meinen Büchern zurückgekehrt, ich habe wieder zu schreiben begonnen und hartnäckig und ohne Unterlaß Blatt auf Blatt gehäuft, ganz meiner Arbeit hingegeben.

Ich stellte Herrn Zola eine letzte Frage:

– Gibt es Ihrer Ansicht nach also für einen Schriftsteller keinen Platz im Parlament?

– Ein Schriftsteller kann seinen Platz im Parlament finden, wiederholte er, aber nur unter der Bedingung, daß er zu schreiben aufhört und nur mehr Abgeordneter ist; unter der Bedingung, daß er seine Wortgewalt der Lösung der sozialen Frage widmet. Die Politik ist etwas Eitles, die sozialen Probleme sollten hingegen das Gehirn eines jeden denkenden Menschen beschäftigen. Das Christentum hat die Sklaverei abgeschafft und durch eine Arbeitnehmerschaft ersetzt. Das Arbeitnehmertum aber muß seinerseits verschwinden und ersetzt werden durch ... ich weiß nicht, was. Man muß blind sein, um nicht zu merken, daß sich schwerwiegende Ereignisse anbahnen.

Und als ich den Namen von Gabriele D'Annunzio erwähnte:

– Wer immer Italien bereist, sagte mir Zola lebhaft, ist von der schrecklichen Armut, die im Land herrscht, betroffen. Hier erhebt sich vielleicht deutlicher als anderswo das bedrohliche, schreckliche soziale Problem. Unter diesen Voraussetzungen kann man sich über das Wahlprogramm von D'Annunzio[6] wundern, der sich nicht als an sozialen Fragen interessierter Mensch, sondern als Schriftsteller und Künstler hat wählen lassen. Was wiegt schon die Freiheit der Kunst dem Glück der Menschheit gegenüber?

Es war Mittag. Herr Zola erhob sich. Das Gespräch war beendet.

1) Diese ungenaue Angabe im Originaltext der L'Aurore *hat es uns leider nicht erlaubt, die Kölner Zeitung ausfindig zu machen, in der diese Meldung erschienen ist. Die uns zugängliche* Kölnische Zeitung *hat am 29. Oktober eine ausführliche Besprechung von Zolas Roman* Paris *veröffentlicht, in der auch von der „Wahlpolitik" und von „Gestalten der Politik und des Palais Bourbon" die Rede ist. Dies genügt aber nicht, um die oben angeführte Meldung zu rechtfertigen.*

2) Der Bildhauer Armand Bloch (1866-1933), Preisträger des Pariser „Salons" in den Jahren 1889, 1900 und 1924, hat insgesamt vier Büsten von Zola angefertigt.

3) Paris *ist der dritte Roman von Zolas Zyklus* Les Trois villes (Lourdes-Rome-Paris); *er ist in der Zeit vom 23. Oktober 1897 bis 9. Februar 1898 im Feuilleton der Tageszeitung* Le Journal *erschienen und Ende März 1898 in den Buchhandel gekommen.*

4) In der Hoffnung, die Stelle des „Sous-Préfet" in Aix-en-Provence zu bekommen, hat sich Zola 1870 der „provisorischen Regierung" in Bordeaux angenähert und war als Sekretär von Glaise-Bizoin, eines Regierungsmitglieds ohne großen Einfluß, tätig. Für die Zeitung La Cloche *hat er als Parlamentsberichterstatter 1871/72 rund 800 politische Artikel verfaßt.*

5) Der nationalistisch eingestellte Schriftsteller Maurice Barrès (1862-1923) hat seine politische Laufbahn 1889 als boulangistischer Abgeordneter von Nancy in der Nationalversammlung begonnen. 1893 nach einer Wahlniederlage aus dem Parlament ausgeschieden, wurde er 1906 wiedergewählt. Er ist eine der treibenden Kräfte der Dreyfus-Gegner und beteiligt sich 1898 aktiv an der Gründung der „Ligue de la Patrie française". In die Literaturgeschichte sind vor allem die drei Bände des Roman de l'énergie nationale (Les Déracinés, *1897;* L'Appel au soldat, *1900;* Leurs Figures, *1902) eingegangen.*

Eugène-Melchior (vicomte) de Vogüe (1848-1910) ist der Verfasser des Buches Le Roman russe *(1886), in dem seine in der* Revue des deux mondes *erschienenen Artikel über die russischen Schriftsteller Turgenjew, Tolstoi, Dostojewski und Gogol gesammelt sind; er gilt als Vermittler zwischen der russischen und französischen Kultur. 1893 wird de Vogüe mit Unterstützung des konservativen Lagers als Abgeordneter des Departements Ardèche in die Nationalversammlung gewählt. Er beteiligt sich allerdings kaum an der parlamentarischen Arbeit und verzichtet 1898 auf eine Wiederwahl. Über die für ihn offenbar enttäuschende Parlamentserfahrung legt er in seinem Roman* Les Morts qui parlent *(1899) Zeugnis ab.*

6) Der Schriftsteller Gabriele D'Annunzio (1863-1938) ist von 1897 bis 1900 Abgeordneter der extremen Rechten im italienischen Parlament. Er hat durch seine imperialistisch und irredentistisch inspirierten Artikel in La Tribuna *Aufsehen erregt.*

*

Innerhalb von wenigen Tagen – zwischen dem 6. und 13. November – ändert Zola seine Haltung gegenüber der Dreyfus-Affäre grundlegend: Aus Gleichgültigkeit wird Betroffenheit und leidenschaftliches Engagement. Auschlaggebend dafür sind der Besuch des Schriftstellers Bernard-Lazare und – vor allem – die Unterredung mit Louis Leblois (siehe dazu die Einleitung und die Chronologie S. 312). Die Dokumente, die mir vorgelegt wurden *– schreibt er an seine in Italien weilende Frau Alexan-*

drine –, haben mich absolut davon überzeugt, daß Dreyfus unschuldig ist; wir haben es hier mit einem fürchterlichen Justizirrtum zu tun, für den alle großen Köpfe des Kriegsministeriums die Verantwortung zu tragen haben werden. Es wird zu einem schrecklichen Skandal kommen, zu einer Art militärischem Panama-Skandal. *Wie wird Zola reagieren?* Persönlich werde ich mich wohl nicht einmischen, denn mir fehlt dazu gewissermaßen die Kompetenz, *erklärt er seiner Frau am 10. November. Die Haltung des Vizepräsidenten des Senats, des Elsässers Auguste Scheurer-Kestner, mit dem er sich am 13. November lange über die Dreyfus-Affäre unterhält, beeindruckt ihn aber. In einem Brief schreibt er ihm:*

BRIEF AN SCHEURER-KESTNER

Paris, 20. November 1897

Sehr geehrter Herr Scheurer-Kestner!

Ich habe das dringende Verlangen, Ihnen kräftig die Hand zu drücken. Sie können sich kaum vorstellen, wie sehr mich Ihre bewundernswerte Haltung, Ihre Ruhe inmitten der Drohungen und niedrigsten Anwürfe mit Hochachtung erfüllt. Was immer auch geschehen wird, es gibt keine schönere Rolle als die Ihre, und ich beneide Sie darum.

Ich weiß nicht, was ich selbst machen werde. Sicher ist, daß mich noch nie ein menschliches Drama mit einer so tiefgreifenden Emotion erfüllt hat. Es ist ein Kampf um die Wahrheit – und das ist der einzige gute, der einzige große Kampf. Selbst in Zeiten einer scheinbaren Niederlage ist der Sieg am Ende sicher.

Glauben Sie mir, ich bin mit meinem ganzen Verstand und mit meinem ganzen Herzen auf Ihrer Seite. [...]

*

Am Mittwoch, den 24. November sind die Würfel gefallen. Zola entschließt sich, im Figaro *ein langes Plädoyer zugunsten von Scheurer-Kestner zu veröffentlichen, und nimmt damit seinerseits den Kampf um die Wahrheit auf. „Du sollst wissen – vertraut er in einem Brief vom 24. November 1897 Alexandrine an –, daß ich in einer Blitzaktion einen Artikel über Scheurer-Kestner und die Dreyfus-Affäre geschrieben habe. Der Gedanke daran hat mich die ganze Zeit verfolgt, ich konnte nicht mehr schlafen, ich mußte das alles loswerden. Ich hielt es für feige zu schweigen. Was soll's, ich fühle mich stark genug, die Folgen auszustehen. Der Artikel wird morgen im* Figaro *erscheinen." Am 25. November 1897 war in* Le Figaro *zu lesen:*

SCHEURER-KESTNER

Welch ergreifendes Drama und welch großartige Personen! Leidenschaftliche Bewunderung ergreift mein Schriftstellerherz angesichts der Dokumente von solch tragischer Schönheit, wie sie uns das Leben liefert. Für mich gibt es nichts, das größeren psychologischen Wert besäße.

Meine Absicht ist es nicht, von der „Affäre" zu sprechen. Auch wenn es mir gewisse Umstände erlaubt haben, sie zu studieren und mir eine persönliche Meinung zu bilden, so vergesse ich doch nicht, daß eine gerichtliche Untersuchung im Gang ist und daß es einfach die Ehrlichkeit gebietet, abzuwarten und nichts dem schrecklichen Geschwätz hinzuzufügen, das man über eine so klare und einfache Angelegenheit verbreitet.

Aber als Beobachter, der mit offenen Augen durch das Leben geht, als Schriftsteller beanspruche ich schon jetzt die Personen dieser Affäre für mich. Der vor drei Jahren Verurteilte und der heute Verdächtigte bleiben freilich unantastbar, solange die Justiz nicht ihr Urteil gesprochen hat. Aber über die dritte große Person des Dramas, den Ankläger, kann man wohl offen und ehrlich sprechen, ohne daß ihm das Schaden zufüge.

In den folgenden Zeilen möchte ich darlegen, was ich von Herrn Scheurer-Kestner gesehen habe, was ich davon denke und welchen Argumenten ich zustimmen kann. Vielleicht werde ich eines Tages, wenn es die Umstände erlauben, auch über die beiden anderen schreiben.

Ein kristallklares Leben erfüllt von Redlichkeit. Kein einziger Makel, nicht die geringste Schwäche. Ein und dieselbe Haltung, die ihn ohne militanten Ehrgeiz zu den höchsten politischen Ämtern führt, eine Laufbahn, die er einzig und allein der respektvollen Sympathie verdankt, die ihm seinesgleichen entgegenbringt.

Er ist kein Träumer, kein Utopist. Er ist ein Unternehmer, der die größte Zeit seines Lebens in seinem Labor zugebracht hat, ganz seiner eigenen Forschungsarbeit hingegeben, ohne darüber die tägliche Sorge für das Handelshaus zu vergessen, das er leitet.

Ich füge noch seinen Wohlstand hinzu, seinen Reichtum, alle Ehren, die die Krönung eines ganz der redlichen Arbeit gewidmeten, erfüllten Lebens sind. Er hat keinen anderen Wunsch mehr, als seine Tage würdig zu beenden und diese Freude, diesen guten Ruf zu genießen.

Das also ist der Mann, von dem wir sprechen. Alle kennen ihn, niemand wird mir widersprechen. Das ist der Mann, der dieses tragischste, dieses leidenschaftlichste aller Dramen erleben wird. Eines Tages beschäftigt ein Zweifel seinen Geist, ein Zweifel, der in der Luft liegt und schon mehr als ein Gewissen gequält hat. Ein Kriegsgericht hat einen Hauptmann, der möglicherweise unschuldig ist, wegen Hochverrats verurteilt. Das verhängte Urteil ist schrecklich: öffentliche Degradierung, Kerkerhaft in einem entlegenen Gefängnis, die ganze Verachtung eines Volkes, das darauf beharrt, dem solcherart Gedemütigten den Rest zu geben. Aber was, großer Gott!, wenn er wirklich unschuldig wäre! Uns schauert vor Mitleid, vor kaltem Schrecken bei dem Gedanken, daß in einem solchen Fall eine Wiedergutmachung nicht mehr möglich sein könnte!

Zweifel haben sich in Herrn Scheurer-Kestner breitgemacht. Damit hat, so hat er selbst erklärt, seine Qual begonnen; das, was er in Erfahrung bringen konnte, hat seine Zweifel gesteigert. Seinen starken und logischen Geist ergreift nach und nach ein unersättlicher Hunger nach Wahrheit. Ich kenne nichts Größeres, nichts Nobleres, und das, was in diesem Mann vor sich geht, ist ein außergewöhnliches Schauspiel, das mich mit Begeisterung erfüllt. Es gibt keinen heldenhafteren Kampf als den für die Wahrheit und das Recht.

Ich fasse mich kurz: Herr Scheurer-Kestner hat endlich Gewißheit. Er kennt die Wahrheit und will ihr zu ihrem Recht verhelfen. Das ist der schreckliche Augenblick. Ich stelle mir vor, wie angsterfüllt diese Minute für einen Menschen, wie er es ist, gewesen sein muß. Er wußte sehr wohl, welchen Sturm der Entrüstung er auslösen würde. Die Wahrheit und die Gerechtigkeit sind aber das höchste Gut, denn sie allein garantieren die Größe der Nationen. Es ist wohl möglich, daß politische Interessen sie eine Zeitlang verschleiern, aber jedes Volk, das in ihnen nicht seine einzige Daseinsberechtigung sieht, ist zum Untergang verurteilt.

Die Wahrheit aufzudecken ist gut; man kann aber auch den Ehrgeiz haben, eine Sache persönlicher Ehre daraus zu machen. Manche verkaufen sie, andere wollen zumindest einen Vorteil daraus ziehen, sie gesagt zu haben.

Herrn Scheurer-Kestner war einfach daran gelegen, hinter sein Werk zurückzutreten. Er hatte beschlossen, der Regierung zu sagen: „So stehen die Dinge. Nehmt die Affäre in die Hand, bereinigt den Irrtum und nehmt für Euch das Verdienst in Anspruch, gerecht zu sein. Jedes Recht, das wiederhergestellt wird, bedeutet einen Sieg." Umstände, von denen ich hier nicht sprechen möchte, haben dazu geführt, daß er nicht gehört wurde.

Von diesem Augenblick an ist er den Kreuzweg gegangen, den er nun schon seit Wochen auf sich nimmt. Die Nachricht, daß er die Wahrheit in den Händen halte, wurde in Umlauf gesetzt und gleichzeitig die Frage gestellt, ob denn ein Mann, der die Wahrheit kenne, ohne sie an die große Glocke zu hängen, etwas anderes sein könne als ein Feind der Gesellschaft. Zuerst blieb er zwei endlose Wochen lang mit stoischer Ruhe seinem Versprechen zu schweigen treu, und zwar in der stetigen Hoffnung, daß man ihn nicht zwingen werde, die Rolle jener zu übernehmen, die hätten handeln sollen. Wir wissen heute, welche Flut an Beschimpfungen und Drohungen er während dieser zwei Wochen über sich ergehen lassen mußte, welche Flut von gräßlichen Beschuldigungen, denen er gelassen erhobenen Hauptes standgehalten hat. Warum aber schweigt er? Warum zeigt er seinen Akt nicht dem Nächstbesten. Warum füllt er nicht wie die anderen die Spalten der Zeitungen mit seinen Vertraulichkeiten?

Ah, wie weise hat er doch gehandelt! Abgesehen von seinem Versprechen hat er gerade deshalb geschwiegen, weil er es für seine Pflicht der Wahrheit gegenüber gehalten hat. Diese arme, nackte, von allen verhöhnte Wahrheit, die alle im eigenen Interesse unterdrücken wollten, diese Wahrheit gedachte er vor diesen schädlichen Leidenschaften in Schutz zu nehmen. Er hatte sich geschworen, nicht zuzulassen, daß sie unterschlagen werden würde, und er gedachte seine Stunde und seine Waffen zu wählen, um ihren Triumph zu sichern. Gibt es etwas Natürlicheres, Lobenswerteres? Ich kenne nichts Erhabeneres als dieses Schweigen von Herrn Scheurer-Kestner in diesen drei Wochen, in denen ihn ein ganzes verrückt gewordenes Volk verdächtigt und beleidigt. Romanciers, zeichnet diese Figur und ihr habt einen wirklichen Helden!

Die Nachsichtigsten haben Zweifel an seiner geistigen Gesundheit geäußert. War er nicht ein schwacher, senil und kindlich gewordener Greis, einer jener Köpfe, die der beginnende Altersschwachsinn leichtgläubig macht? Die anderen, die Narren und Halunken, haben ihn ganz einfach beschuldigt, „das große Geld" eingesteckt zu haben. Sie bilden sich ein, daß die Juden diese Ahnungslosigkeit um eine Million erkauft haben. Ist es möglich, daß wirklich kein schallendes Gelächter auf eine solche Dummheit geantwortet hat?

Herr Scheurer-Kestner ist hier mit seinem kristallklaren Leben. Stellen Sie die anderen ihm gegenüber, diejenigen, die ihn anklagen und beleidigen. Und urteilen Sie selbst. Sie haben die Wahl zwischen diesen und jenem. Finden Sie einen anderen Beweggrund für sein Handeln außer seinem so edlen Bedürfnis nach Wahrheit und Recht. Obwohl er mit Beleidigungen überschüttet wird, obwohl er in seiner hohen Stellung angegriffen wird und diese Angriffe ihm das Herz zerreißen, ist er bereit, alles zu opfern, nur um seine heroische Aufgabe zu Ende zu führen, und er schweigt, er wartet. Das ist seine außergewöhnliche Größe.

Wie ich schon gesagt habe, möchte ich mich nicht mit der Affäre selbst beschäftigen. Trotzdem muß ich wiederholen: Sie ist die einfachste, die klarste der Welt, wenn man sie für das nimmt, was sie ist.

Ein Justizirrtum ist wohl eine bedauernswerte Sache, aber immerhin möglich. Justizbeamte irren sich, auch Offiziere der Armee können sich irren. In welcher Hinsicht sollte deshalb die Ehre der Armee auf dem Spiel stehen? Wenn ein Irrtum begangen wurde, so besteht die schönste Aufgabe darin, ihn wieder gutzumachen; der wahre Fehler würde erst darin bestehen, daß man selbst angesichts der deutlichsten Beweise darauf beharrt, sich nicht geirrt zu haben. Im Grunde ist das die einzige Schwierigkeit. Alles wird wieder in Ordnung kommen, wenn man sich entschließt anzuerkennen, daß es möglich war, einen Irrtum zu begehen, und daß man dann gezögert hat, ihn zuzugeben. Jene, die darum Bescheid wissen, werden mich verstehen.

Die diplomatischen Komplikationen, die befürchtet wurden, sind ein Schreckensgespenst für die Gaffer. Man muß laut und deutlich erklären, daß kein Nachbarstaat mit dieser Affäre irgend etwas zu tun hat. Wir haben es lediglich mit einer erregten, von einer ungewöhnlich gehässigen Kampagne überforderten öffentlichen Meinung zu tun. Die Presse ist eine notwendige Kraft; ich glaube, daß sie im großen und ganzen mehr Gutes als Schlechtes anrichtet. Aber einige Zeitungen, die die einen irre machen und die anderen in Angst und Schrecken versetzen, die von Skandalen leben und damit ihre Auflagen verdreifachen, sind nichtsdestoweniger schuldig. Der dumme Antisemitismus hat ihnen diesen Irrsinn eingegeben. Verrat macht sich breit, die Reinsten und Tapfersten wagen es nicht mehr, ihre Pflicht zu erfüllen, aus Angst, dabei beschmutzt zu werden.

Und wir haben ein solches Maß an Verwirrung erreicht, daß alle Gefühle verkehrt worden sind, daß man nicht mehr für das Recht eintreten kann, ohne als altersschwach oder als bestochen zu gelten. Lügen werden verbreitet, die dümmsten Geschichten von den seriösesten Zeitungen wiedergegeben, die ganze Nation scheint irre geworden zu sein, obwohl doch schon ein wenig Verstand genügen würde, um die Dinge sofort zurechtzurücken. Ich wiederhole es: An dem Tag, an dem es die Regierenden wagen werden, trotz der aufgebrachten Meute tapfere Menschen zu sein, wird alles ganz einfach erscheinen.

Ich kann mir vorstellen, daß im stolzen Schweigen von Herrn Scheurer-Kestner auch der Wunsch liegt zu warten, bis alle ihr Gewissen einer Prüfung unterzogen haben ... Als er von der Pflicht gesprochen hat, die es ihm gebietet, die Wahrheit, die er kennt, ans Licht zu bringen, selbst auf die Gefahr hin, seine hohe Stellung, seinen Besitz und sein Glück dabei in Trümmer gehen zu sehen, da hat er diesen bewundernswerten Satz ausgesprochen: „Ich hätte nicht damit leben können“.

Wohlan!, das müssen sich alle ehrenhaften Leute sagen, die in diese Affäre verwickelt sind: Sie werden nicht mehr leben können, wenn sie nicht für das Recht sorgen.

Und wenn politische Gründe die Gerechtigkeit hinausschieben wollten, dann wäre das ein neuerlicher Irrtum, der wohl den alten verstärken, aber die unausbleibliche Lösung nur hinauszögern würde.

Die Wahrheit ist im Vormarsch, und nichts wird sie aufhalten.

*

Unter den Feinden, gegen die Zola fortan wird kämpfen müssen, befindet sich die „niedrige Presse“, die Schmutz- und Schundpresse, die auf die niedrigen Instinkte ihrer Leser setzt. Dazu zählen neben La Libre Parole *in erster Linie die Massenblätter* Le Petit Journal *und* Le Petit Parisien, *die nationalistischen* L'Eclair, La Patrie *und* L'Intransigeant, *die katholische, betont antisemitische Tageszeitung* La Croix *mit ihren zahlreichen Regionalausgaben und – mit Einschränkungen –* Le Matin. *Zola, der im übrigen die Pressefreiheit vehement verteidigt, ist von der Sensationslüsternheit dieser Presse betroffen und wirft ihr vor, das Volk aufzuwiegeln und die Nation zu vergiften.*

Zolas Stimmung gibt ein Interview wieder, das er dem russischen Journalisten Eugen Semenov[1] *gegeben hat und das in der Zeitung* Novosti *vom 30. November 1897 veröffentlicht wurde:*

GESPRÄCH MIT EMILE ZOLA

– Aus Ihrem Artikel über Scheurer-Kestner geht klar hervor, was Sie über die Dreyfus-Affäre denken. Ich möchte Ihnen hier keine indiskreten Fragen stellen und erwarte keine sensationellen Antworten. Ich möchte Sie nur eines fragen: Werden Sie aus dieser außerordentlich dramatischen Affäre das Thema eines Ihrer nächsten Werke schöpfen?

– Wenn Sie ein französischer Journalist wären, würde ich Ihnen keine Antwort auf Ihre Frage geben, und Sie werden gleich sehen, warum. Aber da Sie für russische Leser schreiben, sage ich Ihnen folgendes: Ja! Nachdem ich jetzt eine vertiefte Kenntnis dieser Affäre erworben habe, habe ich mich natürlich auch dazu entschlossen, daraus einen Nutzen zu ziehen. Aber wie und in welchem Zusammenhang, das weiß ich selbst noch nicht. Wieviel Leidenschaft liegt in dieser Affäre, wieviel Menschliches, wie viele Interessenskonflikte! Wie interessant wäre es, das alles in Dialoge zu fassen – nicht unbedingt für das Theater, nicht des Geldes oder eines Skandals wegen, sondern um ein Werk zu schaffen, das zur Gänze auf dem Kampf um Wahrheit und Gerechtigkeit beruht. Daran habe ich zuallererst gedacht. Dann schien mir diese Form aber für ungeeignet und ich habe andere Möglichkeiten gesucht. Ich habe nichts Geeigneteres, nichts Interessanteres, nichts Ergreifenderes und nichts Lehrreicheres gefunden als den historischen Bericht.

Ja, setzte der berühmte Schriftsteller fort, indem er sich immer mehr ereiferte, ja, ich werde die Geschichte dieser Affäre schreiben, weil ich sie kenne, und zwar vollständig, so, wie sie ist. Ich kenne die Wahrheit, und man kann sich nichts Bewegenderes, nichts Selteneres vorstellen… Eine Zeitlang habe ich mich mit dem Gedanken getragen, die Geschichte des Panama-Skandals zu schreiben, aber sie ist voll Niedertracht und Schmutz. Hier aber, in dieser Affäre haben wir es mit den stärksten Leidenschaften, einer außergewöhnlichen „Schönheit", einem außergewöhnlichen Verbrechen – dabei meine ich nicht die Spionage, die in den internationalen Beziehungen doch etwas Gewöhnliches ist – und mit Charakteren zu tun, die in unserer Zeit selten geworden sind. Was kann es tatsächlich Besseres für einen Schriftsteller geben, was Lehrreicheres als die Geschichte dieser Affäre mit allen ihren Einzelheiten, mit den psychologischen Motiven der handelnden Personen. Die Psychologie, das ist meine Domäne – und die Charaktere! Die drei Hauptpersonen, für die Sie schwerlich Gleichwertiges finden werden, sind echte Typen: Scheurer-Kestner, über den ich eben geschrieben habe, der unschuldige Dreyfus und der wahre Schuldige…

Zola sprach inmitten der tiefen Ruhe, die in seinem Haus herrschte, mit hoher und klarer Stimme.

Und außer diesen drei Charakteren, fuhr Zola fort, wie viele Menschen haben wir da, die gegen die Wahrheit kämpfen, die Interesse an der Lüge haben! Und wie viele, die nach der Wahrheit verlangen und für sie arbeiten! Es gibt für den Historiker kein höheres Interesse, kein höheres Thema als diese Geschichte, deren Handlung sich auf den Kampf für Wahrheit und Gerechtigkeit reduzieren läßt… Sie fragen mich, wer die handelnden Personen, wer diese Menschen sind. Wenn Sie meinen Artikel gelesen haben, wenn Sie mir aufmerksam zuhören, werden Sie erraten, wer sie sind, und Sie werden verstehen, warum ich nicht die allgemeine Auffassung teile, daß die Wahrheit nicht lange auf sich warten lassen und daß alles bald aufgedeckt sein wird. Ja, die Affäre ist einfach und klar; aber weil zu schwerwiegende Interessen und zu einflußreiche Männer versuchen, die Stimme der Wahrheit zu unterdrücken, wird man sie nicht so schnell kennen – obwohl sicher einmal alles ans Tageslicht gelangen wird. Es wird schwer werden und großer Anstrengungen bedürfen, aber alles wird einmal aufgedeckt werden! Und die mächtigen Männer, die jetzt gegen die Wahrheit kämpfen, werden zu ihrer Schande sehen, daß sich der Spruch des Poeten bewahrheitet: „*Quos vult perdere Jupiter dementat*"[2].

Nach der Entscheidung

- Natürlich werde ich die Geschichte dieser Affäre erst schreiben, wenn sie zu ihrem Ende gekommen sein wird. Einerseits, weil sie mich jetzt gewissermaßen mitten in meiner Alltagsarbeit trifft, zu einem Zeitpunkt, da ich fest zugesagte Arbeiten nicht aufgeben kann; andererseits, weil man natürlich das Ende der Affäre abwarten muß, um ihre Geschichte schreiben zu können... Vorläufig nimmt sie ihren Verlauf. Außer dem bereits Gesagten werde ich nichts anderes sagen oder schreiben. Wenn ich mich mit Ihnen darüber unterhalte, dann, weil sie Russe sind... Was unsere Presse betrifft, so sehen Sie ja, wie sie – von einigen wenigen Ausnahmen abgesehen – den Leidenschaften freien Lauf läßt, den Skandal entfesselt und die menschlichen Gefühle pervertiert. Mein Gott, während ich mit Ihnen plaudere und dabei an dieses große Rußland denke, dessen Bräuche, dessen moralische Anlagen und dessen Volk so anders sind als die unseren... ja, ja, was immer man auch darüber sagt, es ist dort alles ganz anders als bei uns... da frage ich mich, was es wohl über das alles denken mag, vor allem über die Auswüchse dieser Presse? Bei Ihnen in Sankt Petersburg weiß man, was bei uns vor sich geht, man versteht es, schätzt es ab, man ist an alles gewöhnt. Aber in der Provinz, in den anderen Städten, was mag man dort wohl über diese homerische Lüge denken, über diese bewußte Verdunkelung dessen, was eigentlich für den menschlichen Geist klar und für die menschliche Seele zugänglich sein sollte? Es ist, auf seine Art, ein schreckliches historisches Drama, das vielleicht für uns hier verständlich ist, aber dort ... Sie entschuldigen, nicht wahr?, Sie verstehen, daß ich derzeit nicht über Einzelheiten der Affäre sprechen kann... Ich muß schweigen, vor allem weil ich persönlich nichts unternehmen kann, weil ich zu sehr von meiner Arbeit in Anspruch genommen bin.

- Woran arbeiten Sie gerade, welche Projekte haben Sie?

- Sie wissen, daß ich nicht gerne über meine Werke rede, solange sie noch gewissermaßen im Stadium des Keimens begriffen sind. Derzeit weiß ich selbst noch nicht, welches ich als nächstes ausführen werde, aber in einem Monat oder sechs Wochen, wenn die Veröffentlichung meines Romans abgeschlossen sein wird[3], werde ich Ihnen mehr über meine Projekte und Pläne sagen können.

1) Der in Odessa geborene Eugen Semenov (1858-1944) hat seine journalistische Laufbahn in Paris begonnen; von 1894 an ist er Chefredakteur der Revue anecdotique des deux mondes, *ab 1897 Korrespondent der in Sankt Petersburg erscheinenden Tageszeitung* Novosti i Birzevaja Gazeta. *1893 hat er eine russische Schulgrammatik veröffentlicht, er übersetzt Gorki und Puschkin ins Französische und verfaßt Monographien über Puschkin (1899) und Turgenjew (1933).*

2) „Jupiter macht jene verrückt, die er zu verlieren gedenkt" (ein Zitat von Euripides, das in Frankreich zur Zeit Zolas in der vom Hellenisten J. F. Boissonade ins Lateinische übertragenen Fassung geläufig ist).

3) Zolas Roman Paris, *der dritte der* Trois Villes, *erscheint zu diesem Zeitpunkt gerade im Feuilleton der Tageszeitung* Le Journal.

*

In seinem zweiten Artikel im Figaro *nimmt Zola am 1. Dezember 1897 zu den Vorwürfen Stellung, die Verteidiger von Dreyfus stünden im Solde eines „jüdischen Syndikats":*

DAS SYNDIKAT

Die Methode ist altbekannt und in ihrer Niedertracht und Einfalt derer würdig, die sie erfunden haben.

Hauptmann Dreyfus wurde von einem Kriegsgericht wegen Hochverrats verurteilt. Das macht ihn zum Verräter, aber nicht als Mensch, sondern als Idee; als solche verkörpert er die Heimat, der die Kehle durchschnitten und die dem siegreichen Feind ausgeliefert worden ist. Er steht nicht nur für gegenwärtigen oder zukünftigen Verrat, er steht auch für alle Übel der Vergangenheit, und durch die Vorstellung, daß nur ein Verrat unsere Niederlage herbeiführen konnte, wird er auch für sie verantwortlich gemacht.

Da haben wir sie also, die schwarze Seele, die niederträchtige Figur, die Schande der Armee, den Verbrecher, der seine Brüder verschachert, wie Judas den Gottessohn verschachert hat. Und da er Jude ist, ist das alles kein Problem: Die Juden sind reich und mächtig, aber heimatlos, und sie werden im Untergrund ihre Millionen arbeiten lassen, um ihn aus der Affäre zu ziehen, sie werden sich Männer reinen Gewissens kaufen und ein abscheuliches Komplott schmieden, um die Rehabilitierung des Schuldigen zu erreichen, selbst wenn sie dazu einen Unschuldigen an seine Stelle setzen müssen. Die Familie des Verurteilten, die natürlich auch jüdischen Glaubens ist, greift in die Affäre ein. Es ist sehr wohl eine Affäre, denn es geht darum, mit viel Geld der Justiz ihre Ehre zu nehmen, der Lüge zum Durchbruch zu verhelfen und durch eine freche Kampagne das Volk in den Schmutz zu ziehen.

Es wird also ein Syndikat gegründet. Das bedeutet, daß sich Bankiers zusammentun und gemeinsam das Geld aufbringen, um die öffentliche Meinung zu beeinflussen. Irgendwo gibt es eine Kasse, die dafür bezahlt, daß der ganze Schlamm aufgewühlt wird. Es ist ein weitverzweigtes, dunkles Unternehmen mit verkleideten Menschen, die nächtens unter Brücken Unbekannten riesige Summen übergeben, ein Netz aus großen Persönlichkeiten, deren Ehrbarkeit man mit Unsummen erkauft und korrumpiert hat.

So wächst das Syndikat allmählich und wird schließlich eine mächtige Organisation, die im Dunkeln eine schändliche Konspiration aufbaut, um den Verräter zu verherrlichen und Frankreich in einer Flut von Schande zu ertränken.

Sehen wir uns dieses Syndikat also einmal genauer an:

Die Juden haben das Geld und kaufen sich ganz offen die Ehre der Komplizen. Mein Gott, ich weiß nicht, wieviel Geld sie da wohl schon ausgegeben haben. Aber wenn es sich wirklich nur um runde zehn Millionen handelt, dann verstehe ich sehr wohl, daß sie sie bezahlt haben. Sie sind Bürger Frankreichs, unsere Brüder, mit den gleichen Rechten wie wir, der dumme Antisemitismus zieht sie aber täglich in den Schmutz. Durch die Verurteilung des Hauptmanns Dreyfus will man sie vernichten, man hat versucht, aus dem Verbrechen von einem von ihnen das Verbrechen der ganzen Rasse zu machen. Alle sind damit Verräter, Schächer und Kriminelle. Und da wird erwartet, daß diese Leute nicht wild protestieren, sich nicht reinzuwaschen suchen und in diesem Vernichtungskrieg nicht Schlag um Schlag zurückgeben, was man ihnen antut. Es ist doch verständlich, daß sie leidenschaftlich danach trachten, die Unschuld ihres Religionsbruders ans Tageslicht zu bringen; wenn es ihnen möglich scheint, ihn zu rehabilitieren, dann müssen sie dieses Ziel doch aus ganzem Herzen anstreben!

Wenn es aber wirklich so einen „Geldschalter“ geben sollte, an dem man sich bedienen kann, dann müßten in so einem Syndikat doch einige wohlbekannte Halunken zu finden sein. Sie kennen sie doch: Wieso ist denn dieser, jener oder jener andere nicht dabei? Es ist ja wirklich bemerkenswert, daß alle, die angeblich von den Juden gekauft worden sind, den ausgezeichneten Ruf genießen, grundehrliche Menschen zu sein. Vielleicht möchten die Juden aus reinem Ehrgeiz nur mehr seltene Ware haben und sind bereit, den Preis dafür zu zahlen? Nein, ehrlich, ich zweifle sehr an der Existenz dieser Kasse, obwohl ich Verständnis dafür hätte, sollten sich die Juden, zum äußersten getrieben, mit ihren Millionen verteidigen wollen. Im Kampf bedient man sich der Waffen, die einem gerade zur Verfügung stehen. Ich habe keine Hemmungen, so über sie zu sprechen, denn ich liebe sie nicht und ich hasse sie nicht. Kein einziger der Freunde, die mir sehr nahe stehen, ist Jude. Ich halte sie für Menschen, und das genügt.

Aus der Sicht der Familie Dreyfus liegen die Dinge natürlich anders. Jeder wäre engherzig, der sie nicht verstehen und sich vor ihr nicht verneigen wollte.

Die Familie, so meine ich, hat das Recht, ja die Pflicht, ihr ganzes Gold und ihr ganzes Blut zu opfern, wenn sie ihr Kind für unschuldig hält. Niemand hat das Recht, dieses geheiligte Prinzip zu verletzen. Man muß den Hut ziehen, wenn man dieses Haus betritt, das Trauer trägt, in dem eine Frau, Brüder, Eltern weinen; nur Flegel würden es wagen, dort laut zu sprechen und frech zu sein. Der Bruder, ein Verräter! Diese Beleidigung wirft man dem anderen Bruder ins Gesicht! Welche Moral, welcher Gott erlaubt, daß der ganzen Familie das Vergehen eines Mitglieds vorgeworfen wird? Ein solches Verhalten ist unserer Kultur und unseres Edelmuts unwürdig. Die Zeitungen, die den Bruder des Hauptmanns Dreyfus beschimpfen, weil er einfach seine Pflicht erfüllt, sind eine Schande für die französische Presse.

Wer hätte denn sprechen sollen, wenn nicht er? Er nimmt seine Rolle wahr. Nachdem er seine Stimme erhoben hat, um Gerechtigkeit zu fordern, brauchte niemand mehr diese Rolle zu übernehmen, alle konnten in den Hintergrund treten. Er allein war dazu befugt, die schreckliche Frage nach der Möglichkeit eines Justizirrtums aufzuwerfen, die Frage nach der Wahrheit zu stellen, die es gilt, ans Tageslicht zu bringen. Man mag alle möglichen Beschimpfungen aussprechen, man wird damit das Prinzip nicht außer Kraft setzen können, daß die Verteidigung des Abwesenden in den Händen seiner Familie liegt, in den Händen derer, die sich die Hoffnung und den Glauben bewahrt haben. Die unerschütterliche Überzeugung einer rechtschaffenen und patriotischen Familie ist der stärkste moralische Beweis für die Unschuld des Verurteilten.

An der Seite der Juden, die also das Syndikat gegründet hätten, an der der Familie, die es leiten würde, stünden die einfachen Mitglieder des Syndikats, jene, die gekauft wurden. Die ersten unter ihnen sind Herr Bernard-Lazare und Kommandant Forzinetti. Danach kommen Herr Scheurer-Kestner und Herr Monod. Zuletzt wird Oberst Picquart entdeckt, und auch Herrn Leblois darf man nicht vergessen. Und ich hoffe sehr, daß auch ich seit meinem ersten Artikel über die Affäre zu dieser Bande gezählt werde. Wer immer sich erlaubt, im Namen der Gerechtigkeit die Wahrheit zu fordern, wird im übrigen beschuldigt, dem Syndikat anzugehören und ein bestochener Verbrecher zu sein, und das nur, weil ihn der schauerliche Gedanke an die Möglichkeit eines Justizirrtums bewegt.

Aber dieses schreckliche Schlamassel, das habt Ihr doch selbst verursacht, Ihr falschen Patrioten, Ihr antisemitischen Schreier, Ihr Ausbeuter, die Ihr von öffentlichen Skandalen lebt; Ihr habt dieses Syndikat gewollt, Ihr habt es geschaffen.

Ist denn die ganze Sachlage nicht sonnenklar? Wenn es ein Syndikat gegeben hätte, dann hätte es ja auch Absprachen geben müssen. Wo aber sind sie, diese

La France und die Spinne.

Es stimmt.

So wie Zola hat es noch kein Dichter verstanden, sich die Liebe des Volkes zu erwerben, des — „auserwählten" nämlich.

Die Verschwörungs- und Syndikatstheorien rund um den Fall Dreyfus-Zola in der einschlägig ausgerichteten ausländischen Presse: Karikaturen aus dem in Wien erscheinenden Figaro *(29. Jänner 1898; Scheurer-Kestner und Emile Zola haben sich im Spinnennetz des „Dreyfus-Syndikats" verfangen) und dem* Kikeriki *(10. September 1899; auf den angeblichen Verräter Dreyfus anspielend).*

Der Fonds des Dreyfus-Syndikats.

Judas Ischarioth: Wenn es sich um einen Collegen handelt, lass' ich mich nicht lumpen!

Absprachen? In einigen Gewissen hat sich am Tag nach der Verurteilung von Dreyfus einfach ein Unbehagen breitgemacht, ein Zweifel angesichts des Unglücklichen, der allen seine Unschuld entgegengeschrieen hat. Aus diesem leichten Frösteln in den Seelen ist diese schreckliche Krise, dieser Wahnsinn geworden, der die Öffentlichkeit ergriffen hat. Kommandant Forzinetti hat uns als erster in einem ergreifenden Bericht von diesem Schauder erzählt, den so viele verspürt haben.

Nach ihm zweifelt dann Herr Bernard-Lazare. Er macht sich daran, Licht in die Angelegenheit zu bringen. Inmitten der Dunkelheit, die er nicht zu erhellen vermag, führt er seine Untersuchung in aller Einsamkeit. Er veröffentlicht eine Broschüre darüber, dann, am Vorabend der Enthüllungen, deren Inhalt wir heute kennen, eine zweite; die Tatsache, daß er von der wirklichen Wahrheit nichts gewußt hat, daß er nichts von ihr sagen konnte, ist der Beweis dafür, daß er allein gearbeitet hat, daß er mit keinem anderen Mitglied des „Syndikats" in Verbindung gestanden ist. Ein Syndikat, dessen Mitglieder sich nicht kennen, ist wohl ein sonderbares Syndikat!

Das Bedürfnis nach Wahrheit und Gerechtigkeit quält dann Herrn Scheurer-Kestner. Er forscht nach und versucht, Gewißheit zu erlangen, ohne etwas von der offiziellen – ich betone: offiziellen – Untersuchung zu wissen, die Oberst Picquart, der aufgrund seiner Funktion im Kriegsministerium auf die richtige Fährte gestoßen ist, zum gleichen Zeitpunkt unternimmt. Wie erst später bekannt wird, bedarf es eines Zufalls, damit die beiden Männer, die einander nicht gekannt haben und von denen jeder für sich am gleichen Unterfangen gearbeitet hat, einander treffen und im letzten Augenblick Seite an Seite für die Wahrheit kämpfen.

Das also ist die ganze Geschichte des Syndikats: Es besteht aus Männern guten Willens, die, vom Streben nach Wahrheit und Gerechtigkeit beseelt, aus den verschiedensten Richtungen gekommen sind, meilenweit voneinander entfernt und ohne sich zu kennen arbeiten, die aber auf ihren verschiedenen Wegen das gleiche Ziel ansteuern, ruhig vorwärtskommen, dabei viel Erde umgraben und eines schönen Tages am gleichen Punkt anlangen. An der Kreuzung der Wahrheit, an diesem schicksalhaften Treffpunkt der Gerechtigkeit, haben sich alle zwangsläufig getroffen.

Seht Ihr, daß Ihr sie jetzt vereint, daß Ihr sie zwingt, die Reihen zu schließen, am gemeinsamen Werk der Sauberkeit und Ehrlichkeit zu arbeiten, diese Männer, die Ihr mit Beleidigungen überhäuft, die Ihr beschuldigt, das schlimmste Komplott zu schmieden, während sie nur ein Werk der Wiedergutmachung anstreben?

Zehn oder zwanzig Zeitungen, in denen sich die Leidenschaften und

Interessen verschiedensten Ursprungs treffen, einer Schmutzpresse, die ich nicht lesen kann, ohne mich zu ekeln, ist es also gelungen, die Öffentlichkeit davon zu überzeugen, daß ein Judensyndikat für teures Geld die Gewissen erkauft und ein schlimmes Komplott ins Werk setzt: Zuerst gelte es, den Verräter zu retten und durch einen Unschuldigen zu ersetzen, dann, die Armee zu entehren und Frankreich zu verkaufen – wie schon 1870. Ich erspare dem Leser die romanhaften Ausschmückungen dieser angeblichen Machenschaften.

Ich gestehe, daß diese Version zur Meinung der großen Mehrheit der Bevölkerung geworden ist. Wie viele einfache Menschen haben mich doch seit acht Tagen angesprochen, um mir erstaunt zu sagen: – Wie! Scheurer-Kestner ist also kein Schuft? Sie tun sich mit diesen Leuten zusammen! Aber wissen Sie denn nicht, daß sie Frankreich verschachert haben!

Ich stehe Ängste aus, weil ich weiß, daß eine derartige Verdrehung der Meinung alle Taschenspielertricks zuläßt. Leider sind die tapferen Leute selten, wenn es gilt, gegen den Strom zu schwimmen. Wie viele murmeln einem nicht ins Ohr, daß sie von der Unschuld des Hauptmanns Dreyfus überzeugt sind, aber daß ihnen nicht daran gelegen ist, sich in eine gefährliche Lage zu bringen oder gar in einen Kampf einzulassen!

Hinter der öffentlichen Meinung stehen die Büros des Kriegsministeriums, das sich zweifellos auf sie stützen möchte. Darüber will ich heute nicht reden, denn ich hoffe immer noch, daß Recht gesprochen werden wird. Aber wer hat denn nicht schon verstanden, daß wir es mit einem hartnäckigen bösen Willen zu tun haben? Man will nicht zugeben, daß ein Irrtum, daß Fehler begangen wurden. Man besteht darauf, kompromittierte Persönlichkeiten zu decken. Man ist zu allem entschlossen, nur um ein ordentliches Ausmisten zu verhindern. Die Wahrheit ist so ernst, daß diejenigen, die sie in Händen halten, noch zögern, sie zu enthüllen, weil sie hoffen, daß sie sich von selbst durchsetzen und ihnen damit die Verlegenheit ersparen wird, sie in aller Öffentlichkeit bekennen zu müssen.

Aber es gibt eine Wahrheit, die ich heute schon in ganz Frankreich verbreiten möchte: Man ist dabei, das gerechte, das edle Frankreich zu einem regelrechten Verbrechen zu verführen. Sollte das wirklich das wahre Frankreich sein, das man so sehr täuschen und gegen einen armseligen Menschen aufbringen kann, der seit drei Jahren unter fürchterlichen Umständen ein Verbrechen abbüßt, das er nie begangen hat? Ja, dort unten, unter der glühenden Sonne, gibt es noch einen Menschen, den man von den anderen Menschen abgeschieden hat. Nicht nur der weite Ozean schneidet ihn vom Rest der Welt ab, sondern elf Wächter bilden Tag und Nacht eine lebende Mauer um ihn. Elf Männer wurden abgestellt, um einen einzigen zu bewachen. Kein Mörder, kein tobsüchtiger Wahnsinniger ist jemals so scharf bewacht worden. Dazu kommt das ewige Schweigen und die langsame Agonie unter dem Fluch eines ganzen Volkes! Wer wagt es da schon zu sagen, daß dieser Mensch unschuldig ist?

Wir vom „Syndikat“ behaupten es. Wir sagen es ganz Frankreich und hoffen, daß es uns schließlich doch hören wird, denn es konnte sich immer schon für die gerechten und schönen Kämpfe begeistern. Wir sagen ihm, daß wir die Ehre der Armee und die Größe der Nation keineswegs antasten wollen. Ein Justizirrtum wurde begangen, und solange er nicht wiedergutgemacht ist, wird Frankreich krank sein, es wird leiden wie an einem unbekannten Krebs, der unaufhaltsam an seiner Substanz zehrt. Wenn es für seine Genesung notwendig sein sollte, einige Glieder zu entfernen, dann entferne man sie!

Ein Syndikat, das auf die öffentliche Meinung Einfluß nimmt, um sie von dem Wahnsinn zu heilen, in den sie die Schmutzpresse getrieben hat, ein Syndikat, um ihren uralten Stolz und ihre uralte Großzügigkeit wiederzubeleben; ein Syndikat, das allmorgendlich wiederholt, daß unsere diplomatischen Beziehungen nicht auf dem Spiel stehen, daß die Ehre der Armee nicht in Frage gestellt wird, daß nur einzelne Personen bloßgestellt werden; ein Syndikat, das zeigt, daß jeder Justizirrtum bereinigt werden kann und daß es der schlimmste Starrsinn, die schrecklichste „Unfehlbarkeit“ wäre, auf einem solchen Irrtum unter dem Vorwand zu beharren, daß sich ein Kriegsgericht nicht irren kann; ein Syndikat, um so lange eine Kampagne zu führen, bis die Wahrheit wiederhergestellt ist, bis trotz aller Hindernisse Recht gesprochen ist, auch wenn Jahre des Kampfes dafür notwendig sein sollten: diesem Syndikat gehöre ich an und hoffe doch, daß alle tapferen Mitbürger ihm angehören.

*

Während im Parlament aufgrund einer dringlichen Anfrage von Albert de Mun für den 4. Dezember eine Debatte über die Dreyfus-Affäre anberaumt ist, schreibt Zola den dritten Artikel seiner Serie für den Figaro, *der am 5. Dezember 1897 erscheint. Unter der Leserschaft und in der Redaktion der Zeitung regt sich indessen Widerstand gegen Zolas Kampagne. Der Schriftsteller hält es deshalb für angebracht, in diesem Artikel Abschied von den Lesern des* Figaro *zu nehmen:*

BESTANDSAUFNAHME

Ach, was für ein Schauspiel! Wie tragisch und unvergeßlich sind die Tage, die wir in den letzten drei Wochen durchgemacht haben. Ich habe noch nie

Stunden erlebt, die in mir mehr menschliches Empfinden, eine größere Angst und einen ärgeren Zorn verursacht hätten. Ich war ganz außer mir, voll Haß gegenüber der Dummheit und der Hinterlist, und mir dürstete so sehr nach Wahrheit und Gerechtigkeit, daß ich begriffen habe, wie eine tiefe Seelenrührung einen friedlichen Bürger ins Martyrium stürzen kann.

Dieses Schauspiel ist tatsächlich unerhört; es ist der niedrigste Ausdruck des Tiers, das im menschlichen Instinkt schlummert, und übertrifft an Brutalität, Dreistigkeit und Unverfrorenheit alles bisher Dagewesene. Ich habe mich zweifellos deshalb so leidenschaftlich erregt, weil ein solches Beispiel der Perversion und des Wahnsinns der Menge selten ist, und, abgesehen von meinem Aufbegehren als Mensch, konnte mich ein Fall von so schrecklicher Schönheit als Romancier und Theatermann nur erschüttern.

Heute beginnt in der Affäre jene Phase, die wir herbeigewünscht und ohne Unterlaß gefordert haben, ihre folgerichtige und rechtmäßige Behandlung. Ein Kriegsgericht wird mit der Angelegenheit befaßt, und wir sind zuversichtlich, daß am Ende dieses neuerlichen Prozesses die Wahrheit gefunden werden wird. Wir haben nie etwas anderes verlangt. So bleibt uns also nur mehr zu schweigen und abzuwarten: Nicht wir müssen die Wahrheit schaffen, das Kriegsgericht muß sie ans Tageslicht bringen. Wir werden uns erst dann wieder zu Wort melden, wenn die Wahrheit nicht vollständig hergestellt werden sollte; das aber halten wir für eine unzulässige Annahme.

Aber da nun die erste Phase dieses dunklen Wirrwarrs hinter uns liegt, dieser Skandal, in dem sich so viele häßliche Seelen entblößt haben, muß ein Bericht darüber erstellt und müssen die Schlüsse daraus gezogen werden. Die Fakten sind unwiderlegbar und unsagbar traurig, aber in ihnen liegt auch eine Lehre, die tapfer gezogen werden muß und die wie jenes rotglühende Eisen wirkt, mit dem man die Wunden ausbrennt. Denken wir alle daran, daß das schreckliche Schauspiel, das wir uns gerade selbst vorgespielt haben, uns heilen sollte.

Zuerst zur Presse.

Wir haben gesehen, wie brünstig sich die Schmutzpresse verhalten hat, wie sie aus ungesunder Neugier Kapital geschlagen und die Masse der Bevölkerung verrückt gemacht hat, nur weil das bedruckte Papier keine Käufer mehr findet, wenn das Land ruhig, gesund und stark ist. Vor allem die Schreier des Abends, die geduldeten Schundblätter, erregen mit ihren Titeln, die in dicken Lettern Liederliches versprechen, die Aufmerksamkeit der Passanten. Die haben eigentlich nur ihre gewöhnliche Arbeit gemacht, allerdings mit einer vielsagenden Unverfrorenheit.

Etwas weiter oben auf der Leiter haben wir die volksnahen Zeitungen, die Groschenblätter, die sich an eine große Leserschaft wenden und die Meinung der Menge bilden; sie haben schreckliche Leidenschaften entfacht, wild eine sektiererische Kampagne geführt und in unserem guten Volk jede Großzügigkeit, jeden Wunsch nach Wahrheit und Gerechtigkeit erstickt. Ich will ja gerne ihren guten Glauben anerkennen. Aber wie traurig ist es, den Geist dieser gealterten Polemisten, dieser verrückt gewordenen Agitatoren zu sehen, die die Menschen verführen und das schlimmste Verbrechen begehen, nämlich das öffentliche Bewußtsein zu trüben und ein ganzes Volk in die Irre zu leiten! Dieses Verhalten ist umso abscheulicher, als es in bestimmten Zeitungen mittels der niedrigsten Mittel, in einem Geist der Verleumdung und Diffamation geführt wird, die der große Schandfleck unserer Zeit bleiben werden.

Schließlich haben wir gesehen, wie die große Presse, die sogenannte seriöse und ehrenhafte Presse, das alles mit einer Ruhe, fast möchte ich sagen mit einer Gelassenheit, verfolgt hat, die ich für verblüffend halte. Diese ehrenwerten Zeitungen haben sich damit begnügt, alles mit peinlicher Genauigkeit aufzuzeichnen, die Wahrheit wie den Irrtum. Dieser vergiftete Fluß hat auch sie ergriffen, ohne daß sie auch nur eine Niedertracht ausgelassen hätten. Das nennt man gewiß Unparteilichkeit. Dennoch: Kaum ist hier und da eine schüchterne Wertung zu vernehmen, nicht eine einzige, verstehen Sie, nicht eine einzige edle und starke Stimme hat sich in dieser ehrenwerten Presse erhoben, um Partei zu ergreifen für die Menschlichkeit und die verletzte Gerechtigkeit!

Wenn es aber darum ginge, unter so vielen Schreckenstaten die empörendste auszuwählen, dann würde ich die folgende anführen: Wir haben gesehen, wie die Schmutz- und Schundpresse immer wieder einen französischen Offizier verteidigt, der die Armee beleidigt und die Nation besudelt hat. Da haben sich tatsächlich Zeitungen gefunden, die seine Haltung entschuldigt, und andere, die sie nur mit vielen Einschränkungen getadelt haben. Wie! Es war wirklich kein einhelliger Aufschrei der Entrüstung und des Abscheus zu vernehmen? Was geht denn vor, daß gerade jene Zeitungen, die in Sachen von Verrat und Treulosigkeit sonst so empfindlich sind, für dieses Verbrechen, das zu anderen Zeiten das öffentliche Bewußtsein erregt und eine entschlossene Forderung nach unmittelbarer Bestrafung ausgelöst hätte, mildernde Umstände gefunden haben?

Das alles haben wir miterlebt; da aber niemand darüber spricht, sich niemand empört, weiß ich nicht, welche Reaktionen dieses Symptom bei den anderen Beobachtern ausgelöst hat. Mich hat es jedenfalls erschaudern lassen, denn es enthüllt mit einer unerwarteten Gewalt die Krankheit, an der wir leiden. Die Schmutzpresse hat die Heimat vom rechten Wege abgebracht, ein Ausbruch dieser Perversion und dieser Korruption hat das Geschwür jetzt zum Aufbrechen gebracht.

Behandeln wir jetzt den Antisemitismus.

Er trägt die Hauptschuld. Ich habe schon dargelegt, wie sehr diese barbarische Kampagne, die uns in der Geschichte tausend Jahre zurückführt, mein Bedürfnis nach Brüderlichkeit, mein leidenschaftliches Eintreten für Toleranz und Emanzipation der Menschen entfacht. In die Zeit der Religionskriege zurückzukehren, Verfolgungen aus religiösen Gründen wiederaufzunehmen und sich, Rasse für Rasse, gegenseitig ausrotten zu wollen, das halte ich in unserem Jahrhundert der Befreiung für einen solchen Unsinn, daß mir ein derartiger Versuch vor allem einfältig erscheint. Er konnte nur aus dem unklaren, nicht recht im Gleichgewicht befindlichen Kopf eines Gläubigen, nur aus der Selbstgefälligkeit eines lange unbekannt gebliebenen Schriftstellers geboren werden, der um jeden Preis eine Rolle spielen wollte, und sei sie noch so widerwärtig. Ich will immer noch nicht glauben, daß eine solche Bewegung in Frankreich, dem Land der freien Gewissenserforschung, der brüderlichen Güte und der klaren Vernunft, jemals eine entscheidende Bedeutung sollte erlangen können.

Dennoch sind schreckliche Missetaten festzuhalten. Ich muß gestehen, daß das Übel schon groß ist. Das Gift ist im Volk verbreitet, wenn nicht schon das ganze Volk vergiftet ist. Dem Antisemitismus verdanken wir die gefährliche Heftigkeit, die der Panama-Skandal bei uns bekommen hat. Die ganze jämmerliche Dreyfus-Affäre ist sein Werk: Nur er hat den Justizirrtum möglich gemacht, nur er macht heute die Menge verrückt, die verhindert, daß dieser Irrtum im Sinne unseres Wohlergehens und unseres guten Rufes ruhig und offen eingestanden wird. Gibt es etwas Einfacheres, etwas Natürlicheres, als beim Auftreten der ersten ernsthaften Zweifel für Wahrheit zu sorgen? Und versteht man denn nicht, daß zwangsläufig irgendwo ein Gift im Spiel sein muß, das uns alle rasend gemacht und in den Zustand wilder Verrücktheit versetzt hat, in dem wir uns befinden?

Dieses Gift, das ist der wilde Haß gegen die Juden, den man dem Volk seit Jahren allmorgendlich einimpft. Das Werk des Giftmischers wird von einer ganzen Bande vollbracht, und das Schönste daran ist, daß sie es als Rächer und Richter im Namen der Moral und im Namen von Jesus Christus vollbringen. Wer kann schon behaupten, daß sich das Kriegsgericht nicht von dieser Stimmung hat beeinflussen lassen? Ein Jude, ein Verräter, der sein Land verschachert, das ist doch selbstverständlich. Wenn man auch sonst kein Motiv für das Verbrechen findet, wenn er reich, weise, arbeitsam und leidenschaftslos ist, ein tadelloses Leben führt, genügt es dann nicht einfach, daß er Jude ist?

Seit wir verlangen, daß Licht in die Angelegenheit gebracht werde, wird die Reaktion des Antisemitismus heftiger und gleichzeitig aufschlußreicher. Ihm wird jetzt der Prozeß gemacht. Was für ein Schlag wäre es für die Antisemiten, wenn die Unschuld eines Juden an den Tag gebracht werden würde. Sollte es tatsächlich möglich sein, daß ein Jude unschuldig wäre? Ein ganzes Lügengebäude stürzte dann zusammen, es würde frische Luft, Aufrichtigkeit, Gerechtigkeit und den Ruin einer Sekte bedeuten, die nur durch beleidigende Auswüchse und freche Verleumdungen eine Wirkung auf die Masse des einfachen Volkes ausübt.

Auch dies haben wir miterlebt: die Raserei dieser öffentlichen Missetäter beim Gedanken, daß ein wenig Klarheit entstehen könnte. Wir haben leider auch die Verwirrung der Menge gesehen, die irregeleitete öffentliche Meinung, das gute Volk der kleinen und bescheidenen Leute, das heute über die Juden herfällt, das morgen aber einen Aufstand machen würde, um den Hauptmann Dreyfus zu befreien, wenn nur irgendein ehrlicher Mann es für die heilige Sache der Gerechtigkeit entflammt.

Sprechen wir schließlich über die Zuschauer, die handelnden Personen, über Sie und mich, über uns alle.

Was für eine Verwirrung, was für ein ständig anwachsender Sumpf! Wir haben gesehen, wie das Getümmel der Interessen und Leidenschaften, der unsinnigen Geschichten und des schändlichen Geschwätzes täglich fieberhafter geworden ist, wir haben die frechsten Verleugnungen miterlebt, gesehen, wie der gesunde Menschenverstand jeden Morgen mit Füßen getreten, wie das Laster bejubelt und die Tugend verhöhnt werden, wir haben den Todeskampf all dessen miterlebt, was die Ehre und die Lebensfreude ausmacht. Wir haben das alles schließlich häßlich gefunden. Ja, natürlich, aber wer hat denn das alles gewollt, wer hat denn zugelassen, daß sich die Angelegenheit in die Länge zieht? Unsere Herren und Gebieter, diejenigen, die vor mehr als einem Jahr über den Fall in Kenntnis gesetzt worden sind und es nicht gewagt haben, irgend etwas zu unternehmen. Sie wurden angefleht, man hat ihnen in allen Einzelheiten das schreckliche Unwetter vorhergesagt, das sich zusammenbraute. Sie hatten die Untersuchung angestellt, die Akte war in ihren Händen. Und trotz patriotischer Beschwörungen haben sie sich bis zur letzten Minute lieber auf ihre Untätigkeit versteift, als daß sie die Affäre selbst in die Hand genommen und damit eingegrenzt hätten, selbst auf die Gefahr hin, sofort die kompromittierten Einzelpersonen opfern zu müssen. Jetzt ist der Sumpf ausgeufert, so wie es ihnen vorausgesagt worden ist, und es ist ihre Schuld.

Wir haben Besessene triumphieren sehen, die die Wahrheit von jenen einforderten, die sie nicht sagen konnten, solange die Untersuchung nicht abgeschlossen war. Die Wahrheit wird dem mit der Untersuchung beauftragten General anvertraut, und ihm allein obliegt die Aufgabe, sie bekanntzugeben.

Die Wahrheit wird auch dem Untersuchungsrichter mitgeteilt, er allein ist befugt, sie anzuhören, um auf ihr seinen Akt der Rechtsprechung aufzubauen. Ja, die Wahrheit! Was kann denn Eurer Meinung nach die Wahrheit sein in einer solchen Affäre, die eine ganze eingefahrene Organisation über den Haufen wirft; glaubt Ihr wirklich, sie sei ein einfaches, handliches Objekt, das man in seiner Hand trägt und wie einen Kieselstein oder einen Apfel weitergibt? Der Beweis, ach ja, der Beweis, den man sofort haben will, so wie die Kinder wollen, daß man ihnen den Wind zeigt. Geduldet Euch, die Wahrheit wird ans Tageslicht kommen; aber immerhin sind dazu ein bißchen Intelligenz und ein bißchen Redlichkeit notwendig.

Wir haben eine gemeine Ausbeutung des Patriotismus gesehen, und wir haben erlebt, wie in einer Angelegenheit, die allein die Ehre Frankreichs betrifft, das Gespenst der Bedrohung durch das Ausland an die Wand gemalt wurde. Die ärgsten Revolutionäre haben geklagt, daß man die Ehre der Armee und ihrer Führer beleidigen würde, wenn man nicht bereit wäre, sie nicht ganz hoch, außerhalb jeder Reichweite zu stellen. Diesen Hetzern und einigen Zeitungen gegenüber, die die öffentliche Meinung aufbringen, herrschte Angst. Nicht ein einziger Abgeordneter unserer Kammern konnte sich den Aufschrei eines ehrlichen Mannes entringen, alle sind stumm geblieben, haben gezögert, sind Gefangene ihrer Gruppen geblieben, alle haben Angst vor der öffentlichen Meinung gehabt und zweifellos aus ängstlicher Vorsicht vor den nächsten Wahlen gehandelt. Weder ein Gemäßigter noch ein Radikaler, noch ein Sozialist, keiner von denen, denen der Schutz der öffentlichen Freiheiten obliegt, ist aufgestanden, um seinem Gewissen Luft zu machen. Wie soll denn das Volk seinen Weg im Sturm finden, wenn diejenigen schweigen, die sich als seine Führer ausgeben, und zwar aus engstirniger politischer Taktik oder aus der Furcht, ihre persönliche Situation zu gefährden?

Das Schauspiel war so jämmerlich, so grausam, für unseren Stolz so schwer zu ertragen, daß ich in meinem Kreis immer wieder sage: – Frankreich muß sehr krank sein, daß die Verwirrung des öffentlichen Geistes ein derartiges Ausmaß annehmen kann.

Aber nein, Frankreich ist nur irregeleitet, nicht im Besitz seines natürlichen Gefühls und seines Geistes. Man möge zu ihm in der Sprache der Menschlichkeit und der Gerechtigkeit sprechen, und es wird wieder zu seiner sprichwörtlichen Großzügigkeit zurückfinden.

Der erste Akt ist zu Ende, der Vorhang ist nach einem jämmerlichen Schauspiel gefallen. Hoffen wir nur, daß uns das nächste Stück unseren Mut wiedergeben und uns trösten wird. Ich habe gesagt, daß die Wahrheit im Vormarsch ist und nichts sie aufhalten kann. Ein erster Schritt ist gemacht, ein zweiter wird folgen, dann noch einer, so lange, bis der entscheidende Schritt getan ist. Das ist einfach logisch. In Erwartung der Entscheidung des Kriegsgerichts ist meine Rolle vorläufig beendet; ich wünsche sehnlichst, daß Wahrheit geschaffen und Recht gesprochen wird und daß ich nicht mehr für sie zu kämpfen haben werde.

*

In der Parlamentsdebatte am 4. Dezember wiederholt Regierungschef Jules Méline unter dem Beifall der Abgeordneten: „Es gibt keine Dreyfus-Affäre ... Es gibt sie jetzt nicht, und es wird auch in Zukunft keine geben ..." Und Kriegsminister Billot fügt hinzu: „Als Soldat und als Armeechef halte ich das Urteil nach bestem Wissen und Gewissen für gerecht und Herrn Dreyfus für schuldig." Die Kammer bestätigt die „Gültigkeit des ergangenen Urteils" und schließt sich der vom Kriegsminister der Armee gegenüber ausgesprochenen Ehrenerklärung an. Sie unterstützt damit die Haltung der Regierung.

Solche Aussagen mußten natürlich eine Reaktion nach sich ziehen. Zola läßt in einem Interview mit L'Aurore *seiner Entrüstung freien Lauf (Ph. Dubois, 6. Dezember 1897):*

ZOLA ZUR ABSTIMMUNG IN DER ABGEORDNETENKAMMER
Zu Besuch bei Emile Zola

– Was halten Sie von der Abstimmung der Abgeordnetenkammer über die Dreyfus-Affäre?, fragte ich gestern Herrn Emile Zola.

Bei diesen Worten verfinsterte sich die Miene des Meisters. Er ballte die Fäuste und antwortete mir mit einem heiligen Zorn:

– Ich denke, daß diese schändliche Kammer einmal mehr ihre Ehre verloren hat. Gestern hat sie sich wieder mit Schande bedeckt. Sie hat etwas Schreckliches begangen. Seit ich wach bin, suche ich nach dem geeigneten Mittel, ihr meine Verachtung zu zeigen. In welch einer traurigen Zeit leben wir, was für ein unwürdiges Spektakel wird uns hier vorgeführt! Man stelle sich vor, daß kein einziger Abgeordneter es gewagt hat, der Versammlung einige Worte der Vernunft und des gesunden Verstandes vorzutragen, daß keiner es gewagt hat auszurufen: „Über den kleinlichen und kurzsichtigen Interessen Eurer armseligen Politik, über Eurer Rachsucht und Euren Haßgefühlen, Ihr Kleingeister, die Ihr seid, steht die Menschlichkeit und die Gerechtigkeit, steht die Ehre Frankreichs! Seht Ihr denn nicht, was Ihr Übles anrichtet, daß Ihr eine trübe parlamentarische Suppe kocht; daß ein Zittern durch die Luft geht; daß ganz Europa die Augen auf Euch gerichtet hat, daß es Euch zuhört und über Euch urteilt." Ich bekomme – wie Sie wissen – viel Besuch. Alle Freunde aus dem Ausland fragen mich: „Frankreich ist also nicht mehr das große, das edle, das gerechte Frankreich von einst? Was ist bei Euch los?" Gedemütigt in meinem glühenden Patriotismus, betrübt und verwirrt, weiß ich nicht, wie ich ihnen antworten soll: Ja, leider!, es hat sich bei uns etwas geändert, weil Frankreich heute von einem Haufen Fäulnis regiert wird, der alles verdirbt, was er berührt. Es gibt keine Überzeugung und keine Prinzipien mehr, sondern nur mehr die Macht des Geldes und die Wahlinteressen. So tief sind wir gefallen. Welch ein Schmutz. Es gibt in der ganzen Kammer keinen einzigen Mann mit einem Gewissen. Nein, keinen einzigen. Sonst hätte einer seine Aufgabe begriffen, hätte sie mutig ausgeführt und die Dummköpfe heulen lassen.

Ah!, wenn ein Lamartine, ein Louis Blanc oder ein Victor Hugo[1] da gewesen wären, dann wäre die Sache wohl anders verlaufen. Ein Victor Hugo hätte dieses Werk des Hasses nicht hingenommen, ohne seine feste Stimme der Gerechtigkeit ertönen zu lassen, ohne das Recht der Menschen zu verteidigen. Er hätte in seiner Gewandtheit jene Worte der Großzügigkeit gefunden, die wohl ihr Ziel erreicht hätten.

Und diese Minister, die aus Angst vor der Zukunft in Lügen Zuflucht suchen und mit den Worten schummeln! Man muß zwischen den Zeilen ihrer Reden lesen. Absichtlich haben sie Zweideutigkeit geschaffen, und zwar in der Hoffnung, sich eine Hintertür offen zu halten. Es ist unmöglich, beschränkter, schamloser und dümmer zu sein als sie. Zu behaupten, daß die Affäre Esterhazy und die Affäre Dreyfus nicht miteinander zusammenhängen, ist eine ungeheure Dummheit, weil Esterhazy ja verdächtigt wird, der Urheber des Schriftstücks zu sein, dessentwegen Dreyfus verurteilt wurde.

Wenn General Billot und Herr Méline sich auf die Ehre der Armee berufen, erinnern sie mich an Rouher[2], wie er das rote Schreckgespenst auffahren ließ. Zur Zeit des Empire genügte es, daß Rouher vom roten Gespenst sprach, und schon war die Legislative folgsam. So ist es auch jetzt, wenn man von der „Ehre der Armee" spricht. Dann schweigt die Opposition, und wir haben nur mehr Abgeordnete, die auf dem Bauch liegen.

Die Armee, das ist heutzutage jedermann, weil jeder Franzose Soldat ist. Was bedeutet es also, die Armee anzugreifen? Das sind doch leere, sinnlose Worte. Repräsentiert Esterhazy, wenn er vor den ersten Kriegsrat zitiert wird, die Armee? Und General Billot, glaubt er, mit diesem Individuum solidarisch sein zu müssen, das, wenn es kein Verräter sein sollte, zumindest das Zeug dazu hat?

Arme Leute! Unter anderen Umständen würden sie mich zum Lachen bringen. Ist es nicht komisch, zu sehen, wie ehemalige Revolutionäre, denen vom Kriegsrat einst arg mitgespielt worden ist, heute vorgeben, der Kriegsrat sei unfehlbar? Ah!, ich kenne sie, die Kriegsräte! Ich habe sie 1871[3] an der Arbeit gesehen. Mehrmals habe ich alle Anstrengungen unternommen, um ihnen Freunde, die in ihre Klauen geraten waren, zu entreißen. Ich weiß also, wie sie ihre Urteile fällen. Das übersteigt wirklich jede Vorstellung.

Nein, es gibt keine unfehlbaren Gerichte, und Militärrichtern kann es noch leichter als anderen passieren – übrigens durchaus im besten Glauben –, einen Unschuldigen zu verurteilen. Das aber wollen die kleinen Politiker nicht verstehen; deshalb sind sie ehrlos. Sehen Sie, ich finde nicht die Worte, die die Verachtung und den Abscheu zum Ausdruck bringen, die sie mir einflößen. Wenn Sie einen Ausdruck dafür finden, verwenden Sie ihn. Ich werde Ihnen dankbar sein.

Herr Zola erhob sich und geleitete mich zur Tür:

– Welche Folgen kann, Ihrer Meinung nach, die gestrige Abstimmung haben?

– Keine, antwortete er, während wir die Stiege hinuntergingen. Unsere Abgeordneten sind Hampelmänner, die im Leeren gestikulieren. Der Wind fegt ihre Worte hinweg. Sie werden ebensowenig verhindern, daß die Wahrheit ihren Lauf nimmt, wie die Wolken am Himmel verhindern, daß das Tageslicht zu uns kommt.

Und an der Glastüre, die zum Vestibül führt, fügt er hinzu:

– Diese Abstimmungen haben nur die Wirkung, der schamlosen, skandalhungrigen Presse eine vorläufige Befriedigung zu geben, und zwar jener Presse, bei der die Auflagenziffern die Überzeugungen ersetzen, die Frankreich verrückt macht und an seiner Zersetzung arbeitet.

1) Alphonse de Lamartine (1790-1869) war Schriftsteller und Diplomat. Von 1830 an widmet er sich mit großem Ehrgeiz der politischen Laufbahn, ist Abgeordneter, Minister und 1848 Chef einer provisorischen Regierung; bei den Präsidentschaftswahlen am Ende desselben Jahres erleidet er eine schwere Niederlage.

Louis Blanc (1811-1882) verfaßt 1839 die sozio-ökonomische Darstellung L'Organisation du travail; *er ist ein vehementer Gegner des Kapitalismus und tritt für staatlich unterstützte Arbeiterproduktionsgenossenschaften ein; auf seine Initiative gehen die kurzlebigen „ateliers nationaux" zurück; als Mitglied der provisorischen Regierung von 1848 geht er nach dem Scheitern der 48-er Revolution bis 1870 ins Exil nach England; 1871 ist er Mitglied der Nationalversammlung und tritt gegen die Pariser Commune auf. Louis Blanc ist auch der Verfasser einer zwischen 1847 und 1862 geschriebenen* Histoire de la Révolution Française.

Die politische Tätigkeit von Victor Hugo (1802-1885) geht auf die „Juli-Monarchie" zurück:

Der Schriftsteller ist 1845 in die „Chambre des pairs" aufgenommen worden; während der Zweiten Republik (1848-1850) unterstützt Hugo zuerst Louis-Napoléon Bonaparte, nähert sich dann aber der republikanischen Linken an und geht nach dem Staatsstreich von 1850 ins Exil (Brüssel, Jersey, Guernesey); nach dem Sturz des Zweiten Kaiserreiches 1870 ist er Abgeordneter in der Nationalversammlung von Bordeaux und tritt für die Commune ein. In seinen Artikeln in La Cloche *hat Zola damals mehrfach seine Bewunderung für die politische Haltung von Hugo zum Ausdruck gebracht*

2) Eugène Rouher (1814-1884), einflußreicher Politiker unter dem Zweiten Kaiserreich, dessen antiliberale Politik Frankreich zum Krieg mit Preußen und zum Debakel von Sedan geführt hat.

3) Vermutlich eine Anspielung auf Zolas Tätigkeit als politischer Journalist in den Jahren 1871/72.

*

Nachdem Zola die im Figaro *geführte Kampagne am 5. Dezember nach dem Erscheinen des Artikels „Bestandsaufnahme" einstellen muß, wendet er sich an Eugène Fasquelle, seinen Verleger, und verfaßt den ersten „Offenen Brief", den er als Broschüre veröffentlicht. Er hofft auf ein neues, breiteres Publikum. Zuerst richtet er sich an die Jugend. Den Anlaß liefern ihm Studentendemonstrationen vor dem Wohnhaus von Scheurer-Kestner. Der Vizepräsident des Senats ist isoliert: Am 7. Dezember hat er sich an die Senatoren gewandt und ist auf feindselige Ablehnung gestoßen; seine Erklärungen sind unter Lachsalven und Buhrufen untergegangen und haben niemanden überzeugt; es ist ihm nicht gelungen, die Haltung der Regierung zu ändern.*

BRIEF AN DIE JUGEND

14. Dezember 1897

Welchen Weg beschreitet Ihr, Ihr jungen Leute, Ihr Studenten, die Ihr in Banden auf den Straßen seid, um Euren Zorn und Eure Begeisterung zu demonstrieren; die Ihr das mächtige Verlangen verspürt, Euer empörtes Gewissen öffentlich hinauszuschreien?

Protestiert Ihr gegen den Mißbrauch der Macht, hat man Eure Wahrheitsliebe und das Bedürfnis nach Gerechtigkeit verletzt, die in Euren jungen Seelen brennen, die noch unversehrt sind von den politischen Zugeständnissen und den täglichen Feigheiten des Lebens?

Wollt Ihr ein soziales Unrecht wiedergutmachen, das Aufbegehren Eurer erregbaren Jugend in jene Waage werfen, in der das Schicksal der Glücklichen und der Verstoßenen dieser Welt so ungerecht gewogen wird?

Wollt Ihr, um die Toleranz und Unabhängigkeit des Menschengeschlechts zu bekräftigen, den engstirnigen Sektierer auspfeifen, der den Bankrott der Wissenschaften behauptet und damit Euren befreiten Geist wieder in den alten Irrtum zurückholen will?

Wollt Ihr unter den Fenstern einiger scheinheiliger und verachtenswerter Leute Euren unbezwingbaren Glauben an die Zukunft hinausrufen, an das kommende Jahrhundert, das im Namen der Gerechtigkeit und der Menschenliebe der Welt den Frieden bringen soll?

Nein, mitnichten! wir wollen vielmehr einen alten Mann verhöhnen, der nach einem von Arbeit und Rechtschaffenheit erfüllten Leben geglaubt hat, ungestraft eine edle Sache unterstützen zu können, der Licht in eine dunkle Angelegenheit bringen und einen Irrtum gutmachen wollte, allein zur Ehre der Heimat Frankreich!

Ach!, als ich selbst jung gewesen bin, habe ich gesehen, wie im Quartier Latin die stolzen Leidenschaften der Jugend aufgewallt sind, die Liebe zur Freiheit und der Haß gegenüber der brutalen Gewalt, die die Hirne und die Seelen unterdrückt. Ich habe gesehen, wie die Jugend unter dem Zweiten Kaiserreich tapfer Oppositionsarbeit geleistet hat, ungerecht manchmal, aber immer im Überschwang einer freien Entfaltung des Menschen. Sie hat die dem Kaiser genehmen Schriftsteller ausgepfiffen, die Professoren, die ihr verdächtig erschienen sind, übel zugerichtet, und sie hat sich gegen jeden erhoben, der für die Kräfte der Finsternis und der Tyrannei eingetreten ist. In ihr brannte das heilige Feuer der glücklichen Tollheit der Zwanzigjährigen, eines Alters, in dem noch alle Hoffnungen wahr zu werden scheinen und der Gedanke an ein Morgen wie der sichere Triumph der perfekten Gemeinschaft erscheint.

Und wenn man weiter zurückgehen wollte in der Geschichte der noblen Leidenschaften, die die Jugend der hohen Schulen bewegt haben, wird man immer wieder sehen, wie sie sich über die Ungerechtigkeit entrüstet und sich gegen die Mächtigen und für die Schwachen, die Verlassenen und die Verfolgten erhoben hat. Sie hat zugunsten der unterdrückten Völker demonstriert, für Polen und für Griechenland, sie ist für diejenigen eingetreten, die unter der Gewalt eines Volkes oder eines Despoten gelitten haben. Wenn man gesagt hat, „das Quartier Latin brennt“, dann konnte man sicher sein, daß da ein Aufflammen jugendlicher Gerechtigkeit am Werk war, das sich um keine Zugeständnisse kümmert und aus der Begeisterung eine Herzensangelegenheit macht. Und was für eine Ursprünglichkeit war das damals, welch überbordender Strom hat sich damals durch die Straßen bewegt!

Ich weiß wohl, daß der Vorwand auch heute noch die bedrohte Heimat ist, Frankreich, das durch eine Handvoll Verräter dem siegreichen Feind ausgeliefert würde. Nur, so frage ich, wo findet man die klare Erkenntnis, das instinktive Gefühl dafür, was richtig und gerecht ist, wenn nicht in diesen jungen Seelen, bei diesen jungen Leuten, die gerade in das öffentliche Leben hineinwachsen und deren ehrliches Denken noch durch nichts verdunkelt ist? Es ist erklärlich und verständlich, daß durch jahrelange Intrigen verdorbene Politiker und daß Journalisten, die durch alle Kompromittierungen des Berufs gezeichnet sind, die unverschämtesten Lügen akzeptieren können und die Augen vor den grellsten Klarheiten verschließen. Aber die Jugend, sie muß schon sehr von Fäulnis befallen sein, daß ihre Reinheit und ihre natürliche Unschuld nicht mit einem Schlag inmitten der unannehmbaren Irrtümer hervortreten und sie nicht geradewegs auf das Offensichtliche, Ungetrübte, im ehrlichen Tageslicht Stehende zugeht!

Es gibt wohl keine einfachere Geschichte. Ein Offizier wurde verurteilt und niemand denkt daran, den guten Glauben der Richter in Zweifel zu ziehen. Sie haben nach ihrem Gewissen geurteilt und sich dabei auf Beweise gestützt, die sie für sicher gehalten haben. Eines Tages aber äußert ein Mann, äußern mehrere Männer Zweifel und sind schließlich davon überzeugt, daß eines der Beweisstücke, das wichtigste, das einzige jedenfalls, zu dem sich die Richter öffentlich bekannt haben, dem Verurteilten fälschlicherweise zugeschrieben wurde und daß es ohne Zweifel von der Hand eines anderen stammt. Und diese Männer geben ihre Ansicht kund, jener andere wird vom Bruder des Verurteilten, der damit nichts als seine Pflicht erfüllt, namhaft gemacht; notwendigerweise beginnt also ein neuer Prozeß, der, wenn er mit einer Verurteilung endet, zur Wiederaufnahme des ersten Prozesses führt. Ist das alles nicht sonnenklar, gerecht und vernünftig? Oder gibt es in diesem Sachverhalt irgendein Ränkespiel, ein dunkles Komplott zur Rettung eines Verräters? Wir leugnen die Existenz dieses Verräters gar nicht, wir möchten nur, daß der Schuldige und nicht ein Unschuldiger für das Verbrechen büßt. Ihr werdet Euren Verräter haben, es geht lediglich darum, daß es der richtige ist.

Müßte also ein bißchen gesunder Menschenverstand nicht genügen? Welche Beweggründe haben jene, die eine Wiederaufnahme des Dreyfus-Prozesses anstreben? Laßt den blöden Antisemitismus beiseite, dessen wilder Wahnwitz hier eine jüdische Verschwörung sieht, durch die das jüdische Gold versuche, im abscheulichen Gefängnis an die Stelle eines Juden einen Christen zu setzen. Diese These fällt in sich zusammen, so unwahrscheinlich und unmöglich ist sie; alles Gold der Welt vermag es nicht, das Gewissen bestimmter Leute zu kaufen. Man muß sich wohl mit der Wahrheit anfreunden, die in der natürlichen, langsamen, aber unbezwingbaren Aufklärung jedes Justizirrtums liegt. So ist die Geschichte nun einmal. Ein Justizirrtum ist eine in Bewegung befindliche

Kraft: gewissenhafte Männer lassen sich überzeugen, der Gedanke an diesen Irrtum quält sie, sie widmen sich immer hartnäckiger seiner Aufklärung und setzen ihr Gut und ihr Leben aufs Spiel, bis die Gerechtigkeit hergestellt ist. Für das, was heute geschieht, gibt es keine andere mögliche Erklärung, der Rest sind nur widerwärtige politische und religiöse Leidenschaften, ein überbordender Wildbach von Verleumdungen und Beleidigungen.

Aber welche Entschuldigung gäbe es für die Jugend, wenn sich in ihr für einen Augenblick die Ideen der Menschlichkeit und des Rechts verdunkelt haben sollten? In der Sitzung vom 4. Dezember hat sich eine französische Abgeordnetenkammer mit Schande bedeckt, indem sie einer Rüge zugestimmt hat, die „die Anführer einer gehässigen Kampagne, die das öffentliche Gewissen beeinträchtigt" brandmarkt. Ich sage es meinen zukünftigen Lesern ganz offen, so ein Beschluß ist unseres großmütigen Landes unwürdig und wird für immer ein unauslöschbarer Schandfleck bleiben. Diese „Anführer", das sind gewissenhafte, tapfere Männer, die einen Justizirrtum, dessen sie sich sicher sind, aufgedeckt haben, um eine Wiedergutmachung zu ermöglichen, und zwar in der patriotischen Überzeugung, daß eine große Nation, die einen Unschuldigen Todesqualen ausliefert, eine verlorene Nation sei. Die „gehässige Kampagne" ist der Schrei nach der Wahrheit, den diese Männer ausstoßen, die Hartnäckigkeit, die sie aufbringen, damit Frankreich in den Augen der Völker das menschliche Frankreich bleibe, jenes Frankreich, das für die Freiheit und Gerechtigkeit gekämpft hat. Die Kammer hat, wie Ihr seht, mit Sicherheit ein Verbrechen begangen, denn Sie hat sogar die Jugend in den Schulen verdorben; getäuscht und verirrt demonstriert sie hemmungslos in den Straßen gegen das, was in der menschlichen Seele das Stolzeste, Tapferste und Göttlichste ist – das ist noch nie dagewesen!

Nach der Senatssitzung vom 7. Dezember hat man von der Niederlage des Herrn Scheurer-Kestner gesprochen. Ja, wirklich, welch ein Debakel für sein Herz, für seine Seele! Ich kann mir seine Ängste, seine Zweifel vorstellen, wenn um ihn herum alles zusammenbricht, was er an unserer Republik geliebt hat, alles, zu dem er durch lebenslanges Bemühen beigetragen hat, zuerst die Freiheit, dann die mannhaften Tugenden der Zuverlässigkeit, der Offenheit und der Zivilcourage.

Er ist einer der letzten seiner Generation. Unter dem Kaiserreich hat er erlebt, was es für ein Volk bedeutet, unter der Herrschaft eines einzigen zu leben, sich vor Fieber und Ungeduld zu verzehren, von den Schergen der Justiz geknebelt zu werden. Blutenden Herzens hat er unsere Niederlagen miterlebt, er hat ihre Ursachen gekannt, die allesamt in der Verblendung und dümmlichen Schwäche des Despoten gelegen sind. Später hat er zu jenen gehört, die weise und unermüdlich daran gearbeitet haben, das Land aus Schutt und Asche wieder aufzubauen und ihm seinen Rang in Europa zu geben. Er stammt noch aus den heroischen Zeiten unseres republikanischen Frankreichs, und ich stelle mir vor, daß er glauben mochte, ein gutes, solides Werk vollbracht, den Despotismus für immer vertrieben und die Freiheit erobert zu haben, ich meine damit vor allem jene menschliche Freiheit, die es, dank der Toleranz der anderen Meinungen, jedem erlaubt, nach seinem Gewissen zu leben.

Ja, das alles konnte errungen werden, aber das alles ist wieder zusammengestürzt, wird mit Füßen getreten. Um ihn herum und in ihm selbst liegt alles in Trümmern. Von Wahrheitsliebe erfüllt zu sein, ist ein Verbrechen. Gerechtigkeit zu wollen, ist ein Verbrechen. Der schreckliche Despotismus ist zurückgekehrt, die Münder sind aufs neue geknebelt. Nicht der Stiefel eines Cäsaren unterdrückt das öffentliche Bewußtsein, sondern eine ganze Abgeordnetenkammer, die jene brandmarkt, die eine gerechte Leidenschaft entflammt. Sprechverbot! Die Fäuste zerschlagen die Lippen jener, die die Wahrheit verteidigen, man wiegelt die Menge auf, damit sie die einzelnen zum Schweigen bringe. Noch nie ist eine gräßlichere Unterdrückung organisiert und gegen die freie Meinungsäußerung angewendet worden. Schändlicher Terror regiert, die Tapfersten werden feige, niemand wagt zu sagen, was er denkt, aus Angst, als Verräter denunziert zu werden. Die wenigen anständig gebliebenen Zeitungen liegen vor ihren Lesern, die man mit dummen Geschichten um den Rest des Verstandes gebracht hat, auf dem Bauch. Und kein Volk hat, glaube ich, eine für seinen Verstand und seine Würde düsterere, schmutzigere und bedrohlichere Zeit durchgemacht.

Ja, es ist wahr, die ganze redliche, große Vergangenheit muß in Scheurer-Kestner zusammengebrochen sein. Wenn er noch an die Güte und die Gerechtigkeit der Menschen glaubt, dann, weil er mit einem soliden Optimismus ausgestattet ist. Seit drei Wochen hat man ihn täglich in den Schmutz gezogen, er hat seine Ehre und die Freuden seines Alters aufs Spiel gesetzt, weil er gerecht sein wollte. Es gibt für den ehrlichen Menschen keinen schlimmeren Schmerz, als Märtyrer seiner Ehrenhaftigkeit zu sein. Man hat in diesem Menschen den Glauben an die Zukunft getötet, seine Hoffnung vergiftet; wenn er stirbt, wird er sagen: „Es geht zu Ende, alles Gute, das ich geschaffen habe, vergeht mit mir, Tugend ist nur ein Wort, die Welt ist finster und leer!"

Um den Patriotismus zu ohrfeigen, hat man sich ausgerechnet jenen Mann ausgesucht, der in unseren Kammern der letzte Vertreter von Elsaß-Lothringen ist! Gerade er soll ein Verräter, ein Beleidiger der Armee sein, wo doch sein Name hätte genügen müssen, um die Bedenken der größten Zweifler zu zerstreuen! Zweifellos war es naiv von ihm zu glauben, daß die Tatsache, daß er

Elsässer und als glühender Patriot bekannt ist, eine Garantie wäre für seinen guten Glauben in der heiklen Rolle des Richters. Wenn er sich um diese Affäre gekümmert hat, dann doch deshalb, weil ihm eine rasche Auflösung für die Ehre der Armee und die Ehre der Heimat notwendig erschienen ist. Laßt diese Affäre sich noch einige Wochen hinziehen, versucht, die Wahrheit zu vertuschen und Euch der Gerechtigkeit zu verschließen, und Ihr werdet sehen, ob Ihr Euch nicht vor ganz Europa lächerlich gemacht habt, ob Ihr Frankreich nicht auf den letzten Rang der Nationen erniedrigt habt!

Nein, nein, die dummen politischen und religiösen Eiferer wollen davon nichts hören, und unsere studierende Jugend bietet der Welt das Schauspiel, Herrn Scheurer-Kestner als den Verräter, der die Armee beleidige und die Heimat kompromittiere, zu verhöhnen.

Ich weiß wohl, daß diese jungen Leute, die demonstrieren, nicht die ganze Jugend sind und daß einige Hundert Rädelsführer auf den Straßen mehr Lärm machen als zehntausend, die zu Hause bleiben und eifrig studieren. Aber sind diese hundert Radaubrüder nicht schon zuviel? Und welch ein niederschmetterndes Zeichen ist es doch, daß heute eine solche Bewegung, so beschränkt sie auch sein mag, gerade aus dem Quartier Latin kommt!

Es gibt also junge Leute, die Antisemiten sind? Es gibt junge Köpfe und unberührte Seelen, die dieses dumme Gift schon aus dem Gleichgewicht gebracht hat? Wie traurig stimmt das, und wie beunruhigend ist das für das beginnende zwanzigste Jahrhundert! Hundert Jahre nach der Erklärung der Menschenrechte, hundert Jahre nach dem erhabenen Akt der Toleranz und Befreiung, kehrt man wieder zu den Religionskriegen und zu den gehässigsten und dümmsten Fanatismen zurück! Das ist vielleicht noch verständlich bei gewissen Leuten, die ihre Rolle spielen, die eine bestimmte Stellung zu behaupten und einen sie aufzehrenden Ehrgeiz zu befriedigen haben. Aber die jungen Leute, jene, die für die Entfaltung aller Rechte und aller Freiheiten geboren sind, die wir für das nächste Jahrhundert erträumt haben! Sie sind die ersehnten „Werkzeuge einer blühenden Zeit“, und doch gebärden sie sich schon als Antisemiten, sie werden das neue Jahrhundert beginnen, indem sie Juden massakrieren, nur weil sie Mitbürger anderer Rasse und anderen Glaubens sind! Welch ein Auftakt für die „Stadt unserer Träume“, für den Staat der Gleichheit und der Brüderlichkeit! Wäre es mit der Jugend wirklich so weit gekommen, es wäre zum Heulen, und man müßte jede Hoffnung auf menschliches Glück fahren lassen.

Oh Jugend, ich flehe Dich an, denk an die große Aufgabe, die auf Dich wartet. Du bist die Kraft der Zukunft, Du wirst die Grundlagen des nächsten Jahrhunderts legen, das – wir sind überzeugt davon – die Fragen der Wahrheit und der Gerechtigkeit lösen wird, die das zu Ende gehende Jahrhundert aufwirft. Wir, die Alten und Betagten, überlassen Dir die angehäuften Ergebnisse unserer Arbeiten, viel Widersprüchliches und Undurchsichtiges vielleicht, aber sicherlich auch das Resultat der leidenschaftlichsten Bemühungen, die je ein Jahrhundert im Sinne des Lichts und der Aufklärung unternommen hat, die Grundmauern dieses großen Gebäudes der Wissenschaften, das Du, zu Deiner Ehre und Deinem Wohlergehen, weiterbauen mußt. Wir bitten Dich nur, noch großzügiger und freier im Geist zu sein als wir, und uns zu übertreffen in Deiner Liebe zum naturgemäßen Leben und in Deinem Streben, das ganz der Arbeit gewidmet ist, der Fruchtbarkeit des Menschen und der Erde, die eines Tages im glänzenden Sonnenschein die überbordende Ernte der Freude ans Licht bringen wird. Wir werden Dir brüderlich unseren Platz überlassen, glücklich darüber, uns im ruhigen Schlummer des Todes von der von uns vollbrachten Aufgabe erholen zu können, wenn wir wissen, daß Du unser Werk fortführst und unsere Träume verwirklichst.

Oh Jugend! Erinnere Dich an die Leiden, die Deine Väter durchgestanden haben, an die schrecklichen Schlachten, die sie siegreich bestehen mußten, um die Freiheit zu erringen, deren Du Dich in dieser Stunde erfreust. Wenn Du Dich unabhängig fühlst, wenn Du kommen und gehen kannst, wie es Dir gefällt, in der Presse sagen kannst, was Du denkst, eine Meinung haben und sie öffentlich zum Ausdruck bringen darfst, dann, weil Deine Väter ihren Geist und ihr Blut dafür geopfert haben. Du bist nicht unter einer Tyrannei geboren, Du weißt nicht, was es bedeutet, jeden Morgen den Stiefel eines Despoten auf der Brust zu spüren, Du hast Dich nicht schlagen brauchen, um dem Säbel des Diktators oder dem falschen Gewicht des ungerechten Richters zu entgehen. Sei Deinen Vätern dankbar und begehe nicht das Verbrechen, der Lüge zuzujubeln, gemeinsame Sache mit der nackten Gewalt, der Unduldsamkeit der Fanatiker und der Unersättlichkeit der Ehrgeizigen zu machen. Denn sonst droht die Diktatur!

Oh Jugend! Sei immer auf der Seite des Rechts. Wenn die Idee der Gerechtigkeit für Dich nichts mehr bedeutet, dann setzt Du Dich allen Gefahren aus. Und ich spreche nicht von der Justiz unserer Gesetzesbücher, die nur die Garantie des gesellschaftlichen Zusammenlebens ist. Gewiß, man muß sie respektieren, aber es gibt noch einen höheren Begriff von Gerechtigkeit, jenen, der davon ausgeht, daß jedes menschliche Urteil fehlbar ist, und der die mögliche Unschuld eines Verurteilten zugibt, ohne deshalb die Richter in Frage zu stellen. Ist das nicht eine Aufgabe, die Deine leidenschaftliche Begeisterung für das Recht entfachen sollte? Wer soll sich denn erheben, um Gerechtigkeit einzufordern, wenn nicht Du, die Du noch nicht in unseren Interessenskämpfen und persönlichen Verwicklungen gefangen bist, die Du dich noch in keine dunkle

Angelegenheit eingelassen hast, die Du noch laut, in voller Unbekümmertheit und in gutem Glauben sprechen kannst?

Oh Jugend! Sei menschlich und großzügig. Selbst wenn wir uns täuschen sollten, stehe auf unserer Seite, wenn wir behaupten, daß ein Unschuldiger eine schreckliche Strafe abbüßt und daß unser empörtes Herz vor Mitgefühl zerbricht. Man nehme nur einen Augenblick an, daß ein Irrtum möglich ist, und das Herz schnürt sich einem zusammen, die Tränen treten in die Augen angesichts der Unmäßigkeit einer solchen Strafe. Gewiß, die Sklavenaufseher bleiben ungerührt, aber Du, die Du noch weinen kannst, deren Herz allem Elend und allem Mitleid offenstehen muß! Wenn ein Märtyrer irgendwo unter dem Haß seiner Gegner umkommt, wie kannst Du da nicht den ritterlichen Traum träumen, seine Sache zu vertreten und ihn zu befreien? Wer, wenn nicht Du, soll das Abenteuer unternehmen, sich in eine gefährliche, aber herrliche Sache zu stürzen und dem Pöbel im Namen des Ideals der Gerechtigkeit die Stirn zu bieten? Schämst Du Dich nicht, daß heute Deine Vorfahren, daß die Alten sich voller Leidenschaft einsetzen und Deine Rolle großzügiger Tollheit übernehmen?

Welchen Weg geht Ihr, Ihr jungen Leute, Ihr Studenten, die Ihr durch die Straßen zieht, demonstriert und Eure Tapferkeit und die Hoffnungsfreudigkeit Eurer zwanzig Jahre mitten in unsere Zwietracht schleudert?

Wir gehen der Menschlichkeit, der Wahrheit und der Gerechtigkeit nach!

*

Die Mitte November General de Pellieux anvertraute Untersuchung der Aktivitäten Esterhazys und die öffentlichen Anschuldigungen, die Mathieu Dreyfus gegen ihn erhebt, führen schließlich dazu, daß gegen Esterhazy ein Prozeß vor einem Kriegsgericht eingeleitet wird. Zola hofft zwar, daß der Lauf der Dinge dadurch eine andere Richtung erhält, glaubt aber nicht wirklich daran – er sieht die Symptome des Übels, an dem Frankreich leidet, sehr klar. Sie sind Gegenstand seines zweiten „Offenen Briefes", den er diesmal „an Frankreich" richtet.

BRIEF AN FRANKREICH

7. Januar 1898

In diesen schrecklichen Tagen moralischer Wirren, die wir durchmachen, zu einem Zeitpunkt, da das öffentliche Gewissen sich zu trüben scheint, wende ich mich an Dich, Frankreich, an die Nation, an die Heimat!

Jeden Morgen, wenn ich in den Zeitungen lese, was Du über diese jämmerliche Dreyfus-Affäre zu denken scheinst, wächst meine Verwunderung und mein Verstand bäumt sich auf. Was liegt vor, Frankreich? Ist es so weit mit Dir gekommen, daß Du Dir aus den offensichtlichsten Lügen Deine Überzeugung machst, daß Du Dich mit einer Bande von Übeltätern gegen die wenigen ehrlichen Leute erhebst, daß Du Dich verrückt machen läßt unter dem dummen Vorwand, daß man Deine Armee beleidige und daß man Dich an den Feind ausliefern wolle, wo es doch der Wunsch der weisesten und redlichsten unter Deinen Söhnen ist, daß Du in den Augen des aufmerksamen Europa die Nation der Ehre, die Nation der Menschlichkeit, der Wahrheit und der Gerechtigkeit bleibst?

Es ist wahr, mit der großen Masse ist es soweit gekommen, vor allem mit den kleinen und einfachen Leuten, mit dem Volk in den Städten, beinahe mit der ganzen Provinz und den ländlichen Gebieten, mit der beachtlichen Mehrheit jener, die die Meinung der Zeitungen oder der Nachbarn hinnehmen, die nicht in der Lage sind, sich Dokumente zu verschaffen und nachzudenken. Was ist denn geschehen, wie konnte Dein Volk, Frankreich, Dein gutherziges und verständiges Volk in diese wilde Angst und in diese Nacht der Intoleranz geraten. Man sagt ihm, daß ein vielleicht unschuldiger Mann die schrecklichsten Qualen leidet, man hat tatsächliche und moralische Beweise dafür, daß sich die Wiederaufnahme des Verfahrens aufdrängt, und da weigert sich Dein Volk heftig, das Licht zu sehen, da reiht es sich unter die Sektierer und Raubmörder ein, stellt sich hinter Leute, deren Interesse es ist, den Leichnam vergraben zu lassen, Dein Volk, das vor kurzem noch aufs neue die Bastille niedergerissen hätte, um einen Gefangenen zu befreien!

Welcher Schmerz und welche Traurigkeit herrscht in den Seelen jener, die Dich lieben, Frankreich, die Deine Ehre und Deine Größe wollen. Ich betrachte mit großer Angst dieses wilde, aufgewühlte Meer, dem Dein Volk gleicht, und frage mich, wo die Ursachen für das Unwetter liegen, das droht, das Beste Deines Rufes mit sich fortzureißen. Ich sehe hier beunruhigende Symptome einer bedrohlichen Erkrankung. Ich werde es wagen, alles zu sagen, denn ich habe in meinem Leben nur eine Leidenschaft gehabt, die Wahrheitsliebe; ich setze hier also nur mein Werk weiter fort.

Hast Du daran gedacht, daß die Gefahr gerade in dieser hartnäckigen Verdunkelung der öffentlichen Meinung liegt? Hundert Zeitungen behaupten jeden Tag immer wieder, daß die öffentliche Meinung nicht wolle, daß Dreyfus unschuldig sei, daß seine Schuld für das Wohl der Heimat notwendig wäre. Fühlst Du, in welchem Maß Du mitschuldig wärst, sollte man auf höchster Ebene so einen Trugschluß erwägen, um die Wahrheit zu unterdrücken? Du,

Frankreich, würde es heißen, hast es so gewollt, Du hättest das Verbrechen gefordert – wie willst Du das eines Tages verantworten? So haben jene Deiner Söhne, die Dich lieben und ehren, in dieser schweren Stunde nur einen glühenden Wunsch: kraftvoll auf die öffentliche Meinung einzuwirken, sie aufzuklären und sie vor dem Irrtum zu bewahren, in den sie blinde Leidenschaften stoßen. Es gibt keine nützlichere, keine heiligere Aufgabe.

Mit aller meiner Kraft werde ich zu ihnen sprechen, zu den Kleinen und Einfachen, zu jenen, die man vergiftet und verrückt macht. Ich habe keine andere Aufgabe als ihnen zuzurufen, wo in Wirklichkeit die Seele der Heimat ist, wo ihre unbezwingbare Kraft, wo ihr sicherer Triumph.

Sehen Sie, wie die Dinge liegen. Ein neuer Schritt wurde gemacht, Major Esterhazy wird vor ein Kriegsgericht gestellt. Wie ich es vom ersten Tag an gesagt habe, ist die Wahrheit im Vormarsch und nichts wird sie aufhalten. Trotz des üblen Willens wird jeder Schritt nach vorne mit mathematischer Genauigkeit zu seiner Stunde gemacht. Die Wahrheit hat in sich eine Macht, die alle Hindernisse hinwegfegt. Und wenn man ihr den Weg versperrt, wenn es gelingt, sie mehr oder weniger lang unter der Erde zu vergraben, dann drängt sie sich dort zusammen und bekommt eine solche Explosionskraft, daß sie an dem Tag, an dem sie ausbricht, alles mit sich in die Luft sprengt. Versucht doch, sie noch einige Monate unter Lügen zu begraben oder hinter verschlossenen Türen einzusperren, und ihr werdet das folgenschwere Unheil erleben.

Aber in dem Maße, in dem die Wahrheit voranschreitet, häufen sich die Lügen an, um zu leugnen, daß sie sich ihren Weg bahnt. Das ist bezeichnend. Als der mit der Voruntersuchung beauftragte General de Pellieux in seinem Bericht zum Schluß kam, daß Esterhazy möglicherweise schuldig ist, da hat die Schmutzpresse das Märchen vom zögernden, von der Unschuld Esterhazys überzeugten General Saussier erfunden, der diesen nur auf seinen Wunsch und um ihm Freude zu machen der Militärgerichtsbarkeit ausliefert. Aber es kommt noch besser: Heute erzählen die Zeitungen, daß Oberst Ravary seinerseits zum Schluß gekommen sei, daß das Verfahren einzustellen wäre, nachdem drei Experten aufs neue die Handschrift des Bordereau mit Sicherheit als jene von Dreyfus identifiziert hätten, und daß Esterhazy nur deshalb vor dem Kriegsgericht erscheinen werde, weil er neuerlich von General Saussier eine richterliche Entscheidung gefordert habe.

Ist das nicht von umwerfender Komik und einmaliger Dummheit! Seht Ihr, wie der Angeklagte die Untersuchung führt und die Entscheidungen diktiert? Seht Ihr einen Mann, der von zwei Untersuchungen für unschuldig erkannt wird, und für den man sich trotzdem die Mühe macht, ein Gericht zu versammeln, und zwar mit dem einzigen Zweck, eine schöne Komödie zu spielen, eine

Art gerichtlicher Apotheose? Wenn man behauptet, daß der Freispruch sicher ist, dann heißt das doch, daß man sich über die Justiz lustig macht, denn die Gerichtsbarkeit ist nicht dazu da, über Unschuldige zu richten, und es ist wohl das Wenigste, daß das Urteil nicht schon vor der Eröffnung der Verhandlung hinter den Kulissen abgefaßt wird. Da nun aber Oberst Esterhazy vor ein Kriegsgericht kommt, hoffen wir doch im Sinne unserer nationalen Ehre, daß das eine ernste Angelegenheit ist und nicht einfach eine Posse zur Unterhaltung der Schaulustigen. Mein armes Frankreich, man hält Dich wohl für sehr dumm, daß man Dir solche Geschichten erzählt, um Dich in den Schlaf zu wiegen.

Die Nachrichten, die die Schmutzpresse verbreitet, sind nicht alle erlogen, und manche sollten genügen, um Dir die Augen zu öffnen. Was mich betrifft, so weigere ich mich, an das Urteil der drei Experten zu glauben, die nicht auf den ersten Blick die genaue Übereinstimmung zwischen der Handschrift des Obersten Esterhazy und jener des Bordereau erkannt hätten. Nehmt das erstbeste Kind von der Straße, führt es ins Büro und zeigt ihm die beiden Schriftstücke, und es wird antworten: „Derselbe Herr hat beide Seiten geschrieben." Man braucht dazu keine Experten, so sehr sticht die Ähnlichkeit bestimmter Wörter in die Augen. Das ist so wahr, daß der Major selbst diese schreckliche Ähnlichkeit zugegeben hat; um sie zu erklären, gibt er vor, man habe mehrere seiner Briefe „abgepaust", und erfindet eine schwerfällige, komplizierte Geschichte, die im übrigen vollkommen kindisch ist und wochenlang die Presse beschäftigt hat. Und da will man uns weismachen, man habe drei Experten gefunden, die nochmals erklären, das Bordereau sei bestimmt von der Hand von Dreyfus! Nein, das ist zuviel, soviel Unverschämtheit wird ungeschickt, die ehrlichen Leute werden hoffentlich doch endlich ihren Ärger zeigen.

Einige Zeitungen treiben es jetzt so weit zu behaupten, das Bordereau sei ausgeschieden und werde vor Gericht gar nicht mehr zur Sprache kommen. Wovon wird also die Rede sein und wozu wird das Gericht tagen? Hier ist der Kern der Affäre: Wenn Dreyfus aufgrund eines Schriftstückes verurteilt wurde, das ein anderer geschrieben hat und das genügt, um diesen anderen zu verurteilen, dann drängt sich die Wiederaufnahme mit unwiderstehlicher Logik auf, denn es kann nicht zwei Schuldige geben, die für dasselbe Verbrechen verurteilt werden. Maître Demange hat ausdrücklich wiederholt, daß man ihm nur das Bordereau gezeigt hat. Dreyfus wurde also legal nur aufgrund des Bordereaus verurteilt, und selbst wenn man nun annimmt, daß gesetzeswidrig geheimgehaltene Beweisstücke existieren, was ich persönlich nicht glauben kann, wer würde es wagen, sich der Revision zu widersetzen, wenn erwiesen ist, daß das Bordereau, das einzige bekannte Beweisstück, von der Hand eines anderen stammt. Deshalb häuft man so viele Lügen um das Bordereau an, um das sich im Grunde die ganze Affäre dreht.

Dies ist also der erste bemerkenswerte Punkt: Die öffentliche Meinung besteht zum größten Teil aus diesen Lügen, diesen außergewöhnlich dummen Geschichten, die die Presse jeden Morgen verbreitet. Die Stunde der Vergeltung wird kommen, und wir werden mit dieser abscheulichen Presse, die uns in den Augen der ganzen Welt entehrt, abrechnen müssen. Einige Zeitungen sind hier in ihrem Element, sie haben nie etwas anderes getan, als Schmutz verbreitet. Aber welch eine traurige Überraschung, unter ihnen zum Beispiel ein Blatt zu finden wie das *Echo de Paris*, jene literarische Zeitung, die so oft an der Spitze der avant-garde gestanden ist und die in dieser Dreyfus-Affäre ein trauriges Spiel treibt! Die Artikel von skandalöser Gewalt und Einseitigkeit sind nicht gezeichnet. Man sagt, sie seien gerade von jenen inspiriert, die die folgenschwere Ungeschicklichkeit hatten, Dreyfus verurteilen zu lassen. Weiß Herr Valentin Simond[1] denn nicht, daß sie seine Zeitung schwer belasten? Und es gibt da noch eine andere Zeitung, deren Haltung das Gewissen aller ehrlichen Leute aufrütteln sollte, ich meine das *Petit Journal*. Daß einige Schmierblätter mit ein paar tausend Exemplaren Auflage heulen und lügen, um ihren Verkauf zu steigern, ist verständlich und verursacht nur geringen Schaden. Aber daß das *Petit Journal* mit seiner Millionenauflage, das sich an die einfachen Mitbürger richtet und überall gelesen wird, Irrtum sät und Lügen verbreitet, das wiegt sehr schwer. Wenn man auf so viele Seelen Einfluß hat, wenn man der Prediger eines ganzen Volkes ist, dann muß man intellektuelle Ehrlichkeit und peinliche Gewissenhaftigkeit an den Tag legen, oder man begeht ein Zivilverbrechen.

Das also finde ich zuerst, in dem Wahnsinn, der Dich hinwegfegt, Frankreich: die Lügen der Presse, unangebrachte Märchen, niedrige Verleumdungen und moralische Perversitäten, denen sie Dich täglich aussetzt. Wie kannst Du Wahrheit und Recht wollen, wenn man in so hohem Maße Deine legendären Tugenden, die Klarheit Deines Geistes und die Sicherheit Deines Verstandes, in Verwirrung bringt?

Aber es gibt noch ernstere Tatsachen, eine ganze Ansammlung von Symptomen, die aus der Krise, in der Du Dich befindest, eine schreckliche Lektion machen für die, die sehen und urteilen können. Die Dreyfus-Affäre ist da nur ein bedauerlicher Zwischenfall. Das furchtbare Eingeständnis liegt in der Art und Weise, wie Du Dich in diesem Abenteuer verhältst. Du siehst gut aus, plötzlich aber erscheinen kleine Flecken auf Deiner Haut: Der Tod steckt in Deinem Körper, man liest Dir Deine ganze politische und gesellschaftliche Vergiftung von Deiner Stirn ab.

Warum hast Du denn die Leute schreien lassen, warum hast Du schließlich sogar selbst mitgeschrieen und behauptet, daß man Dein Heer beleidige, wo doch glühende Patrioten im Gegenteil nichts anderes als seine Würde und seine Ehre gewollt haben? Dein Heer, das bist Du heute selbst, voll und ganz; nicht jener General, jenes Offizierskorps oder jene uniformierte Hierarchie bilden Dein Heer, sondern Deine Kinder, die bereit sind, den Boden Frankreichs zu verteidigen. Prüfe Dein Gewissen: War es wirklich Dein Heer, das Du verteidigen wolltest, obwohl niemand es angegriffen hat? Hattest Du nicht vielmehr das plötzliche Bedürfnis, dem Säbel zuzujubeln? Ich für meinen Teil sehe in den lautstarken Ovationen, die man den Generälen dargebracht hat, als es hieß, sie seien beleidigt worden, ein zweifellos unbewußtes Wiedererwachen des schlummernden Boulangismus[2], den Du immer noch in Dir trägst. Im Grunde genommen hast Du noch kein republikanisches Blut in Dir; wenn Federbüsche vorüberkommen, dann schlägt Dein Herz höher, kein König kann kommen, ohne daß Du Dich in ihn verliebst. Deine Armee, ach, Du denkst kaum an sie! Den General möchtest Du in Deinem Bett haben! Und wie fern liegt Dir doch die Dreyfus-Affäre! Als General Billot sich im Abgeordnetenhaus feiern ließ, da sah ich, wie sich der Schatten des Säbels an der Mauer abgezeichnet hat. Frankreich, wenn Du Dich nicht in acht nimmst, so läufst Du geradewegs in eine Diktatur.

Und weißt Du, Frankreich, wem Du noch verfällst? Der Kirche! Du fällst in die Vergangenheit zurück, in jene Zeit der Intoleranz und der Theokratie, die zu bekämpfen und zu beseitigen die berühmtesten Deiner Kinder ihr ganzes Denken und ihr ganzes Blut aufgewendet haben. Die Vorgangsweise des Antisemitismus ist heute sehr einfach. Vergeblich hat der Katholizismus versucht, auf das Volk zu wirken, vergeblich hat er Arbeitervereine gegründet und die Wallfahrten vermehrt; es ist ihm nicht gelungen, das Volk zurückzuerobern und wieder vor den Altar zu führen. Dies schien ein Faktum: Die Kirchen blieben leer, das Volk glaubte an nichts mehr. Und da traten Umstände ein, die es ermöglichten, dem Volk die antisemitische Wut einzuflößen, es mit dem Fanatismus zu vergiften und auf die Straße zu treiben, indem man ruft: – *Nieder mit den Juden! Tod den Juden!*

Was wäre es wohl für ein Triumph, wenn man einen Religionskrieg entfesseln könnte! Freilich, das Volk ist zwar immer noch ungläubig, aber die Intoleranz des Mittelalters wiederaufzunehmen, Juden auf öffentlichen Plätzen verbrennen zu lassen, das ist doch der Anfang des Glaubens! Das Gift ist also entdeckt, und wenn man einmal aus dem Volk Frankreichs einen Fanatiker und Henkersknecht gemacht hat, wenn man ihm seinen Großmut und seine Liebe zu den so schwer erkämpften Menschenrechten aus dem Herz gerissen hat, dann wird Gott ja wohl den Rest besorgen.

Man wagt es noch, die klerikale Reaktion zu leugnen. Aber sie macht sich doch überall bemerkbar, in der Politik, in den Künsten, in der Presse und auf der Straße! Heute verfolgt man die Juden, morgen kommen dann die Protestanten an die Reihe, und schon beginnt der Feldzug. Die Republik wird von Reaktionären aller Art überschwemmt, sie zeigen eine plötzliche und furchterregende Zuneigung zu ihr, sie umarmen sie, um sie zu ersticken. Von allen Seiten hört man, daß die Idee der Freiheit Bankrott gemacht habe. Als die Dreyfus-Affäre ausgebrochen ist, da hat dieser Freiheitshaß ein äußerst günstiges Betätigungsfeld gefunden und die Leidenschaften selbst bei denen entflammt, die sich ihrer nicht bewußt waren. Seht Ihr denn nicht, daß man sich nur deshalb mit einer solchen Wut auf Scheurer-Kestner geworfen hat, weil er einer Generation angehört, die an die Freiheit geglaubt und sie angestrebt hat? Heute zuckt man die Achseln und macht sich über solche alten Graubärte und altmodischen Biedermänner lustig. Seine Niederlage würde den Untergang der Begründer der Republik besiegeln, derjenigen, die schon gestorben sind, wie derjenigen, die man versucht hat, unter Schmutzmassen zu begraben. Sie haben den Säbel bekämpft, sie sind aus der Kirche ausgetreten, und deshalb wird dieser große Ehrenmann Scheurer-Kestner heute als Bandit hingestellt. Man muß ihn in Schande ertränken, damit die Republik selbst beschmutzt und weggeschwemmt werde.

Andererseits breitet die Dreyfus-Affäre am hellichten Tag die dunklen Seiten des Parlamentarismus aus, das, was ihn anschwärzt und schließlich umbringen wird. Zu ihrem Unglück fällt die Affäre in das Ende einer Legislaturperiode, wo nur noch drei oder vier Monate bleiben, um die Widersprüche für die nächste Legislative auszuhecken. Die gegenwärtige Regierung möchte natürlich die Wahlen gewinnen, und die Abgeordneten verwenden ebensoviel Energie darauf, wiedergewählt zu werden. So sind alle zum Äußersten entschlossen, um ja nicht ihre Ämter zu verlieren oder ihre Chancen auf eine Wiederwahl zu schmälern. Sie sind wie Schiffsbrüchige, die sich mit letzter Kraft an die rettende Planke klammern. Und das erklärt alles: einerseits die außergewöhnliche Haltung der Regierung in der Dreyfus-Affäre, ihr Schweigen, ihre Verwirrung, die tadelnswerte Handlung, die sie begeht, indem sie das Land unter dem Verrat dahinsiechen läßt, wo es doch ihre Pflicht gewesen wäre, die Wahrheit ans Tageslicht zu bringen; andererseits die feige Gleichgültigkeit der Abgeordneten, die so tun, als wüßten sie von nichts, und deren einzige Furcht darin besteht, ihre Wiederwahl zu gefährden, wenn sie sich dem Volk, das sie für antisemitisch halten, entfremdeten. Man hört es ja immer wieder: – Ja, wenn die Wahlen vorüber wären, dann würdet Ihr sehen, daß die Regierung und das Parlament die Angelegenheit von Dreyfus innerhalb von vierundzwanzig Stunden regelten! Da sieht man, was das niedere Treiben des Parlamentarismus aus einem großen Volk macht!

So also, Frankreich, ist Deine öffentliche Meinung beschaffen: aus dem Bedürfnis nach Säbelherrschaft, nach klerikaler Reaktion, die Dich um Jahrhunderte zurückwirft, aus dem unersättlichen Ehrgeiz derer, die Dich regieren, die Dich verzehren und die nicht vom Tisch aufstehen wollen!

Ich beschwöre Dich, Frankreich, komm wieder zu Dir, finde Dich wieder, sei wieder das große Frankreich.

Zwei unheilvolle Abenteuer sind einzig und allein das Werk des Antisemitismus: der Panama-Skandal und die Dreyfus-Affäre. Man erinnere sich, wie die Schmutzpresse durch Angeberei, durch abscheulichen Klatsch, durch die Veröffentlichungen gefälschter oder gestohlener Aktenstücke aus Panama ein schreckliches Geschwür gemacht hat, das das Land Jahre hindurch zersetzt und geschwächt hat. Sie hat die öffentliche Meinung verrückt gemacht; die ganze Nation, irregeleitet und trunken vom Gift, sah rot, forderte Rechenschaft, verlangte eine Massenexekution des Parlaments, weil dieses ja verfault sei. Ja, wenn Arton[3] zurückkäme, wenn er spräche! Er ist zurückgekommen, er hat gesprochen und alle Lügen der Schmutzpresse sind in sich zusammengebrochen, und zwar so gründlich, daß die öffentliche Meinung in einem plötzlichen Wechsel nicht einen einzigen Schuldigen mehr verdächtigen wollte und einen Massenfreispruch verlangt hat. Ich kann mir schon vorstellen, daß da nicht alle Gewissen ganz rein waren, denn es ist hier vorgekommen, was in jedem Parlament der Welt vorkommt, wenn große Vorhaben Millionen in Umlauf bringen. Aber die öffentliche Meinung hat schließlich Ekel vor dem Gemeinen empfunden, man hatte die Leute zu sehr angeschwärzt, man hatte zu viele denunziert, sodaß sie das unwiderstehliche Bedürfnis empfand, reinere Luft zu atmen und an die Unschuld aller zu glauben.

Nun, ich sage es voraus, dasselbe wird sich mit der Dreyfus-Affäre, dem anderen sozialen Verbrechen des Antisemitismus, wiederholen. Die Schmutzpresse überfüttert neuerlich die öffentliche Meinung mit Lügen und Gemeinheiten. Sie stellt zu deutlich die ehrlichen Leute als Lumpen und die Lumpen als ehrliche Leute dar. Sie verbreitet zu viele blödsinnige Geschichten, an die selbst die Kinder nicht mehr glauben. Zu viele Dementis werden ihr abgefordert, sie verstößt zu sehr gegen den gesunden Menschenverstand und die einfache Ehrlichkeit. Zwangsläufig wird sich da die öffentliche Meinung eines schönen Morgens, wenn man sie zu lange mit Kot genährt hat, in einem plötzlichen Impuls auflehnen. Und Ihr werdet sehen, daß sie wie schon in der Panama-Frage auch in der Dreyfus-Angelegenheit ihr ganzes Gewicht in die Waagschale werfen wird, daß sie verlangen wird, daß es keine Verräter mehr gebe, daß sie in einer Aufwallung grenzenlosen Großmuts Wahrheit und Gerechtigkeit fordern wird. So wird der Antisemitismus aufgrund seiner Werke, dieser beiden todbringenden Abenteuer, in denen das Land einen Teil seiner Würde und seiner Gesundheit eingebüßt hat, gerichtet und verurteilt werden.

Deshalb flehe ich Dich an, Frankreich, komme wieder zu Bewußtsein, finde Dich wieder, ohne noch länger zu zaudern. Die Wahrheit können wir Dir hier noch nicht sagen, weil der Rechtsweg in gesetzlicher Weise beschritten ist und man wohl glauben muß, daß die Justiz entschlossen ist, die Wahrheit ans Licht zu bringen. Die Richter allein haben jetzt das Wort; die Pflicht zu sprechen ergäbe sich nur dann, wenn sie nicht die ganze Wahrheit enthüllten. Aber diese Wahrheit, die so einfach ist – zuerst ein Irrtum, dann alle möglichen Fehler, um ihn zu vertuschen –, ahnst Du sie nicht? Die Tatsachen haben eine so deutliche Sprache gesprochen, jeder Schritt der Untersuchung ist wie ein Geständnis: Major Esterhazy ist durch unerklärliche Beziehungen geschützt, Oberst Picquart wird als Schuldiger behandelt, mit Schmähungen überhäuft, die Minister lassen sich auf Wortklaubereien ein, die halbamtlichen Blätter lügen hartnäckig, das erste Verfahren tappt im Finstern und geht mit einer Langsamkeit vor sich, die einen zum Verzweifeln bringt. Findest Du nicht, daß das alles schlecht riecht, daß es nach Verwesung riecht, und daß jemand schon sehr viel zu verbergen haben muß, um sich ganz offen von der gesamten Pariser Gaunerbande verteidigen zu lassen, wenn Ehrenmänner um den Preis ihrer persönlichen Ruhe Licht fordern?

Frankreich, erwache, denke an Deinen Ruhm! Wie ist es denn möglich, daß Dein liberales Bürgertum, daß Dein aufgeklärtes Volk in dieser Krise nicht sieht, auf welche Irrwege man es drängt? Ich kann es einfach nicht für mitschuldig halten, es ist betrogen worden und legt sich keine Rechenschaft darüber ab, was eigentlich hinter der ganzen Angelegenheit steckt: einerseits die Militärdiktatur, andererseits die klerikale Reaktion. Solltest Du, Frankreich, wirklich die Gefährdung alles dessen wollen, was Du so teuer erkauft hast: religiöse Toleranz, das gleiche Recht für alle, die brüderliche Zusammengehörigkeit aller Bürger? Allein die Tatsache, daß es Zweifel über die Schuld von Dreyfus gibt und Du ihn trotzdem seinen Qualen überläßt, reicht aus, um Deine ruhmreiche Eroberung von Recht und Freiheit für immer in Frage zu stellen. Wie? Wir sollten gerade eine Handvoll Männer bleiben, die es wagen, diese Dinge offen auszusprechen? Alle Deine ehrlichen Kinder, alle die freien Geister und die großmütigen Herzen, die die Republik gegründet haben und die zittern müßten, wenn sie sie in Gefahr sehen, sollten sich nicht gemeinsam mit uns erheben?

An sie alle appelliere ich. Sie mögen sich doch zusammenschließen, schreiben, sprechen! Sie mögen doch mit uns zusammenarbeiten, um die öffentliche Meinung aufzuklären, die kleinen, die einfachen Leute, die vergiftet und in den Irrsinn getrieben werden! Die Seele des Vaterlandes, seine Stärke und sein Triumph liegen nur in seiner Gerechtigkeit und in seinem Edelmut.

Meine einzige Unruhe besteht darin, daß die Wahrheit nicht vollständig und nicht sofort ans Licht gebracht wird. Nach einer geheimen Untersuchung würde ein Urteilsspruch unter Ausschluß der Öffentlichkeit wohl kein Ende herbeiführen. Die Affäre würde dann erst wirklich beginnen, denn wir müßten uns deutlich dazu äußern; Schweigen hieße dann nämlich, mitschuldig zu werden. Was für eine Dummheit ist es doch zu glauben, man könne verhindern, daß Geschichte geschrieben werde! Geschichte wird geschrieben, und jeder,der eine Verantwortung dabei hat, und sei sie noch so gering, wird zur Rechenschaft gezogen werden.

Das wird Dir, Frankreich, schließlich doch noch zum Ruhm gereichen, denn im Grunde genommen habe ich keine Angst; ich weiß daß man sich vergeblich an Deiner Vernunft und an Deiner Gesundheit vergreift, Du bist trotz allem die Zukunft und immer zu einem triumphalen Wiedererwachen der Wahrheit und der Gerechtigkeit fähig!

1) *Valentin Simond ist der Direktor des* L'Echo de Paris; *diese Tageszeitung ist das offiziöse Organ der „Ligue de la Patrie française" und eines der wichtigsten Blätter des Anti-Dreyfus-Lagers; zur Zeit der „Affäre" ist die Auflage auf über 100.000 Exemplare gestiegen.*

2) *General Georges Boulanger (1837-1891) ist von Januar 1886 bis Mai 1887 Kriegsminister; er gilt als Wortführer des Revanchegedankens; nach seiner Absetzung als Minister und seinem Ausschluß aus der Armee (wegen Ungehorsams!) sammelt er als Abgeordneter in der Kammer die nationalistische Opposition um sich; sein Wahlsieg am 27. Januar 1889 in Paris ist der Höhepunkt der ersten schweren Krise der Dritten Republik; Boulanger führt den allgemein befürchteten Staatsstreich aber nicht aus; vor der Anklage des Hochverrats flieht er schließlich nach Brüssel, wo er 1891 Selbstmord begeht.*

3) *Arton (d.i. Leopold Aaron, 1849-1905), französischer Geschäftsmann, der als Vermittler zwischen dem Baron Jacques de Reinach und mehreren Parlamentariern in den Panama-Skandal verwickelt ist; er wird 1892 von einem Geschworenengericht verurteilt, dann aber begnadigt.*

*

Frankreich scheint allerdings noch nicht reif dafür zu sein, Licht in die Dreyfus-Affäre zu bringen. Am 11. Januar, also nur wenige Tage nach dem Erscheinen des Briefes an Frankreich, *wird Major Esterhazy von einem Militärgericht freigespro-*

chen. Dieses Urteil bedeutet – indirekt – einen neuerlichen Schuldspruch gegen Dreyfus. Es ist das auslösende Moment für den berühmtesten der „Offenen Briefe" von Emile Zola:

Am 13. Januar erscheint auf der Titelseite der Tageszeitung L'Aurore *der „Brief an Félix Faure, Präsident der Republik". Es ist Zolas persönliche Darstellung der Affäre. Sie basiert auf den vorangegangenen Artikeln und endet mit einer Schlußtirade, in der Zola den höchsten Stellen des Staates und der Armee Rechtsbeugung vorwirft. Georges Clemenceau, der Mitherausgeber von* L'Aurore, *hat den berühmt gewordenen Titel gefunden:* „J'accuse" – „Ich klage an":

BRIEF AN FELIX FAURE, PRÄSIDENT DER REPUBLIK

„J'ACCUSE"

Sehr geehrter Herr Präsident!

Erlauben Sie mir, daß ich mich in dankbarer Erinnerung an den wohlwollenden Empfang, den Sie mir vor einiger Zeit gewährt haben[1], um den Ihnen gebührenden Ruhm sorge, erlauben Sie mir, Ihnen zu sagen, daß Ihr bisher so glücklicher Stern von einem unauslöschlichen Schandfleck bedroht ist.

Sie haben die niedrigsten Verleumdungen[2] ohne Schaden überstanden, Sie haben die Herzen erobert. Sie sind der strahlende Stern des patriotischen Festes, das die Allianz Frankreichs mit Rußland besiegelt, und Sie schicken sich an, unserer Weltausstellung[3] zu präsidieren, die unser großes Jahrhundert der Arbeit, der Wahrheit und der Freiheit in einem feierlichen Triumph krönen wird. Aber was für ein Fleck beschmutzt Ihren Namen – Ihre Regierungszeit, wollte ich sagen: die schreckliche Dreyfus-Affäre! Ein Kriegsgericht hat es gewagt, auf Befehl einen Mann wie Esterhazy freizusprechen, und hat damit jeder Wahrheit, jeder Gerechtigkeit einen vernichtenden Schlag ins Gesicht versetzt. Das genügt, Frankreich trägt nun diesen Makel auf seiner Wange, und die Geschichte wird festhalten, daß ein solches Verbrechen gegen die Gesellschaft unter Ihrer Präsidentschaft begangen werden konnte.

Da sich die Militärrichter nun einmal dazu erdreistet haben, werde auch ich ein Wagnis auf mich nehmen. Ich werde die Wahrheit sagen, denn ich habe versprochen, sie zu sagen, wenn die gesetzmäßig damit betraute Justiz das nicht ganz und vollständig zum Vorschein brächte. Es ist meine Pflicht, offen zu sprechen, ich möchte nicht mitschuldig sein. Meine Nächte würden sonst vom Gespenst des Unschuldigen heimgesucht werden, der in weiter Ferne unter den schlimmsten Qualen für ein Verbrechen büßt, das er nicht begangen hat.

Ihnen, Herr Präsident, schreie ich diese Wahrheit ins Gesicht – mit der ganzen Kraft der Empörung eines aufrechten Mannes. Im Interesse Ihrer Ehre bin ich überzeugt, daß Sie die Wahrheit nicht kennen. Und wem soll ich denn die üblen Machenschaften der wahren Schuldigen anzeigen, wenn nicht Ihnen, dem höchsten Richter des Landes?

Zuerst zur Wahrheit über den Prozeß und die Verurteilung von Dreyfus.

Ein unheilbringender Mensch hat alles gelenkt – Oberstleutnant du Paty de Clam, als er noch einfacher Hauptmann war. In ihm verkörpert sich die Dreyfus-Affäre voll und ganz, man wird sie erst dann wirklich kennen, wenn eine unparteiische Untersuchung ganz klar seine Taten und seine Verantwortung festgestellt haben wird. Er scheint mir ein überaus verworrener und unklarer Kopf, sein Geist scheint von Verwicklungen wie in einem Roman gequält zu sein, und er gefällt sich in den Ingredienzien der Schundromane, als da sind: gestohlene Papiere, anonyme Briefe, Rendez-vous an einsamen Orten, geheimnisvolle Frauen, die nächtens mit belastenden Beweisstücken Handel treiben. Er hat die Idee gehabt, Dreyfus das Bordereau zu diktieren; er hat davon geträumt, ihn in einem Raum mit Spiegeln an allen Wänden auf die Probe zu stellen; er hat sich, laut Aussage von Major Forzinetti, mit einer Blendlaterne ausgestattet in die Zelle des schlafenden Angeklagten begeben wollen, um ihn mit einem jähen Lichtstrahl zu überraschen und ihm unter diesem Schock das Geständnis seiner Schuld zu entreißen. Und ich habe noch nicht alles erwähnt, was man sucht und finden wird. Ich erkläre einfach, daß Oberstleutnant du Paty de Clam, der in seiner Eigenschaft als Justiz-Offizier damit beauftragt war, den Prozeß gegen Dreyfus einzuleiten, der erste Schuldige des schrecklichen Justizirrtums ist, der begangen wurde, und zwar sowohl in chronologischer Hinsicht als auch im Hinblick auf die Schwere seiner Verantwortung.

Das Bordereau war zu diesem Zeitpunkt bereits seit längerem in den Händen von Oberst Sandherr, dem Chef des Geheimdienstes, der inzwischen an den Folgen einer Körperlähmung gestorben ist. Nachrichten sind durchgesickert, Papiere verschwunden und verschwinden nach wie vor; der Verfasser des Bordereau wurde gesucht und nach und nach machte sich die Auffassung breit, daß dieser Verfasser nur ein Offizier des Generalstabs sein konnte, und zwar ein Artillerieoffizier: Hier wird ein doppelter Irrtum deutlich, der zeigt, wie oberflächlich man das Bordereau untersucht hat, denn eine genaue Begutachtung zeigt, daß es sich nur um einen Infanterieoffizier handeln konnte.

Man suchte also im eigenen Haus, untersuchte die Handschriften, und alles lief wie eine Familienaffäre ab, es galt, einen Verräter in den eigenen Büros zu überführen und ihn auszusondern. Ohne daß ich hier die zum Teil bekannte Geschichte ausbreiten will, bleibt zu sagen, daß Oberstleutnant du Paty de Clam die Bühne des Geschehens zu jenem Zeitpunkt betritt, als ein erster Verdacht auf Dreyfus fällt. Von diesem Augenblick an „erfindet" er Dreyfus, die Affäre wird „seine" Affäre, er setzt sich dafür ein, den Verräter zu stellen und ihn zu einem vollständigen Geständnis zu bringen. Freilich haben wir hier auch noch den Kriegsminister, General Mercier, dessen Intelligenz etwas beschränkt zu sein scheint; den Chef des Generalstabs, General de Boisdeffre, der seinen klerikalen Leidenschaften nachgegeben haben dürfte, und seinen Stellvertreter General Gonse, dessen Gewissen sich mit vielem abfinden kann. Aber im Grunde ist Oberst du Paty de Clam die Schlüsselfigur, die alle lenkt und hypnotisiert, denn er beschäftigt sich ja auch mit Spiritismus, mit Okkultismus und unterhält sich mit Geistern. Es ist unglaublich, welchen Experimenten er den unglücklichen Dreyfus ausgesetzt hat, welche Fallen er ihm gestellt hat; seine verrückten Verhöre, seine ungeheuren Ideen und der ganze Irrsinn der Folter übertreffen alle Vorstellungen.

Oh!, diese erste Affäre ist für jeden, der ihre wahren Einzelheiten kennt, ein Alptraum. Oberst du Paty de Clam läßt Dreyfus festnehmen und in Einzelhaft versetzen. Er sucht Frau Dreyfus auf, jagt ihr Furcht ein und sagt ihr, daß ihr Mann verloren wäre, wenn sie etwas ausplaudern sollte. Währenddessen darbt der Unglückliche und beteuert lautstark seine Unschuld. Die Untersuchung wird wie in einer Chronik des fünfzehnten Jahrhunderts geführt, umgeben von Geheimnissen und mit einem Durcheinander von schlimmen Notbehelfen, wobei alles auf einem kindischen Anklagepunkt aufgebaut ist, jenem dummen Bordereau, das nicht nur einen gewöhnlichen Verrat darstellt, sondern auch den dümmsten Schwindel, denn die sogenannten Geheimnisse haben sich alle als wertlos erwiesen. Wenn ich darauf beharre, so deshalb, weil hier der Kern der Angelegenheit liegt, von der später das wahre Verbrechen ausgehen wird, die schreckliche Rechtsverweigerung, an der Frankreich leidet. Ich möchte verständlich machen, wie der Justizirrtum möglich sein konnte, wie er aus den Machenschaften des Oberstleutnant du Paty de Clam entstanden ist, wie General Mercier und die Generäle de Boisdeffre und Gonse auf den Leim gegangen sind und nach und nach ihre Verantwortung mit diesem Irrtum verwickelt haben, den sie später als die heilige Wahrheit durchsetzen zu müssen glaubten, eine Wahrheit, die nicht den geringsten Zweifel duldet. Anfangs gibt es ihrerseits also nur Fahrlässigkeit und Verstandesschwäche. Höchstens kann man ihnen vorwerfen, daß sie den religiösen Leidenschaften ihrer Kreise und den Vorurteilen des Korps-Geistes nachgeben. Sie haben den Unverstand seinen Lauf nehmen lassen.

Da tritt Dreyfus vor das Kriegsgericht. Der strengste Ausschluß der Öffentlichkeit wird gefordert. Man verfügt Geheimhaltungsmaßnahmen, als ob ein Verräter dem Feind die Grenze geöffnet und den Deutschen Kaiser direkt zu Notre-Dame geführt hätte. Die Nation ist bestürzt, man munkelt von schrecklichen Taten, von ungeheurem Verrat, der das Geschichtsbewußtsein entrüste, und natürlich fügt sich die Nation. Keine Sühne erscheint groß genug, das Volk klatscht bei der öffentlichen Degradierung Beifall, es möchte, daß der Schuldige lebenslang auf dem Felsen bleibe, auf den ihn seine Niedertracht geführt habe, und von seinen Gewissensqualen aufgezehrt werde. Sind diese unsagbaren, diese gefährlichen Dinge, die ganz Europa in Brand setzen könnten und die man sorgsam hinter verschlossenen Türen geheimhalten mußte, also wahr? Nein, sie sind es nicht! Es gab dahinter nur die extravagante und verrückte Einbildungskraft von Oberst du Paty de Clam. Das alles wurde nur in Szene gesetzt, um den albernsten aller Schundromane zu verhüllen. Um sich davon zu überzeugen, genügt es, aufmerksam die Anklageschrift, die vor dem Kriegsgericht gelesen wurde, zu studieren.

Ach!, wie wertlos ist doch diese Anklageschrift! Daß ein Mensch aufgrund dieser Akte verurteilt werden konnte, ist ein Monstrum an Ungerechtigkeit. Ich fordere die ehrlichen Menschen auf, sie zu lesen, ohne daß sich ihr Herz vor Entrüstung zusammenzieht und sie ihrer Empörung Luft machen, wenn sie an die ungemäße Buße denken, die deshalb einer auf der Teufelsinsel durchmacht. Dreyfus spricht mehrere Sprachen – ein Verbrechen; man hat bei ihm kein belastendes Dokument gefunden – ein Verbrechen; er begibt sich manchmal ins Land seiner Vorfahren – ein Verbrechen; er ist arbeitsam und wißbegierig – ein Verbrechen; er regt sich nicht auf – ein Verbrechen; er regt sich auf – ein Verbrechen. Und dazu kommen die Naivität des Stils und die ausdrücklichen Behauptungen, die ins Leere gehen! Von vierzehn Anklagepunkten wurde gesprochen, letzten Endes aber finden wir nur einen einzigen, jenen, der das Bordereau betrifft; und wir erfahren sogar, daß sich die Experten untereinander nicht einig waren, daß einer von ihnen, Herr Gobert, von den Militärs unter Druck gesetzt wurde, weil er es sich erlaubt hat, nicht zu den gewünschten Schlußfolgerungen zu kommen. Man hat auch von 23 Offizieren gesprochen, die mit ihren Zeugenaussagen Dreyfus belastet hätten. Wir kennen den Wortlaut ihrer Vernehmungen noch nicht, sicher ist aber, daß nicht alle ihn belastet haben; dabei ist anzumerken, daß alle den Stäben des Kriegsministeriums angehören. Es handelt sich also um einen Familienprozeß, man ist unter sich und hat nur an eins zu denken: Der Generalstab wollte den Prozeß, hat Dreyfus gerichtet und hat dieses Urteil soeben ein zweites Mal ausgesprochen.

Es blieb also nur das Bordereau, über das sich die Experten nicht einig geworden sind. Es wird erzählt, daß die Richter des Kriegsgerichts natürlicherweise zum Freispruch neigten. Wie versteht man daher die verzweifelte Hartnäckigkeit, mit der man heute die Existenz eines geheimgehaltenen, Dreyfus angeblich schwer belastenden Dokuments bekräftigt, um die Verurteilung zu rechtfertigen, eines Dokuments, das nicht hergezeigt werden kann, ein Dokument, vor dem wir uns zu beugen haben, kurz gesagt, der unsichtbare und unbegreifliche liebe Gott. Ich bestreite die Existenz dieses Dokuments, ich bestreite sie mit meiner ganzen Überzeugungskraft! Ein lächerliches Schriftstück, ja, vielleicht das Dokument, in dem von „Flittchen" die Rede ist und von einem gewissen D..., der zu frech werde, ein Ehemann sicher, der findet, daß man für seine Frau nicht teuer genug bezahlt. Aber ein Aktenstück, das die nationale Verteidigung betrifft und das man nicht herzeigen könne, weil sonst sogleich der Krieg erklärt werde, nein, niemals! Das ist eine Lüge; und das alles ist umso häßlicher und zynischer, als sie ungestraft lügen, ohne daß man sie überführen könnte. Sie wiegeln Frankreich auf, verstecken sich hinter der Empörung, die sie verursacht haben, sie stopfen die Mäuler, indem sie die Herzen verwirren und die Gehirne verderben. Ich kenne kein größeres Verbrechen gegen das staatsbürgerliche Gewissen.

Soweit, Herr Präsident, also die Tatsachen, die erklären, wie ein Justizirrtum begangen werden konnte; die moralischen Beweise, die Vermögensverhältnisse von Dreyfus, das Fehlen von Beweggründen, seine beständigen Beteuerungen der Unschuld tragen schließlich dazu bei, ihn als Opfer der außergewöhnlichen Erfindungsgabe von Oberstleutnant du Paty de Clam zu zeigen, des klerikalen Milieus, in dem er sich befunden hat, als Opfer der Hetze gegen die „dreckigen Juden", die unser Zeitalter entehrt.

Nun kommen wir zur Affäre Esterhazy. Drei Jahre sind seit der Verurteilung von Dreyfus vergangen, viele Leute sind in ihrem Innersten beunruhigt, sie stellen Nachforschungen an und kommen schließlich zur Überzeugung, daß Dreyfus unschuldig ist

Ich will hier nicht die ganze Geschichte von den Zweifeln und der endlichen Gewißheit von Herrn Scheurer-Kestner erzählen. Während er seinerseits Nachforschungen anstellte, haben sich aber im Generalstab schwerwiegende Ereignisse zugetragen. Oberst Sandherr war gestorben, Oberstleutnant Picquart ihm als Leiter des Nachrichtendienstes gefolgt. In dieser Eigenschaft bekam er eines Tages ein Brieftelegramm in die Hände, das von einem Agenten einer ausländischen Macht an den Major Esterhazy adressiert war. Da war es einfach seine Pflicht, eine Untersuchung einzuleiten. Sicher ist, daß er nie ohne die Zustimmung seiner Vorgesetzten gehandelt hat. Er hat seine Zweifel seinen hierarchischen Vorgesetzten mitgeteilt, General Gonse zuerst, dann General de Boisdeffre und schließlich General Billot, der als Kriegsminister die Nachfolge von General Mercier angetreten hatte. Die berühmte „Akte Picquart", von der so viel die Rede war, war eigentlich immer nur eine „Akte Billot", das heißt, ein von einem Untergebenen für seinen Minister angefertigtes Dossier, eine Akte, die noch im Kriegsministerium vorhanden sein muß. Die Ermittlungen dauerten von Mai bis September 1896, und man muß mit aller Deutlichkeit sagen, daß General Gonse von der Schuld Esterhazys überzeugt war und daß General de Boisdeffre und General Billot nicht daran gezweifelt haben, daß das berühmte „Bordereau" die Handschrift Esterhazys trägt. Die Untersuchung von Oberstleutnant Picquart hatte zu diesem sicheren Befund geführt. Die Erregung darüber war aber groß, denn eine Verurteilung Esterhazys hätte unweigerlich eine Wiederaufnahme des Dreyfus-Prozesses nach sich ziehen müssen; und das wollte der Generalstab um keinen Preis.

Psychologisch gesehen muß damals im Ministerium einen Moment lang Panik geherrscht haben. Zu bedenken ist, daß General Billot in keiner Weise kompromittiert war, er war gerade neu ins Ministerium gelangt und konnte der Wahrheit zum Durchbruch verhelfen. Er hat es nicht gewagt, zweifellos aus Schrecken vor der öffentlichen Meinung, sicherlich auch aus Angst, den ganzen Generalstab, General de Boisdeffre, General Gonse, ganz zu schweigen von den Untergebenen, der Justiz preiszugeben. Der Kampf zwischen seinem Gewissen und dem vermeintlichen militärischen Interesse hat da wohl nur einen kurzen Augenblick gedauert. Nach diesem kurzen Zweifel war es aber schon zu spät. Er hatte sich gebunden und kompromittiert. Und seither ist seine Verantwortung immer größer geworden, er hat die Verbrechen der anderen auf seine Schultern genommen, er ist ebenso schuldig wie sie, er ist sogar schuldiger als sie, denn es stand in seiner Macht, Recht zu sprechen, und er hat nichts dergleichen getan. Verstehen Sie das! Seit einem Jahr weiß General Billot, wissen die Generäle de Boisdeffre und Gonse, daß Dreyfus unschuldig ist, und sie haben dieses schreckliche Wissen für sich behalten. Und diese Leute können ruhig schlafen, haben Frauen und Kinder, die sie lieben!

Oberstleutnant Picquart hatte seine Pflicht als rechtschaffener Mann erfüllt. Im Namen des Rechts verteidigte er bei seinen Vorgesetzten die Sache mit Nachdruck. Er beschwor sie sogar und sagte ihnen, wie unklug ihr Zögern war angesichts des schrecklichen Gewitters, das sich zusammenbraute und das losbrechen mußte, wenn die Wahrheit einmal bekannt sein würde. Später sprach Herr Scheurer-Kestner General Billot gegenüber dieselbe Sprache und beschwor ihn, aus Patriotismus die Sache in die Hand zu nehmen und sie sich nicht so verschlimmern zu lassen, daß daraus öffentliches Unheil entstünde.

Aber nein, das Verbrechen war begangen worden, und der Generalstab konnte sein Vergehen nicht mehr eingestehen. Oberstleutnant Picquart wurde auf Mission geschickt, und zwar immer weiter von Paris weg bis nach Tunesien, wo man eines Tages seine Tapferkeit dadurch auf die Probe stellen wollte, daß man ihn in der Gegend, in der der Marquis von Morès[4] getötet worden war, mit einer Mission beauftragt hat, deren Ausführung ihn in den sicheren Untergang getrieben hätte. Er war nicht in Ungnade gefallen, General Gonse unterhielt mit ihm sogar einen freundschaftlichen Briefwechsel. Aber es gibt Geheimnisse, deren Aufdeckung einem nicht gut bekommt.

In Paris schritt indessen die Wahrheit unaufhaltsam voran, und wir wissen, wie das erwartete Gewitter losgebrochen ist. Mathieu Dreyfus hat Major Esterhazy als den wahren Verfasser des Bordereau angezeigt, während sich Herr Scheurer-Kestner anschickte, dem Justizminister einen Antrag auf Wiederaufnahme des Dreyfus-Prozesses zu überreichen. Und dann trat Major Esterhazy selbst auf den Plan. Zeugen behaupten, daß er zuerst bestürzt gewesen sei, bereit zum Selbstmord oder zur Flucht. Dann aber wurde er plötzlich frech und überraschte Paris mit der Kühnheit seiner Haltung. Er hatte Hilfe erhalten, ein anonymer Brief hatte ihn vor den Unternehmungen seiner Feinde gewarnt, eine geheimnisvolle Dame hatte ihm nächtens sogar ein im Generalstab gestohlenes Aktenstück übergeben, das ihn retten sollte. Und ich kann es mir nicht verkneifen, hier Oberst du Paty de Clam an den Hilfsmitteln seiner fruchtbaren Phantasie wiederzuerkennen. Sein Werk, die Schuld von Dreyfus, war in Gefahr, und er mußte sein Werk mit allen Mitteln bewahren. Die Wiederaufnahme des Prozesses, das war doch gleichbedeutend mit der Auflösung des so extravaganten, so tragischen Schundromans, dessen schreckliches Ende auf der Teufelsinsel spielt! Das konnte er nicht zulassen. Seitdem steht das Duell zwischen Oberstleutnant Picquart und Oberstleutnant du Paty de Clam auf dem Programm, der eine kämpft mit offenem Visier, der andere mit geschlossenem. Beide werden wir demnächst vor einem Zivilgericht wieder treffen. Im Grunde verteidigt sich der Generalstab immer noch und möchte sein Vergehen, dessen Schande von Stunde zu Stunde größer, nicht eingestehen.

Man hat sich erstaunt gefragt, wer die Beschützer von Esterhazy seien. Da ist, im Dunkeln bleibend, zuerst einmal Oberstleutnant du Paty de Clam, der alles angestiftet und gelenkt hat. Die törichten Hilfsmittel verraten seine Hand. Dann General de Boisdeffre, General Gonse und selbst General Billot, die wohl oder übel gezwungen sind, den Major freisprechen zu lassen, weil sie ja die Unschuld von Dreyfus nicht anerkennen können, ohne daß das ganze Kriegsministerium in der öffentlichen Verachtung versinkt. Und das schöne Resultat dieser wunderbaren Situation ist, daß der einzige ehrliche Mann in der Geschichte,

Oberstleutnant Picquart, das Opfer sein wird, das man verhöhnen und bestrafen wird. Oh, Justitia, welch schreckliche Verzweiflung schnürt Dein Herz zusammen! Man geht soweit, zu behaupten, daß er, Picquart, das Telegramm verfertigt habe, um Esterhazy zugrundezurichten. Aber, großer Gott, warum denn, mit welcher Absicht? Gebt ein Motiv dafür an. Sollte auch er von den Juden bestochen sein? Das Schönste an der Geschichte ist, daß ausgerechnet er antisemitisch eingestellt war. Ja, wir wohnen einem schändlichen Schauspiel bei, in dem von Schulden und Verbrechen verdorbene Männer als Unschuldige dargestellt werden, während man die Ehre selbst, einen Mann mit einem makellosen Leben, mit Füßen tritt. Wenn es eine Gesellschaft soweit gebracht hat, dann ist sie dem Zerfall preisgegeben.

Das also, Herr Präsident, ist die Affäre Esterhazy: ein Schuldiger, den es gilt, von Schuld freizusprechen. Seit bald zwei Monaten können wir Stunde für Stunde das schöne Werk verfolgen. Ich fasse mich kurz, denn wir haben es hier im großen und ganzen nur mit einem Abriß der Geschichte zu tun, deren heikelste Seiten eines Tages in voller Länge geschrieben werden müssen. Wir haben General de Pellieux und, später, Major Ravary abgefeimte Untersuchungen leiten sehen, in denen die Schurken zu Ehrenmännern gewandelt und die ehrlichen Leute beschmutzt wurden. Danach hat man das Kriegsgericht einberufen.

Wie konnte man hoffen, daß ein Kriegsgericht das Urteil eines anderen Kriegsgerichts umstoßen würde?

Ich spreche nicht einmal von der immerhin möglichen Auswahl der Richter. Die hohe Vorstellung von Disziplin, die diese Soldaten im Blut haben, genügt sie nicht allein schon, um ihren Gerechtigkeitssinn abzuschwächen? Wer Disziplin sagt, sagt Gehorsam. Wenn der Kriegsminister selbst, der Oberkommandierende der Armee, einmal öffentlich unter dem Beifall der Abgeordneten der Nationalversammlung die absolute Autorität eines Gerichtsurteils betont hat, wie soll ihm dann ein Kriegsgericht ausdrücklich widersprechen, wie soll es ihm ein Dementi entgegenhalten? Hierarchisch gesehen, ist das unmöglich. General Billot hat durch seine Erklärung die Richter beeinflußt, und sie haben so Recht gesprochen, wie sie ins Feld ziehen müssen, ohne Widerrede. Die vorgefaßte Meinung, die sie in die Verhandlung mitgebracht haben, ist selbstverständlich folgende: „Dreyfus wurde von einem Kriegsgericht wegen Hochverrats verurteilt; folglich ist er schuldig, und wir, ein anderes Kriegsgericht, können ihn nicht für unschuldig erklären; wir wissen aber, daß die Schuld von Esterhazy anzuerkennen hieße, die Unschuld von Dreyfus zu verkünden.“ Von dieser Logik konnte sie nichts abbringen.

Sie haben ein widerrechtliches Urteil gefällt, das für alle Zeit auf unseren Kriegsgerichten lasten und fortan alle ihre Entscheide verdächtig machen wird.

Das erste Kriegsgericht konnte aus Unverständnis handeln, das zweite hat zwangsläufig verbrecherisch gehandelt. Sein Entschuldigungsgrund ist, ich wiederhole es, daß der oberste Befehlshaber das gerichtliche Urteil für unantastbar erklärt hat, für heilig und über den Menschen stehend, sodaß Untergebene ihm nicht widersprechen konnten. Man redet von der Ehre der Armee, man möchte, daß wir sie lieben und respektieren. Gewiß, ja, die Armee, die bei der ersten Bedrohung aufstehen und französisches Land verteidigen würde, sie ist das ganze Volk, und wir haben für sie nur Liebe und Respekt. Aber es geht nicht um sie, deren Würde wir gerade anstreben, indem wir Gerechtigkeit verlangen. Es geht um den Säbel und um den Gebieter, den man uns morgen vielleicht aufzwingt. Demütig den Säbelknauf küssen? Bei Gott, nein!

Andererseits habe ich folgendes gezeigt: Die Dreyfus-Affäre ist eine Angelegenheit des Kriegsministeriums, es geht um einen Offizier des Generalstabs, der von seinen Kameraden angeklagt und unter dem Druck des Chefs des Generalstabs verurteilt worden ist. Noch einmal: Dreyfus kann nicht als Unschuldiger zurückkehren, ohne daß der ganze Generalstab schuldig wäre. So haben die Ministerialbüros nur deshalb Esterhazy mit allen erdenklichen Mitteln, mit Pressekampagnen, mit Bekanntmachungen und allen möglichen Einflußnahmen gedeckt, um Dreyfus ein zweites Mal ins Verderben zu stürzen. Oh! mit was für einem eisernen Besen müßte die republikanische Regierung doch in diesen „Jesuitenhaufen" hineinfahren, wie General Billot selbst den Generalstab nennt. Wo ist er, der wirklich starke, mit einem weisen Patriotismus ausgestattete Minister, der es wagen wird, alles umzuwälzen und zu erneuern? Wie viele Leute kenne ich, die vor einem möglichen Krieg zittern, weil sie wissen, in welchen Händen unsere nationale Verteidigung liegt und welches Nest von niedrigen Intrigen, Geschwätz und Verschwendung dieser geheiligte Ort geworden ist, an dem sich das Schicksal unserer Heimat entscheidet! Es graut einem angesichts des schrecklichen Lichts, das die Dreyfus-Affäre darauf geworfen hat, angesichts dieses Menschenopfers, das einen Unglücklichen trifft, einen „schmutzigen Juden"! Ach, was hat sich da an Irrsinn und Dummheit getummelt, verrückte Einbildungen, niedrige Polizeipraktiken, Methoden, die an Inquisition und Tyrannei grenzen, die Willkür einiger Tressenträger, die die Nation mit ihren Stiefeln treten und ihr ihren Schrei nach Wahrheit und Gerechtigkeit unter dem verlogenen und lästerlichen Vorwand der Staatsraison im Hals ersticken!

Ein weiteres Verbrechen ist es, sich auf die Skandalpresse gestützt und sich unter den Schutz der Pariser Unterwelt gestellt zu haben, sodaß diese Strolche nun frech über das Recht und die einfache Rechtschaffenheit triumphieren. Es ist ein Verbrechen, jenen vorgeworfen zu haben, sie wollten Frankreich verwirren, die es hochherzig an der Spitze der freien und gerechten Nationen sehen wollten, während man selbst ein dreistes Ränkespiel anzettelt, um vor der ganzen Welt dem Irrtum zum Durchbruch zu verhelfen. Es ist ein Verbrechen, die öffentliche Meinung irrezuführen, diese Öffentlichkeit, die man bis zum hellen Wahnsinn verdreht hat, für ein Todeswerk zu mißbrauchen. Es ist ein Verbrechen, kleine und einfache Leute zu vergiften, die Leidenschaften des Rückschritts und der Intoleranz aufzustacheln und sich dabei hinter dem gehässigen Antisemitismus zu verbergen, an dem das liberale Frankreich der Menschenrechte zugrunde gehen wird, wenn es nicht von ihm geheilt wird. Es ist ein Verbrechen, den Patriotismus für ein Werk des Hasses zu mißbrauchen, und es ist schließlich ein Verbrechen, den Säbel zum modernen Gott zu machen, während die gesamte menschliche Wissenschaft am Werk der Wahrheit und der Gerechtigkeit arbeitet.

Was für ein Schmerz ist es, diese Wahrheit, diese Gerechtigkeit, die wir so leidenschaftlich gewollt haben, dermaßen geohrfeigt zu sehen, noch mehr verkannt und verdunkelt denn je! Ich ahne, was in der Seele von Herrn Scheurer-Kestner vor sich gehen muß, und ich denke, daß er eines Tages einen Gewissensbiß spüren wird, nämlich jenen, am Tag seiner parlamentarischen Anfrage im Senat nicht aufrührerischer gehandelt, nicht sein ganzes Wissen preisgegeben zu haben. Er ist der große, ehrenhafte Mann gewesen, das Symbol seines redlichen Lebens; er hat geglaubt, daß die Wahrheit selbst genüge, vor allem, wenn sie klar wie der helle Tag erscheint. Wozu also alles umkrempeln, wenn doch bald die Sonne strahlen sollte? Für diese zuversichtliche Gelassenheit wird er so grausam bestraft. Dasselbe gilt für den Oberstleutnant Picquart, der geleitet von einem hohen Ehrgefühl die Briefe an General Gonse nicht veröffentlichen wollte. Diese Skrupel ehren ihn umso mehr, als er respektvoll die Militärdisziplin bewahrt hat, während seine Vorgesetzten ihn mit Schmutz bewerfen ließen und selbst auf die unerwartetste und beleidigendste Weise selbst den Prozeß gegen ihn eingeleitet haben. Es gibt zwei Opfer, zwei tapfere Männer, zwei einfache Herzen, die Gott walten ließen, während der Teufel handelte. Was Oberstleutnant Picquart betrifft, haben wir sogar noch folgendes gemeine Schauspiel erlebt: Nachdem ein Berichterstatter einen Zeugen öffentlich belastet und ihm alle möglichen Vergehen vorgeworfen hat, hat ein französisches Gericht den Ausschluß der Öffentlichkeit gerade in dem Moment verfügt, als dieser Zeuge aufgefordert wurde, sich zu rechtfertigen. Ich behaupte, daß dies ein weiteres Verbrechen ist und daß es das allgemeine Gewissen aufrütteln wird. Die Militärgerichte haben tatsächlich eine eigenartige Vorstellung von Gerechtigkeit.

Das ist also die einfache Wahrheit, Herr Präsident, sie ist schrecklich und wird ein Fleck auf Ihrer Präsidentschaft bleiben. Ich zweifle nicht daran, daß Sie selbst keinerlei Zugriff auf diese Affäre haben, daß Sie ein Gefangener der Verfassung und Ihrer Umgebung sind. Nichtsdestoweniger haben Sie eine menschliche Pflicht, an die Sie wohl denken und die Sie erfüllen werden. Ich zweifle im übrigen keineswegs am Sieg. Ich wiederhole es nochmals aus voller Überzeugung: Die Wahrheit ist im Vormarsch und nichts wird sie aufhalten. Die Affäre beginnt tatsächlich erst heute, denn erst heute sind die Positionen klar: auf der einen Seite die Schuldigen, die nicht wollen, daß Licht in die Angelegenheit komme; auf der anderen Seite die Verteidiger des Rechts, die ihr Leben dafür einsetzen, daß dies geschehe. Wenn man die Wahrheit unter der Erde vergräbt, dann sammelt sie dort ihre Kräfte, sie nimmt Explosionsgewalt an, um am Tag, an dem sie ausbricht, alles mit sich fortzureißen. Wir werden ja sehen, ob nicht gerade ein folgenschweres Unheil vorbereitet worden ist.

Dieser Brief ist lang geworden, Herr Präsident, und es ist Zeit, zu schließen.

Ich klage Oberstleutnant du Paty de Clam an, unbewußt, wie ich gerne glauben will, der teuflische Handlanger des Justizirrtums gewesen zu sein und seit drei Jahren sein unheilvolles Werk durch die abstrusesten und verbrecherischsten Machenschaften gestützt zu haben.

Ich klage General Mercier an, zumindest aus Geistesschwäche zum Komplizen einer der größten Ungerechtigkeiten dieses Jahrhunderts geworden zu sein.

Ich klage General Billot an, die sicheren Beweise für die Unschuld von Dreyfus in den Händen gehabt und sie unterdrückt zu haben, sowie sich dieser Verletzung von Menschlichkeit und Recht in politischer Absicht schuldig gemacht zu haben, um den kompromittierten Generalstab zu schützen.

Ich klage General de Boisdeffre und General Gonse der Mittäterschaft am selben Verbrechen an, der eine zweifellos aus klerikaler Leidenschaft, der andere vielleicht aus diesem Korpsgeist heraus, der aus dem Kriegsministerium ein unangreifbares Heiligtum macht.

Ich klage General de Pellieux und Hauptmann Ravary an, eine verbrecherische Untersuchung durchgeführt zu haben, und verstehe darunter eine Untersuchung von ungeheurer Parteilichkeit, von der uns der Bericht des letzteren ein unvergängliches Denkmal naiver Unverfrorenheit liefert.

Ich klage die drei Schriftsachverständigen, die Herrn Belhomme, Varinard und Couard an, unwahre und trügerische Gutachten erstellt zu haben, es sei denn, daß eine ärztliche Untersuchung sie für augen- und geisteskrank erklären sollte.

Ich klage die Ministerialbüros an, in der Presse, namentlich im *Eclair* und im

Echo de Paris eine widerwärtige Kampagne geführt zu haben, um die öffentliche Meinung in die Irre zu führen und ihre eigenen Fehler zu decken.

Ich klage schließlich das erste Kriegsgericht an, das Recht verletzt zu haben, indem es einen Angeklagten aufgrund eines geheim gebliebenen Beweisstücks verurteilt hat, und ich klage das zweite Kriegsgericht an, diese Gesetzwidrigkeit auf Befehl gedeckt und dabei seinerseits das Rechtsverbrechen begangen zu haben, wissentlich einen Schuldigen freizusprechen.

Indem ich diese Anklagen erhebe, bin ich mir bewußt, gegen die Artikel 30 und 31 des Pressegesetzes vom 29. Juli 1881 zu verstoßen, das die Vergehen der üblen Nachrede betrifft. Ich tue das in voller Absicht.

Die Leute, die ich anklage, kenne ich nicht, ich habe sie nie gesehen und fühle gegen sie weder Rachsucht noch Haß. Sie sind für mich nur „juristische Personen", Symbole eines gesellschaftlichen Übelstandes. Die Handlung, die ich hier vollbringe, ist nur ein revolutionäres Mittel, um den Durchbruch der Wahrheit und der Gerechtigkeit zu beschleunigen.

Ich habe nur eine Leidenschaft, jene der Aufklärung im Namen der Menschheit, die soviel gelitten hat und die ein Recht hat, glücklich zu sein. Mein flammender Protest ist nur der Aufschrei meiner Seele. Man möge mich vor ein Schwurgericht stellen, und die Untersuchung möge in aller Öffentlichkeit stattfinden!

Ich warte!

Mit dem Audruck vorzüglicher Hochachtung [...]

1) Félix Faure hat Zola im Februar 1897 in einer Privataudienz empfangen; der Schriftsteller hat bei dieser Gelegenheit die persönliche Unterstützung des Präsidenten der Republik für die Aufnahme des Verlegers Georges Charpentier in die Ehrenlegion erreicht.

2) Anspielung auf die von Drumont im Dezember 1895 in der Libre Parole *ausgelöste Pressekampagne, die auf den Schwiergvater von Felix Faure gemünzt war.*

3) Gemeint ist die Weltausstellung des Jahres 1900.

4) An der tunesisch-lybischen Grenze haben in dieser Zeit Nomadenstämme immer wieder für Unruhe gesorgt. Der Marquis de Morès, ein notorischer Antisemit, hat 1892 in einem Duell Hauptmann Mayer, einen jungen Offizier jüdischer Abstammung, getötet.

*

„J'accuse" schlug wie eine Bombe ein. L'Aurore *hat an diesem Tag die Auflage verzehnfacht und rund 300.000 Exemplare verkauft. Die Reaktionen auf Zolas*

„Offenen Brief an den Präsidenten der Republik" waren aber keineswegs alle positiv. Für die ablehnenden Reaktionen ist jene des Komitees der „Allgemeinen Studentenvereinigung" typisch, die dem Romancier ihr „schmerzvolles Erstaunen" mitteilt: „Wir respektieren jede politische und religiöse Meinung und sind überzeugte Anhänger der Freiheit der Gedanken und des Wortes; wir finden aber, daß die Armee, die der edelste Ausdruck des Vaterlandes ist, und ihre Führer als Träger der nationalen Ehre über jeden Verdacht erhaben sind." *Zola antwortet Paul Tissier, dem Vorsitzenden dieses Komitees, am 14. Januar 1898:*

BRIEF AN PAUL TISSIER

Herr Vorsitzender!

Ich bitte Sie, dem Komitee der „Allgemeinen Studentenvereinigung" meine Überraschung über den Wortlaut des Briefes, den es an mich adressiert hat, zu übermitteln.

Wenn ich die Armee wirklich angegriffen hätte, würde ich seine Aufregung verstehen. Aber ich habe die Armee nicht angegriffen; die Beweise liegen unumstößlich auf der Hand. Ich habe im Gegenteil der Armee meine ganze Zuneigung und meinen Respekt ausgesprochen.

Licht in die Machenschaften einiger Chefs bringen zu wollen, die die Armee kompromittieren, bedeutet nicht, die Armee anzugreifen. Die in Waffen stehende französische Nation mit gewissen Offizieren zu identifizieren, ist ein widerwärtiges Manöver, um Wahrheit und Recht zu unterdrücken.

Es betrübt mich sehr zu sehen, daß die Jugend diesem Manöver auf den Leim geht. Wie werden Sie das einmal bereuen!

*

Die Kammer beschließt mit 312 gegen 122 Stimmen, Zola und die Direktion der Tageszeitung L'Aurore *wegen Verleumdung zu klagen. Diese Klage wird am 18. Januar von Kriegsminister General Billot eingebracht. Zola hat sein Ziel, die Angelegenheit vor ein Zivilgericht zu bringen erreicht, den Gegenstand der Anklage bestimmen allerdings seine Gegner: Von den vielen Anschuldigungen werden nur drei Passagen als „verleumderisch" angeführt, die den Prozeß Esterhazy betreffen und dem Kriegsgericht vorwerfen, auf Befehl wissentlich einen Schuldigen freigesprochen zu haben. Mit dieser Reduzierung der Anklage will die Regierung jeden Versuch der Verteidigung, im Prozeß den Fall Dreyfus aufzurollen, im Keim ersticken. Zola und sein Anwalt, Fernand Labori, bauen auf die Unterstützung der intellektuellen Kreise, die bereits mehrere Petitionen zur Wiederaufnahme des Dreyfus-Prozesses in Umlauf gebracht haben.*

Das Wiederaufleben der Dreyfus-Affäre hat auch unter den Intellektuellen Europas für große Erregung gesorgt. Das beweisen unter anderem die Antworten von Zola auf Briefe des norwegischen Dramatikers Bjørnstjerne Bjørnson und des holländischen Sozialisten Domela Nieuwenhuis. Letzterer wollte die Aufmerksamkeit des Schriftstellers auf einen der Dreyfus-Affäre ähnlichen Justizirrtum in Holland lenken. Auszüge aus dem Brief von Bjørnson an Zola („[...] Auch ich habe die Erfahrung gemacht, daß es viel gefährlicher ist, den Menschen einen Haß als eine Liebe entreißen zu wollen. Der Haß ist gewöhnlich durch stärkere Bande mit der menschlichen Eitelkeit verknüpft als die Liebe [...] Seien Sie auch versichert, daß Europa das, was Sie geschrieben haben, bewundert, wenn auch nicht jedermann alles billigt, was Sie geschrieben haben.") *wurden u. a. im* Berliner Tageblatt *vom 21. Januar 1898 abgedruckt. Am 22. Januar antwortet Zola dem norwegischen Kollegen, ein paar Tage später schreibt er dem hollandioschen Politiker:*

BRIEF AN BJØRNSTJERNE BJØRNSON

Paris, 22. Januar 1898

Lieber Freund und Kollege!

Verzeihen Sie mir, wenn ich Ihnen nicht gleich geschrieben habe, welch tiefe Rührung mich bei der Lektüre Ihres so schönen, so brüderlichen Briefes von ganzem Herzen ergriffen hat. Ich werde hier von einem derartigen Sturm mitgerissen, daß ich nicht einmal eine Minute Zeit finde, um den Verteidigern der Wahrheit und des Rechts, die sich auf der ganzen Welt erheben, ein Dankeschön zuzurufen.

Sie sind ein großer Kopf und drücken aus, was viele in ihrem Gewissen fühlen. Ich danke Ihnen im Namen des Rechts und der Menschlichkeit [...]

BRIEF AN DOMELA NIEUWENHUIS

[Paris] 25. Januar 1898

Sehr geehrter Herr!

Sie sprechen mein Gefühl für Wahrheit und Gerechtigkeit an. Mir ist die Affäre der Brüder Hogerhuis aber gänzlich unbekannt, deshalb kann ich dazu nicht Stellung beziehen. Ich habe mich in der Dreyfus-Affäre deshalb so deutlich zu Wort gemeldet, weil ich von der Unschuld des Verurteilten absolut überzeugt bin.

Im übrigen haben Sie recht, für Gewissensfragen gibt es keine Grenzen, und nur die universelle Religion der Wahrheit und des Rechts macht die Brüderlichkeit zwischen den Völkern möglich.

Herzlichst [...]

*

Am 7. Februar beginnt der Prozeß gegen Zola vor dem Pariser Schwurgericht. Die folgenden drei Interviews, das erste mit dem Korrespondenten der Wiener Neuen Freien Presse, *wurden vor Beginn der Verhandlungen geführt. Sie erlauben es uns, die Tragweite des Prozesses zu ermessen.*

EMILE ZOLA VOR SEINEM PROCESSE
(Original-Correspondenz der „Neuen Freien Presse")

Es ist kaum möglich, daß Emile Zola noch Neues über die Frage zu sagen vermag, welche ihn und die ganze Welt bewegt. Er hat so viel darüber geschrieben, seine Stimme klang so muthvoll, so fest in die Welt hinaus, so daß für das Gespräch einer Stunde kaum viel übrig blieb. Es war dennoch interessant, den Mann in dem Augenblicke zu hören, da er sich anschickt, vor die Geschworenen zu treten, auf dem gefährlichen Terrain den Kampf ums Recht zu führen, das er sich selbst gewählt, erzwungen.

Ich traf ihn zu gewöhnlicher Besuchsstunde, welche Zola sich allabendlich offenhält, in seinem kleinen Hause in der Rue de Bruxelles, nahe dem Quartier Montmartre, einer schmalen, von Kleinbürgern bewohnten Straße, welche in den letzten Tagen das Ziel der patriotischen Vergnügungssucht der Pariser Lyzeumsjugend bildete und der Gegenstand schwerer Sorge der Polizei war. Heute ist das Haus unbewacht. Der künstliche Rummel ist rasch vorübergegangen. Die Knaben halten Ruhe und auch die Polizei kann ruhig sein. Das Haus Zola's ist ein wahres Museum. Er lebt inmitten der Kunstschätze, die sein durch Decennien geübter Sammelfleiß, sein Kunstgeschmack und wol auch sein Sammlerglück ihm verschafft haben. Alte Bilder, Statuen aus lang vergangenen Jahrhunderten, Bronzen, Teppiche, Gobelins zieren schon die Vorhalle. Sein Empfangssalon ist von echt künstlerischer Einfachheit, aber er ist mit alten werthvollen Kunstwerken angefüllt. Hier waltet zumeist der japanische

Kunstgeist. Wie Goncourt liebt er die japanische Kunst. Doch finden in dem Saale auch Kunstwerke anderer Länder Platz. Es ist kein bestimmter Kunststyl festgehalten. Was schön ist, dient als Schmuck. Zwischen antiken Gemälden und einer altgriechischen Büste sieht man das Porträt, das ein moderner Meister von der Gattin Zola's geschaffen hat. Ein schöner persischer Teppich und alt-französische Gobelins. Dann wieder japanische Vasen neben Werken aus der Manufactur von Sèvres.

Zola läßt nicht lange warten. Seine erste Bemerkung gilt der soeben veröffentlichten Erklärung des deutschen Staatssecretärs v. Bülow[1]. „Nun", meint er, „das ist wieder ein Schritt vorwärts. Sie haben wol bemerkt, daß Herr v. Bülow die beiden Personen Dreyfus und Esterhazy ganz verschieden behandelt. Von Dreyfus sagt er bestimmt, ohne Zweideutigkeit, er hat keinen Verrath zu Gunsten Deutschlands geübt. Den Namen Walsin-Esterhazy's, den er mit Oberst Picquart gleichzeitig nennt, habe er eben zum erstenmale gehört. Es ist natürlich, daß Herr von Bülow nicht mehr sagen kann und darf." Dann kommt er auf seinen Proceß zu sprechen. „Noch zwölf Tage trennen uns von dem Termin – da kann noch manches geschehen. Nicht, daß wir etwas vorbereiten. Ich werde mich fortan der größten Mäßigung befleißigen. Mein Brief an den Präsidenten der Republik war vehement, aber er mußte es sein, wollte ich erzwingen, vor die Geschworenen gestellt zu werden. Das ist nun geschehen. Ich gehe nicht hin, um mich zu vertheidigen, sondern blos um den Beweis für die Wahrheit, für das Recht zu führen und für die Sühnung des himmelschreienden Unrechts einzutreten. Ob man mich verurtheilt oder freispricht, ist mir ganz gleichgiltig. Das ist 'die letzte meiner Sorgen', wie man bei uns sagt. Es handelt sich nicht um meine Person, sondern um den großen Zweck. Der Vertreter Laborie [sic], der mir zur Seite steht, ist von der Sache überzeugt, denn er kennt die ganze Wahrheit. So einen Mann mußte ich haben."

„Aber Sie werden doch selbst auch sprechen?" warf ich ein.

„Gewiß, aber ich bin kein Redner, ich weiß das Wort nicht zu führen. Ich werde eine Erklärung verlesen, die alles enthalten wird, was ich zu sagen habe."

Dann fuhr er fort, den Proceß zu besprechen: „Es scheint, daß man meine Zeugen zurückweisen will, nachdem man die Anklage so sehr eingeschränkt hat. Was ich gegenüber diesem Vorgehen thun werde, ist noch nicht bestimmt. Den Saal unter Protest verlassen? Vielleicht. Aber es ist möglich, daß ich bis zu Ende auf dem Schlachtfelde bleibe. Jeder Zeuge, welcher mir zurückgewiesen wird, spricht doch für die Wahrheit."

Wiederholt kennzeichnete Zola, wie tief ihn die Erscheinungen schmerzen, welche in Frankreich hervortreten, und wie er in seinem patriotischen Herzen den Schlag empfindet, den man Frankreich versetzt habe. Er weint, wenn er davon spricht, bedeckt das Gesicht mit den Händen und bedarf einer Zeit der Erholung, bis er wieder fortfahren kann. „Und das alles war so unnöthig! Ein Kriegsgericht kann sich irren. Man bedauert den Irrthum, macht ihn gut. Aber jetzt ist es schwer, zurückzugehen. Sie haben sich in Verbrechen verstrickt. Das Verbrechen hält sie. Jetzt haben sie sich ein zweites Kriegsgericht, ein zweites Urtheil, eine zweite gerichtete Sache vorgeschoben. Nun sind sie daran, durch meine Verurtheilung auch ein Civil-Urtheil zu schaffen; wieder eine Barriere mehr, welche sie sich selbst errichten und welche den Weg zur Wahrheit versperren soll. Und warum das alles? Wegen der Wahlen. Ich werde noch einen Artikel darüber schreiben. Die nächste Kammer, welche unter dem Einflusse dieser Bewegung gewählt werden soll, wird eine Dreyfus-Kammer sein. Für oder gegen Dreyfus, das wird die Wahlparole bilden. Ist es würdig, daß Frankreich eine Vertretung hat, bei deren Wahl die Parole gesiegt hat: Das Unrecht darf nicht gutgemacht werden, das Verbrechen muß seine Fortsetzung finden? Dieses Brandmal wird die künftige Kammer an der Stirne tragen. Die Regierung konnte schwer anders – hört man sagen – sie wäre gestürzt worden. Aber ist es denn ein Haus aus Stein, das fest zusammengefügt ist, was sie jetzt bewohnt? Nein. Es ist etwas ganz Anderes, und es wird einsinken. Ich beklage nur mein armes Land, welches solches Schicksal nicht verdient hat ..."

Immer und immer wieder fragte Zola, wie man im Auslande von der Sache denke und ob man nicht doch sähe, daß sich Männer gefunden haben, welche für die Wahrheit streiten und jedes Opfer willig auf sich nehmen. „Nicht ich allein bin es, der auf diese Weise für Frankreichs Ehre eintritt – ich habe muthvolle Mitstreiter. Wir werden nicht zurückweichen, bis wir den sicheren Sieg errungen haben werden."

Diese Bemerkungen lassen erkennen, daß alle Angriffe, daß die Haltung der verhetzten Bevölkerung und das Vorgehen der Regierung Zola nicht zu erschüttern vermögen. Er ist von einem Kampfesmuthe beseelt, welchen Niemand dem so sanften und im Leben so schüchternen, einfachen, ja trockenen Menschen zugetraut haben würde. Er geht zur Schwurgerichts-Verhandlung mit der Überzeugung, nicht daß er freigesprochen werde, sondern daß unter allen Umständen die Verhandlung einen weiteren Schritt zur allgemeinen Erkenntniß der ganzen Wahrheit ermöglichen werde. Das war sein Zweck, und den will er erfüllt sehen. Zola findet, daß die öffentliche Meinung schon in diesem Augenblicke einen Umschwung zeige. Er hat Recht mit dieser Ansicht. Dieser Umschwung ist ihm und seinen Mitkämpfern zu danken.

B.[erthold] F.[rischauer]
Neue Freie Presse, Wien, 28. Januar 1898

1) Selbstverständlich hat die deutsche Regierung von Beginn an jede Beteiligung an der Spionageaffäre dementiert. Als im Herbst 1897 die Aufdeckung der Beziehungen Esterhazys zum deutschen Militärattaché von Schwartzkoppen droht, wird dieser von seinem Pariser Posten abberufen. Am 24. Januar 1898 antwortet der Staatssekretär des Auswärtigen Amtes, Bernhard von Bülow, in der Budgetkommission des Reichstags auf die Frage eines Abgeordneten, daß er sich umso mehr der Reserve befleißigen müsse, „als zu erwarten steht, daß durch die in Frankreich selbst eingeleiteten Prozesse Licht über die ganze Angelegenheit verbreitet werden wird“. *Er beschränke sich deshalb darauf,* „auf das allerbestimmteste zu erklären, daß zwischen dem gegenwärtig auf der Teufelsinsel befindlichen französischen Ex-Kapitän Dreyfus und irgendwelchen deutschen Organen Beziehungen oder Verbindungen irgendwelcher Art niemals bestanden haben. Die Namen Walsin-Esterhazy und Picquart habe ich vor drei Wochen zum ersten Male in meinem Leben gehört. Die Geschichte von dem angeblich in einem Papierkorb gefundenen Briefe eines mysteriösen Agenten würde sich vielleicht in einem Hintertreppenroman hübsch ausnehmen, existiert aber natürlich nur in der Fantasie, und hat in Wirklichkeit nie stattgefunden.“ *Weiters stellt der Staatssekretär fest, daß die Dreyfus-Affäre* „die zwischen Deutschland und Frankreich bestehenden, gleichmäßig ruhigen Beziehungen“ *nicht gestört habe (zitiert nach* Frankfurter Zeitung *vom 25. Januar 1898,* Erstes Morgenblatt*).*

ZUM HEUTE BEGINNENDEN PROZESS
Interview mit Emile Zola

Emile Zola muß heute vor dem Schwurgericht des Departements Seine erscheinen; wir sind stolz, aus diesem Anlaß hier das Wesentliche eines kurzen Gesprächs veröffentlichen zu können, das der hervorragende und tapfere Schriftsteller uns gestern gewährt hat. Wir sind die ersten, die Zurückhaltung anzuerkennen, von der seine Erklärungen geprägt sind:

– Je näher die feierliche Stunde des Beginns der Verhandlung rückt, umso mehr fühle ich mich, wie Sie ja leicht selbst feststellen können, von der Richtigkeit meiner Ideen überzeugt, und umso sicherer ist meine Selbstbeherrschung, die mich übrigens seit Beginn dieser schrecklichen Affäre nicht im Stich gelassen hat.

Auf den ersten Blick scheint es mir, daß die persönlichen Eindrücke, die ich Ihnen am Vorabend des Kampfes anvertraue, aufgrund ihrer Geringfügigkeit und der Knappheit ihrer Form die aufsehenerregende Tragweite dieser Angelegenheit, die die Aufmerksamkeit Frankreichs und der ganzen Welt auf sich zieht, nur schmälern können.

Ich versichere Ihnen, daß von heute an meine Person in den Hintergrund tritt; sie verblaßt, um den Tatsachen Platz zu machen, die ich einander gegenübergestellt habe. Habe ich mich geirrt, als ich einst gesagt habe: „Die Wahrheit ist im Vormarsch und nichts kann sie aufhalten!"? Nein, denn trotz aller Proteste ist der morgen beginnende Prozeß erst der erste ernsthafte Akt dieser Wahrheit. Ich habe die Genugtuung, ein bißchen zu dieser Entwicklung beigetragen zu haben; damit ist meine Rolle aber beendet, jetzt werden die Fakten sprechen, und ich bin davon überzeugt, daß Licht aus dieser schrecklichen Finsternis hervorbrechen wird.

Ich bedaure heute weniger denn je die unternommene Kampagne und ich bin glücklich, die Gelegenheit gehabt zu haben, meine Feder, der lange Arbeitsjahre einen gewissen Bekanntheitsgrad beschert haben, in den Dienst des Rechts und der Menschlichkeit zu stellen, in den Dienst einer Sache, für deren Aufklärung der gesunde Menschenverstand genügen wird, wenn die Gemüter einmal dem Feuer der augenblicklichen Entzweiung entrissen sind und zur Ruhe gekommen sein werden. So werde ich ruhigen Gewissens vor die Geschworenen treten, geleitet von der einzigen Kraft, über die ich verfüge: der Verteidigung der Wahrheit, wo immer sie sich auch befindet...

Solche Worte bedürfen keines Kommentars.

Le XIXe Siècle, 8. Februar 1898

VOR DEM PROZESS
Rue de Bruxelles

Vor seinem Gang in den Justizpalast hat Emile Zola bei sich einige Freunde empfangen, die gekommen waren, um ihn ihrer Sympathie zu versichern. Der Salon und das Billardzimmer des Wohnhauses waren von Frau Zola geschmackvoll mit Blumen und Pflanzen geschmückt worden.

Der berühmte Schriftsteller schien hinsichtlich des Ausgangs des Prozesses keineswegs besorgt zu sein.

– Mir ist jeder Ausgang recht, erklärte er. Ich habe mir nichts vorzuwerfen, denn mein Gewissen allein hat mir meine Handlungsweise diktiert, und sein Urteil stelle ich über alle anderen. Freispruch oder Verurteilung, was bedeutet das schon in diesem Prozeß, der vor dem Gewissen der Menschheit abrollt. Wenn meine Verurteilung, die Aufklärung des Falles beschleunigen sollte, in dem ich meine ganze Ruhe und meine Ehre aufs Spiel gesetzt habe, dann würde ich sie mit Sicherheit einem Freispruch vorziehen.

Und Herr Zola, der seit drei Monaten seine schriftstellerische Arbeit unterbrochen hat, um sich, wie man weiß, der schönen Sache der Gerechtigkeit zu widmen, fügte lächelnd hinzu:

Emile Zola während des Prozesses (Zeichnung aus der Zeitschrift L'Illustration *vom 26. Februar 1898)*

– Wenn ich verurteilt werde, wird mir das Gefängnis meine Freiheit wiedergeben. Es wäre die Einöde, in der ich in innerer Sammlung und Einsamkeit die unterbrochene Arbeit wiederaufnehmen könnte. Ich habe keinerlei Verbindung mit der Familie Dreyfus. Ich habe Mathieu Dreyfus nie gesehen und kenne Frau Dreyfus nicht. Ich habe jedes Treffen hartnäckig und entschlossen abgelehnt, um mir meine Handlungsfreiheit zu bewahren. Ich habe das Recht, vor den Geschworenen meine Unabhängigkeit zu betonen und ihnen klarzulegen, daß das einzige Motiv, das mich geleitet hat, meine Überzeugung war, daß ein Justizirrtum begangen worden war und daß der Starrsinn, den man darauf verwendete, ihn nicht wiedergutzumachen, die größten Gefahren für die Freiheit des einzelnen wie für die öffentlichen Freiheiten bedeutete. Die Unschuld von Dreyfus ist in meinen Augen so klar wie der hellichte Tag. Ich habe absolutes Vertrauen in einen erfolgreichen Ausgang des Prozesses.

Am Vormittag haben sich vor dem Wohnhaus von Emile Zola kleinere Menschengruppen angesammelt. In der Rue de Bruxelles war ein Dutzend Polizeibeamte stationiert, die aber nicht tätig werden mußten.

Emile Zola hat um zehn Uhr fünfundvierzig das Coupé bestiegen, das ihn zum Justizpalast bringen sollte.

R. Racot,
L'Aurore, 8. Februar 1898

*

Die Verhandlungen im Zola-Prozeß erstrecken sich über fünfzehn Sitzungen. Sie sind von dramatischer Spannung und zahlreichen Zwischenfällen gekennzeichnet. Höhepunkte sind die Gegenüberstellung von Oberstleutnant Picquart und Major Henry sowie der Auftritt von Stabschef General de Boisdeffre (vgl. dazu die Einführung in diesem Buch von Alain Pagès, S. 34 ff).

Zu den Erkenntnissen, die der Prozeß bringt, gehören das – indirekte – Eingeständnis von General Mercier, daß Dreyfus 1894 aufgrund eines Geheimdokuments verurteilt worden ist, und – dank der Aussage von Picquart – die Enthüllung der von der Anklage als „zerschmetterndes Beweisstück" für die Schuld von Dreyfus bezeichneten Akte als Fälschung.

Zola selbst, der sich im Prozeß als schlechter Redner erweist und sich von den juristischen Formen sichtlich eingeengt fühlt, wendet sich am 21. Februar vor den Plädoyers seiner Anwälte an die Geschworenen. Der Text seiner Rede erscheint am folgenden Tag in L'Aurore.

REDE AN DIE GESCHWORENEN

Am Beginn seiner Rede kritisiert Zola den Versuch von Ministerpräsident Méline, die Geschworenen zu beeinflussen. Méline hat in der Parlamentssitzung vom 22. Januar dem Schriftsteller öffentlich vorgeworfen, die Armee beleidigt zu haben, und die Ansicht geäußert, daß im Prozeß gegen Zola die Ehre der Militärs auf dem Spiel stehe. Der Autor von „J'accuse" widersetzt sich dieser Interpretation und ruft den Geschworenen zu:

Licht, das volle Licht – das ist mein einziges leidenschaftliches Begehren. Diese Verhandlungen haben es Ihnen soeben bewiesen, wir haben Schritt für Schritt gegen einen Willen zu kämpfen gehabt, der mit einer außerordentlichen Hartnäckigkeit bestrebt ist, die Sache im Dunkeln zu lassen. Wir haben um jeden Fetzen Wahrheit kämpfen müssen, man hat über alles gestritten, man hat uns alles verweigert, man hat unsere Zeugen eingeschüchtert, in der Hoffnung, dadurch den Wahrheitsbeweis zu verhindern. Aber nur Ihretwegen haben wir uns geschlagen, nur damit Ihnen die Gesamtheit der Beweise unterbreitet würde, auf daß Sie besten Wissens und Gewissens Ihren Spruch fällen können.

Nicht er beleidige die Armee, sondern diejenigen, die sie täglich unter dem Vorwand, sie zu verteidigen, in den Schmutz ziehen, führt Zola weiter aus. Dann kommt er auf die Vorurteile gegenüber den Juden und die von einer bestimmten Presse verbreitete Geschichte vom „Syndikat" zu sprechen:

Gewiß, meine Herren, ich tue Ihnen nicht die Beleidigung an, zu glauben, daß Sie sich bisher an diese Ammenmärchen gehalten haben. Ich kenne Sie, ich weiß, wer Sie sind. Sie sind das Herz und die Vernunft von Paris, meines großen Paris, wo ich geboren bin, das ich mit unendlicher Zärtlichkeit liebe, das ich seit bald vierzig Jahren studiere und beschreibe. Ich weiß auch, was zu dieser Stunde in Ihren Köpfen vorgeht; denn bevor ich als Angeklagter hierher gekommen bin, bin ich schon auf der Bank gesessen, auf der Sie jetzt sitzen. Sie vertreten hier die Durchschnittsmeinung, Sie bemühen sich, die Weisheit und Gerechtigkeit zu sein. In meinen Gedanken werde ich nachher bei Ihnen im Beratungszimmer sitzen, und ich bin überzeugt, daß es Ihr Bestreben sein wird, Ihre Interessen als Bürger zu wahren, die für Sie natürlich die Interessen der ganzen Nation sind. Sie können sich irren, aber wenn Sie sich irren, dann in der Überzeugung, daß Ihr Wohl gleichbedeutend mit dem Wohl aller ist.

Ich sehe Sie am Abend in Ihren Familien beim Schein der Lampe; ich höre Sie mit Ihren Freunden plaudern, ich begleite Sie in Ihre Werkstätten, in Ihre

Geschäfte. Sie alle sind Arbeiter, die einen Kaufleute, die anderen Gewerbetreibende, einige von Ihnen üben freie Berufe aus. Gegenstand Ihrer sehr berechtigten Unruhe ist der beklagenswerte Zustand, in den die öffentlichen Angelegenheiten geraten sind. Überall droht die gegenwärtige Krise zu einer Katastrophe zu werden, die Einnahmen sinken, die Geschäfte werden immer schwieriger. Deshalb ist der Gedanke, den Sie mit sich tragen, der Gedanke, den ich Ihnen vom Gesicht ablese, folgender: Es reicht jetzt, es muß ein Ende gemacht werden. Sie sagen nicht wie viele andere: „Was macht es uns schon aus, daß ein Unschuldiger auf der Teufelsinsel sitzt! Ist das Interesse eines einzelnen es wert, daß man damit ein ganzes großes Land beunruhigt?" Aber Sie sagen sich trotzdem, daß die ganze Agitation, die wir in unserem Hunger nach Wahrheit und Gerechtigkeit betreiben, mit allen Übeln, deren man uns beschuldigt, zu teuer bezahlt ist. Wenn Sie mich verurteilen sollten, meine Herren, so wird Ihrem Spruch wohl nur Folgendes zugrunde liegen: der Wunsch, die Ihren zu beruhigen, das Bedürfnis, die Geschäfte wieder in Gang zu bringen, der Glaube, daß Sie durch meine Bestrafung eine Kampagne beenden, die den Interessen Frankreichs schadet.

Aber Sie würden sich damit in jeder Hinsicht täuschen, meine Herren! Erweisen Sie mir die Ehre, zu glauben, daß ich hier nicht meine Freiheit verteidige. Wenn Sie mich bestrafen, erhöhen Sie mich nur. Wer für die Wahrheit und Gerechtigkeit leidet, wird erhaben und verehrungswürdig. Sehen Sie mich an, meine Herren: Sehe ich aus wie ein Verkaufter, ein Lügner, ein Verräter? Warum sollte ich mich also engagieren? Ich habe weder politischen Ehrgeiz noch die Leidenschaft eines Sektierers. Ich bin ein freier Schriftsteller, der sein Leben seinem Werk gewidmet hat und der morgen an seinen Platz zurückkehren und die unterbrochene Arbeit wiederaufnehmen wird. Wie dumm sind doch diejenigen, die mich „den Italiener" nennen, mich, der ich von einer französischen Mutter abstamme und von den Großeltern, Bauern in der Beauce, diesem fruchtbaren Land, erzogen worden bin, mich, der ich meinen Vater im Alter von sieben Jahren verloren und der ich Italien erst mit vierundfünfzig Jahren zum ersten Mal bereist habe, um Material für ein Buch zu sammeln[1]. Das hindert mich übrigens nicht daran, sehr stolz darauf zu sein, daß mein Vater aus Venedig stammte, dieser glänzenden Stadt, deren ehemaliger Ruhm im Gedächtnis aller fortlebt. Und selbst wenn ich nicht Franzose wäre, würden dann die vierzig Bände in französischer Sprache, die ich in Millionen von Exemplaren auf der ganzen Welt verbreitet habe, nicht genügen, um aus mir einen Franzosen zu machen, der den Ruhm Frankreichs fördert?"

Nach diesem persönlichen Appell an die Geschworenen geht der Schriftsteller noch einmal auf die Mißgriffe und Lügen ein, die die Regierung anwendet, um die Verurteilung von Dreyfus und den Freispruch von Esterhazy zu decken. Schuld an der Krise, die das Land durchmacht, sagt Zola, seien nicht die Verteidiger von Wahrheit und Gerechtigkeit, sondern die Politiker und hohen Militärs, die trotz des Wissens um die Unschuld von Dreyfus seit achtzehn Monaten eine Revision seines Prozesses verweigern. Für Zola geht es in dieser Angelegenheit aber nicht nur um Dreyfus, sondern auch um den Ruf Frankreichs als Land der Menschenrechte.

Wenn Sie das begriffen haben, meine Herren, werden Sie verstehen, daß es nur ein mögliches Heilmittel gibt: die Wahrheit zu sagen, Gerechtigkeit zu üben. Alles, was die Aufklärung hinausschiebt, alles, was die Finsternis verstärkt, kann die Krise nur verlängern und verschlimmern. Die Aufgabe der guten Bürger, derer, die das gebieterische Bedürfnis verspüren, der Sache ein Ende zu machen, ist es, volle Aufklärung zu verlangen. Viele denken schon so. Männer der Literatur, der Philosophie und der Wissenschaft erheben sich überall im Namen der Intelligenz und der Vernunft. Und dabei spreche ich noch gar nicht vom Ausland, vom Schauder, der ganz Europa erfaßt hat. Das Ausland ist nämlich nicht unbedingt unser Feind. Sprechen wir nicht von den Völkern, die morgen unsere Gegner sein können. Aber das große Rußland, unser Verbündeter, das kleine und edelmütige Holland, alle uns freundlich gesinnten nordischen Völker, die Länder französischer Sprache, die Schweiz und Belgien – warum ist ihnen denn das Herz so schwer vor brüderlichem Mitgefühl? Träumen Sie wirklich von einem Frankreich, das in der Welt isoliert dasteht? Wollen Sie, daß man nicht mehr Ihrem uralten Ruhm der Gerechtigkeit und Menschlichkeit freundlich zulächelt, wenn Sie über die Grenze gehen?

Abschließend betont Zola noch einmal, daß die Regierung im Fall Dreyfus den wahren Sachverhalt ebenso kenne wie einige ausländische Botschaften und, wann immer sie wolle, gefahrlos Zeugen finden könne, die die Wahrheit endlich aufdecken. Für ihn selbst gibt es keinen Zweifel, und der Schluß seiner Rede vor den Geschworenen klingt fast wie ein Echo auf die Anklagen am Ende seines „J'accuse":

Dreyfus ist unschuldig, ich schwöre es. Ich verpfände darauf mein Leben und meine Ehre. In dieser feierlichen Stunde, vor diesem Gericht, das die menschliche Gerechtigkeit vertritt, vor Ihnen, meine Herren Geschworenen, die Sie die ganze Nation vertreten, vor ganz Frankreich, vor der ganzen Welt schwöre ich, daß Dreyfus unschuldig ist. Bei meiner vierzigjährigen Arbeit, beim Ansehen, das dieses Werk mir hat geben können, schwöre ich, daß Dreyfus unschuldig ist. Bei allem, was ich erreicht, beim Namen, den ich mir gemacht habe, bei meinen

Werken, die zur Verbreitung der französischen Literatur beigetragen haben, schwöre ich, daß Dreyfus unschuldig ist. Das alles möge zunichte werden, alle meine Werke untergehen, wenn Dreyfus nicht unschuldig ist! Er ist unschuldig.

Alles scheint gegen mich zu sein, die zwei Kammern, die zivile Gerichtsbarkeit, die militärische Gerichtsbarkeit, die auflagenstarken Zeitungen und die öffentliche Meinung, die sie vergiftet haben. Für mich habe ich nur die Idee, ein Ideal der Wahrheit und Gerechtigkeit. Und ich bin ganz ruhig, ich werde siegen. Ich habe nicht zulassen wollen, daß mein Land in der Lüge und Ungerechtigkeit verharrt. Man kann mich hier bestrafen. Eines Tages aber wird mir Frankreich dafür danken, daß ich geholfen habe, seine Ehre zu retten.

1) Zola hat im Herbst 1894 zur Vorbereitung seines Romans Rome, *des zweiten Bandes des Drei-Städte-Zyklus* Lourdes-Rome-Paris, *eine längere Italienreise unternommen.*

*

Der leidenschaftliche Appell von Zola hat bei den Geschworenen aber nicht die gewünschte Wirkung gezeigt. Sie folgen der Logik des Staatsanwalts, der Zolas Haltung als „revolutionären Akt" bezeichnet, „der nichts anderes als ein Mittel der Zerstörung" sei, und seine Verurteilung fordert. Am Abend des 23. Februar 1898 wird das Urteil verkündet: Zola und L'Aurore *werden im Sinne der Anklage schuldig gesprochen. Zola und der Geschäftsführer von* L'Aurore, *Alexandre Perrenx, werden zu je 3.000 Francs Geldstrafe und einem Jahr (Zola) beziehungsweise vier Monaten (Perrenx) Gefängnis verurteilt. Über Zolas Reaktion schreibt Ph. Dubois am 25. Februar in* L'Aurore *folgenden Artikel:*

BEI EMILE ZOLA

Blumensträuße und Gebinde – Sympathiekundgebungen –
Emile Zola erholt sich – Hoffnung und Mut

Sobald vorgestern abend die Nachricht von der Verurteilung von Emile Zola bekannt geworden ist, sind in der Rue de Bruxelles Sympathiekundgebungen eingetroffen. Dieser Strom reißt seither nicht ab, das Vorzimmer ist mit Blumen und Gebinden verstellt und mit jeder Post kommen Säcke aufmunternder Briefe. Im Billardzimmer im ersten Stock, in das mich ein Hausdiener führt, liegen auf allen Möbeln Blumensträuße. Auf dem Billardtisch ist ein großer Lorbeerkranz abgestellt.

– Erlauben Sie mir zuerst, Sie um einen Gefallen zu bitten, sagt mir Herr Zola. Danken Sie in meinem Namen den bekannten und unbekannten Freunden, die mir Karten und Telegramme schicken. Ich kann mich nicht bei jedem persönlich bedanken. Sie sind zu zahlreich.

Wir plaudern über den Prozeß. Der mutige Schriftsteller ist sehr gelassen und spricht ohne Bitterkeit über seine Verurteilung:

– Ich habe damit gerechnet, sagt er mir. Sie war von dem Augenblick an unausweichlich, an dem General de Pellieux und General de Boisdeffre eingegriffen haben, um im Namen der Ehre der Armee, die ich keineswegs angegriffen hatte, auf die Geschworenen Druck auszuüben. Das Motiv des Verfahrens wurde dermaßen entstellt, daß das Urteil der Geschworenen zu einer Frage des Patriotismus geworden ist. In dieser Situation konnten weder die großartige Redegewandtheit von Labori noch die alles einkalkulierende Beweisführung von Clemenceau die Verurteilung verhindern.

– Gedenken Sie, Nichtigkeitsbeschwerde einzubringen?

– Sicherlich, das ist schon geschehen. Aber heute ruhe ich mich aus und begnüge mich damit, einige Freunde zu empfangen. Einige Stunden Erholung stehen mir nach den erdrückenden Beschwerlichkeiten dieser fünfzehn Sitzungen wohl zu.

Und da im Laufe des Gesprächs von den abscheulichen Demonstrationen die Rede ist, die sich vorgestern vor dem Justizpalast abgespielt haben, sagt mir der Meister:

– Ich mache keineswegs Paris dafür verantwortlich, was passiert ist. Es ist nicht Paris – dieses Paris, das ich so sehr liebe –, das in der Hoffnung, uns zum Schweigen zu bringen, herumkrakeelt und Todesdrohungen ausgestoßen hat. Mir liegt der Gedanke fern, das große und edelmütige Volk von Paris mit einer Bande Fanatiker und gedungener Krakeeler zu verwechseln.

Indem er mich zur Türe geleitete, fügte der Meister hinzu:

– Ich habe nichts von meinem Glauben eingebüßt. Es wird Licht in die Sache kommen. Hat es nicht schon während unseres Prozesses begonnen sich zu verbreiten? Ich bin nicht niedergeschlagen, sondern – ganz im Gegenteil – voller Mut und Hoffnung, weil ich überzeugt bin, einer gerechten Sache zu dienen.

*

Von überall treffen Sympathiebotschaften im Wohnhaus von Emile Zola in der Rue de Bruxelles ein: Zum Beispiel ein „A la juventud española“ betiteltes Manifest, das der spanische Schriftsteller Miguel Sawa an Zola adressiert hat, oder die Unter-

stützungserklärung der von Rudolph Lothar geleiteten österreichischen Wochenzeitung Die Wage. *Den von ihr am 29. Januar gemeinsam mit der* Neuen Freien Presse *lancierten Aufruf mit dem Wortlaut* „Die Unterzeichneten entbieten Emile Zola, dem großen und tapferen Vertheidiger der Wahrheit und Gerechtigkeit, den Ausdruck ihrer dankbaren Bewunderung“ *unterschreiben innerhalb von wenigen Tagen über 16.000 Personen. Zola schreibt dem Initiator:*

BRIEF AN RUDOLPH LOTHAR

Paris, 18. März 1898

Sehr geehrter Herr Kollege!

Ich schäme mich sehr, Ihnen nicht schon früher geschrieben zu haben, um Sie zu ersuchen, den so zahlreichen Unterzeichnern der wunderbaren Grußadresse, die Sie mir geschickt haben, meinen Dank auszusprechen! Ich bin hier einem solchen Trubel ausgesetzt, daß ich noch niemandem danken konnte.

Nichts ist mir wertvoller als die Sympathiekundgebungen, die ich von allen Seiten erhalte. Ich nehme sie vor allem für Frankreich an, das trotz allem die große Nation der Freiheit und der Wahrheit bleibt. Sie wird sich wieder fassen und die Welt durch ihren Gerechtigkeitssinn in Erstaunen versetzen.

Ich danke Ihnen nochmals herzlich und verbleibe im Namen der Menschlichkeit freundschaftlich Ihr ...

*

Der norwegische Dramatiker Bjørnstjerne Bjørnson, der sich schon im Januar in einem Brief an Zola ganz auf die Seite der Dreyfus-Anhänger gestellt hat (siehe oben Seite 115), äußert sich am 7. März in der dänischen Tageszeitung Politiken *erneut zur Affäre. Er ist von Dreyfus' Unschuld überzeugt und kritisiert die deutsche Regierung, die den Namen des wirklichen Verräters verschweige. In dem vom* Berliner Tageblatt *am 8. März auszugsweise veröffentlichten Artikel heißt es:*

„Wenn aber Dreyfus unschuldig auf der Teufelsinsel verschmachtet, so trägt Deutschland die Hauptschuld daran. Deutschland ist in Verbindung mit einem französischen Bürger getreten, der sein Vaterland verrathen, und hat ihn dafür bezahlt [...] Die internationale Konvenienz verbietet wohl der deutschen Heeresleitung, den Namen des Verräthers mitzuteilen, aber der moderne Ehrenbegriff verträgt diese veraltete Konvenienz nicht länger.“

In Anspielung auf die Erklärung von Staatssekretär Bernhard von Bülow vom 24. Januar meint Bjørnson weiter:

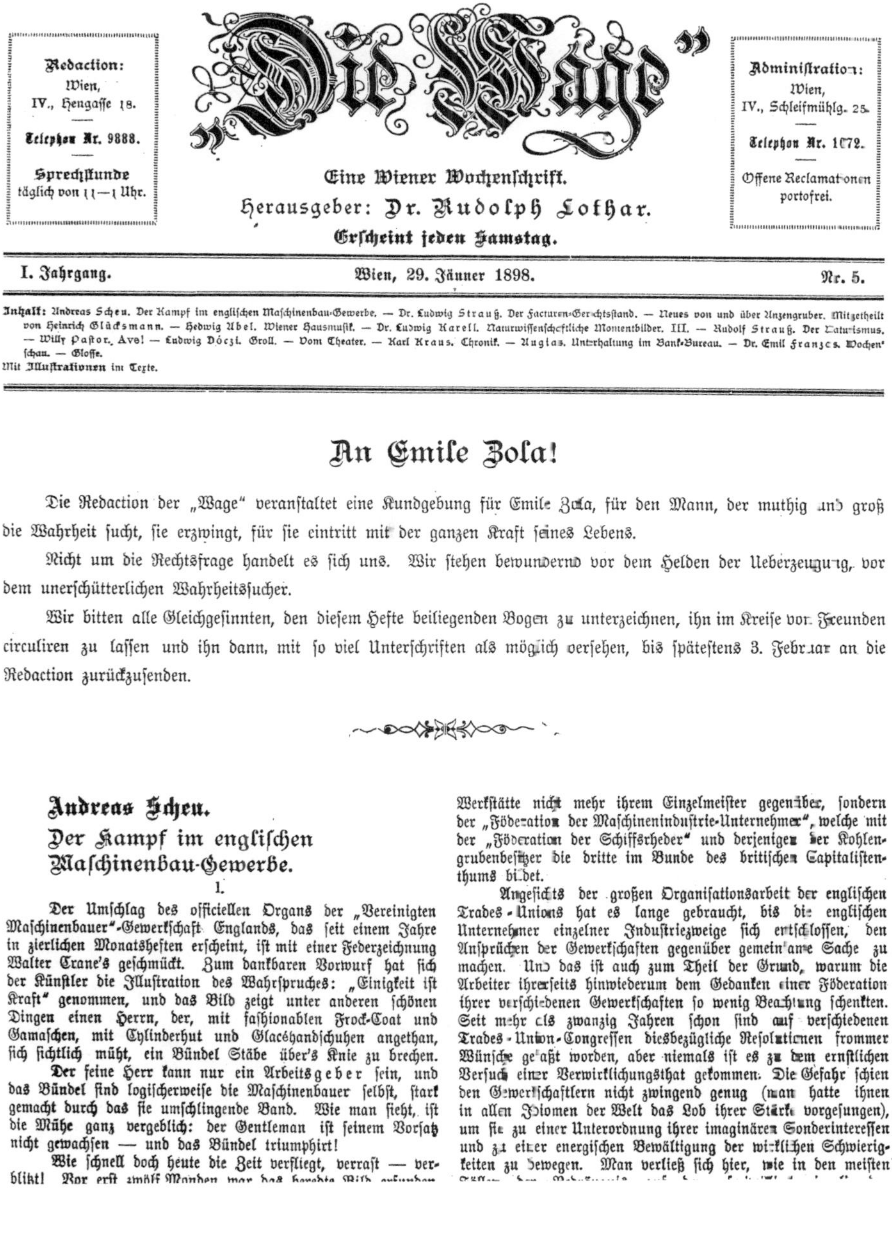

Redaction: Wien, IV., Hengasse 18. Telephon Nr. 9888. Sprechstunde täglich von 11—1 Uhr.

„Die Wage"

Eine Wiener Wochenschrift.

Herausgeber: Dr. Rudolph Lothar.

Erscheint jeden Samstag.

Administration: Wien, IV., Schleifmühlg. 25. Telephon Nr. 1072. Offene Reclamationen portofrei.

I. Jahrgang. Wien, 29. Jänner 1898. Nr. 5.

Inhalt: Andreas Scheu. Der Kampf im englischen Maschinenbau-Gewerbe. — Dr. Ludwig Strauß. Der Facturen-Gerichtsstand. — Neues von und über Anzengruber. Mitgetheilt von Heinrich Glücksmann. — Hedwig Abel. Wiener Hausmusik. — Dr. Ludwig Karell. Naturwissenschaftliche Momentbilder. III. — Rudolf Strauß. Der Naturismus. — Willy Pastor. Ave! — Ludwig Dóczi. Groll. — Vom Theater. — Karl Kraus. Chronik. — Augias. Unterhaltung im Bank-Bureau. — Dr. Emil Franzos. Wochenschau. — Glosse.

Mit Illustrationen im Texte.

An Emile Zola!

Die Redaction der „Wage" veranstaltet eine Kundgebung für Emile Zola, für den Mann, der muthig und groß die Wahrheit sucht, sie erzwingt, für sie eintritt mit der ganzen Kraft seines Lebens.

Nicht um die Rechtsfrage handelt es sich uns. Wir stehen bewundernd vor dem Helden der Ueberzeugung, vor dem unerschütterlichen Wahrheitssucher.

Wir bitten alle Gleichgesinnten, den diesem Hefte beiliegenden Bogen zu unterzeichnen, ihn im Kreise von Freunden circuliren zu lassen und ihn dann, mit so viel Unterschriften als möglich versehen, bis spätestens 3. Februar an die Redaction zurückzusenden.

Andreas Scheu.

Der Kampf im englischen Maschinenbau-Gewerbe.

I.

Der Umschlag des officiellen Organs der „Vereinigten Maschinenbauer"-Gewerkschaft Englands, das seit einem Jahre in zierlichen Monatsheften erscheint, ist mit einer Federzeichnung Walter Crane's geschmückt. Zum dankbaren Vorwurf hat sich der Künstler die Illustration des Wahrspruches: „Einigkeit ist Kraft" genommen, und das Bild zeigt unter anderen schönen Dingen einen Herrn, der, mit fashionablen Frock-Coat und Gamaschen, mit Cylinderhut und Glacéhandschuhen angethan, sich sichtlich müht, ein Bündel Stäbe über's Knie zu brechen.

Der feine Herr kann nur ein Arbeitsgeber sein, und das Bündel sind logischerweise die Maschinenbauer selbst, stark gemacht durch das sie umschlingende Band. Wie man sieht, ist die Mühe ganz vergeblich: der Gentleman ist seinem Vorsatz nicht gewachsen — und das Bündel triumphirt!

Wie schnell doch heute die Zeit verfliegt, verrast — verblitzt! Vor erst zwölf Monden war das beredte Bild erfunden

Werkstätte nicht mehr ihrem Einzelmeister gegenüber, sondern der „Föderation der Maschinenindustrie-Unternehmer", welche mit der „Föderation der Schiffsrheder" und derjenigen der Kohlengrubenbesitzer die dritte im Bunde des britischen Capitalistenthums bildet.

Angesichts der großen Organisationsarbeit der englischen Trades-Unions hat es lange gebraucht, bis die englischen Unternehmer einzelner Industriezweige sich entschlossen, den Ansprüchen der Gewerkschaften gegenüber gemeinsame Sache zu machen. Und das ist auch zum Theil der Grund, warum die Arbeiter ihrerseits hinwiederum dem Gedanken einer Föderation ihrer verschiedenen Gewerkschaften so wenig Beachtung schenkten. Seit mehr als zwanzig Jahren schon sind auf verschiedenen Trades-Union-Congressen diesbezügliche Resolutionen frommer Wünsche gefaßt worden, aber niemals ist es zu dem ernstlichen Versuch einer Verwirklichungsthat gekommen. Die Gefahr schien den Gewerkschaftlern nicht zwingend genug (man hatte ihnen in allen Idiomen der Welt das Lob ihrer Stärke vorgesungen), um sie zu einer Unterordnung ihrer imaginären Sonderinteressen und zu einer energischen Bewältigung der wirklichen Schwierigkeiten zu bewegen. Man verließ sich hier, wie in den meisten

Titelseite der Wiener Zeitschrift Die Wage *mit dem Aufruf zur Unterstützungserklärung für Emile Zola (29. Jänner 1898)*

Kundgebung für Emile Zola.

Organisirt durch die
Redaction der „Wage“.

Les Soussignés offrent à M. Emile Zola, le grand et héroïque défenseur de la justice et de la vérité, l'expression de leur admiration réconnaissante.

Die Unterzeichneten entbieten Emile Zola, dem großen und tapferen Vertheidiger der Wahrheit und Gerechtigkeit, den Ausdruck ihrer dankbaren Bewunderung.

Name	Stand	Wohnung
Bertha v. Suttner	Verf. d. Waffen nieder	Harmannsdorf
Arthur G. v. Suttner		Harmannsdorf
Maria Louise v. Suttner		Harmannsdorf
Hedwig Gfin Pötting	Stiftsdame	Wien, Salesianergasse 7
M. von Egidy – Berlin.	vorübergehend in Wien anwesend – nimmt gern die Gelegenheit wahr, seinem Empfinden Ausdruck geben zu dürfen. –	

Unterschriftenblatt der Wage-Aktion für Zola mit der Unterstützungserklärung Bertha von Suttners („Verf. d. Waffen nieder“)

„In der Erklärung war aber ein Fehler begangen worden. Der Staatssecretär sagte: 'er hätte erst vor drei Wochen von Esterhazy gehört', jedoch wußten Alle, daß der Name Esterhazys seit drei Monaten der Öffentlichkeit angehörte, und die deutsche Heeresleitung kannte ihn jedenfalls drei Jahre. Dieser Fehler hat die Erklärung in Frankreich unglaubhaft gemacht."

Abschließend appelliert Bjørnson an von Schwartzkoppen, „endlich im Namen der Wahrheit sein Schweigen zu brechen". *Dazu sollte der ehemalige deutsche Militärattaché in Paris aber keine Gelegenheit erhalten. Die deutsche Regierung hat von Schwartzkoppen auch später noch (siehe dazu weiter unten den Brief von Zola an Labori vom 6. September 1899) jede Aussage verweigert. Wie Paris, so hat auch Berlin Dreyfus der Staatsraison geopfert.*

*

Zola hat am 26. Februar den Berufungsantrag eingebracht, manchmal hat er aber das Gefühl, daß es das Beste wäre, die Strafe abzusitzen. Am 2. April hebt die Strafkammer des Kassationsgerichts die Verurteilung von Zola und der Tageszeitung L'Aurore *wegen eines Formfehlers auf: Nicht der Kriegsminister, sondern die Mitglieder des von Zola angegriffenen Kriegsgerichts hätten die Klage gegen den Schriftsteller einbringen müssen. Der Journalist Paul Desachy – er wird später eine großangelegte Chronologie der Dreyfus-Affäre verfassen – nützt die Gelegenheit dieses Wiederauflebens der Affäre und veröffentlicht am 4. April 1898 folgendes Interview, das er für die Tageszeitungen* Le Rappel *und* Le XIXe Siècle *mit Zola geführt hat:*

BEI EMILE ZOLA

Nach dem Urteil des Kassationsgerichts, das die vom Schwurgericht ausgesprochene Verurteilung aufgehoben hat, war Emile Zola daran gelegen, keinerlei Interview zu geben. Vergeblich haben zahlreiche Journalisten an die Tür in der Rue de Bruxelles geklopft. Die wenigen unter ihnen, die er empfangen hat, waren Freunde, die ihm in jenen schweren Tagen ihre treue Freundschaft bezeugt hatten, als das nicht ganz ungefährlich, aber umso ehrenvoller war; auch ihnen gegenüber hat er eine diskrete Zurückhaltung bewahrt, denn er wollte nicht, daß die Genugtuung, die er natürlich empfinden mußte, durch irgendwelche falschen Auslegungen verfälscht würde.

Wir respektieren diese Haltung, die dem berühmten Schriftsteller zur Ehre gereicht. Aber es ist gar nicht nötig, ihn zu befragen, um zu erraten, was in ihm vorgeht und welch tiefe Erleichterung dieser von der Leidenschaft für Recht und Gerechtigkeit erfüllte Kopf empfinden mußte, als er in der dunkelsten Nacht einen Hoffnungsschimmer durchscheinen sah.

Aber auch wenn wir hier, dem ausdrücklichen Wunsch von Emile Zola folgend, nicht den geringsten Kommentar des Schriftstellers zum Gerichtsentscheid veröffentlichen, so wird er uns doch erlauben, von seinem „Seelenzustand" als Verurteilter zu sprechen und von einer Unterredung, die wir mit ihm einige Stunden vor der Verlautbarung des Urteils gehabt haben.

Schon zu diesem Zeitpunkt war die Hoffnung auf einen glücklichen Ausgang erlaubt. Die Schlußfolgerungen von Herrn Chambaraud, dem Berichterstatter, dessen unbestreitbare Autorität im Gerichtshof von allen Richtern einhellig anerkannt wird, hatten die Gemüter zu einer etwas gerechteren Einschätzung des Sachverhalts geleitet. Oberstaatsanwalt Manau hatte auf die bösartigen Verleumdungen durch die Staatsanwälte Van Cassel und Paillot geantwortet, indem er die großzügige Haltung des Schriftstellers hervorgehoben hat, der sich ohne Rücksicht auf die Gefahren, vor denen so viele andere zurückgeschreckt sind, mitten in das Kampfgetümmel gestürzt und um sich jene Überzeugung verbreitet hat, die ihn erfüllt.

Trotz dieser ausgezeichneten Vorboten hat sich Zola aber geweigert, an eine Annullierung des Prozesses zu glauben.

Nein, sagte er mir, das ist unvorstellbar, ich wage nicht, daran zu glauben.

Ohne daß er es anders als durch diese Worte ausgedrückt hätte, erriet ich, welcher Eindruck ihn beherrschte: der einer Ansammlung von Ungerechtigkeiten, die, in einem schrecklichen Chaos aufeinandergehäuft, von der ursprünglichen Ungerechtigkeit, der Verurteilung von Dreyfus, bis zur letzten, seiner eigenen Verurteilung durch unter Druck gesetzte Geschworene reichen; der eines Festhaltens am falschen Weg, der die Glieder einer fatalen Kette miteinander verbindet.

Trotz aller unserer gerechtfertigten Hoffnungen blieb in ihm die Vorstellung der *Ungerechtigkeit in jeder Hinsicht* aufrecht. Er konnte sich einfach nicht vorstellen, daß es unter der hohen Richterschaft noch freie Männer gäbe, die die Würde ihrer Funktion hoch genug hielten, um dem blinden Haß der Masse, die sich des Übels nicht bewußt ist, das sie anrichtet, oder den gewagten Drohungen einer in der Klemme sitzenden Regierung zu widerstehen.

Ich sagte ihm indessen, welch tiefer Meinungswandel sich bis in das Herz der Volksmasse hinein vollzogen hatte, seit er die Worte, die erhellen, die erklären und überzeugen, ausgesät hatte wie eine Saat, die bereit ist, bald aufzugehen.

Ich habe ihm den Inhalt eines Gesprächs zugetragen, das ich am Vorabend mit Anatole France geführt hatte, jenem anderen großen Schriftsteller, der sich wie er der schweren Arbeit für die Gerechtigkeit hingibt[1]. Anatole France hatte gespürt, wie ihre Ideen die Pariser Gesellschaft durchdrungen haben. Dank seiner Bekanntschaften in der Welt der Justiz hat er vorausgesagt, was sich im Kassationsgericht abspielen würde, und am Morgen desselben Tages, an dem der Berichterstatter das Urteil für nichtig erklären sollte, hatte er diesen Ausgang, der sich einige Stunden später bewahrheitet hat, vorhergesagt.

– Ja, zweifellos, sagte mir Emile Zola, die Arbeit wirkt, und ich fühle, wie sich das Licht in der Seele des Volkes ausbreitet. Aber was muß man nicht alles befürchten? Welchen Druck werden jene auszuüben versuchen, die es gewagt haben, die Heimat Frankreich, die ihrem Schutz anvertraut ist, zu bedrohen und damit die Geschworenen in Angst zu versetzen. Herr Mornard, einer meiner Anwälte, hätte sich über die Schlußfolgerungen des Berichterstatters freuen sollen, aber der Brief, den er mir nach der Sitzung des Gerichtshofs geschrieben hat, war eher pessimistisch. Sicher hat auch er seither die Wirkung gespürt, von der Sie sprechen, und im letzten Schreiben, das ich von ihm erhalten habe, glaubt er ein bißchen mehr an den Erfolg.

Mich selbst läßt der Ausgang gleichgültig, glauben Sie mir. Ich habe die dringliche Pflicht erfüllt, die mir mein Gewissen auferlegt hat; ich hatte alle Verantwortung und alle Folgen abgewogen. Ich bin meinen Weg gegangen, ich würde heute wieder machen, was ich gestern gemacht habe.

Was bedeutet schon das Opfer am Ende dieses Weges. Wenn der Gerichtshof die von meinem Anwalt verfaßte Nichtigkeitsbeschwerde abweist – was ich trotz Ihrer Hoffnungen glaube, werde ich in Médan einige kleinere Angelegenheiten regeln und mich zwischen dem 15. und 20. April stellen. Ich denke nicht, daß die Grausamkeit meiner Gegner soweit gehen wird, mir nicht diese wenigen Tage der Freiheit zu gewähren, die ich noch brauche, um vor den langen Monaten der Gefangenschaft noch einmal die Sonnenstrahlen des Frühlings über dem Land aufgehen zu sehen, das ich so sehr liebe.

– Die Sonne wird scheinen, geschätzter Meister. Der Himmel ist blau, das Licht ist reiner geworden, und eine ungeheure, tiefe Freude überflutet unsere Seele. Denn zur gleichen Stunde wie die Sonnenstrahlen hat sich in der Morgendämmerung unter den sich auflösenden Wolken das strahlende Recht breitgemacht, das wir am Horizont sehen.

1) Anatole France (1844-1924) ist neben Zola der bekannteste Schriftsteller im Lager der Dreyfusards; als einziges Mitglied der Académie Française hat er die in L'Aurore *am 14. Januar erschienene Petition der „Intellektuellen" unterschrieben, die eine Wiederaufnahme des Dreyfus-Prozesses fordern. Am 5. Oktober 1902 wird France am Grab Zolas vom Autor von „J'accuse" sagen: „Er war für einen Augenblick das Gewissen der Menschheit."*

*

Freitag, 8. April. Das Kriegsgericht, das Esterhazy freigesprochen hat, tritt in Paris zusammen, um über die Vorgangsweise angesichts der neu entstandenen Situation zu beraten. Das Urteil des Kassationsgerichts nennt die Militärrichter als einzige Instanz, die berechtigt ist, Zola und L'Aurore *gerichtlich zu belangen (das war eines der Argumente, die Mornard, einer von Zolas Anwälten, ins Treffen geführt hat, um die Aufhebung des Urteils der ersten Instanz zu bewirken); diese beschließen, sich als Zivilperson zu konstituieren und zu klagen. Sobald diese Entscheidung bekannt ist, begibt sich ein Reporter des* Matin *nach Médan, um Zola um eine erste Reaktion zu ersuchen. Das Interview erscheint am folgenden Tag, dem 9. April. Zum gleichen Zeitpunkt richtet der Schriftsteller einen Brief an seinen Rechtsanwalt.*

BEI EMILE ZOLA

Nachdem die Entscheidung des Kriegsgerichts offiziell bekanntgegeben war, haben wir uns zum Bahnhof Saint-Lazare begeben, um nach Médan[1] zu fahren, wo sich Emile Zola seit vier oder fünf Tagen aufhält.

Es ist neun Uhr abends, als wir bei der Villa von Herrn Zola eintreffen, in der kein Licht mehr zu sehen ist. Das Echo der Klingel, die wir gedrückt haben, durchdringt die Ruhe des schon schlafenden kleinen Dorfes. Im Garten vor dem Haus von Herrn Zola beginnt ein Pudel wild zu bellen – der Hund, mit dem der Schriftsteller seine Stunden der Gefangenschaft in Sainte-Pélagie teilen wollte. Schließlich fragt eine rauhe Stimme: „Wer ist da?"

Es ist der Hausdiener. Wir erfahren, daß Herr Zola, der den ganzen Nachmittag Fahrrad gefahren und sehr müde ist und sich anschickt, schlafen zu gehen. Wir bestehen darauf, daß ihm trotzdem unsere Visitenkarte überreicht werde, und bekommen bald die Nachricht, daß uns Herr Zola trotz der fortgeschrittenen Stunde gerne empfangen will.

Der Empfang ist herzlich. Emile Zola, der den Grund unseres Besuches erraten hat, sagt uns gleich, daß er den Entschluß des Kriegsgerichts bereits kennt. Ein Freund hat ihn im Laufe des Abends mittels Telegramm verständigt. Er weiß, daß weitere Verfahren gegen ihn eingeleitet sind. Man hat ihm aber noch nicht gesagt, daß das Kriegsgericht den Wunsch geäußert hat, daß er aus der Ehrenlegion ausgeschlossen werde[2]. Wir sind die ersten, die ihm diese Nachricht zur Kenntnis bringen.

– Ich danke Ihnen für Ihren Besuch. Jetzt bin ich zur Gänze informiert.

– Was werden Sie unternehmen?, fragen wir ihn.

– Fragen Sie mich das nicht. Ich kann Ihnen noch nichts sagen. Es ist unbedingt nötig, daß ich vorher mit meinem Verteidiger spreche.

So kommentiert der Kikeriki *das Ende des Zola-Prozesses: „Zola ist aus seinem Proceß als ... Ehrenmann hervorgegangen.“ (24. Februar 1898)*

– Können Sie uns zumindest sagen, ob Sie die Entscheidung, die das Kriegsgericht gefällt hat, erwartet haben?

– Ja, sicher. Im Grunde meines Herzens habe ich immer gedacht, daß das Urteil des Kassationsgerichts die Affäre nicht beenden würde. Ich war zutiefst davon überzeugt, daß neuerlich eine Klage eingebracht werden würde. Seit einigen Tagen jedoch hatte die gegenteilige Meinung eines großen Teils der Presse und einer gewissen Anzahl meiner Freunde diese Meinung ins Wanken gebracht. Heute morgen noch war ich unsicher. Ich begann daran zu glauben, daß man es sich angesichts der starken Gemütsbewegung, die mein Prozeß im ganzen Land ausgelöst hat, zweimal überlegen würde, diese Erfahrung zu wiederholen. Aber Sie sehen, mein erstes Gefühl war das richtige. Ich bin also nicht sonderlich überrascht, die Regierung muß es wohl mehr sein. Man hat uns angefleht, „Mitleid mit Frankreich" zu haben. Wohlan, Frankreich wird nach der heute vom Kriegsgericht getroffenen Entscheidung wohl verstehen, daß nicht wir es sind, die neuerliche Unruhen im Land heraufbeschworen haben.

Emile Zola beschränkt sich auf diese Aussagen und lehnt die Antwort auf alle anderen Fragen ab. Er versichert uns aber, daß er in die Angelegenheit, deren Symbol er geworden ist, weiterhin soviel Vertrauen hegt wie am ersten Tag.

– Ja, bekräftigt er, ein unerschütterliches Vertrauen. Früher oder später wird die Wahrheit in ihrem ganzen Glanz triumphieren.

Mit diesen Worten drückt uns Herr Zola die Hand, und wir verabschieden uns.

1) Das Dorf liegt ungefähr vierzig Kilometer westlich von Paris zwischen Triel und Poissy. Zola hat dort 1878 ein Landhaus gekauft.

2) Zola ist am 13. Juli 1888 zum „Ritter der Ehrenlegion" ernannt und am 13. Juli 1893 zum „Offizier der Ehrenlegion" befördert worden. Im Anschluß an seine Verurteilung durch das Schwurgericht von Versailles wird er am 26. Juli 1898 aus der Ehrenlegion ausgeschlossen.

BRIEF AN FERNAND LABORI

Mein lieber Labori, das Kriegsgericht hat neue Verfahren beschlossen, und man sagt mir, daß es sich als Zivilperson konstituieren wolle.

Ich wäre wohl gerne bis zum 18. hier geblieben. Aber ich fürchte, daß die Staatsanwaltschaft die Vorladung sogleich ausfertigt, damit der Prozeß noch in der zweiten Aprilhälfte stattfinden kann. Denken Sie also bitte an die Nennung der Zeugen, das Beste wird wohl sein, all jene vorzuladen, die schon im ersten Prozeß ausgesagt haben und dazu die Mitglieder der beiden Kriegsgerichte; wir

XXX. Jahrgang. Nr. 7. — 1898.

Der Floh

Telephon Nr. 8281. Politische, humoristische Wochenschrift. Postsparcasse-Check-Conto 830.975.

Abonnementspreis halbjährig fl. 4.— = Mark 7.20. — Zu beziehen durch alle Buchhandlungen, Postanstalten (Zeitungsnummer in Oesterreich 1212, in Deutschland 2487), sowie durch die Expedition Wien, I. Wollzeile 18.

Die Mundsperre in Frankreich.

(Zum Proceß Zola.)

Rochefort: Dieser ehrliche Dummkopf will mit einem rechtschaffenen Schlüssel zur Wahrheit gelangen! Solche „Kunst"-Schlösser kann man bei uns jetzt nur mit Werkzeugen, über die wir verfügen, öffnen — mit Dietrichen!

Aus der „politischen, humoristischen Wochenschrift" Der Floh *(Februar 1898), die Zolas Bemühungen um Wahrheit und Gerechtigkeit wenn auch leicht spöttisch, so doch eher wohlwollend kommentiert. Dargestellt sind einige der hochrangigen Hauptpersonen der Affäre.*

haben darüber ja schon gesprochen. Veranlassen Sie also alles Notwendige; Sie brauchen mich dazu nicht, denn Sie wissen, daß ich alles gutheiße, was Sie machen.

Mit freundschaftlichen Grüßen an Sie und Frau Labori [...]

*

Bjørnstjerne Bjørnson hat Zola am 5. April einen zweiten Brief geschrieben, in dem er angesichts der bevorstehenden Weltausstellung des Jahres 1900 ausführlich die Haltung Europas Frankreich gegenüber analysiert:

Frankreich ist heute Gegenstand allgemeiner Kritik. Die Freude, mit der die ganze Welt den Spruch des Kassationsgerichts zur Kenntnis genommen hat, zeigt uns, wie diese Erregung besänftigt werden kann. Ich brauche einen profunden Kenner der Menschenseele nicht daran zu erinnern, daß ein Haus, das soviel Unzufriedenheit erregt hat, damit beginnen muß, die Gründe dafür aus dem Weg zu räumen, bevor es Einladungen zu einem Fest ausschickt. Das Frankreich, in dem das allgemeine Wahlrecht herrscht, muß verstehen, daß dieses weltweite Referendum, das zum ersten Mal stattgefunden hat, sich auf den gleichen Ursprung und die gleichen Rechte beruft wie die freie Verfassung, die sich Frankreich gegeben hat.“

Dieser Text wird wenige Tage später auf der Titelseite der Tageszeitung L'Aurore *veröffentlicht. Zola hat den Dichterfreund in folgendem Brief um die Erlaubnis dazu gebeten:*

BRIEF AN BJØRNSTJERNE BJØRNSON

Médan, 9. April 1898

Lieber Meister!

Ihr Brief ist wundervoll und drückt mit großer Sicherheit aus, was mich seit Wochen bewegt. Er erreicht mich zu einem dramatischen Zeitpunkt, nämlich einen Tag, nachdem neue Verfahren gegen mich beschlossen worden sind und die schrecklichen Angriffe auf Wahrheit und Recht von neuem beginnen.

Ich bitte Sie inständig, mir zu erlauben, Ihren Brief zu veröffentlichen, und zwar mit Ihrem Namen, denn ohne Ihren Namen hätte er nicht die nötige Tragweite. Sie sprechen als wahrer Freund Frankreichs und können stolz darauf sein.

Ich warte auf Ihre Zustimmung und sende Ihnen kollegiale Grüße ...

*

Die am 10. April 1898 von der Justiz aufgrund des Antrags der Militärrichter gegen Zola erhobene Anklage beanstandet im ganzen Text von „J'accuse" nur mehr drei Zeilen: „Ein Kriegsgericht hat es gewagt, auf Befehl einen Mann wie Esterhazy freizusprechen, und hat damit jeder Wahrheit, jeder Gerechtigkeit einen vernichtenden Schlag ins Gesicht versetzt." *Damit hofft man, den Prozeß so eng wie möglich einzugrenzen und seine Tragweite zu verringern. Der Schriftsteller schlägt in der Tageszeitung* L'Aurore *vom 14. April zurück und veröffentlicht unter dem Titel „Eine neuerliche Schmach" einen Artikel, in dem er seine Entrüstung über die juridische Maskerade, die man ihm neuerlich aufzwingt, zum Ausdruck bringt und mit der Bemerkung schließt:* „An ihrer Stelle wäre ich nicht so sicher. Drei Zeilen, das ist noch reichlich genug. Ich würde sogar sagen, es ist zuviel. Wer weiß, ob nicht gerade in diesen drei Zeilen plötzlich ein Fenster aufgeht, das die Sonne hereinläßt?"

Innerhalb von wenigen Tagen hat sich vieles ereignet: Philippe Dubois kommt wieder nach Médan, um für die Leser der Tageszeitung L'Aurore *eine Bestandsaufnahme zu machen. Sie erscheint am 16. April:*

EMILE ZOLA AUF ERHOLUNG

In Médan – Radsport und Fotografie – Ruhe und Erholung

Am Tag, als der Kassationsgerichtshof das Urteil gefällt hat, das den schändlichen Prozeß annulliert, der im Vormonat vor dem Schwurgericht des Departements Seine geführt worden ist, hat Emile Zola in aller Ruhe seine Koffer gepackt und ist aufs Land gezogen. Seit langem schon hat der Meister die Gewohnheit, alljährlich im Frühjahr die ersten Blüten in dem kleinen Dorf Médan sprießen zu sehen, fast hätte ich gesagt in diesem Weiler, den er berühmt gemacht hat.

Diesmal gesellte sich zur Freude, dem Wiedererwachen der Natur beizuwohnen, noch die Genugtuung, einer vergifteten Atmosphäre zu entgehen und ein bißchen gesunde Luft zu atmen, nachdem er so viele verderbliche Ausdünstungen in sich aufgenommen hat. Ruhigen Gewissens, seine Pflicht erfüllt zu haben, und noch wenig geneigt, sich um die Ereignisse zu kümmern, die noch auf ihn zukommen könnten, hat es der tapfere Verteidiger von Dreyfus eilig, sich einige Zeit lang weit entfernt vom Lärm in der tiefen Ruhe der vertrauten Wiesen und Wälder zu finden.

Eine neuerliche Klage sollte ihn aus dieser Ruhe von Médan reißen; die schreckliche Verleumdungskampagne der dem Generalstab verpflichteten Blätter hat von neuem begonnen.

Mit einem Artikel, den die Tageszeitung *L'Aurore* veröffentlicht hat, ist Zola zum Gegenangriff übergegangen – sein Artikel hat auf der ganzen Welt ein gewaltiges Echo ausgelöst. Der Schriftsteller selbst hat daraufhin seinen Urlaub fortgesetzt, wovon ich mich gestern überzeugen konnte. Ich dachte mir, es wäre interessant, den Lesern von *L'Aurore* zu erzählen, wie Herr Zola, weit von Paris entfernt, seine Zeit verbringt, deshalb habe ich ihn dort aufgesucht.

Das Haus von Herrn Zola ist für jemanden, der Ruhe und Einsamkeit liebt, äußerst günstig gelegen; am Rand einer Straße, oder, besser gesagt, eines Weges, der selten benützt wird. Es befindet sich im tieferliegenden Teil des Dorfes, etwa gegenüber der Kirche, imitten von sehr schönen Bäumen und nicht weit von der Seine entfernt, deren launische Mäander sich, soweit der Blick reicht, durch ein wunderschönes Panorama winden.

– Ist Herr Zola zu Hause? fragte ich das Dienstmädchen, das auf mein Läuten hin zum Gatter gekommen war.

– Ja, antwortete sie. Ich will sehen, ob Herr Zola Sie empfangen kann.

Sie kam bald darauf zurück und führte mich in einen kleinen Salon im Erdgeschoß, dessen einziger Schmuck aus einem von Fernand Desmoulin gemalten Portrait Victor Hugos bestand. Es dauerte nicht lange, und Herr Zola erschien... in Radfahrerkleidung:

– Ich war gerade dabei, in meinem Labor Fotos zu vergrößern, sagte er mir. Ich fotografiere derzeit ziemlich viel. Ich nehme Landschaften und auch Menschen auf. Das ist äußerst interessant. Ich habe mich weitgehend abgeschlossen, empfange nur einige wenige Freunde und lese nur das Notwendigste, um mich auf dem laufenden zu halten. Mit einem Wort, es ist mir daran gelegen, mich so vollständig wie möglich auszuruhen. Ich stehe spät auf und antworte nur auf die dringendsten Briefe. Am Nachmittag schwinge ich mich auf mein Fahrrad und fahre einige Stunden spazieren, es sei denn das Wetter ist gar zu schlecht. Die übrige Zeit verbringe ich damit, Bücher zu lesen, die in den letzten Wochen liegengeblieben sind. Abends gehe ich früh zu Bett, das ist alles.

Ich erzähle Herrn Zola, daß ein mit Esterhazy sympathisierendes Blatt seine Kandidatur im zweiten Wahlkreis des zwölften Pariser Arrondissements angekündigt und behauptet hat, er werde von den Anarchisten unterstützt. Sogleich brach der Meister in schallendes Gelächter aus:

– Das ist absurd! rief er aus. Was wird man noch alles erfinden? Aber sprechen wir nicht von alledem. Derzeit, ich betone es nochmals, möchte ich mich um nichts kümmern...

Als ich mich verabschiede, begleitet mich Herr Zola bis zum Gartenzaun. Während unseres Gesprächs hat der Hausdiener das Fahrrad blitz und blank geputzt. Er führt es Zola vor, und während ich den Weg nach Paris einschlage, schwingt sich der Autor der *Rougon-Macquart* auf den Sattel und fährt in Richtung Wald von Vernouillet davon.

*

Die Zeichen der Ehrerbietung, die Zola aus dem Ausland erhält, häufen sich und haben manchmal die Form von großartigen Geschenken. So erhält er zum Beispiel von der jüdischen Gemeinschaft von Saloniki ein mit orientalischen Motiven koloriertes Album und von einer Gruppe von Bewohnern der Schweizer Stadt La Chaux-de-Fonds eine Repetieruhr in Gold:

BRIEF AN EMILE MEYER

Paris, 16. Mai 1898

Sehr geehrter Herr!

Darf ich Sie zu meinem Sprachrohr gegenüber den Bürgern von La Chaux-de-Fonds machen, die mir das Geschenk eines wunderbaren Chronometers gemacht haben, und Sie bitten, Ihnen zu sagen, wie sehr mich diese Gabe gerührt und stolz gemacht hat.

Es gibt wohl kein Zeichen der Wertschätzung, das mir tiefer ans Herz ginge, denn ich stelle mir vor, daß dieses Wunder an Feinmechanik ein Zeugnis der Köpfe ist, die es entworfen und der Finger, die es hergestellt haben: der notwendigen Logik, der Sicherheit des Wissens, des Triumphs der exakten Methode. Ich habe diese kleinen Welten von präzisen Bewegungen, in denen alles so solide und genau konstruiert ist, immer leidenschaftlich bewundert. Sie hätten mir also keine größere Freude machen können als dieses Ehrengeschenk.

Ach!, möge diese Uhr doch bald die Stunde der Wahrheit anzeigen! Sie würde zugleich das Wiedererwachen unseres großen und edlen Frankreich einläuten, dessen von Natur aus gütige und gerechte Seele nicht sterben darf.

Danken Sie also in meinem Namen, verehrter Herr, allen Ihren Landsleuten, die ihre Gerechtigkeitsliebe zum Ausdruck bringen wollten; und sagen Sie ihnen, daß ich sie brüderlich umarme ...

*

Der neuerliche Prozeß, der vor dem Schwurgericht in Versailles am 23. Mai beginnt, dauert vorerst nur einen Tag; Labori hat einen Fehler im Verfahren genützt, um den Antrag auf Unzuständigkeit des Gerichts von Versailles zu stellen und eine

Vertagung des Prozesses zu verlangen. Die Anti-Dreyfus-Presse ist über die Vorgangsweise entrüstet. Zola rechtfertigt sich in einem Interview (gedruckt in Le Temps *am 25. Mai 1898):*

DIE AFFÄRE ZOLA
Die Pläne von Emile Zola

Wir wollten von Emile Zola wissen, welche Überlegungen ihn und seine Verteidiger dazu veranlaßt haben, eine Taktik anzuwenden, die alle überrascht hat. Denn kaum war der von Rechtsanwalt Labori formulierte Antrag verlesen, da stürzten sich die Anwälte des Privatklägers auf die Gesetzesbücher, um die Bedeutung des Artikels 59 des Gesetzes von 1881 zu überprüfen, auf den sich der Verteidiger von Emile Zola berufen hat, um die Unzuständigkeit des Schwurgerichts von Versailles zu beweisen.

Emile Zola sagte uns dazu:

– Wir konnten die Verhandlungen an diesem Tag nicht akzeptieren; der 23. Mai folgt unmittelbar auf eine Wahlkampagne, und das Geschworenengericht wurde trotz der im Artikel 59, Paragraph 61 des Gesetzes von 1881 enthaltenen Verfügungen ausnahmsweise einberufen, noch dazu in Versailles, obwohl die Angelegenheit in den Bereich des Pariser Schwurgerichts gehört.

Andererseits wollte ich nicht die Nichtigkeit der Klage beantragen, die aufgrund der gesetzlichen Vorschriften eine Annullierung des Prozesses nach sich gezogen hätte. Ich habe immer gesagt, daß ich Licht in die Angelegenheit bringen will, und ich bleibe bei meinem Wort. Der Prozeß, den man gegen mich anstrengt, scheint mir selbst notwendig, denn ich habe vor den Geschworenen noch vieles zu sagen und auch viele Aussagen einzufordern, unter der Voraussetzung allerdings, daß man gesetzeskonform verfährt. Ich werde mich nicht davonstehlen.

Bei der Lage der Dinge schien meinen Verteidigern, Herrn Perrenx und mir selbst nichts anderes angebracht, als die Unzuständigkeit des Schwurgerichts des Departements „Seine-et-Oise“ aufzuzeigen.

Ich möchte noch hinzufügen, daß diese Entscheidung keinesfalls die Aufgabe der Affäre bedeutet, auch dann nicht, wenn der Kassationsgerichtshof unseren Rekurs aufheben sollte, denn eine Vorladung selbst vor einen unzuständigen Gerichtshof unterbricht die Zeitspanne der Verjährung und hebt dieselbe auf. Ich möchte vor einem Pariser Schwurgericht erscheinen, um den Verhandlungen ihre ganze Tragweite zu geben. Wenn mich der Kassationsgerichtshof aber erneut vor die Geschworenen von Versailles schicken sollte,

Aus der Zeitschrift Psst...! *vom 9. Juli 1898 („Warten auf Post - Monsieur Zola: Schwartzkoppen ist stumm ... Der deutsche Kaiser schreibt mir nicht ... Das ist doch unfaßbar!")*

dann werde ich mich ihnen mit der größten Zuversicht stellen, allerdings nicht ohne vorher neuerlich gegen die Ausnahmebestimmungen zu protestieren, unter denen der gestrige Prozeß begonnen wurde.

*

Die folgenden Zeilen wurden am Abend des 23. Mai nach dem Prozeß von Versailles geschrieben. Zola hat im antisemitisch eingestellten Petit Journal *unter dem Titel „Zola Vater und Sohn" einen von Ernest Judet verfaßten Artikel entdeckt, der schwere Vorwürfe gegen seinen Vater erhebt und unter anderem von einem Diebstahl berichtet, den dieser 1831 als Leutnant der Fremdenlegion begangen haben soll. Da ihm die derart verbreiteten Fakten vollkommen unbekannt sind, schreibt er sofort an seine in Aix-en-Provence lebende Cousine Julia Pécout mit der Bitte, ihm soviel Informationen wie möglich über die Laufbahn seines Vaters zukommen zu lassen, der am 27. März 1847 in Marseille gestorben ist.*

BRIEF AN JULIA PECOUT

Paris, 23. Mai 1898

Meine liebe Julia!

Ich bitte Dich, mir dringend einen Gefallen zu tun. Finde jemanden, der sofort in die Stadtbücherei von Aix gehen und dort folgende Arbeit verrichten kann: Er möge die März- und Aprilnummern des Jahres 1847 des *Mémorial d'Aix* ausheben lassen und in ihnen alles suchen, was mit dem Tod meines Vaters[1] zusammenhängt. Er soll vor allem die am Grab gehaltenen Reden abschreiben, die biographischen Notizen, den Bericht vom Begräbnis, einfach alles, was mit meinem Vater zu tun hat. Erinnerst Du Dich, daß mich Dein Vater beim Begräbnis an der Hand geführt hat?

Der Schreiber möge nicht vergessen, bei jeder Abschrift das Datum der Zeitung anzugeben. Selbstverständlich werde ich die Arbeit bezahlen und dem Schreiber den Betrag zusenden, den Du mit ihm vereinbarst. Es eilt sehr!

Ich umarme Euch, Dich und Angèle [...]

1) Zur Biographie von Zolas Vater siehe die biographischen Angaben am Ende des Bandes. Die von Judet erhobenen Anschuldigungen betreffen eine an sich bedeutungslose Veruntreuungsaffäre, in die François Zola während seiner Zugehörigkeit zur Fremdenlegion 1831/32 in Algerien geraten ist; er hat daraufhin übrigens ohne weitere Folgen die Legion verlassen.

*

Die Auseinandersetzung mit Judet und dem Petit Journal *führt Zola dazu, sich für die militärische Vergangenheit seines Vaters zu interessieren. Nach dem Fehlschlag der diesbezüglichen Bemühungen seines Anwalts Emile Collet schreibt Zola am 16. Juni selbst an Kriegsminister General Billot:*

BRIEF AN JEAN-BAPTISTE BILLOT

Sehr geehrter Herr Minister!

Ich hatte meinen Anwalt Emile Collet beauftragt, Sie zu ersuchen, uns die Einsichtnahme in die Dienstblätter meines Vaters François Zola und in seinen persönlichen Akt zu gewähren, falls es einen solchen gibt. Mein Anwalt hat mir die Antworten auf die beiden Briefe übergeben, die er Ihnen geschickt hat; ich ersehe daraus, daß meine Anfrage falsch verstanden worden ist.

Es ist für den Minister belanglos, ob ich gerade einen Prozeß führe, der im übrigen vor einer Gerichtsbehörde abläuft, die jede Anfrage nach solchen Dokumenten ablehnen würde. Der Minister braucht auch nicht zu wissen, welchen Gebrauch ich von diesen Dokumenten zu machen gedenke. Ich bin der Sohn von Herrn François Zola, ich ersuche Sie, mir eine Abschrift seines Personalaktes auszuhändigen, wie ich sie von seinen Dienstblättern bereits erhalten habe; das muß genügen.

Ich wiederhole also persönlich meine Bitte, Herr Minister. Ich ersuche Sie, mir klar zu antworten, ob Sie bereit sind, mir direkt auf meine einfache Bitte hin eine Abschrift der Personalakte meines Vaters zukommen zu lassen, und zwar ohne juridischen oder einen anderen Vermittler, den ich umso weniger akzeptieren könnte, als es sich, wie Sie selbst sagen, um ein Geheimdokument handelt; ich will mir allein die Entscheidung vorbehalten, welchen Gebrauch ich davon mache.

Mit dem Ausdruck vorzüglicher Hochachtung [...]

*

Im Hinblick auf seinen Schwurgerichtsprozeß, der am 18. Juli nun doch in Versailles stattfinden wird, schreibt Zola für die Tageszeitung L'Aurore *einen langen offenen Brief an Henri Brisson, den neuen Ministerpräsidenten. Vorsichtig geworden, wünscht Zolas Verteidiger Labori, die Veröffentlichung dieses Briefes hinauszuschieben. Tatsächlich geht Zola mit der Regierung hart ins Gericht, vor allem in seinem Urteil über die Parlamentssitzung vom 7. Juli. In ihrem Verlauf hat der neue Kriegsminister Cavaignac auf der Rednertribüne angeblich aus einem Geheimakt stammende „Beweise" für den Verrat, den Dreyfus begangen haben soll, vorgezeigt: zwei 1894 datierte Briefe (die tatsächlich aber mit Dreyfus nichts zu tun haben) und einen mit 1896 datierten Brief von Panizzardi an Schwartzkoppen (der sich später als die berühmte „Henrysche Fälschung" erweisen sollte). Seiner Sache sicher, hat Cavaignac auch von Geständnissen gesprochen, die Dreyfus dem Hauptmann Lebrun-Renaud gegenüber gemacht haben soll ... In der allgemeinen Begeisterung hat die Kammer beschlossen, die Rede von Cavaignac in allen Gemeinden Frankreichs aushängen zu lassen.*

Die Lage ist sehr gespannt. Am 9. Juli hat Picquart den Thesen des Kriegsministers öffentlich widersprochen. Cavaignac hat darauf ungewöhnlich hart reagiert und Picquart festnehmen lassen, und zwar unter dem Vorwand der Enthüllung von Dokumenten, die die nationale Verteidigung und die Staatssicherheit betreffen. Labori, der Anwalt Zolas, übernimmt Picquarts Verteidigung.

Trotz der Bedenken Laboris wird Zolas Brief an Brissot in der Tageszeitung L'Aurore *vom 16. Juli, also zwei Tage vor dem neuen Prozeß, erscheinen.*

BRIEF AN FERNAND LABORI

Médan, 14. Juli 1898

Mein lieber Labori, Ihr Telegramm bereitet mir einiges Kopfzerbrechen. Es geht im Grunde nicht darum, die Veröffentlichung des Artikels aufzuschieben, sondern darum, gänzlich darauf zu verzichten; denn nach der Gerichtssitzung vom Montag [18. Juli] hätte eine Veröffentlichung keinen Sinn mehr.

Ich glaube, daß nach den Ereignissen der letzten Tage eine Wortmeldung meinerseits angebracht wäre. Wer, wenn nicht ich, soll den Eindruck bekämpfen, der durch die Erklärung der Abgeordnetenkammer entstanden ist? Da sie Picquart nicht anhören wollen, muß wohl oder übel jemand anderer protestieren und den Stand der Affäre festhalten, nicht nur für den Augenblick, sondern auch für die künftige Entwicklung. Ich habe mir meine Haltung wohl überlegt, so wie Sie es mir mit Recht immer wieder sagen, und es scheint mir, daß mich ein Schweigen meinerseits in Diskredit bringen würde.

Aber ich möchte Ihre Zustimmung haben, denn Sie sind für mich der einzige, der in dieser Affäre Herr der Lage ist. Ich schicke Ihnen Vaughan. Entscheiden Sie mit ihm und mit Clemenceau, ob der Artikel erscheinen soll; ich werde mich dem fügen, was Sie drei entscheiden.

Jetzt sind Sie also auch der Anwalt von Picquart. Welch eine kolossale

Aufgabe! Ich wiederhole es immer wieder: Am Tag, an dem die Wahrheit triumphieren wird, sind Sie der große Sieger.

Mit lieben Grüßen von uns beiden an Sie und an Frau Labori ...

Selbstverständlich komme ich am Sonntag um 10 Uhr zu Ihnen. Vergessen Sie bitte nicht, den Vorsitzenden für mich um Eintrittskarten für den Prozeß (vier, wenn möglich) zu bitten. Ich werde Sie am Sonntag bei Ihnen mitnehmen.

BRIEF AN HERRN BRISSON
Ministerpräsident

Sehr geehrter Herr Brisson!

Sie haben einmal die republikanischen Tugenden und das Symbol der höchsten staatsbürgerlichen Ehre verkörpert. Und plötzlich stürzen Sie von dieser Höhe herunter und hinein in die abscheuliche Affäre. Sie haben Ihre moralische Größe verloren und sind nur mehr ein fehlbarer und kompromittierter Mensch.

Welch furchtbare Krise und welch schreckliche Trauer haben Sie unter den einsamen und stillen Denkern ausgelöst, die sich, wie ich, damit begnügen zu beobachten und zuzuhören! Seit ich mich der Justiz meines Landes gegenüber rechtfertigen muß, habe ich es mir zur Pflicht gemacht, mich jeder Polemik zu enthalten; wenn ich heute dem dringenden Bedürfnis nachgebe, Ihnen diesen Brief zu schreiben, dann deshalb, weil eine jener Stunden gekommen ist, in denen die Seelen selbst ihre Qualen hinausschreien. Hinter dem Schweigen, das ich seit sechs Monaten bewahrt habe, hinter dem Schweigen so vieler anderer, deren Gewissen ich in Aufruhr weiß, steckt ein unendliches patriotisches Leid, ein Gefühl der Agonie, denn wir müssen mitansehen, wie die Besten unseres unglücklichen Frankreichs, wie viele im Grunde kluge und ehrliche Leute sich in die schrecklichsten Kompromittierungen einlassen und ihre Bürgerehre im Wirbelsturm der Tollheit treiben lassen, der derzeit wütet! Es ist zum Heulen, und man muß sich fragen, welches Unmaß an beträchtlichen Opfern die Lüge noch fordert, ehe die Wahrheit über diesem geschwächten Land aufgeht, in dem jene am Boden liegen, die wir für das Zeichen seiner Rechtschaffenheit und seiner Stärke hielten.

Seit sechs Monaten sehe ich jeden Morgen, wie meine Überraschung und mein Schmerz größer werden. Ich möchte niemanden persönlich nennen, aber ich möchte all jene beschwören, die ich geliebt, die ich bewundert und in die ich meine Hoffnung für die Größe Frankreichs gesetzt habe. Einige von ihnen sind in Ihrer Regierung, Herr Brisson, einige in der Abgeordnetenkammer, einige in der Schriftsteller- und Künstlerschaft, in allen Bereichen des gesellschaftlichen Lebens. Die entsetzliche Frage, die ich mir ständig stelle, lautet: Warum ist dieser, warum jener, warum sind diese anderen im Namen der Wahrheit, im Namen der Gerechtigkeit nicht auf unserer Seite? Sie schienen mir doch alle mit einer gesunden Intelligenz ausgestattet, ich hielt sie alle für rechtschaffen. Es ist zum Verrücktwerden. Und zwar umso mehr, als ich die Sache noch weniger verstehe, wenn man mir dieses Verhalten mit irgendeinem politischen Fingerspitzengefühl erklären will. Denn es ist für jeden mit einem gesunden Verstand und einer kühlen Überlegungsgabe ausgestatteten Menschen klar, daß diese „Tüchtigen" frohen Herzens in ihr nahes, unausweichliches und nicht wiedergutzumachendes Verderben rennen.

Ich hielt Sie, Herr Brisson, für zu klug und umsichtig, um nicht, so wie ich, davon überzeugt zu sein, daß keine Regierung überleben wird, solange die Dreyfus-Affäre rechtlich nicht vollkommen geregelt ist. In Frankreich riecht es nach Fäulnis, und das Leben wird erst dann wieder seinen normalen Lauf nehmen, wenn gesunde Verhältnisse geschaffen sein werden. Die Regierung, die die Wiederaufnahme des Dreyfus-Prozesses einleiten wird, wird eine große, eine vorausschauende Regierung sein, sie wird sich durchsetzen und überleben.

Indem Sie vielleicht geglaubt haben, Ihre Macht fester und dauerhafter zu verankern, haben Sie vom ersten Tag an politischen Selbstmord begangen. Das Schlimmste ist, daß Sie Ihre politische Ehre verloren haben werden, wenn Sie demnächst stürzen; ich denke nur an Sie und kümmere mich nicht um Ihre Untergebenen, den Kriegs- und den Justizminister, deren verantwortlicher Vorgesetzter Sie sind.

Welch jämmerliches Schauspiel ist dieses Ende einer Tugend, dieses Scheitern eines Mannes, in den die Republik ihre Hoffnungen gesetzt hat, weil sie überzeugt war, daß er niemals die Sache des Rechts verraten würde, und der jetzt, da er Herr der Lage ist, die Gerechtigkeit vor seinen Augen umbringen läßt! Sie haben ein Ideal vernichtet, das ist ein Verbrechen. Jedes Verbrechen hat seinen Preis, Sie werden Ihrer Strafe nicht entgehen.

Sehen Sie, Herr Brisson, was für eine lächerliche Komödie Sie zulassen. Wir haben daran glauben dürfen, daß diese berühmten Akte[1] vor den Ministerrat gebracht und daß Sie sie dort begutachten werden, alle gemeinsam, indem Sie Ihre Intelligenz vereinen, einer den anderen aufklärt und Sie die einzelnen Beweisstücke mit jener wissenschaftlichen Genauigkeit untersuchen, die sie verdienen. Aber das ist keineswegs der Fall. Das Resultat zeigt vielmehr, daß keinerlei Kontrolle stattgefunden hat, daß es keine ernstzunehmende Diskussion gegeben hat und daß sich alle darauf beschränkt haben, fieberhaft nicht die Wahrheit, sondern jene Dokumente zu suchen, die am besten geeignet wären, die Wahrheit zu bekämpfen, weil sie auf die einfachen Geister einen starken Eindruck machen. Die Art, Akten so zu behandeln, daß man dabei herausholt, was wohl oder übel einer im vorhinein hartnäckig verfestigten Überzeugung dienlich ist, ist bekannt. Wir haben es hier nicht mit einer ausdiskutierten und erwiesenen Erkenntnis zu tun, sondern nur mit dem Starrsinn eines Mannes, der sich in einem derartigen persönlichen Geisteszustand und unter derartigen Einflüssen seines Milieus und seiner Umgebung befindet, daß seine Aussage historisch gesehen vollkommen wertlos ist.

Aber sehen Sie sich das erbärmliche Ergebnis an! Was!, Sie haben nichts anderes gefunden? Und wenn Sie in Ihrem leidenschaftlichen Wunsch, uns zu besiegen, nur dieses Resultat vorweisen können, dann wohl deshalb, weil es nichts anderes gibt, weil Ihre Tasche leer ist? Wir kennen Sie aber schon, Ihre drei Beweisstücke[2]; wir kennen besonders jenes, das im Schwurgericht so eindringlich vorgeführt worden und das wohl die schamloseste und gröbste Fälschung ist, auf die nur kindliche Gemüter hereinfallen können. Es ist für mich unfaßbar, daß ein General diese großartige Mystifikation allen Ernstes den Geschworenen vorgelesen hat, daß es einen Kriegsminister geben kann, der sie seinerseits den Abgeordneten vorliest, und Abgeordnete, die sie in allen Gemeinden Frankreichs aushängen lassen. Ich glaube nicht, daß jemals etwas Dümmeres seine Spur in der Geschichte hinterlassen wird. Ich frage mich wirklich, bis zu welchem Grad geistiger Umnachtung die Leidenschaft Menschen führen kann, die zweifellos nicht dümmer sind als andere, daß sie einem Dokument auch nur den geringsten Glauben schenken, das auf der Wette eines Fälschers zu beruhen scheint, der sich über alle Welt lustig machen möchte.

Sie verstehen wohl, daß ich die beiden anderen vorgelegten Beweisstücke gar nicht erörtere. Wir sind es müde zu zeigen, daß sie auf Dreyfus nicht angewendet werden können. Im übrigen bleibt die Notwendigkeit der Revision des Prozesses allein schon deshalb bestehen, weil die besagten Beweisstücke weder dem Angeklagten noch der Verteidigung zur Kenntnis gebracht worden sind. Die Ungesetzlichkeit ist damit eindeutig gegeben, der Kassationsgerichtshof muß das Urteil des Kriegsgerichts aufheben. Aber Sie wissen das alles genauso gut wie ich, Herr Brisson, und das ist der Grund für meine Bestürzung. Da Sie das alles wissen, wie konnten Sie da den leidenschaftlichen Behauptungen des Kriegsministers zuhören, ohne zu erbeben? Welches Drama hat sich in diesem Augenblick in Ihrem Gewissen abgespielt? Stehen Sie auf dem Standpunkt, daß die Politik alles rechtfertigt, daß Sie lügen müssen, um dem Land das Wohl zu sichern, das ihm Ihre Regierung Ihrer Meinung nach bringt? Es ist mir peinlich, Sie für so wenig intelligent halten zu müssen, daß Sie noch den Schatten eines Zweifels an der Unschuld von Dreyfus hegen können; noch beleidigender erscheint mir aber, zugeben zu müssen, daß Sie die Wahrheit der Vorstellung opfern, die Lüge sei für Frankreichs Wohl notwendig. Wie gerne möchte ich in Ihrer Seele lesen, und wie interessant muß das, was in Ihnen vorgeht, für einen Psychologen sein!

Ich kann Ihnen versichern, daß Sie unsere Regierung zutiefst lächerlich machen. Man hat mir erzählt, daß am Donnerstag die Diplomatentribüne leer geblieben sei. Das glaube ich gerne, denn kein einziger Diplomat hätte bei der Lektüre der drei famosen Beweisstücke seinen Ernst bewahren können. Und bilden Sie sich nicht ein, daß unser Feind, Deutschland, sich allein amüsiert. Rußland, unser großer Verbündeter, ist sehr genau über die Affäre informiert und von der Unschuld von Dreyfus fest überzeugt und wird uns wohl den Dienst erweisen, uns zu sagen, was Europa von uns denkt. Vielleicht leihen Sie ihm, dem großen Freund, ein Ohr. Sprechen Sie darüber einmal mit Ihrem Außenminister!

Er möge Ihnen auch sagen, welch neuen Glanz die außergewöhnlichen Verfahren gegen Oberstleutnant Picquart dem guten Ruf Frankreichs im Ausland verleihen. Ein gerechter Mann ersucht Sie respektvoll, Licht in eine Angelegenheit zu bringen, und Sie antworten ihm, indem Sie einen Prozeß gegen ihn anstrengen, aufgrund einer alten Klage, deren Albernheit die jüngsten Verfahren vor dem Schwurgericht bewiesen haben: Du störst mich, also beseitige ich Dich. Das ist von einer schrecklichen Komik, ich glaube, in der Geschichte gibt es kein frecheres Beispiel einer heuchlerischen Ungerechtigkeit.

Wenn die drei Beweisstücke also nur Stoff zum Lachen liefern, was sagen Sie dann, Herr Brisson, zu den angeblichen Geständnissen von Dreyfus[3], die vom Rednerpult der Nationalversammlung aus verkündet worden sind und die einer Ihrer Minister als die unerschütterliche Grundlage für seine Überzeugung angibt? Protestiert Ihre Ehrenhaftigkeit denn nicht mit einem wilden inneren Aufschrei dagegen? Haben Sie nicht die Abscheulichkeit dieser Vorgangsweise gespürt, die das Gewissen der Welt bewegen wird?

Geständnisse von Dreyfus, großer Gott! Sie wollen also diese ganze tragische Geschichte nicht kennen? Der wahre Bericht von seiner Haft und seiner Degradierung ist Ihnen unbekannt? Seine Briefe[4], Sie haben sie also nicht gelesen? Sie sind wunderbar! Ich kenne keine großartigeren und ausdrucksvolleren Zeilen. Sie sind Ausdruck der Größe im Leid und werden später, wenn die Werke von uns Schriftstellern in Vergessenheit geraten sein werden, noch ein unvergängliches Denkmal bleiben; denn sie sind die Tränen selbst, das ganze menschliche Leid. Der Mann, der diese Briefe geschrieben hat, kann nicht schuldig sein. Lesen Sie sie, Herr Brisson, lesen Sie sie am Abend mit den Ihrigen im trauten Heim. Sie werden dabei Tränen vergießen.

Und da redet man allen Ernstes von Geständnissen von Dreyfus, von diesem Unglücklichen, der nie aufgehört hat, laut und deutlich seine Unschuld zu beteuern! Man durchstöbert die unbestimmten Erinnerungen von Leuten, die sich zwanzig Mal widersprochen haben, man schleppt Seiten von Notizbüchern herbei, denen es an jeder Echtheit mangelt, Briefe, die von anderen Briefen widerlegt werden! Widersprüchliche Zeugenaussagen, die man gar nicht hören will, werden angeboten. Aber immer noch nichts Legales, kein vom Schuldigen gegengezeichnetes Protokoll, in die Luft gesprochenes Gerede, und die angeblichen Geständnisse sind das Nichts selbst, etwas, das vor keinem Gericht standhalten wird.

Wenn es also offensichtlich ist, daß kein vernünftiger, mit einem gewissen Grad an Bildung ausgestatteter Mensch diese vermeintlichen Geständnisse ernst nehmen kann, warum hat man sie dann mit lautem Getöse in der Öffentlichkeit verbreitet. Es zeugt von einer entsetzlichen Geschicklichkeit und grausamen Berechnung, diesen schlichten „Beweis", der für den Ungebildeten einsichtig erscheint, den kleinen Leuten vor die Füße zu werfen. Sie glauben, nicht wahr, daß das einfache Volk auf dem Lande und in den Städten auf Ihrer Seite sein wird, wenn es Ihre Plakate gelesen hat. Es wird von den Anhängern der Wahrheit und Gerechtigkeit sagen: „Wozu belästigen diese Leute uns mit ihrem Dreyfus, wo der Verräter doch alles gestanden hat!" Und Ihrer Meinung nach wird dann alles erledigt sein, die ungeheuerlichste Ungerechtigkeit hingenommen.

Wissen Sie, Herr Brisson, daß ein solches Manöver abscheulich ist? Ich wette, daß jeder ehrenwerte Mensch nur empört sein kann und seine Hände vor Ärger und Entrüstung zittern. Es gibt dort in Übersee einen armen Teufel, der immer seine Unschuld beteuert hat und der die schlimmsten Qualen leidet, Qualen, die genauso ungerecht sind wie das Urteil, das man über ihn verhängt hat. Und hier behauptet man in aller Ruhe, daß er ein Verbrechen gestanden habe, das er gar nicht begangen hat, man bedient sich angeblicher Geständnisse, um ihn noch enger in seinem Kerker einzumauern. Aber er lebt, er kann Ihnen noch antworten, zu Ihrem Glück übrigens, denn am Tag, an dem er stirbt, ist Ihr Verbrechen nicht mehr gutzumachen; und da er also noch lebt, haben Sie die Möglichkeit, ihn zu befragen und von ihm noch einmal die Beteuerung seiner Unschuld zu hören. Aber nein!, es ist so einfach zu behaupten, daß er alles gestanden hat, und das dem Volk einzureden, während der Unglückliche seine unaufhörliche Klage, seinen beständigen Ruf nach Wahrheit

Obsèques de Bismarck

Discours de M. Zola : — « Messieurs !... Hier encore, le Monde comptait deux Géants... Aujourd'hui, je reste le seul !... » (*Et il continue.*)

Aus der Zeitschrift Psst...! *vom 6. August 1898 („Bismarks Begräbnis - Ansprache von Monsieur Zola: 'Meine Herren! ... Gestern noch hatte die Welt zwei Giganten ... Heute gibt es nur mehr mich! ...' Und er fährt fort.)*

und Gerechtigkeit dem Meereswind anvertraut. Ich kenne nichts Niedrigeres und nichts Feigeres.

So machen Sie also gemeinsame Sache mit der Schmutzpresse. Ihrem Beispiel folgend vergiften Sie die Nation mit Lügen. Sie lassen auf den Wänden Fälschungen und dumme Märchen anschlagen, wie um nach Ihrem Gutdünken die unglückselige moralische Krise, die wir durchmachen, noch zu verschärfen. Ach Du armes, kleines Volk Frankreichs, was für eine politische Erziehung läßt man Dir angedeihen, Dir, das Du heute für Dein Heil von morgen so dringend eine herbe Lektion an Wahrheit nötig hättest!

Da wir uns gerade ruhig miteinander unterhalten, muß ich Sie schließlich darauf aufmerksam machen, Herr Brisson, daß ich sehr darauf gespannt bin, nächsten Montag beim Prozeß von Versailles zu erfahren, was Sie unter der Freiheit des Einzelnen und dem Respekt der Justiz verstehen.

Die Vorgänge, die sich vor und nach jeder der fünfzehn Sitzungen meines ersten Prozesses in Paris und dann wieder während der einzigen des zweiten Prozesses in Versailles abgespielt haben[5], können Ihnen nicht unbekannt sein. An diesen Tagen hat Frankreich, unsere große und edle Nation, der zivilisierten Welt das abscheuliche Schauspiel einer Handvoll Schurken geliefert, die einen Mann, einen Angeklagten, der sich aus freien Stücken der Justiz seines Landes gestellt hat, auf die übelste Weise verhöhnt und mit dem Tod bedroht haben. Was hält Ihre Ehrenhaftigkeit davon, Herr Brisson, Ihre republikanische Tugend, Ihre Verehrung der Menschen- und Bürgerrechte? Sind Sie nicht mit mir der Meinung, daß nur Kannibalen ähnliche Sitten haben und daß wir der Verachtung der ganzen Welt verfallen sind?

Wenn es sich um eine irregeleitete Nation handelte, um eine gutgläubige Menge, die sich in toller Erregung durch die Straßen wälzt, so würde die Leidenschaft, sogar die verbrecherische, als Erklärung wohl genügen. Aber da Sie heute auch Innenminister sind, sprechen Sie doch darüber mit Ihrem Polizeipräfekten, Herrn Charles Blanc, der ein Mann hoher Intelligenz und vollendeter Umgangsformen ist. Er ist natürlich sehr gut unterrichtet. Er wird Ihnen erklären, wo und wie die Banden zusammengezogen wurden, wie teuer die Männer bezahlt wurden, welchen selbstlosen und leidenschaftlichen Beitrag die kirchlichen Kreise geleistet haben, wie groß die Zahl der Halunken und die der Sektierer war, wieviel Gaffer den Provokateuren gefolgt sind und das Spiel dadurch beinahe gefährlich gemacht hätten. Ich hoffe, daß Sie dann keine Zweifel mehr hegen an der planmäßigen Anstiftung der Unordnung, daß Sie davon überzeugt sein werden, daß es für die Organisatoren darum gegangen ist, Frankreich zu täuschen, die Welt zu täuschen und allen weiszumachen, ganz Paris habe sich gegen mich erhoben; daß es ihnen darum gegangen ist, die öffentliche Meinung zu vergiften und auf die Justiz schändlichsten Druck auszuüben.

Aber das ist noch nicht alles, worüber Sie Herr Charles Blanc, dessen Chef Sie sind, in Kenntnis setzen kann. Er wird Ihnen auch erklären, wie uns die Polizei jeden Abend schützen mußte, wo doch einige Festnahmen und Anzeigen gleich am ersten Tag die Ordnung vollständig wiederhergestellt hätten. Ich beklage mich gewiß nicht über die Polizei, die sich sehr beflissen und pflichtgetreu meiner Person angenommen hat. Nur schien über den Kopf des Präfekten hinweg irgendwie ein höherer Wille dahin gewirkt zu haben, daß die Dinge sich in eine bestimmte Richtung entwickelten. Alle Beschimpfungen, alle Drohungen waren erlaubt, die gemeinsten und die schmutzigsten: Niemand wurde deshalb festgenommen. Man ließ sogar Demonstranten gewähren, die so nahe herandrängten, daß eine gewisse Gefahr entstand. Die Polizei schritt erst dann schützend ein, als die Sache wirklich eine schlimme Wendung zu nehmen drohte. Das geschah mit sehr großer Meisterschaft; die höheren Orts erwünschte Wirkung war natürlich, die Welt glauben zu machen, daß es allabendlich einer Straßenschlacht bedurfte, um mich der gerechten Entrüstung der Pariser Bevölkerung zu entziehen.

Ich frage mich also mit Spannung, Herr Brisson, welchen Schlachtplan Sie mit Herrn Charles Blanc erstellen werden. In diesem Bereich sind Sie der alleinige Herr, keiner der Ihnen unterstehenden Minister kann sich hineinmischen, denn abgesehen von Ihrer Autorität als Ministerpräsident sind Sie ja auch Innenminister und damit für die Ordnung auf unseren Straßen verantwortlich. Wir werden also bald erfahren, unter welchen Bedingungen sich Ihrer Meinung nach ein Angeklagter vor das Gericht begeben muß, ob es erlaubt ist, ihn zu beleidigen und zu bedrohen und ob so ein barbarisches Schauspiel nicht die äußerste Schande für Frankreich bedeutet. Ich glaube gern, daß wir, meine Freunde und ich, uns nie wirklich in ernsthafter Gefahr befunden haben. Aber was heißt das schon!? Da man ja auf alles gefaßt sein muß, erkläre ich im vorhinein, daß Sie, Herr Brisson, als der Mörder gelten müssen, falls man uns am Montag nach dem Leben trachten sollte.

Lassen Sie mich, um zum Schluß zu kommen, noch mein Erstaunen darüber ausdrücken, daß Sie alle Kleingeister sind. Ich verstehe ja noch, daß es unter Euch Politikern keinen einzigen stolzen und leidenschaftlichen Vertreter einer Idee gibt, der sein Gut und sein Leben allein aus der Freude, gerecht zu sein, aufs Spiel setzte und der, wenn die Wahrheit gesiegt hat, bereit wäre, wieder auf seinen Platz zurückzukehren. Aber Ehrgeizige gibt es wohl unter Euch, Ihr alle seid sogar nichts anderes als ehrgeizig. Wieso ist es also möglich, daß aus Eurer Schar nicht wenigstens ein mit lebhafter Intelligenz, Wagemut und Kraft ausgestatteter Politiker aufsteht, ein weitblickender Geist mit klarem Auge und einer sicheren Hand, der fähig wäre, zu sehen, wo sich der wahre Kampf abspielt, und bereit wäre, ihn tapfer zu bestreiten?

Sehen Sie, wie viele von Euch Politikern haben den Ehrgeiz, Präsident der Republik zu werden? Alle, nicht wahr? Ihr seht Euch alle schräg an, Ihr glaubt alle, Eure Angelegenheiten in besonderer Weise zu führen, dieser durch seine Vorsicht, jener durch seine Volksnähe, jener andere wieder durch seine Strenge. Aber ich kann über Euch alle nur lachen, denn kein einziger von Euch scheint begriffen zu haben, daß nur der Politiker in drei Jahren in den Elysee-Palast einziehen wird, der die Wiederaufnahme des Dreyfus-Prozesses bewerkstelligt und damit in unserem Land die Pflege von Wahrheit und Recht wiederhergestellt haben wird.

Glauben Sie mir, die Dichter sind Propheten. In drei Jahren wird Frankreich nicht mehr das Frankreich von heute sein, Frankreich wird untergegangen sein, wenn wir nicht an der Spitze des Staates den politischen Führer, den gerechten und weisen Minister finden, der dem Land den Frieden zurückgibt. Alle diejenigen aber, die Partei gegen das unterdrückte Recht und die mißhandelte Menschlichkeit ergriffen haben, werden unter den Trümmern ihrer Träume von der Öffentlichkeit verachtet am Boden liegen. Sie werden damit die Sühne für ihre erbärmlichen und feigen Machenschaften, für ihre blinden und unklugen Leidenschaften am eigenen Leib erfahren.

Jedesmal wenn ich sehe, wie einer von Euch im Sturm der Tollheit strauchelt und sich in der dummen Hoffnung, vielleicht für seine Zukunft zu arbeiten, in der Dreyfus-Affäre schmutzig macht, da sage ich mir: „Wieder einer, der nicht Präsident der Republik werden wird.“ [6]

Mit dem Ausdruck vorzüglicher Hochachtung [...]

1) Gemeint ist das vom Geheimdienst zur Verwendung gegen Dreyfus angelegte Dossier.

2) In der Parlamentssitzung vom 7. Juli hat Kriegsminister Cavaignac aus der Geheimakte zwei mit 1894 datierte Briefe („Canaille de D. ...“ und „D. ... m'a apporté“) sowie den Brief von Panizzardi an Schwartzkoppen, die berühmte „Henry'sche Fälschung“ aus dem Jahr 1896, verlesen; letztere ist bereits von General de Pellieux im Zola-Prozeß erwähnt worden.

3) Die nationalistische Presse hat die Legende von Geständnissen verbreitet, die Dreyfus während seiner Degradierung Hauptmann Lebrun-Renaud gegenüber gemacht haben soll.

4) Die der „Ligue des Droits de l'homme“ nahestehende Tageszeitung Le Siècle *hat von Januar 1898 an unter dem Titel „Briefe eines Unschuldigen“ die Briefe von Dreyfus an seine Frau Lucie veröffentlicht.*

5) Charles Blanc (1857-1915) übt von Oktober 1897 bis Juni 1899 die Funktion des Polizeipräfekten von Paris aus; es wird ihm vorgeworfen, während des Zola-Prozesses im Februar 1898 nicht energisch genug gegen die Demonstranten vorgegangen zu sein; während des Prozesses im Juli in Versailles ist es zu keinen Ausschreitungen mehr gekommen.

6) Henri Brisson unterliegt im Februar 1899 tatsächlich Emile Loubet.

*

Trotz der Hoffnungen seines Anwalts geht der Prozeß in Versailles zu ungunsten von Zola aus: Das Urteil des Pariser Gerichts – ein Jahr Gefängnis und 3.000 Franc Geldstrafe – wird bestätigt. Am Abend des 18. Juli beschließt Zola auf Anraten seines Verlegers und Freundes Georges Charpentier, der Brüder Clemenceau und seines Anwalts Fernand Labori, Frankreich zu verlassen und nach England ins Exil zu gehen:

BRIEF AN JEANNE ROZEROT

Paris, Montag abend [18. Juli 1898]

Geliebte Frau, die Angelegenheit hat eine Wendung genommen, die mich dazu zwingt, noch heute abend nach England abzureisen. Sei nicht beunruhigt, warte in aller Ruhe auf Nachricht von mir. Sobald ich in der Lage bin, etwas zu entscheiden, benachrichtige ich Dich. Ich werde versuchen einen Ort zu finden, wohin Du mir mit den Kindern nachkommen kannst. Angesichts der schwierigen Lage werden dazu aber ein paar Tage notwendig sein. Ich werde Dich aber auf dem laufenden halten und Dir schreiben, sobald ich im Ausland bin. Sag bloß niemandem auf der Welt, wohin ich fahre.

Ich umarme Euch alle drei zärtlich [...]

Zweiter Teil

Die Zeit der Ungewissheit

(Juli 1898 – Februar 1899)

Noch am selben Abend, an dem der Prozeß in Versailles abgeschlossen wurde, ist Zola nach London abgereist, damit ihm der Bescheid über das über ihn verhängte Urteil nicht rechtskräftig zugestellt werden kann. In den ersten Tagen seines Exils unternimmt er alles, um außerhalb der Reichweite der französischen Justiz zu bleiben; er möchte auch verhindern, daß ihn das Urteil mittels eingeschriebenem Brief erreicht. Gleich nach seiner Ankunft im Hotel Grosvenor nahe der Victoria Station hat er mit Ernest Vizetelly, seinem englischen Übersetzer, Kontakt aufgenommen. Der vermittelt Zola die Hilfe seines eigenen Anwalts F. W. Wareham (der im Folgenden „solicitor" genannt wird).

In Frankreich veröffentlicht die Tageszeitung L'Aurore *am 20. Juli einen „Pour la preuve", „Zum Beweis", überschriebenen und von Zola signierten Artikel, der die Haltung des Schriftstellers rechtfertigt; sein wahrer Verfasser ist jedoch Georges Clemenceau.*

Zu allem Überfluß ist Zola auch noch mit Schadenersatzforderungen der Schriftsachverständigen im Esterhazy-Prozeß konfrontiert, die er in „J'accuse" angegriffen hat. Sie fordern von ihm je 10.000 Francs und die Bezahlung der Gerichtskosten von 2.000 Francs.

Von den Freunden Zolas ist der Maler Fernand Desmoulin der erste, der den Schriftsteller in England besucht und die Rolle eines Boten übernimmt.

BRIEF AN FERNAND LABORI

London, 19. Juli 1898
Grosvenor Hotel

Mein lieber Labori, ich schicke Ihnen einen Brief für Vaughan, den ich bitte, mit Ihnen über die Schadenersatzforderungen der Experten zu sprechen, die zu begleichen mir wirklich schwer fällt, sowie einen Brief an meine Frau, den Sie ihr bitte morgen, Mittwoch, übergeben wollen. Sie wird zu Ihnen kommen, bevor sie hierherfährt. Ich habe ihr empfohlen, Sie aufzusuchen, denn vielleicht haben Sie ihr irgend etwas für mich mitzugeben. Sollten Sie verreisen, hinterlassen Sie bitte den Brief jemandem mit der Weisung, ihn nur meiner Frau auszuhändigen.

Ich bin unversehrt, aber, wie ich zugeben muß, schweren Herzens hier eingetroffen. Als ich vom Schiff aus die Lichter von Calais in der Nacht verschwinden sah, habe ich geweint. Ach, was für eine abscheuliche Angelegenheit; später einmal werde ich meinen ganzen Zwiespalt beschreiben. Aber zuerst müssen die Wahrheit und das Recht siegen!

Sie haben vergessen, mir die Notiz mit den juridischen Erläuterungen mitzugeben; ich benötige sie aber, wenn ich eine Seite zur Erklärung meiner Abreise schreiben soll.

Schicken Sie sie mir bitte; ich glaube allerdings nicht, daß es damit besondere Eile hat, und auch nicht, daß ich mich persönlich äußern soll. Clemenceau kann in einem seiner Artikel meine Haltung und die von *L'Aurore* erklären. – Ich wage es nicht, Sie zu bitten, mich auf dem laufenden zu halten, denn ich weiß, daß Sie sehr niedergeschlagen sind. Aber bitten Sie Herrn Hild[1], mir zu schreiben, falls sich etwas Interessantes ereignet.

Überbringen Sie meine Grüße an Frau Labori, in herzlicher Verbundenheit ....

1) Der Rechtsanwalt Joseph Hild war Konzipient von Fernand Labori.

BRIEF AN FERNAND LABORI

London, 21. Juli 1898

Mein lieber Labori, ich kann nicht in diesem Hotel bleiben, denn ich laufe Gefahr, von einer Minute auf die andere erkannt zu werden. Ich werde morgen eine kleine Wohnung in einem Vorort von London mieten und gebe Ihnen sobald wie möglich die neue Adresse bekannt.

Fletcher Moulton, der Anwalt, den Sie mir genannt haben, ist derzeit nicht in London. Aber ich habe mich mit einem „solicitor" beraten, der mir sehr geneigt ist. Er bestätigt mir, daß mir der Haftbefehl nicht auf diplomatischem Wege zugestellt werden kann. Kein englischer Justizbeamter wird es jemals auf sich nehmen, mir den Bescheid eines französischen Gerichts auszuhändigen. Damit mich der Haftbefehl erreicht, müßte also ein französischer Gerichtsvollzieher hierher nach England kommen, mich auf der Straße abpassen und ergreifen. Ist das rechtlich und praktisch möglich? Das möchte ich gerne so schnell wie möglich wissen. Geben Sie mir bitte diesbezüglich so rasch wie möglich eine verbindliche Rechtsauskunft, damit ich weiß, woran ich bin, und die entsprechenden Vorkehrungen treffen kann. Solange Sie keine neue Adresse von mir haben, schreiben Sie ans Hotel, ich lasse meine Post hier abholen.

Was für ein Abenteuer, mein armer Freund, ich bin noch ganz durcheinander. Überbringen Sie meine Grüße an Frau Labori, in herzlicher Verbundenheit [...]

*

Zola verläßt das Stadtzentrum von London und nimmt einige Kilometer davon entfernt im Bezirk Surrey Unterkunft. Er steigt zuerst im Hotel „Oatlands Park" ab, mietet aber bald, nicht weit davon entfernt, in Weybridge das Haus „Penn". Bei der Verabschiedung in Paris hat ihm Alexandrine versprochen, bald nachzureisen, aber die Verwirklichung dieses Plans stößt auf zahlreiche Hindernisse.

Zola fürchtet am Anfang seines Exils offensichlich, daß seine Briefe abgefangen werden. Deshalb benennt er die Personen meistens mit Sigeln und Abkürzungen: So wird seine Frau Alexandrine zu „Alexander", Jeanne Rozerot, die Mutter seiner Kinder, ist „Jean", Fernand Desmoulin, der Freund, ist „Valentin", Labori, sein Anwalt, „Lab." usw.

BRIEF AN FERNAND DESMOULIN

[Weybridge] 26. Juli 1898

Mein lieber Freund, ich habe soeben Ihr Telegramm und gleichzeitig einen Brief von Alexander erhalten. Ich verstehe, daß es große Probleme gibt, aber meiner Meinung nach sind diese ganzen Vorsichtsmaßnahmen zwecklos. Ich habe das auch gerade meinem Verteidiger geschrieben. Die hiesigen Zeitungen schreiben, daß ich in London gesehen wurde, und wenn die Briefe an Jean geöffnet wurden, was ich befürchte, so hat man die Adresse des guten „solicitor", wenn nicht schon die meine. Meine „Verfolger" werden wohl schon in wenigen Tagen hier sein, aber ich versichere Ihnen, daß ich mich nicht weiter verstecken werde. Ich habe genug. Ich werde mich irgendwo niederlassen und nicht mehr rühren. Ich glaube nicht, daß mir der Haftbefehl hier zugestellt werden kann, und wenn, dann werden wir immer noch die Rechtskraft eines Bescheides in Frage stellen können, der im Ausland ausgeführt wurde. Wenn ich nach Paris zurückkehren werde, wird es dann zwei Möglichkeiten geben: Entweder der Haftbefehl wird für rechtskräftig erachtet, ich gehe ins Gefängnis und erkläre, daß man sich vor den Enthüllungen eines neuen Prozesses scheut; oder der Bescheid ist ungültig, ein neuer Prozeß beginnt und unsere Taktik hat gesiegt. Auf keinen Fall möchte ich weiter auf der Flucht sein. Ich werde wohl da bleiben, wo Sie mich angetroffen haben, so gelassen wie möglich und entschlossen, die Ereignisse abzuwarten. Sollte ich mir noch einen anderen Zufluchtsort suchen, dann ist es bestimmt der letzte.

Hat Jean den Brief erhalten, in dem ich ihm die Adresse des „solicitor" mitteile? Das beschäftigt mich sehr, denn ich glaube, daß dieser Brief abgefangen worden ist. Sollte er ihn nicht erhalten haben, geben Sie ihm bitte die Adresse des „solicitor", damit er mir wenigstens einige Nachrichten zukommen lassen kann.

Ich habe gestern einen ganzen Tag in vollkommener Ruhe verbracht, die mir sehr gut getan hat. Aber heute beginnt der Ärger von neuem. Ich sage Ihnen nochmals, daß das nicht aufhören wird, solange die Lage nicht klar ist, das heißt, solange man nicht weiß, wo ich mich aufhalte. Sie machen ihr Spiel und wir das unsere. Es ist absurd zu glauben, daß ich unter diesen Umständen unerkannt bleiben kann, ohne Gepäck, in einem Land, dessen Sprache ich nicht spreche und wo ich durch ein zufälliges Zusammentreffen jederzeit erkannt werden kann. Sagen Sie das dem Verteidiger. Unser Plan soll tapfer und klar sein. Geben Sie mir diesbezüglich so schnell wie möglich eine Antwort.

Ich umarme Sie [...]

Wenn Alexander nicht selbst kommen kann, dann möge er mir bitte einen Koffer mit Wäsche und Kleidung, aber keine Manuskripte, an die Adresse des „solicitors" schicken. Für den Zoll soll er den Kofferschlüssel dem „solicitor" in einem kleinen Schächtelchen zusenden.

Mir wird es an Geld fehlen; sagen Sie bitte in der Rue de Grenelle[1] Bescheid, man möge sich beeilen.

1) Adresse von Zolas Verleger Eugène Fasquelle, der ihm versprochen hat, Geld zu schicken.

BRIEF AN FERNAND DESMOULIN

[Weybridge, 27. Juli 1898]
Mittwoch, 2 Uhr

Mein teurer Freund, ich bitte Sie, keinerlei Druck auf Alex auszuüben und ihn vollkommen frei seine Entscheidung treffen zu lassen. Ich bin unwichtig. Ich komme immer irgendwie zurecht. Ihrem Brief entnehme ich, daß sich die Sache verkompliziert. Wenn Alex nur für einige Tage kommen kann, so steht die Beschwernis und vielleicht sogar das Risiko nicht im Verhältnis zum schmerzlichen Vergnügen, uns für einen Augenblick lang wiederzusehen und dann gleich wieder trennen zu müssen. Obwohl ich glücklich wäre, ihn zu umarmen, fühle ich, daß es zweifellos vernünftiger ist, wenn er unter diesen Umständen nicht kommt. Ich möchte dazu aber nichts sagen, er soll selbst entscheiden.

Sie wissen, daß W[areham] heute abend um sechs Uhr zu mir kommen wird. Sollte es keine schwerwiegenden Neuigkeiten geben, werde ich sicher das Haus mieten. Ich weiß seit gestern zwar nichts Neues, aber mein Aufenthalt in England ist bekannt. Vielleicht werde ich, je nach den Nachrichten, die Leute wieder auf eine falsche Fährte bringen. – Falls Sie wiederkommen sollten, ist es meiner Ansicht nach besser, wenn Sie nicht in diesem Hotel erscheinen. Sie bleiben in London, gehen zum „solicitor" und verständigen W., der Sie zu mir bringen wird. Vor allem aber, mein alter Freund, machen Sie meinetwegen keine Umstände. Gehen Sie Ihrer Arbeit nach, überstürzen Sie nichts. Wie Sie wissen, scheue ich die Einsamkeit nicht, und ich werde auch zurechtkommen, wenn die Meinen nicht kommen können sollten. – Ich danke Ihnen aus ganzem Herzen für Ihre bewundernswerte Hingabe …

Wenn Sie J[eanne] nicht sehen können sollten, versuchen Sie zumindest, Ihm den Brief zukommen zu lassen, den ich Ihnen für ihn gegeben habe, denn er hat keine Nachricht von mir und wird sich beunruhigen.

Ich bin froh, daß der Verlag das Nötige veranlaßt hat, es scheint mir, daß es mir besser gehen wird, wenn ich seine Sendung erhalten habe. – Versuchen Sie bitte, mir morgen, Donnerstag, den Koffer zu schicken, denn es bedrückt mich, wie ein Wegelagerer ohne Wäsche und Kleidung zu sein. [...]

Ja, mein guter Freund, es geht mir zwar nicht allzu schlecht hier, aber ich habe immer das Gefühl, erkannt zu werden, und deshalb werde ich versuchen, so bald wie möglich von hier fortzukommen.

*

Fernand Desmoulin spielt weiterhin äußerst wirkunsgsvoll seine Rolle als Fürsprecher und Vertrauter. Alexandrine wird schließlich auf die Reise nach England verzichten. Sie zieht es für den Moment vor, in den Hintergrund zu treten: Zuerst kommen Jeanne und die Kinder; sie werden vom 11. August an in England sein. Zola hat in der Stille des Hauses „Penn" seinen regelmäßigen Arbeitsrhythmus wiedergefunden. Er hat die Vorbereitungen für seinen Roman Fécondité (Fruchtbarkeit) *wieder zur Hand genommen und schreibt die ersten Seiten des Buches.*

BRIEF AN ALEXANDRINE ZOLA

[Weybridge, 3. August 1898]

Meine liebe Frau, ich bin voll Ungewißheit und Angst. Seit sechs langen Tagen spreche ich mit dem guten Desmoulin darüber, wie ich mich verhalten soll. Ich weiß es selbst nicht mehr, meine Beklemmung ist groß, weil Du nicht hier bist, weil ich nicht mit Dir darüber sprechen und nicht erfahren kann, was Du selbst wünschst.

Ich habe Desmoulin dazu bewegt, abzureisen und Dir meine Zweifel mitzuteilen und meinen Wunsch, Dir die Entscheidung zu überlassen. Er wird Dir alle Möglichkeiten erläutern, die ich ins Auge gefaßt habe, und Ihr werdet sie gemeinsam besprechen. Aber im Namen unserer langjährigen Ehe, der dreißig gemeinsam verbrachten Jahre, flehe ich Dich an, so zu handeln, als ob es um Dein persönliches Glück ginge und als ob es mich nicht gäbe. Ich möchte, daß Du noch so glücklich bist wie nur möglich; ich selbst werde nur unter dieser Voraussetzung glücklich sein.

Ich umarme Dich aus meinem ganzen verbitterten Herzen; es leidet darunter, daß ich nicht weiß, was ich tun soll ...

Umarme Desmoulin, der sehr feinfühlig war und mir in diesen gräßlichen Stunden beigestanden ist.

BRIEF AN ALEXANDRINE ZOLA

Samstag abend, 6. August 1898

Meine liebe Frau, Desmoulin teilt mir Deine Entscheidung mit und kündigt gleichzeitig einen Brief von Dir an. Aber da ich ihn heute nicht erhalten habe, werde ich ihn erst am Montag abend bekommen, denn am Sonntag ist England wie ausgestorben. Ich möchte nicht solange warten, um Dir Nachricht zu geben und Dir die Gemütsregung mitzuteilen, die mich bei dem Gedanken bewegt, Dich erst Ende September, also in mehr als sechs Wochen, zu sehen. Ja, ich werde die Kinder bei mir haben; aber sie sind nicht alles – und wenn Du nur wüßtest, wie mein armes Herz, in dem Du immer noch einen so großen Platz einnimmst, unter diesen Umständen leidet. Ich bin unruhig, mein Leben ist zu sehr durcheinander gekommen; die Ungewißheit verursacht ein nervöses Zittern, das nicht aufhört.

Dennoch glaube ich, daß Du die beste Entscheidung getroffen hast. Ich konnte Dich nicht dazu bewegen, ohne den Anschein zu erwecken, den Tag hinauszögern zu wollen, an dem wir wieder vereint sein werden. Aber ich stimme Dir zu, Du bist die Weisheit in Person. Nur um eines bitte ich Dich: Sag Deine Reise nach Italien noch nicht ab, warte, bis die Gerichtsferien die Stimmung in Paris beruhigt haben, fahr dann nach Rom und erwarte mich Ende September in Genua. Das ist ein Traum, den ich träume und dessen Verwirklichung mich glücklich machen würde. Außer wenn sich schwerwiegende Zwischenfälle ereignen sollten, werde ich keinesfalls länger als bis zu den letzten Septembertagen hier bleiben.

Ich schreibe Dir in aller Eile, damit Du gleich einen Brief von mir in den Händen hältst. Wenn ich Deinen am Montag abend erhalte, werde ich Dir ausführlicher schreiben und Dir ein wenig mein hiesiges Leben erzählen. Seit vier Tagen bin ich nicht ausgegangen, ich arbeite und habe das erste Kapitel meines Romans begonnen. Aber ich bin mit dem Kopf nicht ganz bei der Sache. Zum Glück geht es mir gesundheitlich gut.

Ich umarme Dich von ganzem Herzen, meine liebe Frau, Du bist jetzt meine hingebungsvolle Hüterin, diejenige, die mich vertritt und mich verteidigt.

Sei Dir gewiß, daß ich niemals die großartige Haltung vergessen werde, die Du in diesen traurigen Umständen gezeigt hast. Wenn ich Dich nicht immer so geliebt hätte, würde mir Dein Verhalten jetzt viele Gewissensbisse bereiten.

BRIEF AN FERNAND DESMOULIN

Samstag abend, 6. August 1898

Mein alter Freund, Ihr Brief, den ich soeben erhalten habe, bereitet mir gleichzeitig Freude und Kummer. Ich werde also meine Kinder bei mir haben, aber Sie können sich nicht vorstellen, mit welcher Beklemmung ich an meine arme Frau denke. Haben Sie ihr wohl alles gesagt, vor allem, daß ich ihr keinen Kummer machen möchte und daß ich nur glücklich sein werde, wenn ich sie selbst glücklich weiß?

Das alles ist jammervoll, und wie ich mich auch wende, ich spüre die Dornen.

Seit vier Tagen, seit Ihrer Abreise, bin ich nicht mehr außer Haus gegangen. Ich habe begonnen, meinen Roman zu schreiben; aber trotz des Trostes, den mir die Arbeit verleiht, verspüre ich eine tiefe moralische Not. Meine Gewohnheiten sind zu sehr durcheinandergeraten, ich spüre keine Zuneigung mehr um mich, und die ungewisse Zukunft versetzt mich in einen andauernden Zustand nervöser Erwartung. Vielleicht werde ich mich ein wenig beruhigen, wenn die Kinder da sind. Aber sie bedeuten meinem Herz nicht alles, wie sehr wird mir meine arme Frau fehlen!

Lassen Sie Jean sogleich beiliegende Notiz zukommen. Durch die vereinbarte Depesche werde ich Ihnen am Vorabend den Tag seiner Abreise mit dem Frühzug um 9 Uhr bestätigen. Ich habe hier einige recht komplizierte Vorkehrungen zu treffen und glaube nicht, daß die Reise vor Dienstag oder Mittwoch möglich sein wird. Sobald Sie mein Telegramm erhalten haben und Sie sicher sind, daß Jean am folgenden Tag abreist, schicken Sie Ihrerseits ein Telegramm an Vizetelly mit dem Wortlaut: „Fahre morgen um neun Uhr, Valentin".

So ist alles genau geregelt, nicht wahr? Vielen Dank, mein alter Freund, für Ihre Hingabe und für alles, was Sie wie ein Bruder für den armen Verbannten machen. Mein Herz ist voller Dankbarkeit.

Notiz für Jean

Wenn möglich, nicht mehr nach Paris zurückkehren und sich an Gepäck mit dem begnügen, was in Verneuil[1] vorhanden ist. Dennoch auf jeden Fall warme Kleidung mitnehmen. Meinen Fahrradanzug mitbringen, für Dich aber nicht die Frauenhose, sondern einen Rock[2].

Weder die Köchin noch das Zimmermädchen mitnehmen, die beiden Frauen in Urlaub schicken, ihnen aber zusichern, daß wir sie Ende September wieder aufnehmen, um uns keine Feinde zu machen. Den beiden Frauen keinesfalls das Land nennen, in das Du fährst; sie vielleicht täuschen und sagen, daß die Reise nach Belgien oder in die Schweiz geht.

Für die Abreise rate ich Dir folgendes: Am Vorabend wird Desmoulin oder jemand anderer die Koffer holen und in Paris in der Gepäcksaufbewahrung des Bahnhofs Saint-Lazare lassen. Er wird sie am nächsten Morgen um acht Uhr holen und zum Nordbahnhof führen, wo er sie nach Victoria Station aufgibt und zwei Vollpreistickets und eines zum halben Preis für das Kind unter sieben Jahren kaufen. Hin- und Rückreisetickets, wenn die Karten nach einem Monat für zehn Tage verlängert werden können.

Die Reiseinstruktionen für Jean: Jean und die zwei Kleinen verlassen Verneuil am Morgen mit dem Zug um zwanzig vor sieben, glaube ich. In Paris nehmen sie einen Wagen, der sie zum Nordbahnhof bringt, wo sie in einem Kaffeehaus frühstücken. Treffpunkt mit Desmoulin im Bahnhof beim Schalter für London-Reisende. Etwas Reiseproviant mitnehmen. Ankunft in Calais: Das Schiff liegt direkt nebenan; Ankunft in Dover: der Zug hält nebenan. Erst in der Endstation, Victoria Station, aussteigen; die Reisenden werden dort erwartet.

Den Hausmeister in Verneuil beauftragen, alle Zeitungen und alle Briefe aufzubewahren. Niemandem die Adresse geben, einfach verschwinden.

Jean wird Desmoulin das Geld für die Fahrkarten und das Gepäck geben.

1) In Verneuil, in der Nähe von Médan, wohnte Jeanne Rozerot mit den Kindern von Zola.

2) Für die Radausflüge, die sie in England machen werden.

BRIEF AN ALEXANDRINE ZOLA

Sonntag, 7. August 1898

Meine liebe Frau, es regnet hier in Strömen; da ich praktisch eingesperrt bin und keinen Fuß vor die Tür setzen kann, da habe ich mir gedacht, ich plaudere ein wenig mit Dir, in Erwartung Deines Briefes, den ich sicher erst morgen, Montag, abend erhalten werde. Ich möchte Dir einige Einzelheiten von meinem Leben hier erzählen, obwohl Dich unser guter Freund D[esmoulin] sicher schon ein bißchen unterrichtet hat. Ich lebe ziemlich abgeschlossen in einem kleinen Haus, werde von einem Dienstmädchen bedient, das kein Wort Französisch spricht und das seinerseits von einer Tochter von Vizetelly angeleitet wird, die kaum mehr kann. So muß ich mich meistens durch Zeichen verständlich machen. Ich verbringe die Tage, ohne ein Wort zu sagen, und bin seit fünf Tagen nicht mehr außer Haus gewesen. Die Landschaft ist herrlich, auf den endlosen Rasenflächen stehen riesige Bäume. Nur das Wetter ist abscheulich. Seit ich hier bin, hat nur an zwei Tagen wirklich die Sonne geschienen. Der Wind war stark, und jetzt kommt auch noch der Regen dazu. Das Schlimmste aber ist, daß kaum ein Tropfen fallen kann, ohne daß nicht sofort der Nebel aus der Erde aufsteigt. Im Grunde stört mich das alles aber nicht sehr, Du weißt ja, daß mir frisches Wetter nicht unangenehm ist; ich leide nur unter meiner Einsamkeit, unter dem Gefühl, verlassen in einem fremden Land zu leben.

Zum Glück habe ich mich am Donnerstag wieder an die Arbeit gemacht und schon zwanzig Seiten meines Romans geschrieben. Ich stehe um acht Uhr auf, frühstücke um neun, was mir die Gelegenheit gibt, schon vor neun Uhr [*sic*] an meinem Schreibtisch zu sitzen. Das beschert mir schöne Vormittage, und ich habe den Roman mit ganz klarem Kopf begonnen. Am schwersten fällt es mir, den Nachmittag und den Abend zu verbringen. Ich lese ein bißchen in Büchern, die ich mir ausleihe; aber das nervt mich. Ich kann auch nicht immer lesen. Die Zeitungen sind mir bisher abgegangen; jetzt habe ich es einrichten können, wenigstens *L'Aurore* und *Le Siècle* zugestellt zu bekommen.

Heute hat mir V[izetelly] die Freitagausgabe dieser beiden Zeitungen geschickt und so habe ich einige Neuigkeiten erfahren: die Verurteilung des *Petit Journal*[1], die Ablehnung unserer Berufung, vor allem aber die neuen Enthüllungen über die Beziehungen zwischen Esterhazy und Du Paty de Clam[2]. Letztere scheinen mir schwerwiegend und für unsere Gegner beunruhigend zu sein. Wie auch immer, Du weißt, daß ich nicht optimistisch bin, meiner Meinung nach ist der endgültige Sieg noch weit entfernt. So fühle ich immer noch die für mich schlimmste Angst, jene der Ungewißheit.

Was meine Garderobe und die sonstigen Kleinigkeiten betrifft, so sei unbesorgt: Du hast nichts vergessen, alles ist ausreichend vorhanden und wird mir bis zu unserem Wiedersehen vollauf genügen. Ich bin überzeugt, daß Du in zwei oder drei Wochen so frei bist, daß Du Deine Reise nach Italien antreten kannst. Denk Dir, daß auch Rechtsanwälte und Richter sich nach Ferien sehnen. Da wird sich alles ein bißchen beruhigen, und das wird Dich entlasten. Schick mir bitte die genaue Anschrift von Bertolelli[3], denn es ist sicherer, Dir meine Briefe doppelt kuvertiert an seine Adresse zu senden, sodaß unser Name auf dem ersten Kuvert nicht aufscheint. Inzwischen werde ich Dir regelmäßig zweimal in der Woche schreiben und mich der Vermittlerdienste des guten Doktors[4] bedienen, außer in dringenden Fällen natürlich. Du kannst meine Briefe in Paris jeden Dienstag und Samstag abholen lassen, das erspart Dir unnötige Fahrten. Denke an den Sonntag und vergiß nicht, daß ich die Briefe, die Du am Samstag aufgibst, erst am Montag abend erhalte.

Danke Deiner Cousine für das freundliche Angebot, mir ihren Sohn zu schicken; Du weißt, daß er mir von keinerlei Nutzen wäre. Grüße sie alle drei herzlich von mir. – Sag allen unseren Freunden, daß es mir körperlich und gesundheitlich gut geht, ich lebe derzeit in tiefer Abgeschiedenheit und nur mein armes Herz blutet immer noch. Der Ekel darüber, was vor sich geht, wird mich noch lange innerlich erschaudern lassen ...

1) Es geht um den Verleumdungsprozeß, den Zola wegen der Artikel von Ernest Judet über seinen Vater gegen die Zeitung angestrebt hat. Judet wird am 3. August zu 2.000 Francs Strafe, der Direktor und der Geschäftsführer der Zeitung zu je 500 Francs Strafe verurteilt; sie legen Berufung ein. Siehe Chronologie (3. August), Seite 314.

2) Seit 21. Juli veröffentlicht Joseph Reinach unter dem Pseudonym „Junius" in Le Siècle *eine „Les Faussaires" („Die Fälscher") betitelte Artikelserie; er erklärt darin, daß Du Paty de Clam von Beginn der Dreyfus-Affäre an der Komplize von Esterhazy gewesen sei.*

3) Graf Edoardo Bertolelli (1853-1913) war Verwaltungsdirektor der römischen Tageszeitung La Tribuna, *die in ihrem Feuilleton u. a. auch die Romane Zolas veröffentlicht hat;*

er hat Zola und dessen Frau Alexandrine während ihrer Italienreise im Herbst 1894 in Rom empfangen; der Salon Bertolellis, eines echten Dandys (er gilt als der „Brummell Italiens“), ist einer der Treffpunkte der römischen Elite.

4) Es handelt sich um den Arzt Dr. Jules Larat, einen Cousin von Fernand Desmoulin.

AN FERNAND DESMOULIN

Sonntag, 7. August 1898

Mein guter Freund, ich habe erfahren, daß der Brief, den ich Ihnen gestern, Samstag, geschrieben habe, erst heute abend um acht Uhr ausgehoben wird. Was für ein liebenswertes Land! Sie werden ihn also gleichzeitig mit diesem erhalten. – Ich habe in dieser Nacht viel nachgedacht; um die Sache zu vereinfachen ist es besser, denke ich, daß Sie nicht auf ein Telegramm von mir warten, um Jean und die Kleinen loszuschicken. Ich bin mit mir ins reine gekommen: Schicken Sie sie mir, sobald Sie können, Mittwoch, oder spätestens Donnerstag. Ich glaube nicht, daß Jean vor Mittwoch fertig sein wird. Das wäre ein guter Tag. Sie werden diesen Brief ja nicht vor Montag abend erhalten. Wenn alles bereit ist, telegraphieren Sie also einfach am Dienstag an Vizetelly: „Werde morgen abreisen“. Vizetelly telegraphiert mir dann seinerseits und so erfahre ich, daß Jean am Mittwoch um neun Uhr früh den Zug nach Victoria Station nimmt. Vizetelly und ich werden beide in der Victoria Station warten.

Es ist also alles klar, ich erwarte sie am Mittwoch, oder am Donnerstag, wenn ein Tag mehr für die Vorbereitungen nötig sein sollte. In diesem Fall telegraphieren Sie natürlich erst am Mittwoch.

Es regnet hier in Strömen. Ich lebe wie ein Einsiedler in meine Arbeit vertieft. Aber ich gebe zu, daß mir die Vorstellung, ein solches Leben sechs Wochen lang führen zu müssen, Schrecken einjagen würde.

Nochmals vielen Dank, mein guter Freund ...

Notiz für Jean

Unnötig, den Photoapparat mitzunehmen, ich habe meinen. Dafür einige Notenblätter, es gibt hier ein Piano.

Sehr vorsichtig sein, wenn Ihr die Dienstmädchen beurlaubt. Sie können die Nachbarn von der Abreise in Kenntnis setzen, und vielleicht sogar selbst nach Paris fahren, wo sie möglicherweise Kleider gelassen haben. Sie dürfen auf keinen Fall etwas erfahren und die Leute auf Eure Abfahrt aufmerksam machen. Das muß auf jeden Fall verhindert werden.

Den Reiseproviant nicht vergessen. Ab Dover wird französisches Geld nicht mehr akzeptiert. Am Schiff ist es besser, an Deck zu bleiben, vorausgesetzt die See ist nicht stürmisch. Sonst müßtet Ihr ins Zwischendeck gehen und, falls die Kinder seekrank sein sollten, eine Kabine nehmen.

Ich glaube, daß der Zoll die Koffer erst in London kontrollieren wird. Wir werden also dabei sein. Die Kofferschlüssel griffbereit halten. In Dover steht der Zug gleich neben dem Anlegeplatz. Zeigt, damit Ihr Euch nicht verirrt, einem Beamten die Fahrkarten, wiederholt das Wort „Victoria“ und laßt Euch von ihm einen Platz anweisen. In London erst an der Endstation des Zuges aussteigen.

AN ALEXANDRINE ZOLA

Donnerstag, 11. August 1898

Meine liebe Frau, heute beginne ich mit der regelmäßigen Zusendung von zwei Briefen in der Woche, und zwar so, daß Du einen am Dienstag und einen am Samstag bekommst. Du kannst sie dann an fixen Tagen beim Doktor[1] holen lassen, den das dann auch weniger stört.

Dein Brief vom 7. August hat mir Kummer bereitet, denn ich glaubte herauslesen zu können, daß ich mich schlecht ausgedrückt und Dich gekränkt hatte. Großer Gott, wie fern liegt mir der Gedanke, Dir weh zu tun. Ich möchte deshalb nicht mehr auf diese Dinge zurückkommen und versuchen, sie besser zu erklären, denn noch nie haben wir eine Lebensphase durchgemacht, in der es wichtiger war, daß wir uns lieben und uns verstehen. Der geringste Zwiespalt zwischen uns wäre einfach fürchterlich. Deshalb möchte ich sosehr, daß Du immer Deinen Wunsch zum Ausdruck bringst, damit ich versuchen kann, ihm zu entsprechen. Damit wir weniger leiden, müssen wir uns über alles einig sein.

Seit neun Tagen bin ich nun nicht mehr ausgegangen. Angeblich hat man mich im Hotel, in dem ich mit Valentin gewohnt habe, erkannt. In einer Zeitung war eine entsprechende Notiz, deshalb vermeide ich es, mich zu zeigen.

Ich habe gestern das erste Kapitel meines Romans beendet und heute früh das zweite angefangen. Ich bin mit meiner Arbeit zufrieden, sie hat mir erlaubt, in diesem einsamen Haus, in dem ich nicht drei Sätze am Tag spreche, nicht vor Langeweile zu sterben. Wenn ich nur ausgehen und ein bißchen spazierengehen könnte! Mein Leben ist so ruhig und bar jeder Begebenheit, daß ich Dir nichts zu erzählen habe. – Ich erwarte heute abend die Kinder; sie werden meine Einsamkeit beenden. Aber die armen Kinder, ich habe fast Gewissensbisse, sie hierher kommen zu lassen, denn sie werden hier weder ihren großen Garten von V[erneuil] noch ihre Spielzeuge haben. Und der Himmel ist so grau! Ich war sicher sehr egoistisch.

Du tust gut daran, Dich mit großer Vorsicht auszudrücken und niemanden zu nennen. Ich wäre Dir aber trotzdem sehr dankbar, wenn Du mich ein bißchen über unsere Angelegenheiten auf dem laufenden halten könntest. Ich habe noch keine neue Zeitung erhalten. Die öffentlich bekannten Fakten interessieren mich übrigens weniger als das, was Lab. denkt, was er vorhat, in welche Richtung sich die Sache seiner Meinung nach entwickelt. – Du schreibst mir, daß Dir vor der Zukunft graut. Ja, leider!, ich bin noch pessimistischer als Du. Frag den guten Valentin, wie wenig Hoffnung ich habe. Das glückliche Ende ist für mich in weiter Ferne, und ich werde wohl noch lange außerhalb von Frankreich bleiben müssen, außer ich spiele das „Opferlamm" und kehre heim. Deshalb habe ich ein großes Verlangen, Dich Ende September oder in den ersten Oktobertagen in Genua wiederzusehen, denn wir müssen uns lange aussprechen, um eine Entscheidung zu treffen.

Ich habe Dir den Brief von Lorenzo geschickt. Die Broschüre, die Du überall gesucht hast, habe ich Lab. gegeben. Den Brief, den er Dich auf meine Angaben hin gebeten hat zu suchen, gibt es vielleicht gar nicht mehr, möglicherweise habe ich ihn zerrissen. Wenn er nicht an einem der drei Orte ist, die ich angegeben habe, könnte er noch unter den Briefen sein, die Du gebündelt hast und die zwischen dem 20. Mai und unserer Abreise aufs Land datiert sind. Wenn nicht, dann ist er, wie gesagt, vernichtet.

Es geht mir soweit recht gut. Aber die letzten Ereignisse haben sich mir so sehr auf die Nerven geschlagen, daß mir schon wegen der geringsten Kleinigkeit die Tränen kommen. Ich erkenne mich selbst nicht wieder, ich hätte geglaubt, tapferer zu sein. Wenn das alles einmal zu Ende sein wird (ob es jemals soweit kommt?), wieviel Ruhe werde ich dann brauchen, um mich wieder vollständig zu erholen. Am meisten macht mich wütend, daß man mir die Freiheit genommen hat, und zwar in einem Maß, daß ich nicht einmal im Ausland mehr ausgehen kann und gezwungen bin, im Abseits zu leben, und mich wie ein Übeltäter zu verstecken.

Meine arme Frau, ich sehe, wie Du durch die vielen Erledigungen und die komplizierten Vorsichtsmaßnahmen, die Du treffen mußt, belastet und durcheinandergebracht bist. Du brauchst viel Zärtlichkeit und Hingabe, um Dich aus der Affäre zu ziehen. Deshalb bin ich auch so wütend über diese dumme Flucht, zu der man mich so unvermittelt gezwungen hat. Wird sie mindestens für etwas gut sein? Ich bezweifle es. Wie auch immer, wir müssen den Kelch bis zur Neige trinken. – Was Du über die Hausangestellten sagst, freut mich. Es ist wirklich ein Glück, daß Du treue Leute um Dich hast; ohne sie wären unsere Komplikationen noch schrecklicher geworden. Sag ihnen, daß ich an sie denke und ihnen für ihre Anhänglichkeit danke. – Vergiß nicht Herrn Pin, dessen Gesellschaft in Tagen der Einsamkeit nicht zu verachten ist[2]. Er ist zwar böse zu den anderen, aber uns hat er gern, und Du bist nicht ganz allein, wenn er um Dich herumtrottet. Gib ihm einen Schmatz von mir und sag ihm, daß ich bei jedem Hund, den ich über die Straße gehen sehe, an ihn denken muß.

Bewahre also den Mut, liebe Frau, sag Dir, daß so ein Grauen nicht ewig dauern kann. Und wenn es dauert, dann müssen wir uns damit abfinden, unsere Angelegenheiten regeln und uns irgendwo so bescheiden wie möglich niederlassen. Wir sind jetzt zu alt, um das Leben neu zu beginnen; alles, was ich verlange, ist, mein Leben in Frieden zu beenden, sei es im letzten Loch.

Ich denke, daß Lab. selbst auf Ferien gehen wird. Versuch, ihn noch vor seiner Abreise ins Gebet zu nehmen, und sag mir dann, was er über die Zukunft denkt.

Mir ist das Herz so schwer, daß ich Dir heute vielleicht besser doch nicht geschrieben hätte. Aber sag Dir, daß es mir gut geht und daß alles andere nur von der Erregung meiner armen Nerven kommt.

Ich danke Dir nochmals für alles, was Du für mich machst, liebe Frau, und umarme Dich von ganzem Herzen...

1) Gemeint ist Dr. Jules Larat

2) Pinpin, der Lieblingshund von Zola

*

Jeanne und die Kinder kommen am Abend des 11. August in „Penn“ an. Trotz des ersehnten Wiedersehens prägt weiterhin ein Angstgefühl Zolas Briefe. Zur Bitterkeit des Exils kommen finanzielle Sorgen durch die Schadenersatzforderungen der Schriftsachverständigen des Esterhazy-Prozesses, die Zola in „J'accuse“ angegriffen hat. Am 10. August verurteilt das Gericht in zweiter Instanz Zola zur Zahlung von 10.000 Francs an jeden der drei Experten, dazu kommen noch 2.000 Francs Gerichtskosten. Die Bezahlung dieser 32.000 Francs beunruhigt Zola sehr und ist über Wochen hindurch Gegenstand der Korrespondenz mit seiner Frau und den Freunden, von denen er sich Hilfe erwartet. Im September werden in Zolas Pariser Wohnung sogar einige Möbel beschlagnahmt; Zolas Verleger Eugène Fasquelle kann aber dank der finanziellen Hilfe von Joseph Reinach noch rechtzeitig die geforderte Summe erlegen und so die Beschlagnahmung rückgängig machen.

BRIEF AN FERNAND DESMOULIN

Freitag, 12. August [1898]

Mein guter Freund, die Kinder und Jean sind gestern abend ohne größere Zwischenfälle angekommen. Die Kinder waren, scheint es, auf dem Schiff ziemlich seekrank, obwohl das Meer wunderbar ruhig war. Wir haben sie gleich schlafen gelegt, sie haben eine gute Nacht verbracht und sind heute früh fröhlich wie die Spatzen. Sie werden mir in meiner Einsamkeit ein großer Trost sein, denn ich gestehe Ihnen, daß mein Herz sehr angeschlagen ist.

Ich danke Ihnen also ganz herzlich für alles, was Sie getan haben, für Ihre Ergebenheit und die Mühe, die Sie sich gegeben haben, um mir meine Lieblinge zu schicken. Es war mir ein Anliegen, Ihnen gleich ihre Ankunft mitzuteilen und Ihnen zu sagen, wie dankbar ich Ihnen bin.

Die Zeitungen, die mir Jean aus Frankreich mitgebracht hat, haben mich wieder empört. Einmal mehr sind Esterhazy und Du Paty fein heraus. Ach ja, sie schreitet voran, die Wahrheit, aber in was für einem Schneckentempo! Wir werden alle schon gestorben sein, wenn sie einmal siegen wird. Mein Pessimismus hält an. Wie Sie wissen, bekomme ich hier weder *L'Aurore* noch *Le Siècle.* Seien Sie so lieb und *unternehmen Sie alles,* damit man mich nicht vergißt, denn das Fehlen der französischen Zeitungen macht mich noch nervöser.

Ich habe also Quartier bezogen und arbeite sehr gut. Das hilft mir sehr, vorausgesetzt, daß mich nicht ein neuer Schicksalsschlag trifft. Man hat mich angeblich im Hotel erkannt, aber eine Zeitung schreibt, ich sei in die Hauptstadt zurückgekehrt. Ich hoffe also, daß man mich hier in Ruhe lassen wird. Im übrigen sind alle unsere Pläne darauf ausgerichtet, bald zu verschwinden und etwas weiter entfernt Zuflucht zu suchen. Ist das ein Leben?

Ich habe auch ein kleines Glück zu vermelden: Ich habe meinen verschwundenen Stock wiedergefunden.

Treffen Sie bitte Alexander so oft wie möglich. Er hat Sie sehr gern und Sie werden ihm etwas Linderung verschaffen. Sagen Sie auch Ihrem Cousin, wie sehr ich von der Mühe, die er sich gegeben, und von der Freundschaft, die er bewiesen hat, berührt bin. Ich werde Ihnen von Zeit zu Zeit wieder schreiben.

*

Am 12. August wird das Verfahren gegen Esterhazy eingestellt. Das steigert den Pessimismus von Zola. Wie die Briefe an seine Frau und an seine Freunde zeigen, fühlt er sich in einer Sackgasse. Wäre es nicht besser für ihn, nach Frankreich zu-

rückzukehren und die Gefängnisstrafe auf sich zu nehmen? Das ist die Frage, die er sich stellt und deren Facetten er in seinen Briefen erörtert.

Die moralische Unterstützung von denjenigen, die ihm treu geblieben sind, rührt ihn mehr denn je. Octave Mirbeau und seine Frau Alice legen eine Herzlichkeit an den Tag, die er nicht erwartet hat; mit dem Komponisten Alfred Bruneau, dem Weggefährten schwerer Stunden, bespricht er das Projekt des lyrischen Dramas L'Ouragan, *an dem dieser gerade arbeitet.*

AN ALEXANDRINE ZOLA

Sonntag, 14. August 1898

Meine liebe Frau, Dein gütiger Brief von Mittwoch hat mir große Freude bereitet, denn ich sehe, daß Du Dich ein bißchen beruhigt hast. In Paris, scheint mir, nehmen die Dinge eine immer schlechtere Wendung. Als ich erfahren habe, daß das Berufungsgericht im Prozeß der Experten die Strafe verdoppelt hat und sich die Summe jetzt auf fast 40.000 Francs[1] beläuft, da war ich der Meinung, daß diese Summe sofort hinterlegt werden müsse, wie das auch für den Prozeß von Versailles der Fall war. Deshalb habe ich an Lab. geschrieben und ihn gebeten, bei Vaughan und unseren anderen Freunden vorzusprechen, denn ich fände es wirklich zu hart, wenn man mich in dieser Situation fallenlassen und alle Kosten mir überlassen würde. Wenn Du Lab. sehen solltest, sprich mit ihm in diesem Sinne darüber. Man hat mir gesagt, daß man mir helfen würde; das famose „Syndikat" (wo ist es denn, in Gottes Namen?) wird wohl früher oder später noch eingreifen[2].

Das alles erfüllt mich mit Zorn und Verachtung! Ich denke hier viel nach und kann und will Dir nicht alles schreiben, was ich mir in Erwartung der zukünftigen Ereignisse überlege. Aber für eines habe ich mich entschieden: Ich werde erst heimkehren, wenn in Frankreich wieder das Recht herrscht; alles, was vor sich geht, beweist mir, daß das nicht morgen sein wird. Ich habe meine Aufgabe erfüllt, nun sollen auch die anderen die ihre machen. Ich habe nur mehr einen Gedanken, nämlich an Dich und an die Kleinen zu denken und mich wieder an die Arbeit zu machen, damit wir wenigstens unser tägliches Brot bis zu unserem Lebensende sicher haben. Was alles andere betrifft, so habe ich „die Schnauze voll", es reicht! Deshalb möchte ich, daß wir uns in Genua wiedersehen. Du behauptest, daß das unvorsichtig wäre. Großer Gott, man möge wissen, wo ich bin, und alles ist erledigt. Wir müssen spätestens in den ersten Oktobertagen unseren Aufenthaltsort für den Winter gefunden haben, denn in Frankreich werden wir ihn sicher nicht verbringen können. Ich will ihn aus den verschiedensten Gründen auch nicht hier in England verbringen. Das Beste wäre also, einen sonnigen Ort zu finden. Das wird Dir gut tun und mir lange Tage gedeihlicher Arbeit bescheren. Sei zuversichtlich, ich denke an alles und regle alles schon in meinem Kopf, und wenn Du einmal in Italien bist, werde ich Dir zum gegebenen Zeitpunkt erklären, wie ich mir unsere Niederlassung vorstelle, zum Beispiel in einem kleinen Badeort zwischen San Remo und Genua. Du kannst dann alles vorbereiten, und ich werde in aller Ruhe anreisen.

Desmoulin hat vollauf recht, Dir immer wieder zu sagen, daß Du zur Erholung nach Rom fahren sollst. Es scheint mir, daß Du frei sein wirst, sobald die Angelegenheit mit den Experten geregelt ist. Der Rest ist bedeutungslos. Außerdem wäre es ungeheuer, daß alle in Urlaub gehen und nur Du Dir keinen gönnst. Es würde mich sehr betrüben, Dich ohne einen Menschen an Deiner Seite auf dem Land festsitzen zu wissen.

Die Kinder sind, wie ich Dir gesagt habe, am Donnerstag abend hier eingetroffen. Die Armen haben sehr unter der Seekrankheit gelitten, obwohl das Meer spiegelglatt war. Sie waren allerdings sehr müde, denn am Vortag hatten sie Verneuil um sechs Uhr abends fast ohne Gepäck verlassen und zu Fuß durch den Wald gehen müssen, um von den Nachbarn nicht gesehen zu werden. Sie haben den Zug an der Station genommen, wo früher immer der Flötenspieler gespielt hat. Sie haben die Nacht bei Freunden in Paris verbracht, die sie ursprünglich mit dem Automobil abholen sollten, darauf aber aus verschiedenen Gründen verzichten mußten. Sie sind also todmüde hier angekommen. Aber heute geht es ihnen wieder gut, und sie heitern natürlich meine Einsamkeit auf. Ich hoffe, daß sie sich ohne ihre Spielzeuge nicht zu sehr langweilen. Seit sie hier sind, ist das Wetter schöner geworden, zumindest das, was man hier als schön bezeichnet: tagsüber eine erdrückende Sonne, morgens und abends dichter Nebel. Ich leide ein bißchen unter dieser Schwüle. Dennoch schreibe ich regelmäßig jeden Vormittag meine fünf Seiten und denke, morgen das zweite Kapitel abzuschließen.

Ich habe tatsächlich eine Karte aus Belle-Isle[5] erhalten. Der gute Valentin hat endlich Ch. meine Adresse gegeben, der mir sehr liebevolle Worte schreibt. Sein Brief hat mich gefreut, denn er drückt darin die grausame Wahrheit über das unglückliche Land aus, das das Unsere ist. Er hält die Halunken, mit denen wir es zu tun haben, für derart skrupellos, daß er mir rät, unter keinen Umständen nach Frankreich heimzukehren. Jedenfalls werde ich, wie gesagt, nur heimkehren, wenn es im Triumph möglich ist. Es wäre verrückt von mir, mir Beschimpfungen und ein Martyrium einzuhandeln, das niemandem nützt. Die Schufte, die Esterhazy freigelassen haben und Picquart im Gefängnis behalten, sind zu allem fähig.

Wenn Du nach Italien fährst, was ich hoffe, so schreibst Du mir sicher rechtzeitig, damit ich Dir sagen kann, was Du von meinen Sachen dorthin mitnehmen sollst. Auf jeden Fall, wie schon gesagt: meinen kleinen Kamm, das „Impressions d'audiences“[4] betitelte Dossier, vielleicht auch etwas Wäsche und Winterkleidung.

Laß in diesem Fall alle Hausangestellten auf dem Land, wir werden später weitersehen.

Ich wünsche mir nichts anderes, als daß die Tage schnell vergehen und wir wissen, woran wir sind, damit wir unser Leben neu gestalten können. Versuche, Dich nicht allzu sehr zu beunruhigen, gehabe Dich wohl und erhole Dich; wir werden es schon so einrichten, so glücklich sein zu können, wie es irgendwie möglich ist.

Wenn Herr Pin brav ist, dann streichle ihn schön. – Ich umarme Dich von ganzem Herzen, meine liebe Frau, ich danke Dir für alles Leid, das Du auf Dich nimmst, und bitte Dich, auch ein bißchen an Dich, an Deine Erholung und an Deine Gesundheit, zu denken.

1) Anspielung auf die Schadenersatzforderung der Schriftsachverständigen; es geht genau um 32.000 Francs.

2) Anspielung auf das Märchen vom „Syndikat“, das der nationalistischen Presse zufolge die Kampagne für Dreyfus finanziert haben soll.

3) Von seinem Freund und Verleger Georges Charpentier, der seine Sommerfrische auf Belle-Ile-en-Mer (Bretagne) verbringt.

4) Dieses Dossier enthält die Notizen, die Zola während des Prozesses im Februar gemacht hat.

AN ALEXANDRINE ZOLA

Donnerstag, 18. August 1898

Meine liebe Frau, ich habe Deine Briefe und den von Octave Mirbeau bekommen und ersehe daraus, daß Ihr der Meinung seid, daß ich an einem noch zu bestimmenden Zeitpunkt heimkehren und mich stellen soll, ohne vor das Gericht in Versailles zurückzukehren. Ich glaube nicht, daß das logisch wäre. Lab. wäre bestimmt dagegen und er hätte recht. Vergeßt nicht, in welcher Absicht ich Frankreich verlassen habe. Es geschah nur, um Herr der Lage zu bleiben, um den Prozeß zu einem Zeitpunkt wiederaufnehmen zu können, der uns am günstigsten erscheint. Ich würde also der Sache einen schlechten Dienst erweisen, wenn ich heimkehrte, ohne zu versuchen, ein bißchen mehr Licht in die Angelegenheit zu bringen. – Im Grunde habe ich die Qual der Wahl zwischen zwei Möglichkeiten: entweder heimzukehren, sodaß der Prozeß wiederaufgenommen werden kann, oder so lange im Exil zu bleiben, solange wir glauben, daß eine Wiederaufnahme des Prozesses nicht von Nutzen ist. Natürlich muß ich der zweiten Linie folgen, und da ich nicht sehe, wann es nützlich sein könnte, den Prozeß wiederaufzunehmen, weil es in Frankreich derzeit keine Gerechtigkeit gibt, so rechne ich damit, daß ich noch für längere Zeit im Exil bleiben muß. – Aus dieser Überlegung heraus, die sich in mir von Tag zu Tag verstärkt, möchte ich, daß wir uns in Genua wiedertreffen. Diese Idee ist kein Luftschloß, sondern ein Plan, dessen Einzelheiten ich mir reiflich überlegt habe. Sicherlich werde ich nicht gleichzeitig mit Dir in einem Hotel in Genua absteigen. Ich werde Dir genau erklären, wie Du meine Ankunft vorbereiten kannst. Mein ausdrücklicher Wunsch ist, daß die Kinder am 1. Oktober wieder in Paris sind. Wenn es möglich gewesen wäre, zum 15. heimzukehren, hätte ich dann höchstens noch ein oder zwei Wochen ohne sie hier bleiben müssen. Da das aber unmöglich ist und ich keinesfalls den Winter alleine hier verbringen möchte, ist es wohl das Einfachste, daß ich Dich in einem Land wiedertreffe, wo wir uns gemeinsam bequem niederlassen können. Belaste Dich nicht mit der Vorstellung, daß alles verloren wäre, wenn man mich findet: Das ist nicht wahr; im Gegenteil, an dem Tag, an dem man weiß, wo ich bin, haben wir eine große Sorge weniger. Wir können in Italien sehr bequem die Ereignisse abwarten; und wenn das jemanden stören sollte, so ist mir das einerlei. Ich habe genug, ich werde zum Schluß Frankreich noch sagen, was ich von ihm halte. Ich versichere Dir, daß ich sehr ruhig bin, daß ich mir in meinem Zufluchtsort unsere Lage ganz klar überlege und daß es mein Wunsch ist, sehr vernünftig zu handeln.

Wenn wir gezwungen sein sollten, uns in der Gegend von Genua niederzulassen, dann bedaure ich nur eines: daß ich nicht weiß, wie ich den armen „chevalier“[1] nachkommen lassen soll, den Du nicht mitnehmen kannst. Ich werde einen Weg finden.

Wenn *L'Aurore* die Hälfte der vierzigtausend Francs zahlt, dann ist das schon etwas. Vaughan schien dazu aber nicht sehr entschlossen zu sein. Wenn es notwendig sein sollte, dann müßtest Du ihn in der Redaktion aufsuchen, er ist von fünf bis sieben dort.

Diese Angelegenheit mit den Sachverständigen ist noch eine große Sorge für mich; es wird uns an Geld fehlen, ich möchte aber Zeit haben, meinen Roman in Ruhe zu beenden, um finanziell wieder auf die Beine zu kommen.

Ich brauche Dich ja nicht extra zu bitten, alles zu unternehmen, damit man uns zu Hilfe kommt. Du kennst unsere Situation genauso gut wie ich und Du zeigst in dieser ganzen Angelegenheit eine Hingabe, die mich zu Tränen rührt. Sobald Du dieser letzten Fron entledigt bist, kannst Du abreisen.

Habe keine Angst, ich pass' auf mich auf und werde hier umsorgt. Derzeit gibt es nichts Beunruhigendes. Samstag in acht Tagen wechsle ich erneut die Unterkunft, und im neuen Haus wird es endgültig unmöglich sein, mich zu finden. Es vergeht kein Tag, an dem man hier nicht an meiner Sicherheit arbeitet. Ich sage Dir das, damit Dir nicht zu viele Ängste, die ich übrigens sehr gut verstehe, durch den Kopf gehen.

Sonst gibt es keine Neuigkeiten, die Dich interessieren könnten. Mein Leben ist weiterhin so geregelt, als ob ich in einem Kloster wäre. Ich schreibe jeden Vormittag regelmäßig meine fünf Seiten, ich habe das dritte Kapitel begonnen. Letzte Nacht gab es ein sehr schweres Gewitter. Zum Glück sind die Kinder nicht aufgewacht. Sie sind recht brav, spielen im engen Garten und gehen wenig hinaus, was mir auch lieber ist. Das Wetter ist wieder schön geworden, ich bin in meinem Arbeitszimmer. Mein großer Wunsch ist, den Roman bis Ende September so weit wie möglich voranzubringen und ihn dann im Winter am Ufer des Mittelmeers fortzusetzen.

Ich werde Mirbeau schreiben. Danke auch Du ihm sehr, denn ich bin von seiner Anteilnahme wirklich gerührt. Drücke allen unseren Freunden für mich die Hand.

Ich kann Dir versprechen, für Dich jeweils am Donnerstag und am Sonntag abend einen Brief aufzugeben, die müßtest Du dann, den einen am Samstag, den anderen am Dienstag erhalten. Aber mit dieser Post hier kann ich für nichts garantieren. – Vielen Dank für all die schönen Sachen, die Du mir schreibst und die meine Seele stärken. Mein Zuhause so unvermittelt verlassen zu haben und nicht mehr zu wissen, wann ich dorthin werde zurückkehren können, das ist es, worunter ich am schwersten leide. Deshalb rührt es mich auch sehr, daß es Dir, wie Du schreibst, vorkommt, daß ich immer noch dort bin. Ach, meine liebe Frau, wann werden wir dort wieder zusammen sein? Du hast gut daran getan, die Wanduhr wieder in Gang zu setzen, sie schien wie tot. Es freut mich, daß sie wieder lebt und läutet wie damals, als ich da war. – Wenn Du wegfährst, laß alles so, als ob wir bald zurückkämen. Wenn wir aber tatsächlich nicht zurückkommen können sollten, dann müßten wir uns wohl damit abfinden, uns vom Haus zu trennen, denn wir werden diese große Last nicht auf dem Hals haben können.

Ich umarme die Kinder und denke dabei an Dich. Welch ein Glück haben sie doch, nichts zu verstehen und lustig und sorglos in den Tag hinein zu leben!

Ich umarme Dich von ganzem Herzen, meine liebe Frau, und träume trotz allem von Frieden und Zuneigung! An dem Tag, an dem man uns in Ruhe lassen wird, werden wir nicht viel brauchen, um glücklich zu sein.

1) Kosename des Hundes Pinpin.

AN FERNAND LABORI

19. August 1898

Mein lieber Freund, Ihr herzlicher Brief hat mir große Freude gemacht. Auch ich umarme Sie aus ganzem Herzen und danke Ihnen für die schreckliche Mühe, die Sie auf sich nehmen, und für den übermenschlichen Mut, mit dem Sie die Wahrheit und das Recht verteidigen. Sie brauchen mir nicht oft zu schreiben, ich verstehe, wie müde Sie sein müssen. Versuchen Sie, sich ein wenig auszuruhen und Kräfte für die kommenden Kämpfe zu sammeln. Ich hoffe, daß man Ihnen endlich ein paar Tage Urlaub gönnt, es ist in unser aller Interesse. Wir wollen, daß Sie stark und respekterregend bleiben.

[...]

Sie möchten gerne wissen, was ich aus dem Abstand, den ich nun einmal habe, über die jüngsten Ereignisse denke. Oh, nichts Gutes. Da wird Esterhazy nach seinem Freispruch durch das Militärgericht nun auch von einem Zivilgericht entlastet[1]. Das allein gereicht einer Nation zu ewiger Schande. Wir können also nicht mehr auf die Justiz bauen. Wie Sie, so hoffe auch ich nur mehr auf das Unbekannte, das Unerwartete. Uns hilft nur mehr entweder ein Paukenschlag oder die langsame Arbeit der unendlichen kleinen Schritte, die an allem nagen und alles mit sich ziehen. Der Sieg ist gewiß, aber in wie vielen Monaten oder Jahren?

Herzlichen Dank für Ihren Erfolg in der Affäre mit dem *Petit Journal*[2]. Ich verdanke Ihnen eine Stunde des Trostes. Sie haben natürlich jede Freiheit, wenn Sie es für richtig halten, in der Angelegenheit der Fälschungen unsere Privatklage einzubringen; ich sende Ihnen den von Herrn Collet verlangten Brief zu. – Ich danke Ihnen auch, daß Sie sich dafür eingesetzt haben, daß ich im Prozeß gegen die Schriftsachverständigen nicht allein die finanzielle Verantwortung zu tragen habe. Ich habe diesbezüglich meiner Frau geschrieben. Ich weiß, daß sich auch Mirbeau für mich einsetzt. Ich hoffe also, daß man mir allzu große Belastungen ersparen wird.

Ich lege diesem Brief eine Notiz bei und bitte Sie, sie aufmerksam zu lesen und unseren Freunden zum Lesen zu geben. Bitten Sie alle um ihre Meinung und geben Sie mir – nach reiflicher Überlegung – auch Ihre. Ich erwarte eine Antwort übrigens erst in den ersten Septembertagen, damit ich dann mein Leben je nach unserer Entscheidung gestalten kann.

Mit Ergriffenheit denke ich an Picquart! Er ist ein Held. Grüßen Sie ihn herzlich von mir, wenn Sie ihn sehen, und sagen Sie ihm, daß kein Tag vergeht, an dem ich nicht an ihn denke.

Auch Sie, mein tapferer und heldenhafter Freund, umarme ich aus ganzem Herzen, und ich bitte Sie, Ihrer Frau zu sagen, wie sehr mich ihr liebevolles Mitgefühl rührt.

Notiz

Nach dem in unserer Abwesenheit gegen uns gefällten Urteil der Gerichtssitzung vom 18. Juli in Versailles waren alle unsere Freunde der Meinung, daß ich Frankreich sofort verlassen sollte, sodaß ich das Urteil nicht erhalten würde und wir dadurch in dieser Angelegenheit unsere Handlungsfreiheit bewahren könnten. Es ging vor allem darum, von uns aus den Tag bestimmen zu können, an dem uns eine Wiederaufnahme des Prozesses nützlich und vor allem geeignet erscheinen würde, Licht in die Angelegenheit zu bringen und unseren Sieg zu garantieren. Die grundsätzliche Frage war also jene des Datums, wir wollten uns in erster Linie die Wahl dieses Zeitpunkts offenhalten.

Ich muß hinzufügen, daß damals Esterhazy und seine Geliebte hinter Schloß und Riegel waren, daß Du Paty de Clam gerade der Komplizenschaft überführt worden war und es uns notwendig schien, die Ergebnisse der Untersuchung abzuwarten; denn wenn die Genannten alle angezeigt und verurteilt worden wären, dann wäre für uns ein Freispruch möglich geworden. Nach der Einstellung des Verfahrens zu ihren Gunsten besteht dieser Grund für unser Abwarten nicht mehr. Ich möchte nur anmerken, daß dieses Verharren der Justiz in der Ungerechtigkeit zeigt, daß sie zu allem bereit ist und nur darauf wartet, uns in Versailles abzuwürgen.

Unter diesen Umständen möchte ich die Frage stellen, welchen Zeitpunkt unsere Freunde für meine Rückkehr nach Frankreich für möglich halten, das heißt, zu welchem Zeitpunkt es ihrer Ansicht nach für die Sache und für uns ein offensichtliches Interesse gibt, den Prozeß in Versailles wiederaufzunehmen. Ich gehe dabei davon aus, daß es der Staatsanwaltschaft nachweislich unmöglich ist, das Urteil gegen mich im Ausland zu vollziehen, und wir in der Lage sind, den Zeitpunkt meiner Rückkehr so lange hinauszuschieben, wie es uns gefällt.

Für mich ergeben sich daraus nur zwei Möglichkeiten:
– entweder im Oktober heimzukehren, auch wenn sich bis dahin nichts Neues

ergeben hat – so wie wir uns das ursprünglich vorgestellt hatten, als wir noch mit der gerichtlichen Verfolgung von Esterhazy und seiner Mätresse rechnen konnten –, und uns in Versailles dann allein aus Lust an der Großartigkeit eines neuerlichen Justizverbrechens abschlachten zu lassen. In diesem Fall werden wir verhöhnt, bedroht und verurteilt werden; wir werden keinesfalls in der Lage sein, neues Licht in die Affäre zu bringen; ich werde dann meine einjährige Gefängnisstrafe absitzen. Wenn man der Meinung ist, daß das gut und der Sache dienlich ist, dann bin ich dazu bereit;

oder aber im Ausland so lange wie nötig den Tag abzuwarten, an dem wir offen und laut sprechen können; die Umstände auszumachen, die es mir ermöglichen werden, im Triumph heimzukehren; den Prozeß wie eine Drohung, die jederzeit wahrgemacht werden kann, über den Köpfen unserer Gegner schweben zu lassen; Herren der Handlung zu bleiben und die Wunde aufreißen zu können, wann immer es uns gefällt; ihnen unseren Prozeß nicht zu ersparen, sich so zu verhalten, daß sie diese Drohung immer vor sich haben, ihnen so ihre Hoffnung zu nehmen, zu einem Ende zu kommen, weil wir ja immer die Möglichkeit haben werden, alles von vorne beginnen zu lassen.

Ich wünsche, daß unsere Freunde diesen Vermerk lesen und diskutieren und mir dann die Entscheidung bekanntgeben, die ich ihrer Meinung nach zu treffen habe.

1) Am 12. August ist das Zivilverfahren gegen Esterhazy und seine Maitresse Marguerite Pays eingestellt worden.

2) Anspielung auf die Verurteilung von Judet am 3. August

AN OCTAVE MIRBEAU

19. August 1898

Herzlichen Dank, mein lieber Freund, für Ihren freundlichen Brief und für die nervenaufreibenden Mühen, die Sie auf sich nehmen, um meiner armen Frau die größten Sorgen zu ersparen. Sie werden nicht glauben, wie gerührt ich bin, bei der allgemeinen Feigheit noch einige Getreue um mich zu haben.

Mein Leben hier ist einigermaßen erträglich geworden, seit ich wieder arbeiten kann. Die Arbeit war immer schon mein Trost und meine Rettung. Aber nichtsdestoweniger zittern meine armen Hände immer noch und meine Empörung ist grenzenlos. Sie können sich nicht vorstellen, in welchen Zorn mich die Nachrichten versetzen, die ich aus Frankreich erhalte. Wenn es dunkel wird, glaube ich, das Ende der Welt sei nahe.

Sie sind der Meinung, daß ich heimkehren und mich – ohne neuen Prozeß in Versailles – stellen soll. Es wäre zu bequem, auf diese Weise im Gefängnis den Frieden zu haben; ich glaube nicht, daß das möglich ist. Ich bin nicht ins Exil gegangen, um einfach so wieder heimzukehren, das wäre in diesem Fall weder eine folgerichtige noch eine große Haltung. Ich denke eher, daß das Exil für mich von unbestimmter Dauer sein wird, wenn ich nicht das Risiko eines neuen Prozesses eingehen will. Im übrigen können wir erst im Oktober eine Entscheidung treffen. Wer weiß, was sich bis dahin ereignet? Obwohl ich nicht mehr an ein Wunder glaube.

Sie müssen tapfer sein, mein Freund, damit wir unsere Aufgabe erfüllen können. Wenn ich weiter arbeiten kann, dann ist alles nicht so schlimm.

Sie und Ihre Frau sind sehr freundlich und gut zu meiner Frau, die fürchterliche Zeiten durchmacht. Ich werde Ihnen die freundschaftliche Hilfe, die Sie ihr gebracht haben, nie vergessen [...]

AN ALFRED BRUNEAU

21. August 1898

Mein Freund, ich denke, daß Sie mir nicht böse sind, weil ich auf Ihren lieben Brief noch nicht geantwortet habe, den Sie mir am Tag nach meiner Ankunft hier geschrieben haben. Ich mußte alle möglichen Vorsichtsmaßnahmen treffen, ich habe vor allem befürchtet, daß die Post an meine Freunde geöffnet wird. Und dann dachte ich auch, daß Sie auf weniger gefährlichem Wege Kunde von mir erhalten.

[...]

Ich denke, daß auch Sie sich wieder mit ganzem Herzen an die Arbeit gemacht haben, um ein wenig die Bitterkeit der schrecklichen Dinge zu vergessen, die Sie so tapfer an meiner Seite durchgestanden haben. Ich denke sehr oft an Sie, Sie haben Ihren Platz in meinem Herzen an der Seite der selten gewordenen Getreuen, die mich in den Tagen der Unbeliebtheit und der Gefahr nicht aufgegeben haben. Schreiben Sie eine schöne Oper, legen Sie Ihre ganze Leidenschaft für die Menschlichkeit und die Wahrheit hinein: das ist das einzige Mittel, um gegen die Dummköpfe und die Schufte recht zu behalten. Ich hoffe, im Herbst wieder in Paris zu sein, damit Sie uns die ersten drei Akte des *L'Ouragan* vorspielen können; Ihnen zuzuhören wird uns alles andere vergessen lassen.

Wenn Sie mir schreiben wollen, schicken Sie den Brief bitte an meine Frau, die ihn weiterleiten wird. Sagen Sie mir gelegentlich, wie es Ihrer Frau und Ihrer Tochter in der Sommerfrische geht. Ich denke, daß Sie wohl Ende September nach Paris zurückkehren werden, und es tut mir leid, daß ich nicht gleich da sein werde, um auf eine Tasse Tee in Ihre neue Wohnung zu kommen.

Seien Sie tapfer, mein Freund. Arbeiten Sie gut und bleiben Sie gesund. Was sich gerade ereignet, ist nichts gegen das Werk, das es zu schaffen gilt. Sie werden sehen, daß wir eines Tages wieder vereint sein werden, stärker und glücklicher als zuvor.

BRIEF AN EUGENE FASQUELLE

21. August 1898

Mein lieber Freund, ich danke Ihnen sehr dafür, daß Sie mir durch Ihren Vermittler die Vorschläge haben zukommen lassen, die man mir in Amerika macht[1]. Ich habe wie Sie weder in Gerson noch in Meyer[2] ein grenzenloses Vertrauen. Außerdem kann ich derzeit aus den verschiedensten Gründen derartige Vorschläge nicht akzeptieren. Wenn es nicht schon geschehen ist, so bitte ich Sie, in meinem Namen zu antworten, daß ich derzeit nicht zusagen kann.

Sie möchten mich hier besuchen. Es würde mir wirklich Freude machen, endlich wieder ein befreundetes Gesicht zu sehen und frei über unsere französischen „Affären" plaudern zu können. Aber die Situation ist folgende: Meine Kinder sind mit ihrer Mutter hier, und ich fürchte, daß es bei mir zu Hause einigen Kummer geben würde, wenn Sie mich da besuchen sollten. Man müßte also unehrlich sein, Ihre Reise geheimhalten, was sicher nicht einfach wäre. Beurteilen Sie selbst die Lage und sagen Sie mir, wie Sie darüber denken. Charpentier hat wie Sie den Wunsch geäußert, mich hier zu besuchen, und ich habe ihm dasselbe geantwortet wie Ihnen.

Mir geht es zum Glück ganz gut. Ich habe mich wieder an die Arbeit gemacht und werde morgen drei Kapitel meines neuen Romans fertig haben. Ich hoffe wirklich, abgesehen von neuen „Katastrophentagen", mit denen ich schon rechne, bei der Arbeit bleiben zu können. In Frankreich scheinen mir die Dinge eine immer üblere Richtung zu nehmen. Natürlich wäre es zum Heulen, wenn man nur das Mögliche in Betracht zöge. Wir müssen eben auf das Wunder warten, der Sieg ist sicher, vielleicht aber erst in vielen Jahren, leider!

Ich lebe übrigens im ungewissen und weiß noch nicht, was wir im Oktober machen werden. Das hängt von den Ereignissen ab. Ich rechne damit, daß Labori mich auf dem laufenden halten wird, und ich werde machen, was er und unsere Freunde mir anraten. Kurz gesagt, ich liefere mich dem Schicksal aus. Solange ich arbeiten kann, bin ich nicht allzu unglücklich.

Benachrichtigen Sie mich, wenn es etwas Neues gibt. Sie können mir in aller Sicherheit an die Adresse schreiben, die Sie haben.

1) Zola wurde eine Vortragsreihe über die Affäre angeboten.

2) Edmond Gerson leitete in New York eine bekannte Theateragentur: Im Juni 1899 wird er Zola vorschlagen, ein Drama „in vier oder fünf Akten" über die Dreyfus-Affäre zu schreiben! Paul Meyer war einer der Vertreter der „Société des gens de lettres", der französischen Schriftstellervereinigung, in den USA.

*

Die Entfernung bewirkt gelegentlich einige Unklarheiten im Dialog mit Alexandrine, die sich nicht mehr sicher ist, ob sie ihre geplante Italien-Reise auch tatsächlich antreten wird. Eine der Hauptsorgen von Zola bleibt die Höhe der Schadenersatzforderung der drei Schriftsachverständigen.

BRIEF AN ALEXANDRINE ZOLA

Sonntag, 21. August 1898

Meine liebe Frau, ich sehe, daß Du meine Briefe nicht ganz richtig verstehst. Du liest sie dann ein zweites Mal und verstehst sie deshalb nicht besser. Das liegt sicher daran, daß ich so schreibe, als ob Du über alle Gedanken, die mir täglich durch den Kopf gehen, auf dem laufenden wärst, während Du Dich mit ganz anderen Gedanken auseinandersetzen mußt, nämlich mit denen der Leute Deiner Umgebung. Ich fürchte wohl, daß diejenigen, die Dir eine genaue Auskunft über unsere Lage geben könnten, das nicht tun. Im übrigen ist Lab. der einzige, der dazu fähig ist, denn nur er weiß und versteht alles. Aber er hat auch andere Sorgen und außerdem sieht er die Affäre von seinem besonderen Standpunkt aus. Wenn ich Dir unklar und sogar ein wenig verrückt erscheine, dann deshalb, weil ich einfach laut nachdenke, wenn ich Dir schreibe, ohne Dir vorher zu sagen, von welchen Annahmen meine Überlegungen ausgehen. Wenn wir uns wiedersehen, wird sich aufklären, was Dir so dunkel und sogar verrückt erscheint, und Du wirst verstehen, warum ich mir erlauben darf anzunehmen, daß man von mir weiterhin unnütze und gefährliche Dinge verlangt, und daß ich trotzdem tapfer und entschlossen bleibe, meine Rolle bis ans Ende zu spielen. – Im übrigen hast Du tausendmal recht: Wozu im vorhinein planen, was wir im nächsten Monat machen werden, wo doch die Ereignisse bis dahin alles noch ein paar Mal über den Haufen werfen können. Ich sage Dir also nicht mehr, daß wir uns in Italien treffen werden. Wir werden zuerst sehen, ob Du überhaupt hinfährst, und dann, ob es für mich die Gelegenheit gibt, Dir nachzukommen.

Trotzdem stelle ich jetzt folgende kleine Wahrscheinlichkeitsrechnung an: man darf annehmen, daß die Kammern nicht vor dem 20. Oktober zusammentreten. Es scheint mir aber unmöglich, vor den Parlamentssitzungen und vor den parlamentarischen Anfragen heimzukehren, die es geben wird und die vielleicht sogar die Auflösung der Regierung nach sich ziehen werden. Damit haben wir dann schon Mitte November. Die Kinder reisen spätestens am 1. Oktober ab, was soll ich in der Zwischenzeit tun, wo werde ich mich bis zu meiner Heimkehr aufhalten. Ich habe Lab. einen langen Brief geschrieben und einen Vermerk geschickt, mit der Bitte, mit unseren Freunden diesen Zeitpunkt meiner Rückkehr zu besprechen[1], ich möchte seine Meinung wissen. Ich habe ihm auch gesagt, welche Möglichkeiten es meines Erachtens gibt. – Glaube nicht, daß ich entmutigt bin und den Kopf verliere. Ich bin wie am ersten Tag bereit zum Opfer. Aber, ich wiederhole es, es gibt mehrere Arten, dieses Opfer auf sich zu nehmen, und bisher schien mir eine Rückkehr Gefahren aller Art zu bergen, ohne daß irgend jemand Nutzen daraus zöge. Das wird mich natürlich nicht daran hindern heimzukehren, wenn das für notwendig erachtet werden sollte. Warten wir vorläufig einmal ab, das ist das Gescheiteste. Und sei nicht über meine Briefe traurig, sondern nimm sie als die Plaudereien eines Mannes, der viel nachdenkt und die Ereignisse in Frankreich aus der Ferne abschätzt.

Mich macht vor allem der schleppende Gang der Dinge rasend, denn er bringt Dich möglicherweise um Deine Ferien. Ich hoffe immer noch, daß es schnell genug geht, damit Du wenigstens noch den September für Dich hast. Und auch den Oktober, denn ich bleibe dabei, daß man uns im Oktober nicht brauchen wird. Halte mich bitte auf dem laufenden. Es würde mich freuen, Dich endlich entlastet und im Erholungsurlaub zu wissen.

Der Scheck vom Hause Macmillan ist mein Anteil an den Rechten für die amerikanische Übersetzung von *Paris*[2]. Das ist eine Abrechnung, die ich erwartet habe. Behalte den Scheck, bis ich mit Viz[etelly] darüber gesprochen habe. [...]

Es überrascht mich nicht, daß sich *L'Aurore* überall, wo sie um finanzielle Hilfe bittet, eine Absage einhandelt. Das sind also die Wohltaten des berühmten „Syndikats", und es ist wirklich legendär, wie gut wir vom jüdischen und vom ausländischen Geld unterstützt werden! Ich hoffe aber immer noch, daß die vierzigtausend Francs nicht mir allein auf den Kopf fallen. Lab. hat mir diesbezüglich einen recht zuversichtlichen Brief geschrieben. Halte mich darüber auf dem laufenden, es ist die einzige Angelegenheit, die mir wirklich noch Sorgen bereitet. Ich habe mich auch bei Mirbeau mit einem Brief bedankt.

Natürlich gibt es von hier nichts Besonderes zu erzählen. Die Tage vergehen alle im gleichen Trott. Ich arbeite weiterhin sehr regelmäßig und bin mit meiner Arbeit zufrieden. Das Wetter ist schwül und feucht, ich leide sehr darunter. Um mich herrscht vollkommene Ruhe.

Sag dem „chevalier", daß ich für die Zeit im Gefängnis nur eine Begünstigung verlange, nämlich die, ihn bei mir zu haben. Das wird ihn über meine Abwesenheit hinwegtrösten. – Und Du, meine liebe Frau, beunruhige Dich nicht wegen meiner Briefe, die Dich, wie Du sagst, durcheinanderbringen und Dich traurig stimmen. Ich verspreche Dir, nicht mehr laut zu denken; ich kann nicht alles erklären, das würde zu viele Seiten in Anspruch nehmen.

Sag Dir, daß es mir gut geht, daß ich gut arbeite und daß letzten Endes das, was ich mache, schön und nützlich sein wird. – Ich würde mir, wie gesagt, nur wünschen, daß Dir die Ereignisse es erlauben, Ferien zu machen, denn Du hast sie mit all den Sorgen, die Du seit einem Monat allein trägst, redlich verdient. Ich werde erst dann beruhigt sein, wenn ich weiß, daß auch Du weit von den Dummköpfen und Halunken entfernt bist und Dich ein wenig ausruhen kannst. [...]

1) Siehe den Brief an Labori vom 19. August.

2) Die amerikanische Ausgabe des Romans Paris *ist bei Macmillan in New York erschienen.*

*

Zola verläßt das Haus „Penn" Ende August und läßt sich einige Kilometer davon entfernt im Haus „Summerfield" in Addlestone nieder. Bedeutet diese neuerliche Übersiedlung eine stärkere Verankerung im Exil? Das zum gleichen Zeitpunkt gegen Picquart eingeleitete Verfahren läßt beim Schriftsteller keinerlei Optimismus hinsichtlich der weiteren Entwicklung der Affäre aufkommen.

BRIEF AN ALEXANDRINE ZOLA

[Addlestone] Sonntag, 28. August 1898

Meine liebe Frau, ich bin gestern übersiedelt, ich habe mich etwas weiter von der Hauptstadt entfernt an einen noch einsameren Ort niedergelassen. Der Garten ist groß und schattig, was mich besonders für die Kinder freut, die jetzt genug Auslauf haben. Es gibt in diesem Garten allerhand versteckte Winkel, wo sie sehr glücklich sein werden.

Auch das Haus ist bequemer, die Höhe der Miete ist gleich. Da ich das andere Haus nur für vier Wochen gemietet hatte und der Besitzer vom Meer zurückgekommen ist, war ich in jedem Fall gezwungen umzuziehen. Ich bin froh darüber und hätte auch sonst meinen Zufluchtsort gewechselt, denn ich fühlte mich nicht mehr in Sicherheit. Das Übel lag daran, daß ich die Dummheit begangen hatte, den Namen nicht zu ändern und das Haus („Penn") unter dem gleichen Namen zu mieten, unter dem ich im Hotel abgestiegen war[1]. Da eine Zeitung meinen Aufenthalt im Hotel angezeigt und der Besitzer des Hauses diese Zeitung gelesen hatte, wußte er, wen er beherbergt. Ich war ihm also ausgeliefert. Abgesehen davon kann ich nur froh über die Diskretion der Menschen in diesem Land sein. Die Leute, die mich erkannt haben, waren sehr zurückhaltend. Wie auch immer, ich bin ruhiger hier. Ich habe neuerlich den Namen gewechselt und bin in einer Gegend, wo mich niemand suchen wird. Ich bin ganz fest davon überzeugt, daß man mich nicht finden kann.

Wurde ich übrigens überhaupt jemals gesucht? Ich bezweifle es. Sie sind zu froh, mich los zu sein. Abgesehen davon, daß sie mit mir eigentlich nichts anfangen können, wenn sie mich finden sollten. Ich habe mich informiert, sie haben praktisch keine Möglichkeit, mir den Haftbefehl zuzustellen. Das steht außer Zweifel, und ich könnte ohne das geringste Risiko meine Identität bekanntgeben und mich vollkommen frei bewegen. Wenn ich mich weiter bedeckt halte, dann, um der Horde von Reportern zu entgehen, um in Ruhe und unerkannt zu leben und in Frieden zu arbeiten. Wenn ich Dir geschrieben habe, daß es das Beste wäre, mich zu deklarieren, und daß sich dann alles von selbst ergeben würde, so war das für den Fall gemeint, daß ich gezwungen gewesen wäre, den Haftbefehl anzunehmen, wodurch die Verurteilung rechtskräftig geworden wäre: Dann wären die Dinge so gelegen, wie Du es gerne hättest, das heißt, daß der Prozeß von Versailles abgeschlossen gewesen wäre und ich mich nur mehr zu einem Zeitpunkt, den ich gewählt hätte, hätte stellen müssen. Mich verstecken, verhindern, daß mir der Haftbefehl zugestellt wird, so wie Lab. das gewünscht hat, bedeutet so zu handeln, daß alles von vorne beginnt. Aber ich kann im Ausland gefahrlos unter meiner Identität leben, wenn mir danach ist; wenn es soweit kommen sollte, werde ich eine Haltung einnehmen, der ganz Europa Beifall spenden wird, das verspreche ich Dir.

In diesem Zusammenhang fällt mir ein, daß ich einen sehr liebenswürdigen Brief von Frau St. Blaise[2] erhalten habe, in dem sie über Dich mit einer Liebe und Bewunderung schreibt, die mich sehr tief gerührt haben. Es schien mir, daß sie ganz eindeutig dafür ist, daß ich im Ausland bleibe. Sie schreibt, daß an dem Tag, an dem ich öffentlich zugebe, daß ich hier bin, das ganze Land und die ganze Regierung auf meiner Seite sein und mich nötigenfalls beschützen würden. Sie bietet sich an, sich bei ihr bekannten Persönlichkeiten für mich zu verwenden. Ich werde ihr dieser Tage schreiben und dankend ablehnen. Ich möchte weiterhin unerkannt und friedlich leben. Außerdem weißt Du ja, daß ich noch keine Entscheidung getroffen habe: Ich warte die Ereignisse und die Umfrage ab, die Lab. bei unseren Freunden machen soll. Im Grunde bin ich ziemlich sicher, daß ich in den letzten Oktober- oder ersten Novembertagen nach Frankreich zurückkehren werde. Ich hoffe sogar, daß das ein Akt des nützlichen Heroismus sein wird. Ich werde darüber mit Dir plaudern, wenn die Zeit reif dafür ist und wir wissen, was wir im Oktober machen werden.

Frau St. Blaise gibt mir auch eine Nachricht, die mich glücklich machen würde, wenn sie sich bestätigen sollte. Sie sagt mir, daß ihr Mann jemanden gefunden hätte, der bereit wäre, die vierzigtausend Francs vorzustrecken[3]. Vielleicht kannst Du mir in Deinem nächsten Brief mehr darüber sagen.

Wegen der Übersiedlung habe ich gestern meine Post nicht bekommen. Heute wurde sie mir nachgebracht, aber es waren nur die zwei Zeitungen dabei, keine Briefe. Heute ist Sonntag, da wird keine Post ausgetragen. Wenn Du mir, wie ich annehme, am Samstag geschrieben hast, dann habe ich Deine Nachrichten morgen abend.

Das Wetter hat sich verschlechtert. Ich bin gestern unter strömendem Regen übersiedelt, heute früh hat die Sonne ein wenig geschienen, allerdings bei starkem Wind. Es ist mir gelungen, meine Arbeit nur einen Tag zu unterbrechen, ich habe heute am vierten Kapitel weitergearbeitet. Ich bin bei einer heiklen Passage angelangt und habe nur vier Seiten geschrieben. Das macht aber nichts, denn ich fühle mich ganz sicher. – Aus den Zeitungen habe ich heute früh erfahren, daß gegen Picquart gerichtliche Schritte eingeleitet wurden; das hat mir einen moralischen Tiefschlag versetzt. Was für eine Schande! Der Schuldige geht spazieren, dennoch ist das Martyrium von Dreyfus noch nicht genug, noch ein anderer Unschuldiger muß ins Gefängnis. Wenn ich meinerseits im Gefängnis bin, dann werden es drei sein. Das ist einfach unglaublich.

In den Zeitungen lese ich auch, daß es in Paris nicht mehr so heiß ist. Das freut mich sehr, dann Deine häufigen Fahrten nach Paris bei diesen schlimmen Temperaturen haben mich sehr beunruhigt; ruhe Dich aus, erhole Dich und versuche, Dich so gut wie möglich den schrecklichen Dingen zu entziehen, die Du um Dich hast.

[...]

An den „solicitor“ schreibst Du mir selbstverständlich nach wie vor unter dem gleichen Namen!

1) Unter dem Namen Jean Beauchamp

2) Alice Mirbeau, die Frau von Octave Mirbeau

3) Emile Zolas Freunde ersuchten Joseph Reinach, beim Aufbringen der 32.000 Francs zu helfen.

*

Etwa zur gleichen Zeit, als Zola sein neues „Versteck" bezieht, gibt ein Paukenschlag der Affäre eine neue Richtung. Mitte August wird von Hauptmann Cuignet, einem Attaché von Kriegsminister Cavaignac, die „Henry'sche Fälschung" entdeckt. Am 30. August legt Oberst Henry vor dem Minister ein Geständnis ab und wird daraufhin verhaftet. Tags darauf wird er tot in seiner Zelle im Militärgefängnis am Mont-Valérien aufgefunden.

Für Zola scheint sich ein Ende des Exils abzuzeichnen. Noch ist aber nichts entschieden. Das Warten geht weiter.

AN ALEXANDRINE ZOLA

[Addlestone] Donnerstag, 1. September 1898

Meine liebe Frau, gestern abend habe ich das Telegramm erhalten, das der gute Doktor für mich an den „solicitor" geschickt hat: „Teilen Sie Beauchamp sofort mit: Sieg!". Du kannst Dir denken, welchen Glücksschlag mir das versetzt hat, denn ich habe gleich verstanden, daß etwas Wichtiges zu unseren Gunsten geschehen ist. Ich gebe zu, daß ich die ganze Nacht nicht schlafen konnte. Heute früh war ich unfähig, mich an die Arbeit zu setzen. Ich werde die französischen Zeitungen erst heute abend bekommen, und Du spürst wahrscheinlich die Ungeduld, die mir das gänzliche Fehlen genauerer Informationen bereitet. Schließlich bin ich mit dem Fahrrad ins nächste Dorf gefahren und habe mir hiesige Zeitungen gekauft, die ich so recht und schlecht entziffere. So weiß ich nun endlich im großen und ganzen, was sich zugetragen hat: die Verhaftung von Henry, sein Geständnis und sein Selbstmord. Aber mir fehlen immer noch Einzelheiten, und ich befinde mich in einem Zustand der Erregung, die Du sicher verstehst. Keine exakte Information aus Frankreich! Mein Eindruck ist aber, daß die Wahrheit einen Riesenschritt vorwärts getan hat, auch wenn wir sicher noch nicht am Ende unserer Leiden sind. Ich fürchte, daß sie weiter versuchen werden, ihr zweideutiges Spiel zu spielen und die Wiederaufnahme des Dreyfus-Prozesses hartnäckig zu verhindern. Wie auch immer, es ist für sie der Anfang vom Ende.

Ich ersehe aus Deinen beiden letzten Briefen, daß Du wieder an Deine Italien-Reise denkst; das freut mich, denn wenn Du bis jetzt gute Gründe gehabt hast, daheim zu bleiben, so glaube ich wirklich, daß es die Ereignisse Dir jetzt erlauben werden, ein bißchen Erholung und Abwechslung zu genießen. Wenn die Angelegenheit mit den Schriftexperten geregelt ist, hält Dich nichts Ernstes mehr in Paris. Du könntest dieser Tage mit den Dienstboten in die Stadtwohnung zurückkehren, ihnen „Chevalier" anvertrauen und bis Ende Oktober nach Rom fahren. Ich glaube, wie schon gesagt, nicht, daß ich selbst vor diesem Zeitpunkt zurückkommen kann. Wenn die Ereignisse dieser Tage meine Rückkehr beschleunigen sollten, würde ich das Heim wohlbestellt vorfinden und, wie in den anderen Jahren, Dich dort erwarten. Aber Du brauchst Dir in dieser Hinsicht keine Gedanken zu machen, nur sehr günstige Ereignisse könnten meine Heimkehr beschleunigen. Triff also ganz frei Deine Entscheidung und verschaff Dir Abwechslung, Du hast sie sicher dringend nötig.

Ich habe den amerikanischen Scheck[1] erhalten. Danke. Ich werde ihn in einigen Tagen einlösen, wenn sich die Gelegenheit dazu ergibt. Es ist gut, daß Du R. für den Vorschuß gedankt hast[2]. Ich möchte ihm derzeit lieber nicht schreiben. Ein Brief von Dir muß reichen. Die Notiz von mir, über der er zwei Tage lang gebrütet hat, ist die, die ich Lab. geschickt habe und in der ich die zwei Möglichkeiten, die mir bleiben, zur Diskussion stelle: zurückkehren oder nicht zurückkehren[3]. Ich verstehe, daß er überlegt, denn die Frage ist, so wie ich sie meinen Freunden stelle, schwerwiegend. Aber je nachdem, was sich heute in Frankreich abspielt und worüber ich noch nichts weiß, treten diese Überlegungen vielleicht in den Hintergrund, vor allem, wenn ich nur mehr siegreich heimzukehren brauchte.

Ich habe einen lieben Brief von Amélie[4] erhalten, der ich danken werde. Frau St.B. habe ich schon geantwortet und mich bedankt. Ich habe beinahe vergessen, Dir zu sagen, daß ich auch einen Brief vom guten Valentin erhalten und ihn sofort beantwortet habe. [...]

Roux gegenüber[5] hast Du vollkommen richtig gehandelt, ich kann mich nicht mit dem Gedanken anfreunden, ihn wieder bei uns zu sehen. Es wird mir in Zukunft schwerfallen, in bestimmten Fällen Nachsicht walten zu lassen. Die schreckliche Affäre, die unser Leben durcheinandergebracht hat, wird zwangsläufig auch unseren Umgang ändern.

Du fragst mich, an welchen Orten man hier den Winter verbringen könnte. Ich kenne sie, aber um nichts in der Welt möchte ich, wenn ich nicht vorher heimkehren können sollte, den Winter in diesem Land verbringen. Ich gedenke nach wie vor, die Kinder Anfang Oktober nach Hause zu schicken, es sei denn es erwiese sich als günstig, sie vierzehn Tage länger hier zu behalten. In diesem Fall würde ich diese zwei Wochen in dem Haus bleiben, in dem ich jetzt bin, denn Du kannst Dir nicht vorstellen, welche Sorgen mir jeder Umzug bereitet. Ich wiederhole nochmals, daß es unmöglich ist vorherzusehen, was ich in einem Monat machen werde, vor allem nach den letzten Ereignissen.

Abends werde ich mir die neuesten Zeitungen von hier mit den Depeschen des Tages besorgen. Ich werde sie schon so recht und schlecht verstehen. Wie außergewöhnlich ist doch die völlige Ruhe, die mich inmitten von diesen Feldern umgibt, diese Stille, diese Unmöglichkeit, Nachrichten zu bekommen, während sich in meinem Land Geschehnisse zutragen, von denen mein Schicksal abhängt.

Ich habe hier im Garten kleine weiße Stiefmütterchen gefunden und schicke Dir zwei davon, um Dir für Deinen Jasmin zu danken, der mir einen kleinen Winkel unseres Hauses hierhergebracht hat.

Ich umarme Dich aus ganzem Herzen, meine liebe Frau, in der Hoffnung, daß unsere großen Sorgen bald ein Ende haben werden. Du trägst einen großen Teil meines Kummers und wirst auch am Sieg Deinen Anteil haben.

1) Der Scheck des Verlagshauses Macmillan: siehe den Brief an Alexandrine vom 21. August.

2) Gemeint ist die Hilfe von Joseph Reinach für die Schadenersatzzahlung an die Schriftexperten.

3) Siehe dazu den Brief an Labori vom 19. August.

4) Amélie Laborde, die Cousine von Alexandrine.

5) Marius Roux, ein Jugendfreund von Zola, war Redaktionssekretär des von Ernest Judet geleiteten Petit Journal, das gegen Dreyfus und gegen Zola Kampagne gemacht hat. Er wollte Nachricht von Zola haben und hat Alexandrine vorgeschlagen, sie zu besuchen.

*

In einem weiteren Brief an Alexandrine, datiert mit 4. September, drückt Zola seine Überzeugung aus, daß die letzten Ereignisse einen gewaltigen Schritt für die Anerkennung der Wahrheit bedeuteten und daß der Sieg sicher sei. Er bleibt aber zurückhaltend, was die Möglichkeiten seiner Rückkehr nach Frankreich betrifft. Auch wenn die Regierung andere Sorgen hat, als an ihn zu denken, so schließt er doch neuerliche unerwartete Wendungen nicht aus.

In den Briefen an Labori und Mirbeau läßt er seiner Freude über die Entwicklung freien Lauf.

Vaughan bittet ihn um einen kurzen Text für ein Unterstützungs-Meeting der Tageszeitung L'Aurore*: Zola lehnt ab, er möchte die Zurückhaltung wahren, die er sich seit der „Flucht" auferlegt hat.*

BRIEF AN OCTAVE MIRBEAU

Donnerstag, 8. September 1898

Mein lieber und treuer Freund, Ihr Brief, den ich wie einen ersten Triumphschrei empfangen habe, hat mich zu Tränen gerührt. Sie sorgen sich mehr um meinen Sieg als ich, denn ich verlange nur eins, wenn die ganze schreckliche Angelegenheit begraben sein wird: daß man mich in Ruhe arbeiten läßt. Ich möchte nur wieder an meinen Platz zurückkehren und mich ein bißchen von der ganzen Hetze und den seelischen Wunden erholen. Regeln wir also nicht schon im vorhinein die Umstände meiner Rückkehr, zumal wir noch nicht gewonnen haben. Wir werden später darüber sprechen. Beschlossene Sache ist, daß ich hier in der strikten Abgeschiedenheit, in der ich lebe, das Ergebnis des Wiederaufnahmeantrags abwarten werde. Ich schreibe Labori in diesem Sinne. Es ist jetzt tatsächlich so, daß unser Prozeß in Versailles der Abschluß der ganzen Affäre sein muß.

Ich bin sehr glücklich und bleibe trotzdem auch sorgenvoll. Es scheint mir heute aber tatsächlich unmöglich, daß die Wahrheit nicht an den Tag kommen sollte. Das befreit mich von der schweren Last, die mein Herz bedrückt, und ich arbeite fröhlich in der Hoffnung, in Paris bald meine liebe Frau, mein geliebtes Heim und einige tapfere Freunde wie Sie wiederzusehen. Was Sie mir über die herzliche Haltung von R.[1] sagen, rührt mich zutiefst. Ich werde mich gleich nach meiner Rückkehr persönlich bei ihm bedanken, das vergesse ich sicher nicht.

Und obwohl Ihnen selbst Ihr eigenes Verhalten selbstverständlich erscheint, danke ich Ihnen doch aus ganzem Herzen für die Zuneigung, die Sie und Ihre Frau meiner armen Gefährtin entgegengebracht haben, die ich inmitten der schlimmsten Sorgen allein zurücklassen mußte.

1) Joseph Reinach; siehe dazu den Brief an Alexandrine vom 1. September 1898.

BRIEF AN FERNAND LABORI

Donnerstag, 8. September 1898

Ihr lieber Brief erreicht mich tatsächlich in einem Augenblick großer Freude. Ich glaube, daß wir endlich auf dem Weg zum Sieg sind. Dennoch bin ich nicht frei von jeder Besorgnis und ich bitte Sie und unsere Freunde inständig, je näher wir dem Ziel kommen, doppeltes Mißtrauen und doppelte Sorgfalt walten zu lassen. Wir haben unseren Kampf erst dann gewonnen, wenn die Unschuld von Dreyfus anerkannt und er frei sein wird. An dem Tag, an dem man neuerlich über ihn zu Gericht sitzt, wird mein Herz wohl aus Angst zu schlagen aufhören, denn das wird der gefährlichste Tag sein. Sie verstehen, was ich meine, nämlich daß Ihr alle nur mehr einen Gedanken haben dürft: darauf hinzuarbeiten, daß die Wahrheit so augenfällig wird, daß dadurch jeder verbrecherische Versuch, sie zu unterschlagen, unmöglich gemacht wird.

Was den Zeitpunkt meiner Rückkehr betrifft, bin ich natürlich ganz Ihrer Meinung: Es ist derzeit unmöglich, ihn zu bestimmen. Für mich ist sie erst nach dem Ergebnis des Wiederaufnahmeverfahrens logisch, sodaß dann unser Prozeß in Versailles wie der siegreiche Abschluß der ganzen Affäre erscheinen kann. Ich werde also den Tag abwarten, an dem ich nach erfüllter Pflicht wieder mein ruhiges Arbeitsleben aufnehmen kann, ich warte zwar nicht in Frieden, denn dazu ist mein ganzes Wesen zu sehr von Angst erfüllt, aber wenigstens hoffnungsvoll. Im übrigen geht es mir gut, ich arbeite und leide nur darunter, hier in der Fremde von meiner Frau getrennt zu sein und in einem Land zu leben, dessen Sprache ich nicht spreche.

Ich denke auch an Sie, mein tapferer Freund, Sie werden einen großen Anteil am Sieg haben. Ich habe Ihnen immer gesagt, daß Sie aus meinem Prozeß die unwiderstehliche Kampagne gemacht haben, die alles erobert hat. Wenn mich einen Augenblick lang die bittere Sorge gequält hat, Sie in eine aussichtslose Affäre hineingezogen zu haben, so war mein erster Gedanke, als ich die guten Nachrichten erhalten habe, daß die Zukunft jetzt uns gehört – und ich habe beim Gedanken an den unschuldigen Märtyrer, den wir seiner Frau und seinen Kindern zurückgeben werden, wie ein Schloßhund geweint.

BRIEF AN ERNEST VAUGHAN

Donnerstag, 8. September 1898

Mein lieber Vaughan, ich kann Ihnen die Zeilen nicht schicken, die Sie von mir für das Meeting im Tivoli-Vauxhall[1] erwarten. Meine Gründe dafür sind folgende:

Mir scheint, daß meine Haltung von umso mehr Größe zeugt, je mehr ich mich jetzt zurückziehe. Ich muß mich totstellen und darf nicht das geringste Lebenszeichen von mir geben, solange die Revision nicht entschieden ist. Niemand weiß, wo ich bin. Sagen wir, auf einem anderen Planeten. Und ich werde erst auftauchen, wenn die Justiz wiederauferstanden sein wird.

Deshalb erschiene es mir engstirnig und unelegant, mich anläßlich der

Gelegenheit, von der Sie sprechen, zu Wort zu melden. Ihr Gedanke aber, daß ich betonen soll, daß ich die Armee nie mit einigen tressengeschmückten Verbrechern verwechselt habe, ist gut. Sie finden ihn auch in meinem Brief an den Präsidenten der Republik, in dem ich auch habe durchblicken lassen, daß der Generalstab dabei ist, uns ein neues Sedan zu bescheren. Wenn Sie etwas von mir vorlesen möchten, nehmen Sie doch diese Passage, die niemand bemerken wollte, als der Brief erschienen ist.

Ich freue mich über die guten Nachrichten, die Sie mir über *L'Aurore* geben. Es ist keine Frage: Sie haben mitgelitten, Sie müssen auch beim Sieg mit dabei sein.

Mir geht es gut, ich arbeite.

Drücken Sie Clemenceau, dessen Kampagne ich nach wie vor bewundere, freundschaftlich die Hand. [...]

1) Pariser Veranstaltungsort nahe der „Place de la République", der häufig Schauplatz von Meetings war.

*

Die Mitte September verfaßten Briefe geben einen Einblick in das Alltagsleben des Exilanten: die englische Küche, das Wetter, die Spiele von Denise und Jacques im großen Garten der Villa „Summerfield"...

Die Verzögerungstaktik von Ministerpräsident Brisson und der Reigen von kurzlebigen Kriegsministern, die allesamt hartnäckig eine Revision des Dreyfus-Prozesses verweigern, lassen aber Zolas Hoffnungen auf eine baldige Heimkehr schwinden.

AN ALEXANDRINE ZOLA

Sonntag, 11. September 1898

Meine liebe Frau, ich war sehr erfreut, von Dir gestern abend einen zusätzlichen Brief zu erhalten. [...]

Ich verfolge weiterhin aufmerksam alle Neuigkeiten. Aber ich gebe zu, daß ich dabei weniger leidenschaftlich geworden bin, denn ich stelle fest, daß eine rasche Lösung immer unwahrscheinlicher wird. Das erschüttert allerdings mein Vertrauen nicht, ich bin und bleibe davon überzeugt, daß die Revision unumgänglich ist, was immer unsere Gegner auch machen. Sie können sich mit einigen Niederträchtigkeiten noch etwas Zeit verschaffen, im Grunde werden sie den unausweichlichen Ausgang aber nur hinausschieben. Leider weiß ich aber nicht, wie lange sie mit ihrem Zögern und ihren Formalitäten mich noch zwingen werden, hier zu bleiben. Ich stelle meine kleinen persönlichen Berechnungen an und beginne zu glauben, daß wir zu optimistisch sind, wenn wir für meine Rückkehr den 15. November ins Auge fassen. Ich bin ungeduldig, weil mir das Herz schwer wird bei dem Gedanken, nach einer so schrecklichen, so unvermittelten Trennung immer noch länger fern von Dir leben zu müssen; es nützt nicht viel, daß ich nicht alleine und daß ich ganz komfortabel eingerichtet bin, ich bin nichtsdestoweniger im Ausland, aus meinen Gewohnheiten herausgerissen und ohne meine Freunde. Zwei lange Monate noch, das erscheint mir manchmal wie ein ganzes Jahrhundert, und es gibt Abende, an denen ich recht verzweifelt bin, alles schwarz sehe und glaube, daß das alles kein Ende nehmen wird. Aber was soll's, wir brauchen Mut und Geduld. Nach dem 15. Oktober, wenn die Kinder weg sind, muß ich eine andere Lösung finden, es schreckt mich, einen Monat lang allein in der Hauptstadt zu bleiben. Ich will darüber aber noch nicht sprechen, weil es unmöglich ist vorherzusehen, wozu mich die Ereignisse veranlassen werden.

Gestern habe ich mir selbst eine große Freude bereitet: ich habe das fünfte Kapitel meines Romans abgeschlossen. Das bedeutet nicht nur das Ende eines Kapitels, sondern auch das Ende des ersten Teils; dieser sehr heikle Abschnitt hat mir einige Mühe bereitet. Jetzt bin ich aber ganz zufrieden damit, ich glaube, es ist mir gelungen, alles zu sagen, ohne die Prüderie allzu sehr zu verletzen. Alles zusammen bildet ein Ganzes, ein breites, abgeschlossenes Gemälde. Es hat eine Länge von einhundertfünfundfünfzig Seiten, um fünf mehr, als ich ursprünglich geplant habe. Da der ganze Roman aus sechs Büchern besteht, ist also ein Sechstel gemacht, es bleiben mir noch fünf Abschnitte zu schreiben. Morgen beginne ich mit dem zweiten Buch, ich habe schon den Plan des ersten Kapitels gemacht.

In den fünf Wochen, seit ich mit dem Roman begonnen habe, habe ich nur zwei Vormittage verloren: den, an dem ich übersiedelt bin, und den, an dem ich die Nachricht von den neuen Ereignissen in der Affäre erhalten habe. Du siehst also, daß ich wohlauf bin, denn die Regelmäßigkeit der Arbeit ist das Pendel selbst, das mein Leben regelt.

Nach den schlimmen Hitzetagen habe ich Unwetter und Regen befürchtet; aber nichts dergleichen ist eingetreten, der Wind hat einfach gedreht, das Wetter ist kühler, aber weiterhin schön. Seit drei Tagen ist es wirklich köstlich. Ich verlasse den Garten nicht und mache es mir in einem Liegestuhl aus Weidengeflecht gemütlich. Da lese ich stundenlang meine Zeitungen. Es gibt auch eine Hängematte, die Denise und Jacques ganz ordentlich durcheinanderrütteln. Dieser Garten, in dem die Wucherpflanzen nach ihrer Laune gedeihen und dem Eichen und Akazien Schatten spenden, ist ein wahres Glück, ein richtiger Winkel wilder Einsamkeit, wo man sich von jeder Behausung meilenweit entfernt fühlt. Das Pech ist nur, daß wir sicher gezwungen sein werden, ihn mit dem ersten Regen zu fliehen, denn bei feuchtem Wetter muß er unmöglich sein.

Mach Dir wegen des Briefes, den ich Amélie geschrieben habe, keine Sorgen. Ich habe aus dem zweiten Brief, den sie mir geschickt hat, entnommen, daß Albert[1] einige Tage länger in Chamonix geblieben ist. Er muß also wohl meinen Brief erhalten und ihn seiner Mutter nachgeschickt haben. Du tust übrigens gut daran, sie davon in Kenntnis zu setzen, denn es wäre schlecht, wenn der Brief irgendwo verlorenginge.

Was Du mir über die Gärtner sagst, beunruhigt und ärgert mich mit der Zeit[2]. Sicher ist es derzeit schwierig, reines Haus zu machen, aber sie dürfen die Grenzen des Anstands nicht überschreiten. Der nächste Frühling ist noch zu weit, um so lange Feinde im Haus zu lassen. Sobald ich zurück bin, werden wir uns ernsthaft eine Entscheidung überlegen müssen. Man soll sich nicht zu sehr über uns lustig machen.

Sag Mirbeau, daß mich seine Weigerung, sich mit diesem Dummkopf von Millevoye[3] zu duellieren, sehr gefreut hat. Ich habe einen Augenblick lang gefürchtet, er fühle sich gezwungen, ihm diese Ehre zu erweisen. Das hätte mich sehr getroffen. Alle unsere Freunde, die man beleidigt und auf diese abscheuliche Weise provoziert, sollten übereinkommen, sich nicht mit irgendwelchen Halunken zu duellieren, für die das Duell das letzte Mittel bleibt, um sich aus dem Dreckschlamm zu ziehen, in dem sie waten.

Wenn Du gekommen wärst und Eugénie mitgebracht hättest, dann hätten wir hier sehr gut gegessen, denn das Fleisch ist ausgezeichnet, das Gemüse allerdings etwas zweifelhaft, und Obst fehlt völlig. Das Schlimmste aber sind die ganz außergewöhnlichen Rezepte, die für den französischen Geschmack alles verderben. Ich werde Dir einmal ein paar aufschreiben, sie sind schrecklich. Und welch ein Schmutz, welch ein Mangel an echtem Wohlbefinden in dieser „sauberen" und „komfortablen" Nation!

Wenn sich „Chevalier" weiterhin schlecht aufführt, entziehe ich ihm meine Hochachtung. Er wird nicht beim Fest dabeisein, das wir bei meiner Rückkehr feiern.

Die Zeit wird mir lang, meine liebe Frau. Es gibt Tage, an denen ich Geduld habe, und andere, an denen ich mich wie ein Körper ohne Seele fühle, vollkommen entfremdet. Wie auch immer, ich umarme Dich von ganzem Herzen, bis ich Dir endlich sagen kann, wie sehr ich während dieser langen Tage gelitten habe, an denen ich Dich nicht bei mir hatte.

1) Albert Laborde, der Sohn von Amélie.

2) Octave und Léonie Lenôtre, das Gärtnerehepaar von Zola in Médan, hat sich zahlreiche Indiskretionen zuschulden kommen lassen; in ihrem Brief vom 6. September hat Alexandrine außerdem über die schlechte Arbeit des Gärtnerpaares geklagt.

3) Der als leidenschaftlicher Nationalist bekannte Jurist Lucien Millevoye (1850-1918) ist zur Zeit der Dreyfus-Affäre Abgeordneter von Paris und Chefredakteur der Tageszeitung La Patrie. *1893 nannte er Georges Clemenceau öffentlich einen Agenten Englands; im November 1896 hat er sich mit dem Pariser Korrespondenten der* Frankfurter Zeitung, *Paul Goldmann, einem Freund Arthur Schnitzlers, wegen dessen Artikeln über den Fall Dreyfus (16. 9., 11. u. 12. 11.) duelliert, beide Kontrahenten blieben unverletzt.*

BRIEF AN ALEXANDRINE ZOLA

Donnerstag, 15. September 1898

Meine liebe Frau, ich habe hier die Nachwirkungen von Eurer Angst und Ungeduld angesichts der neuen Verzögerungen und der neuen Hindernisse zu spüren bekommen, und die Entfernung hat mein Fieber noch verdoppelt. Ich rechne zwar mit allem, aber die neuen Ereignisse haben mich doch durcheinandergebracht. Seit Montag lebe ich also wieder im Fieber der Affäre, und Du solltest mich sehen, wie ich um acht Uhr morgens, wenn ich die hiesigen Zeitungen bekomme, versuche, die Depeschen zu entziffern und zu verstehen, was sich am Vortag in Paris ereignet hat. Bis Samstag wird sich nichts Entscheidendes mehr tun. Da ich die Neuigkeiten des Samstag wegen des Sonntags erst am Montag abend hier in die Hände bekommen würde, schreibe ich dem guten Doktor und bitte ihn, mir Samstag abend ein Telegramm zu schicken. Ich versichere Dir, daß ich eine gehörige Portion an Kraft und Mut brauche, um mich in meiner hilflosen Ungeduld jeden Morgen an die Arbeit zu machen. Bisher hatte ich die Kraft, mich an den Schreibtisch zu setzen und mich gedankenverloren zu zwingen, meine Arbeit trotzdem weiterzuführen.

Du sagst mir, Lab. sei optimistisch. Ich bin also offensichtlich wirklich ganz anders als er; nicht, daß ich an unserem Sieg zweifle, aber mir scheint, daß wir noch nicht am Ende unserer Prüfungen angelangt sind. Wir haben zu viele Halunken und Dummköpfe gegen uns. Vor allem die Dummköpfe, wie einige Minister, werden sehr gefährlich. Zweifellos werden sie die Revision beschließen; aber es würde mich nicht wundern, wenn sie die Entscheidung aus Feigheit und Dummheit noch einmal vertagen sollten. Und selbst wenn die Revision einmal beschlossen ist, werden wir noch Stunden des Zweifels und der schmerzvollen Erwartung durchzumachen haben. Dann müssen wir, wenn das Kassationsgericht vollzählig sein soll, wohl auch noch das Ende der Ferien, das heißt November, abwarten. Rechne dann noch die Zeit, die nötig ist, um den Gefangenen von der Teufelsinsel kommen zu lassen, und wir sind im Januar oder im Februar. Das trifft mich schwer. Was soll ich tun, wo soll ich so lange warten? Natürlich sage ich Dir das alles nur, um einfach mit Dir darüber zu plaudern, denn ich bin entschlossen, nichts im vorhinein zu entscheiden; ich sage Dir noch einmal, daß ich die Ereignisse abwarte. Ich hoffe, daß wir in einem Monat eine Entscheidung treffen können.

Du schreibst mir, daß Du Dich entschlossen hast, am 24. von Médan nach Paris zurückzukehren und dann am 1. Oktober nach Rom zu fahren. Du fügst hinzu, daß Du mir Dein Vorhaben im nächsten Brief erklären wirst, und fragst mich, ob ich zustimme. Ich bin auf jeden Fall dafür, daß Du Dir endlich ein wenig Erholung und Abwechslung gönnen willst. Du hast es wohl verdient, alle diese Abscheulichkeiten, die Du seit sechs Monaten erleidest, irgendwo zu vergessen. Ich bin also entschieden der Meinung, daß Du wegfahren sollst, wenn Du den Wunsch dazu verspürst. Alles andere wird sich finden, wo immer Du Dich auch aufhalten magst. Ich schrecke davor zurück, den Winter hier zu verbringen, und werde es auch sicher nicht tun. Du erwähnst Jersey; das ist von hier sechs oder sieben Stunden mit dem Schiff entfernt, außerdem wimmelt es dort von Franzosen. Andererseits möchte ich nicht länger als bis zu den ersten Novembertagen von Dir getrennt sein. Wir müssen also je nach den Ereignissen entscheiden. Wenn sich mein Exil in die Länge ziehen sollte, dann ist eine Reise von Dir nach Italien für mich sicher kein Hindernis, im Gegenteil; denn ich würde dann vielleicht meine ursprüngliche Idee wieder aufgreifen und Dich dort treffen. Warten wir ab, wir werden ja sehen.

Ich verstehe, daß Du nicht umhin konntest, R[einach] für Monod[1] die Adresse unseres Mittelsmannes zu geben. Es verdrießt mich aber, denn es wäre für mich eine lästige Störung, wenn letzterer tatsächlich kommen sollte. Ich möchte ihn nicht hier empfangen, man wird also ein Treffen in einem Nachbarort arrangieren müssen, Du siehst, welche Umstände eine Sache verursacht, die, davon bin ich im vorhinein überzeugt, nicht von der geringsten Bedeutung ist. Ich bitte Dich also, allen, in meinem Namen, die Adresse zu verweigern; sag, daß ich niemanden empfangen möchte und daß die Möglichkeit besteht, mir über den guten Doktor Briefe zukommen zu lassen.

Ich habe einen Brief von Albert und von Lili[2] erhalten. Sei unbesorgt, Amélie hat meinen Brief bekommen. Sag den Kindern aber, daß ich ihnen aus Vorsicht nicht antworten werde. – Ich werde auch Bruneau nicht schreiben, bevor er nicht nach Paris zurückgekehrt ist. Ich weiß, daß seine neue Adresse „Rue de la Boétie" lautet, bin mir aber nicht sicher, ob die Hausnummer, 122, stimmt. Sag mir bitte Bescheid, sobald Du es weißt. – Ich bin begeistert über die große

Menge Pflaumenmarmelade, die Ihr macht, Du weißt ja, es ist die Sorte, die ich besonders gern habe. Hier esse ich viel davon und halte mich schadlos, wenn mir die hiesige Küche nicht schmeckt. Die Marmelade ist sehr gut, aber sie lassen alle Kerne drinnen, was nicht sehr sauber ist. Ich trauere nach wie vor Eugénie nach; wenn wir uns irgendwo für den Winter einrichten, müssen wir unbedingt den Haushalt nachkommen lassen. – Es ist sehr lieb von den kleinen italienischen Cousinen, uns Geschenke zu schicken. Gib all diesen armen Menschen Nachricht von mir und sag ihnen, daß ich sie umarme. Italien hat jetzt einen Mörder mehr, es liegt wirklich ein Fluch auf diesem Land[3].

Nach einigen frischeren Tagen sind wieder lange Sonnentage gekommen. Das ganze Land ist erstaunt, noch nie war um diese Jahreszeit so schönes Wetter. Es hat seit sechs Wochen nicht mehr geregnet, der Himmel ist blau und wolkenlos. Wegen der Kinder wage ich es nicht, Regen herbeizuwünschen, aber ich selbst wäre erfreut über ein wenig Abfrischung.

Falls Du wirklich nach Italien fahren solltest, tut mir der arme Chevalier leid. Schärfe Léon ein, während unserer Abwesenheit mit ihm am Abend nicht hinauszugehen, ich habe Angst, daß er sich verirrt. Und wenn ich Dir nachkomme, wenn wir den Haushalt nachkommen lassen, dann soll er ihn uns mitbringen. Sag ihm inzwischen, daß es böse von ihm ist, sich im Waschraum zu vergessen. Aber schimpfe nicht zu sehr mit ihm.

Wie lange, wie lange soll das alles noch dauern, meine liebe Frau. Ich werde älter, mein armes, gebrochenes Herz ist nicht mehr so stark, und ich hätte ein wenig Gewißheit dringend nötig.

Ich umarme Dich zärtlich und voller Hoffnung – trotz allem!

1) Der Historiker Gabriel Monod (1844-1912) ist einer der bekanntesten Köpfe der Dreyfusards; er hat schon 1896 auf Ersuchen von Bernard-Lazare das Bordereau untersucht und festgestellt, daß es nicht die Handschrift von Dreyfus trägt; im Januar 1899 sagt er vor der Untersuchungskommission des Kassationsgerichtshofs aus.

2) Elina Laborde, die Tochter von Amélie

3) Anspielung auf die Ermordung der Kaiserin Elisabeth von Österreich durch den italienischen Anarchisten Luigi Lucheni am 10. September in Genf.

BRIEF AN ALEXANDRINE ZOLA

Donnerstag, 22. September 1898

Meine liebe Frau, Dein Brief, den ich gestern erhalten habe, hat auch mich sehr traurig gestimmt. Wie gut verstehe ich den Kummer, den Du beim Verlassen unseres armen Landhauses verspürst! Ich kann hier in meinem Exil nicht daran denken, ohne daß mir die Tränen kommen. Wann werde ich es wiedersehen? Vielleicht nie mehr. Seit zwei Tagen überkommt mich eine Welle schwarzer Ideen, und ich bitte Dich um Verständnis, daß ich sie Dir nicht verbergen kann; aber es wäre mir unmöglich, Dir zu schreiben, ohne Dir alles zu sagen. Das Schlimmste ist, daß diese Ideen nicht aus der Luft gegriffen sind, ich bin verzweifelt, weil mein Vertrauen in ein baldiges glückliches Ende der Affäre nach und nach verlorengeht. Die neuerliche Nominierung eines Generals auf den Posten des Kriegsministers und die Beibehaltung von Zurlinden als Gouverneur von Paris[1] lassen mich alles mögliche befürchten. Brisson ist im Grunde ein Feigling und ein Dummkopf, denn er allein hätte mit etwas Mut alles zu einem raschen Ende bringen können, wenn er nur selbst das Kriegsministerium übernommen hätte. Solange Generäle den geringsten Einfluß auf die Affäre haben, sind Wahrheit und Gerechtigkeit unmöglich. Heute früh habe ich dann zu allem Überfluß noch die neue Niedertracht Picquart gegenüber erfahren. Der Plan ist klar, sie wollen ihn fertigmachen, um seine Zeugenaussage im Falle der Revision zu verhindern. Ich habe nicht mehr den geringsten Zweifel: wenn Dreyfus vor ein neues Kriegsgericht kommt, dann wird ihn dieses Gericht trotz allem neuerlich verurteilen. Ich habe beschlossen, nicht mehr nach Frankreich zurückzukehren, wenn er nicht freigesprochen werden sollte.

Vergib mir noch einmal, daß ich Dir meine Gedanken nicht verbergen kann. Sie kommen tatsächlich von mir, so sehr bin ich jetzt überzeugt, daß wir weit vom Sieg entfernt sind und schlimmen Komplikationen entgegengehen. Mein Vertrauen in die Zukunft bleibt freilich unerschütterlich, wir sind die Wahrheit und das Recht, und wir werden eines Tages siegen. Die Frage ist nur, in wieviel Jahren? In zehn, in zwanzig, wenn die Schufte von heute nicht mehr an der Macht sein werden? Geh, meine arme Frau, wir können unsere Koffer packen und schon heute daran denken, uns im Ausland niederzulassen. [...]

Ich bedaure jetzt den so traurigen Beginn meines Briefes. Ich war so wütend, weil ich gerade die Depeschen über Picquart gelesen hatte. Nein, trotz allem, wir dürfen nicht verzweifeln! Aber der Kampf wird schrecklich sein. Bevor wir siegen, werden wir noch einiges durchzumachen haben.

1) General Chanoine ist zum Kriegsminister ernannt worden (siehe Chronologie, S. 314); er hat akzeptiert, General Zurlinden, seinen Vorgänger im Amt, wieder als Militärgouverneur von Paris einzusetzen.

*

Am 20. September stirbt Zolas Lieblingshund „Pinpin". Dieser Tod berührt das Ehepaar sehr. Alexandrine verzichtet auf die geplante Reise nach Italien und besucht – nach der Abreise von Jeanne und den Kindern am 15. Oktober – ihren Mann in England, der jetzt ein neues Quartier im Hotel Queens in Upper Norwood bezieht.

Der Sturz der Regierung Brisson am 25. Oktober wird das Wiederaufnahmeverfahren im Dreyfus-Prozeß beschleunigen, obwohl die Militärjustiz weiterhin hartnäckig gegen Picquart vorgeht, der am 22. September ins Militärgefängnis Cherche-Midi überführt worden ist.

BRIEF AN ALEXANDRINE ZOLA

[Addlestone] Dienstag, 4. Oktober 1898

Vielleicht hätte ich mich inmitten all dieser Erschütterungen[1] nicht allzu sehr auf die Arbeit an meinem Roman versteifen sollen. Seit ich im Garten bleibe, um frische Luft zu atmen und zu lesen, ist mein Kopf wieder freier. Das Wetter ist nach wie vor wunderbar. Nur am Morgen gibt es einige leichte Nebelfelder, die die Sonne sofort auflöst. Noch nie habe ich einen so schönen Herbst erlebt, so lau und so goldfarben. Ich könnte mich des Lebens erfreuen, wenn da nicht diese seelische Angst wäre, die mich, trotz allem, immer noch bedrückt. [...]

Für meine geistige Ruhe würde ich gerne den Glauben wiederfinden, den ich verloren habe. Du erinnerst Dich, mit welcher Gelassenheit ich selbst an den bewegtesten Tagen meines Prozesses erklärt habe, daß die Wahrheit doch siegen wird. Jetzt nähern wir uns dem Ziel, und trotzdem wage ich es nicht mehr, an den notwendigen Triumph der Wahrheit zu glauben, denn das Schauspiel, das sich uns bietet, hat in mir jede Hoffnung auf die Vernunft und die Ehrlichkeit der Menschen zerstört. Es gibt nichts Schlimmeres. Wenn man Picquart einsperren kann, wenn sich Paris angesichts der Vorstellung, daß Dreyfus unschuldig ist, nicht wie ein Mann erhoben hat, wenn Frankreich an so vielen Verbrechen mitschuldig ist, wird alles möglich, und man muß damit rechnen, daß die schlimmsten Niederträchtigkeiten begangen werden, nur um bereits geschehene Schandtaten zu vertuschen. Deshalb bleibe ich so pessimistisch. Bis zum letzten Tag werden die politischen Machthaber alles unternehmen, damit die Unschuldigen für die Schuldigen bezahlen. Noch nie hat ein Land eine so dunkle Periode durchgemacht, und Du wirst sehen, daß man uns weiterhin als bestochene Verräter behandeln wird, selbst wenn Dreyfus einmal freigesprochen sein sollte.

1) Anspielung auf den Tod des Lieblingshundes Pinpin.

Oben: Jeanne Rozerot mit den Kindern Jacques und Denise im Haus „Penn" in Weybridge (Photo von Emile Zola). Rechts: Alexandrine Zola während ihres Besuchs bei ihrem Gatten Emile in England im Herbst 1898 (Photo von Emile Zola)

BRIEF AN ALEXANDRINE ZOLA

[Upper Norwood] Dienstag, 18. Oktober 1898

Meine liebe Frau, seit Samstag, seit der Abreise der Kinder, habe ich keine Neuigkeiten mehr; Du kannst Dir vorstellen, wie aufreibend die Ungeduld ist und meine Beunruhigung darüber, was bei ihrer Ankunft in Paris alles geschehen sein konnte. Meine Anweisungen waren sehr genau: Sie sollten ihr bißchen Gepäck am Bahnhof lassen, nicht direkt nach Hause fahren, sondern sich zuerst bei Bekannten über die letzten Neuigkeiten informieren und dann zu Fuß nach Hause gehen, als ob sie von einem Spaziergang kämen. Aber heute früh weiß ich immer noch nicht, wie das alles abgelaufen ist. Ich werde vielleicht heute abend, sicher aber morgen mehr wissen. – Die armen Kinder hatten keine Winterkleidung bei sich und kaum Wäsche. Ich habe nicht gewußt, wie ich sie hier noch länger hätte unterbringen können. – Ich habe Dir schon gesagt, daß die tägliche Befürchtung, hier mit ihnen erkannt zu werden, es dringend notwendig gemacht hat, sie heimzuschicken. [...]

Mir scheint, daß die Dinge in Sachen Wiederaufnahme zwar langsam, aber nicht schlecht vorankommen. Mein sehnlichster Wunsch wäre es, daß das Kassationsgericht eine vollständige Untersuchung anordnet, auch wenn ich dann vielleicht zwei Monate länger hier bleiben müßte. Dann wäre der Erfolg gewiß, ich kann nur siegreich nach Paris zurückkehren.

BRIEF AN DENISE ROZEROT

[Upper Norwood] Donnerstag, 27. Oktober 1898

Meine gute kleine Denise,

Dein Brief ist wirklich lieb, Dein Papa ist sehr glücklich darüber, daß sein Schatz ihn nicht vergißt. Auch ich wäre gerne mit Euch nach Paris zurückgefahren; wenn ich heimkomme, dann werden wir ein großes Fest machen und Du wirst mir mit Jacques eine gute Tasse Tee zubereiten!

Ich habe erfahren, daß Du im Klavierunterricht eine Silbermedaille bekommen hast! Im nächsten Jahr mußt Du Dir dann die Goldene holen.

Arbeite weiter fleißig bei Frau Dieterlen[1], damit Deine Mama zufrieden ist und mir in jedem ihrer Briefe gute Nachrichten von Dir geben kann.

Ich habe Nachrichten von Violette[2] bekommen; es geht ihr gut und sie grüßt Dich und Jacques. Wenn ich sie sehe, werde ich sie für Euch beide umarmen.

[...]

1) Die Direktorin der Mädchenschule, die Denise besucht

2) Violette Vizetelly, die Tochter von Ernest Vizetelly, des Übersetzers von Zola

*

Am 27. Oktober behandelt die Strafkammer des Kassationsgerichts den von Lucie Dreyfus eingebrachten Revisionsantrag. Gerichtsrat Alphonse Bard verlangt als Berichterstatter die Einleitung einer Untersuchung, Generalstaatsanwalt Jean-Pierre Manau beantragt sogar die sofortige Aussetzung der Strafe von Dreyfus. Zwei Tage später beschließt die Strafkammer, eine Untersuchung einzuleiten. In einem Brief an Zola vom 27. Oktober hat Labori die Entscheidung mit folgenden Worten kommentiert: „Ihnen ist es zu verdanken, daß jetzt die Stunde der Gerechtigkeit anbricht. [...] Ich möchte diesen Tag nicht verstreichen lassen, ohne Sie meiner Bewunderung und meiner tiefen Zuneigung zu versichern."

Zola antwortet darauf im folgenden Schreiben. Am gleichen Tag schreibt er auch an Joseph Reinach, der kurz zuvor in der Tageszeitung Le Siècle *einen langen Artikel über „Die Komplizen von Esterhazy" veröffentlicht hat.*

AN FERNAND LABORI

Sonntag, 30. Oktober 1898

Mein lieber Freund, herzlichen Dank für Ihren lieben Brief, der mich zutiefst gerührt hat. Der Gedanke, der ihn leitet, ist mir ins Herz gegangen. Aber Sie wissen, daß ich Ihr Lob immer nur entgegengenommen habe, um Ihnen einen großen Teil davon wieder zurückzugeben. Sie sind ebenso am Sieg beteiligt wie ich; mein Triumph ist der Ihre, denn Sie haben aus meinem Protest das gemacht, was er geworden ist: eine so aufsehenerregende Angelegenheit, einen so wortgewaltigen Aufschrei, daß seither in der ganzen Welt der Hunger nach Wahrheit immer größer geworden ist. Heute bricht dank Ihrer Arbeit die Wahrheit aus.

Gestern abend habe ich gleichzeitig mit Ihrem Brief das Telegramm eines Freundes erhalten, der mich über die Entscheidung des Kassationsgerichts informiert. Da nun die vollständige Untersuchung angeordnet ist, sind wir gerettet. Dreyfus ist fortan entlastet, und meine einzige Befürchtung ist eine mögliche Schandtat eines neuen Kriegsgerichts, wenn die Affäre nicht restlos aufgeklärt werden sollte.

Ich bin wirklich überglücklich. Freilich wird mich das alles zwei weitere lange Monate hier festhalten, und ich gestehe Ihnen, daß das Exil allmählich außerordentlich schwer auf meinen Schultern lastet. Ich war krank, bin jetzt aber wiederhergestellt und habe meine Arbeit wieder aufnehmen können. Es ist für mich auch eine große Freude, daß meine Frau hierhergekommen ist; sie wird mir helfen, meine Einsamkeit, weit entfernt von allen meinen Gewohnheiten und von meinen Freunden, zu ertragen. Wir werden uns darauf einrichten, hier unter den bestmöglichen Bedingungen zu überwintern. Außerdem ist es nicht recht von mir, mich zu beklagen: der heldenhafte Picquart ist viel unglücklicher als ich. Ich hoffe, daß er jetzt freigelassen werden muß. Grüßen Sie ihn ganz herzlich von mir, wenn Sie ihn sehen.

Bestellen Sie bitte Frau Labori, daß wir an ihrer Trauer und ihrem Schmerz tiefen Anteil nehmen. Meine Frau bedauert sehr, sie nicht getroffen zu haben, und sendet ihr ihr Mitgefühl. Und wir, wir schicken Ihnen, mein lieber Freund, den lebhaftesten Ausdruck unserer Freundschaft. [...]

BRIEF AN JOSEPH REINACH

Sonntag, 30. Oktober 1898

Mein lieber Freund und Kollege, verzeihen Sie mir, daß ich Ihnen erst so spät antworte. Meine Frau ist endlich hierher gekommen, und inmitten der Vorbereitungen, die ich treffen mußte, um hier unter den besten Voraussetzungen den Winter verbringen zu können, kam ich nicht zum Schreiben. Heute bin ich über dieses Versäumnis glücklich, denn ich kann Ihnen bei dieser Gelegenheit meine ganze Freude über den Beschluß des Kassationsgerichts mitteilen. Diese zusätzliche Untersuchung bedeutet meiner Ansicht mit Sicherheit den Freispruch des Unschuldigen und möglicherweise die Bestrafung der Schuldigen. Seit ich diese Nachricht erhalten habe, bin ich freudig erregt.

Sie sagten mir den Sturz der Regierung Brisson voraus. Ist der wirklich so bedauerlich? Brisson hat sich so zaghaft und unsicher gezeigt, daß ich entschlossenere Gegner fast vorziehe; die werden unter dem Drängen der öffentlichen Meinung und dem unaufhaltsamen Druck der Tatsachen gezwungen sein, sich auf unsere Seite zu stellen. Weder Constans noch die anderen jagen mir Angst ein. Vielleicht irre ich mich.

Mit großer Begeisterung verfolge ich die bewundernswerte Kampagne, die Sie in *Le Siècle* führen. Sie haben jetzt günstige Voraussetzungen, sie fortzusetzen. Da man nun ja Aufklärung verlangt, tragen Sie Ihr Möglichstes dazu bei. Es wäre ein unverzeihlicher Frevel, jetzt das, was wir für die Wahrheit halten, nicht vollständig ans Tageslicht zu bringen. Seit ich die Zahl der Dokumente kenne, die Esterhazy an Deutschland ausgeliefert hat, glaube ich an einen Mittäter in den Büros des Generalstabs. In einer Notiz hatte ich Henry genannt, aber auch meine Zweifel durchblicken lassen. Dann habe ich mir aber gesagt, daß ich über keinerlei Beweise verfüge und vielleicht nur einem Gefühl nachgebe, und ich habe den Namen wieder gestrichen. Aber es ist wohl die richtige Fährte, man muß sie weiterverfolgen.

Ich werde also noch lange hier bleiben müssen. Aber ich beklage mich nicht allzu sehr darüber. Ich arbeite und warte.

Ihnen bin ich sehr zu Dank verpflichtet. Aber ich möchte ihn Ihnen persönlich abstatten. Einer meiner ersten Besuche in Paris wird Ihnen gelten, um Ihnen meine tiefe Dankbarkeit zum Ausdruck zu bringen.

Vorerst ein fester Händedruck, mein lieber Freund, mit der Gewißheit, daß Wahrheit und Recht endlich triumphieren werden.

*

Der folgende Brief an Jeanne Rozerot, seine Geliebte, ist ein Beispiel für das Interesse, das Zola der Photographie entgegengebracht hat. Während seines Exils hat er viel photographiert. Denise und Jacques waren seine bevorzugten Motive, der Schriftsteller hat aber auch zahlreiche Landschaftsaufnahmen und Photos von Szenen des englischen Alltagslebens gemacht.

BRIEF AN JEANNE ROZEROT

Sonntag, 20. November 1898

Geliebte Frau, ich habe die Porträts der Kinder erhalten; Du hast Dich nicht getäuscht und mir sehr wohl die zwei verschiedenen Haltungen von Denise geschickt. Ich bin sehr glücklich darüber, denn ich besitze jetzt zwei gleich große Kopfporträts meiner Lieblinge, die einander ansehen. Deshalb habe ich jetzt auch den kleinen doppelten Silberrahmen gekauft, von dem ich Dir erzählt habe. Er hat die Form eines doppelten Herzens, ist sehr einfach und sehr hübsch. Ich werde die beiden Photos ausschneiden und derart eingerahmt auf meinen Schreibtisch stellen. Ich finde, daß das Photo von Denise viel besser ist als jenes von Jacques, der zu gut gekämmt ist; außerdem hat er nicht sein übliches Gesicht, er schneidet eine Grimasse, sicherlich wollte man, daß er lächelt. Aber das macht nichts, er ist ja trotzdem nett. [...]

Ich sende Dir noch Schnappschüsse, die wir hier gemeinsam gemacht haben; ein Dutzend, aber es sind die letzten, die ich Dir schicken kann, denn wir haben von jedem nur drei Abzüge gemacht. Ich habe zuerst zwei vollständige

Sammlungen zur Seite getan, eine für Dich, eine für mich. Aus der dritten Sammlung hat mir Vizetelly ungefähr dreißig abgenommen, die besten und interessantesten. [...] Den Rest gebe ich Dir heute, mit Ausnahme von einigen wenigen, die sich wiederholen oder die nicht besonders heiter sind, wie die Friedhöfe zum Beispiel. Aber selbstverständlich habe ich die Sammlung, die für Dich bestimmt ist, vollständig erhalten und werde ein schönes Album daraus machen. Andererseits reichen diese Photos nur bis zu unserem Einzug in Summerfield. Ich habe noch rund hundert weitere zum Entwickeln gegeben, alle, die wir nach der Ankunft in Summerfield gemacht haben; diese werde ich erst in einem Monat haben. Dazu ist es auch nötig, daß die Sonne wieder auftaucht, denn ich habe sie schon lange nicht mehr gesehen. Auf jeden Fall werden sie hier entwickelt, vergrößern kann ich sie dann ja in Paris. [...]

*

Wird die vom Kassationsgerichtshof eingeleitete Untersuchung, die bis zum 9. Februar 1899 dauern wird, endlich die Rückkehr von Emile Zola aus seinem Exil ermöglichen? Alexandrine, die am 6. Dezember, dem Tag nach ihrer Rückkehr nach Paris, in Gesellschaft von Clemenceau und Reinach bei Octave Mirbeau gespeist hat, hat in dieser Hinsicht bei den Freunden einen „außergewöhnlichen Pessimismus" geortet und das Zola in einem Brief mitgeteilt.

BRIEF AN ALEXANDRINE ZOLA

Donnerstag, 8. Dezember 1898

Dein Brief hat mich ein wenig gegen unsere Freunde aufgebracht, und ich möchte, daß sie gleich wissen, was ich denke. Niemals werde ich bis Ende Februar hierbleiben, und wenn man mich fallenlassen sollte, dann werde ich tun, was ich immer getan habe, ich werde von mir aus handeln, und das wird mir guttun. Ich weiß, daß ich recht habe, heimkehren zu wollen, ich habe es im Gefühl, und dieses Gefühl hat mich noch nie getäuscht. Es interessiert mich nicht, im Triumph heimzukehren, ich verlange nichts anderes, als wieder meinen Platz im Kampf einzunehmen, wenn das nötig ist. Sag ihnen Folgendes:

Notiz für Labori

Ich bin von der lebhaften Beunruhigung überrascht, die mein Wunsch, nach Frankreich heimzukehren, bei meinen Freunden auslöst. Ich weiß noch nicht, was das Gericht in der Angelegenheit von Picquart entscheiden wird, und mein

Fall ist ja nicht seiner. Fest steht, daß eine Strafkammer in einem gegen ihn eingeleiteten Verfahren entschieden hat, daß mit der Dreyfus-Affäre im Zusammenhang stehende Angelegenheiten erst dann gerichtlich behandelt werden könnten, wenn der Kassationsgerichtshof seine Untersuchung zu Ende gebracht hat. Das scheint mir zu genügen, um meinen Fall zu erhellen.

Es ist sicher, daß mein Prozeß mit der Dreyfus-Affäre verbunden ist. Ich werde wegen eines einzigen Satzes gerichtlich verfolgt: „Ein Kriegsgericht hat es gewagt, einen Mann wie Esterhazy auf Befehl freizusprechen, und damit jeder Wahrheit, jeder Gerechtigkeit einen vernichtenden Schlag ins Gesicht versetzt." Selbst wenn wir annehmen, daß der Sachverhalt der Verleumdung wegen des Ausdrucks „auf Befehl" aufrecht bleibt, so stellt sich doch auch die Frage des guten Glaubens und es ist dann sehr wichtig, ob Esterhazy schuldig gesprochen wird oder nicht, denn wenn er schuldig ist, dann würde das für mich natürlich mildernde Umstände bedeuten. Das Gericht ist gerade dabei, Licht in diese Angelegenheit zu bringen, und wir wissen sogar, daß bereits Klarheit herrscht, daß Esterhazy bereits überführt ist, den Begleitbrief geschrieben zu haben, wie ihn die Klage von Mathieu Dreyfus beschuldigt. Er wurde nur aufgrund dieser Anschuldigung dem Militärgericht übergeben, und der Freispruch durch dieses Gericht hat lediglich festgehalten, daß er nicht das Bordereau geschrieben hat. Wenn aber das Kassationsgericht im Gegensatz dazu feststellt, daß er es geschrieben hat, ist das dann nicht ein entscheidendes Argument für meinen guten Glauben, kann man dann über mich urteilen, bevor man das Ergebnis der Untersuchung des Kassationsgerichtshofs kennt? Das wäre gegen jeden gesunden Menschenverstand und gegen jede Gerechtigkeit.

Es ist noch verständlich, daß die Militärgerichtsbarkeit Picquart hartnäckig verfolgt, das ist ein Akt der Vergeltung. Aber warum sollte die Zivilgerichtsbarkeit mich mit der gleichen Hartnäckigkeit verfolgen? Ich will ihr nicht entgehen, ich verlange nur, daß die Klarheit, die ich so aufopfernd gesucht habe, hergestellt werde, bevor man über mich zu Gericht sitzt. Mir scheint, daß alle ehrlichen Leute auf unserer Seite sein werden, daß es unstatthaft ist, mich jetzt noch einmal vor das Gericht in Versailles zu bringen, bevor die Wahrheit, die ich gewollt habe, nicht vollständig feststeht.

Ist man weiters wirklich der Ansicht, daß das Justizministerium und die Staatsanwaltschaft den Wunsch hegen, daß meine Angelegenheit ausgerechnet jetzt verhandelt werde? Sollte man es tatsächlich zulassen, daß unser Prozeß in Versailles wiederaufgenommen wird, während der Gerichtshof noch seine Untersuchung durchführt! Alle Zeugen, die das Kassationsgericht anhört, könnten wir auch vor die Geschworenen des Departements „Seine-et-Oise" zitieren lassen. Wir könnten die schreckliche Unruhe wiederentfachen und würden die

Generäle zwingen, neuerlich öffentlich Meineide zu leisten. Welch neuer Skandal, welche neue Chance für die Wahrheit! Es ist unmöglich, daß sie das wollen. Und zwar umso mehr, als wir, was immer auch geschehen mag, noch unseren Rekurs vor dem Kassationsgericht haben, das ihnen einmal mehr unrecht geben kann. Nehmen wir an, sie lassen mich verurteilen, die ganze Schande würde dann auf sie zurückfallen. Was mich betrifft, so bin ich bereit, ins Gefängnis zu gehen, ich bedaure manchmal sogar, nicht dort zu sein. In gewissen Augenblicken frage ich mich, ob eine sofortige Rückkehr nach Frankreich nicht eine ausgezeichnete Taktik wäre, um ihnen zu zeigen, daß wir keine Angst haben, und um sie zum Rückzug zu zwingen. – Ich habe einen Artikel für *L'Aurore* fertig, der erklären würde, warum ich heimkehre.

Wenn aber meine Rückkehr von meinen Freunden für unmöglich gehalten wird, dann mögen sie mir wenigstens die Gründe für ihre Besorgnis nennen, die ich nicht verstehen kann. Sie schrecken selbst nicht vor dem Kampf zurück. Warum sind sie also mir gegenüber so vorsichtig? Ich werde nur dann hier bleiben, wenn man mir nachweist, daß ich durch eine Rückkehr unsere Sache in Gefahr bringen würde.

*

Paul Alexis, langjähriger Freund von Zola und selbst Schriftsteller, hat in seinem Wohnort Levallois-Perret ein Komitee „Wahrheit - Gerechtigkeit - Freiheit" gegründet und Zola zu dessen Ehrenpräsidenten gemacht. Zola schreibt an ihn aus Upper Norwood:

BRIEF AN PAUL ALEXIS

Sonntag, 11. Dezember 1898

Mein alter Freund, nun haben auch Sie sich auf das stürmische Meer der Politik hinausgewagt! Ich habe in *L'Aurore* gelesen, daß Sie Versammlungen leiten, in denen man Picquart zujubelt und die Auflösung der Kriegsgerichte fordert. Wer hätte das von uns gedacht, als wir von der Höhe der literarischen Warte voller Verachtung auf das Treiben in den Straßen herabgesehen haben? Wir werden tatsächlich noch als Soldaten der Revolution enden.

Sie haben großes Glück, in Paris für die Sache kämpfen zu können. Ich bin es etwas überdrüssig, hier in Frieden gelassen zu werden und in aller Sicherheit zu leben. Aber auf meinen Wunsch heimzukehren, den ich unseren Freunden in Paris mitgeteilt habe, antworten mir diese mit abschreckenden Briefen. Sie sagen mir, daß nicht nur meine persönliche Sicherheit auf dem Spiel stünde, sondern daß ich auch unsere Sache gefährden würde. So bin ich also noch für einige Wochen zu meinem Klosterleben verurteilt, wo ich niemanden sehe und manchmal den ganzen Tag nicht den Mund aufmache. Glücklicherweise kann ich hier in aller Ruhe arbeiten, und ich nütze das auch weidlich aus; das tröstet mich und erlaubt mir, mich mit der Lage abzufinden und nicht allzu unglücklich zu sein.

Ich leide also nur darunter, von allem getrennt zu sein, was mir lieb ist. Mein ganzes Herz und alle meine Gedanken sind bei Euch anderen. Ich habe nur einen Freund hier, meinen angefangenen Roman; er ist ein guter Geselle. Ich habe bald die Hälfte geschrieben, dazu mußte ich mich ordentlich ins Zeug legen, denn es ist ein hartes Stück Arbeit, diese ganze Welt, die sich nicht so einfach darstellen läßt, auf die Beine zu bringen.

Ich hoffe aber auf ein baldiges Wiedersehen; kämpfen Sie weiter mutig für einen raschen Sieg, damit ich früher heimkehren kann. Sie haben Picquart vor dem Gefängnis gerettet, Sie werden auch mich davor bewahren.

Das alles bleibt selbstverständlich unter uns, mein alter Freund. Kein Wort von diesem Brief ist für die Öffentlichkeit bestimmt, denn ich will für Frankreich tot bleiben, solange es dort keine Gerechtigkeit gibt. [...]

*

Auf einer kleinen englischen Wunschkarte mit der Aufschrift „Joyful greetings“ *schreibt Zola zur Feier des zehnten Jahrestages des Beginns ihrer Liebesbeziehung im Dezember 1888 einige Zeilen an Jeanne:*

AN JEANNE ROZEROT

11. Dezember 1898

Meiner viel geliebten Jeanne tausend Küsse aus der Tiefe meines Exils zur Erinnerung an den 11. Dezember 1888 und zum Dank für zehn Jahre glücklicher Gemeinsamkeit, deren Bande durch die Geburt unserer Denise und unseres Jacques verstärkt wurden.

*

Diese Erinnerung an glückliche Stunden verdrängt aber nur kurz die harte Realität der Dreyfus-Affäre und die Lage, in der sich Zola befindet. Die Antwort der Verantwortlichen des Dreyfus-Lagers auf Zolas Wunsch heimzukehren entspricht den

Vorhersagen von Alexandrine: Die Rückkehr nach Paris ist unmöglich. Zola akzeptiert die Gründe, die ihm Labori darlegt. Er ordnet sich unter und zeigt erneut seine Bereitschaft zur Selbstaufopferung.

BRIEF AN FERNAND LABORI

Donnerstag, 15. Dezember 1898

Mein lieber, großer Freund, ich danke Ihnen für Ihren langen Brief, in dem Sie mir mit bewundernswerter Klarheit aus Ihrer Sicht meine derzeitige Lage und die Verpflichtungen, die sich daraus für mich ergeben, darlegen. Ich gebe zu, daß ich weiterhin fest davon überzeugt bin, daß eine Rückkehr zum jetzigen Zeitpunkt möglich wäre, daß wir die Regierung daran hindern könnten, den Prozeß in Versailles wiederaufzunehmen, bevor das Kassationsgericht seine Untersuchung abgeschlossen hat, und daß das für uns ein neuer Erfolg wäre. Aber ich beuge mich Ihrer Meinung, weil Sie mir versichern, daß meine Rückkehr die anderen Kampfgefährten in Gefahr bringen und der Sache schaden würde. Das ist sicherlich das größte Opfer, das ich ihr bis jetzt gebracht habe.

In meinem Innersten bin ich der Ruhe und der Sicherheit überdrüssig. Sie können sich meine Bangigkeit nicht vorstellen, die ich täglich bei der Lektüre der Zeitungen verspüre. Ich habe das Gefühl, daß ich zu nichts mehr zu gebrauchen bin, daß ich tot bin, während die anderen kämpfen. Und das wird noch einige Monate so weitergehen, weit entfernt von allen, die ich liebe, abseits der Gewohnheiten meines Geistes und meines Herzens. Ich soll mir einen anderen Zufluchtsort suchen[1], wozu soll das gut sein? Da wäre ich wie ein Kranker, der sich in seinem Fieberbett hin- und herwälzt. Ich habe mich jetzt hier eingerichtet, ich müßte dieses schwierige und gefährliche Unterfangen woanders von neuem beginnen. Nein, ich bleibe hier, das ist einfacher und anständiger. Alle möglichen Gründe veranlassen mich dazu.

Sie wollen wissen, was ich aus der Ferne von den Ereignissen halte. Der Sieg scheint mir jetzt gewiß, aber ich bin überzeugt davon, daß das Lager der Halunken bis zum letzten Augenblick alles unternehmen wird, um das Recht zu behindern. Der heldenmütige Picquart scheint gerettet, dank Ihrer Hilfe übrigens: Nun werden Urbain Gohier[2] und Reinach gerichtlich verfolgt werden; und Sie werden sehen, daß es noch am Vorabend des Freispruches von Dreyfus irgendein dummes, ungeheures Manöver geben wird. Ach!, unser armes Land, ich denke immer mit großer Bangigkeit daran! Am Tag nach unserem Sieg wird es nur mehr ein moralischer Trümmerhaufen sein; werden wir mit diesen verfaulten Materialien das Haus jemals wieder aufbauen können? Das ist die schreckliche Frage, die sich für die Zukunft stellt.

Vielen Dank für Ihre aufopferungsvolle Hingabe in allen Angelegenheiten, auch den untergeordneten[3]. Ich gestehe, daß ich ein wenig das Interesse dafür verloren habe, denn ich betrachte mich, wie schon gesagt, als Toter, da ich ja für so viele weitere Tage von meinem Land ausgeschlossen bin, weit entfernt und stumm. Ich kann arbeiten, das ist mein einziger Trost.

Überbringen Sie Frau Labori meine freundschaftlichsten Grüße. Und vielen, vielen Dank, mein lieber, großer Freund für alles Edle, das Sie gemacht haben und noch machen werden. [...]

1) Labori hat eine Übersiedlung nach Italien vorgeschlagen.

2) Urbain Gohier (1862-1951), Redakteur der Tageszeitung L'Aurore, *ist wegen antimilitärischer Artikel angezeigt worden; Gohier, ein gefürchteter Polemist, kritisiert nach 1902 vor allem die Schattenseiten der Republik und die Kirche, 1905 wird er wegen antimilitärischer Propaganda zu einem Jahr Haft verurteilt.*

3) Die gerichtliche Auseinandersetzung zwischen Zola und Ernest Judet.

BRIEF AN ALICE MIRBEAU

Donnerstag, 15. Dezember 1898

Sehr geehrte Frau, liebe Freundin, welch lieben und tröstlichen Brief haben Sie mir da geschrieben! Ich gebe zu, daß ich diese Medizin fürs Herz ein bißchen gebraucht habe, denn der nervöse und leidenschaftliche Mensch, der ich bin, ist nicht für das Exil, für die Resignation und für die Stille gemacht. Sie haben ganz genau erraten, daß ich am meisten darunter leide, hier in aller Ruhe und in Sicherheit zu leben, während die anderen kämpfen. Es gibt Tage, an denen ich mich ein wenig verachte, an denen es mir scheint, daß ich nicht meine Pflicht tue. Und Sie wissen ja, daß ich mich entschlossen hatte, eines schönen Tages heimzukehren, ohne vorher irgend jemandem etwas zu sagen.

Aber da schreiben Sie mir – und Sie sind nicht die einzige -, daß ich bleiben muß, wo ich bin, wenn ich nicht die schlimmsten Katastrophen heraufbeschwören will. Ich glaube das zwar nicht und gestehe, daß ich weiterhin davon überzeugt bin, daß mein Plan tapfer und nützlich wäre und daß wir einmal mehr hätten siegreich sein können. Aber vor der einhelligen Meinung muß ich mich beugen. Es ist, und ich schreibe das auch Labori, das größte Opfer, das ich noch für die Sache bringe, denn Sie können sich nicht vorstellen, wie sehr ich moralisch und geistig unter der Handlungsunfähigkeit leide, zu der ich verurteilt bin; gar nicht zu reden von meinem Herzen, das aus allem, was es liebt, herausgerissen ist.

Ich versuche gar nicht mehr, das Exilland zu wechseln. Alle meine Leiden würden von neuem beginnen. Ich habe lange überlegt und gute Gründe gefunden, zu bleiben, wo ich bin, selbst wenn die Affäre noch Monate dauern sollte. Das scheint mir besser zu sein, denn es würde mir gerade noch fehlen, daß ich die Möglichkeit hätte, mich in der Sonne zu erholen[1], während die anderen kämpfen. Sie können sich wohl schon die Artikel der Schmutzpresse über die dreißig Gulden des Judas und die Verschacherung Frankreichs an Italien ausmalen.

Sagen Sie Ihrem Mann, wie sehr ich ihn schätze und bewundere. Jetzt ist auch er mitten ins Getümmel gestoßen worden[2], und er verhält sich großartig. Vielen Dank auch an Sie beide für die liebe Aufmerksamkeit, mit der Sie meine Frau umgeben, sich für unsere Interessen aufopfern und darauf achten, daß sie in Paris inmitten des Kampfes nicht alleine ist. Ich bin von Ihrer Zuneigung unendlich gerührt, Ihre Haltung ist mir ein großer Trost.

Ich erlaube mir, Sie, sehr geehrte Frau, liebe Freundin, und Ihren tapferen Mann von ganzem Herzen zu umarmen [...]

1) Wie schon Labori (vgl. den vorhergehenden Brief), so hat auch Alice Mirbeau Zola vorgeschlagen, doch von England nach Italien zu übersiedeln.

2) Mirbeau verfaßt eine Artikelserie für die Tageszeitung L'Aurore *und nimmt aktiv an öffentlichen Versammlungen zugunsten von Dreyfus und Picquart teil.*

BRIEF AN DENISE ROZEROT

Donnerstag, 22. Dezember 1898

Meine liebe kleine Denise,

ich glaubte schon, Du würdest mir einen schönen Brief auf deutsch schreiben, nachdem Du jetzt ja in dieser Sprache schon sehr gut bist, aber ich sehe, daß ich noch ein wenig Geduld haben muß.

Mama hat sicher dem Christkind und dem Weihnachtsmann geschrieben und alle unsere Bestellungen aufgegeben. Schreib mir dann, ob er Euch auch alles gebracht hat und ob Du zufrieden bist. Ich habe erfahren, daß Du schon einen schönen Kreisel bekommen hast, der wie Dein Pate[1] brummt, wenn er gut gegessen hat.

Wenn Ihr, Jacques und Du, Mama und mir ein schönes Geschenk machen wollt, dann arbeitet einfach tüchtig und seid brav. Du siehst, daß Euch das nicht viel kostet. Ihr braucht dazu nur ein wenig guten Willen und Liebe zu uns. Du bist ein nettes kleines Mädchen, meine liebe Denise, Dein Papa liebt Dich und umarmt Dich aus ganzem Herzen [...]

1) Paul Alexis, der Taufpate von Denise.

*

Joseph Reinach hat in seinen Artikeln in der Tageszeitung Le Siècle *die These von der Schuld von Oberst Henry vertreten. Daraufhin eröffnet die antisemitische* Libre Parole *eine Spendenliste, um der Witwe von Henry eine Klage gegen Reinach zu ermöglichen. Innerhalb von rund zwei Wochen gehen über 100.000 Francs auf dem Konto ein, und Berthe Henry klagt Reinach am 10. Januar 1899 tatsächlich auf Verleumdung. Reinach hat diesen Prozeß gewollt, denn er erwartet sich von ihm wesentliche Enthüllungen. Schon am 20. Dezember 1898 hat er in einem Brief an Zola geschrieben:*

„Können Sie sich diese Verhandlungen vorstellen, die dazu dienen werden, eine ganze Reihe von Problemen zu erhellen? [...] Die wahren Schuldigen am Tod von Henry sind Esterhazy und Drumont. Sie haben in einem rührenden Einverständnis den Generalstab, Billot, Boisdeffre, du Paty, Henry, unablässig unter Druck gesetzt. Die skandalöse Spendenaktion ist eine persönliche Wiedergutmachung von Drumont. Er war das der Witwe Henry einfach schuldig. In den unerwarteten Zeugen liegt auch der Kern der Affäre, wir haben da ein ganzes Nest von Überraschungen. Über diesen Umweg wird der Prozeß wieder an den Ausgangspunkt der Dreyfus-Affäre zurückkehren, zu den Informationen, die Henry der *Libre Parole* zu einem Zeitpunkt zugesteckt hat, als Mercier mangels an Beweisen zögerte und bereit war, Dreyfus auf freien Fuß zu setzen. [...]“

BRIEF AN JOSEPH REINACH

Freitag 6. Januar 1899

Lieber Freund und Kollege, ich schulde Ihnen schon seit längerem einen Brief. Sie werden mir sicher verzeihen, denn Sie wissen ja selbst, daß mit der großen Einsamkeit auch eine große Faulheit einhergeht. Aber ich bin mit meinem ganzen Herzen auf Ihrer Seite, ich bewundere täglich Ihren schönen Kampf für Wahrheit und Gerechtigkeit.

Ihr letzter Brief hat mich in höchstem Maße interessiert. Henry als Mittäter, das ist eine Annahme, die alles erklärt. Ich gestehe Ihnen, daß ich, sicher aus einem Übermaß an Skrupel, der Idee noch ein wenig skeptisch gegenüberstehe. Ich verfüge nicht wie Sie über die ganze Akte und kenne die genauen Ergebnisse Ihrer Nachforschungen nicht. Meine Einwände sind übrigens rein moralischer Natur; denn wenn ich auch zugebe, daß mir Ihre Ableitungen von einer unwiderlegbaren Logik zu sein scheinen, so kann ich sie doch erst dann vollständig akzeptieren, wenn sie auf Fakten beruhen. Wie gerne würde ich mit Ihnen darüber plaudern. Ich würde Ihnen meine wenigen Einwände nennen, und Sie würden mich sofort von ihrer Nichtigkeit überzeugen können. Im übrigen zweifle ich sehr daran, daß man Ihnen erlauben wird, die Wahrheit im hellichten Tageslicht auszubreiten. Diese Leute werden Sie erst dann vor ein Schwurgericht zitieren, wenn sie überzeugt sind, daß noch vor Eröffnung der Verhandlung ein Unzuständigkeitsbescheid erlassen wird. Ihnen bleibt aber als Forum das Buch, die Geschichte. Letzten Endes habe ich nur in das geschriebene Wort volles Vertrauen, unsere zukünftigen Bücher, in denen wir alles sagen und die unsere Söhne lesen werden, werden die Sache abseits der dummen und ungeheuren Leidenschaften des Augenblicks beurteilen.

Sie waren einer der Tapfersten und der Redegewandtesten. Sie werden morgen am Sieg teilhaben, nachdem Sie einer der ersten gewesen sind, der trotz aller Tiefschläge und Schmähungen die Arbeit geleistet hat. Übrigens ist der Kampf keineswegs zu Ende. Der Freispruch von Dreyfus wird neuerlicher Kämpfe bedürfen. Ich bin zwar über das endgültige Ergebnis nicht beunruhigt, aber wieviel Bangigkeit und wieviel Leiden stehen uns noch bevor! Dieses arme Land ist sehr krank, es zeigt Anzeichen einer Geistesstörung, die sich zuspitzt. Wie werden wir ihm die Gesundheit wiedergeben können?

Ich bewundere Sie, mein lieber Kollege und Freund, und drücke Ihnen freundschaftlich die Hände [...]

*

Der Prozeß gegen Reinach kommt am 27. Januar vor das Schwurgericht. Labori, der Reinach verteidigt, bringt einen Nichtigkeitsantrag durch.

BRIEF AN FERNAND LABORI

Mittwoch, 1. Februar 1899

Mein lieber und großer Freund, ich möchte Ihnen sagen, mit welcher Genugtuung und Erleichterung ich Sie im Reinach-Prozeß wiedererkannt habe, wie Sie mit all Ihrer Größe, Ihrer Tapferkeit und Redegewandtheit zum Ausdruck gebracht haben, worauf alle ehrlichen Menschen warteten. Was Sie über mich gesagt haben, hat mich in der Stille und der Zurückgezogenheit, in der ich lebe, tief gerührt. Ich habe, was mich angeht, mein Opfer gebracht; aber ich gestehe, daß mir an manchen Tagen angesichts der Finsternis, in der wir leben, die Seele schwer ist. Deshalb hat mir Ihre große Stimme eine Stunde der Erleichterung gebracht. Dankeschön.

Sie sagen mir, daß Sie entschieden optimistisch bleiben. Sicherlich, auch ich will nicht zugeben, daß die Wahrheit verlieren könnte. Und dennoch bin ich angesichts der letzten Niedrigkeiten, angesichts dieser ruchlosen Kampagne gegen die Richter[1] voller Angst. Erinnern Sie sich nur daran, daß wir bisher, wenn wir vor der Möglichkeit einer allzu großen Niedertracht gestanden sind und über die Halunken gesprochen haben, die unsere Gegner sind, uns immer gesagt haben: „Sie werden es nicht wagen!“ Und sie haben es immer wieder gewagt. Sollten sie also das höchste aller Verbrechen, die Unterdrückung der Wahrheit, die neuerliche Verurteilung eines Unschuldigen, nicht wagen? Mit welchen Mitteln das zu verhindern ist, weiß ich nicht. Aber ich gebe zu, daß mir davor angst und bang ist, und das trotz der Gewißheit, daß die Wahrheit in dieser Untersuchung liegt, die veröffentlicht werden wird. Sie werden sehen, daß sie die Sonne nochmals verhüllen werden. Ewige Nacht auf Erden würde ihnen nichts ausmachen, wenn sie nur ihr Verbrechen deckt.

Sie sind so beschäftigt, daß ich Sie nicht bitten möchte, mir Nachrichten zu schicken. Wenn Sie aber von Rechtsanwalt Mornard[2] einige ermutigende Einzelheiten haben sollten, lassen Sie sie mir bitte durch einen Ihrer Sekretäre zukommen. Es geht mir hier schlecht, wenn ich das Gefühl habe, daß unser armes Land vollends im Schlamm aller Lügen und aller Ungerechtigkeiten versinkt. Ein Wort von Ihnen, eine Portion Hoffnung auf Gerechtigkeit, verschafft mir wunderbare Nächte.

Es geht mir gut und ich arbeite weiterhin, ich bin aber auch etwas überdrüssig, denn diese klösterliche Eintönigkeit wirkt auf die Dauer ein bißchen bedrückend. Ich bräuchte wieder das Feuer von Paris. Meiner Frau geht es besser, sie ist ihre starke Erkältung, die sie sehr gequält hat, mehr oder weniger los. Wenn die Depeschen schlechte Nachrichten gebracht haben, wachen wir nächtens beide mit zugeschnürtem Herzen. [...]

1) Gemeint ist der Entwurf eines Ausnahmegesetzes, das den Richtern der Strafkammer den Fall Dreyfus entziehen soll. (Siehe Chronologie, S. 315)

2) Henry Mornard, der Anwalt von Lucie Dreyfus.

Während seines Aufenthalts in England bekommt Zola immer wieder kurze Besuche von seinen Freunden: Clemenceau hat ihn am 3. Januar besucht, das Ehepaar Mirbeau ist für Ende Februar angesagt, Jean Jaurès wird am 10. März kommen, Fernand Labori schließlich am 27. März. Und auch der Verleger Eugène Fasquelle zählt zu den Besuchern des Schriftstellers.

BRIEF AN OCTAVE MIRBEAU

Sonntag, 12. Februar 1899

Vielen Dank, mein lieber Freund, für Ihre Nachrichten. Ich wollte darauf warten, was Fasquelle mir mitbringt, bevor ich Ihnen antworte. Er war gestern nachmittag bei mir und hat mir eigentlich nur das bestätigt, was Sie mir schon in Ihrem Brief gesagt haben. Labori scheint nach wie vor voll Vertrauen in den Ausgang zu sein, welches Gericht für die Verhandlung auch zuständig sein mag. Er behauptet, daß nur ein Gewaltakt die Aufdeckung der Wahrheit verhindern könnte. Ich gebe zu, daß ich hingegen von den schwärzesten Vorahnungen heimgesucht werde. Man macht nicht alles, was diese Halunken gemacht haben, ohne die feste Absicht zu haben, die Niedertracht zum äußersten zu treiben. Sie werden vor keinem Mittel zurückschrecken, auch nicht vor Mord, um der Justiz Gewalt anzutun. Wenn mich mein Verstand auch noch hoffen läßt, so sagt mir doch eine innere Stimme, daß das naiv wäre und daß alles möglich ist, außer ein normales Rechtsverfahren, das dem Land seinen Frieden und seine Kraft wiedergeben würde. Ich mache mich also auf eine Katastrophe gefaßt, ich weiß nicht von welcher Art, die uns alle verschlingen wird.

Die Angelegenheit ist also der Strafkammer entzogen worden. Ich weiß nicht genau, was das für eine Gefahr für den Triumph der Wahrheit bedeutet. Es genügt mir aber, daß die Verfügung von unserer sauberen Regierung getroffen worden ist und daß die Halunken sie mit einem Freudengeschrei aufgenommen haben, um ganz natürlicherweise das tiefste Mißtrauen zu empfinden. Warum wollten sie das, und was erwarten sie sich davon? Haben sie ausreichende Gründe sich zu freuen, bedeutet es unsere sichere Niederlage, damit meine ich jene des Rechts und der Ehre Frankreichs? Wenn Sie unsere gut informierten Freunde sehen, stellen Sie ihnen bitte in meinem Namen diese Fragen und befragen Sie sie sowohl über die Zusammensetzung der drei Kammern und den Geist, der dort herrscht, als auch darüber, welches Urteil man erwarten darf. Informieren Sie mich dann ein wenig darüber. Ich bitte Sie nicht aus bloßer Neugier darum, sondern um mir ein Bild machen zu können und danach meine Entschlüsse zu richten.

Beneiden Sie mich nicht zu sehr um meine Ruhe, mein Freund, träumen Sie nicht davon, abzureisen und in die Einsamkeit zu flüchten wie ich. Ihre Qualen würden nur andere werden. Ich müßte meine Tür luftdicht abschließen, um nicht mitzuleiden, und das ist unmöglich. [...]

*

Der Tod des französischen Staatspräsidenten Félix Faure am 16. Februar 1899 schließt diese Periode ab. Es ist tatsächlich ein Paukenschlag von entscheidender Tragweite: Als Nachfolger von Félix Faure wird bereits zwei Tage später Emile Loubet gewählt – ein Mann, von dem man weiß, daß er einer Wiederaufnahme des Dreyfus-Prozesses gegenüber wohlwollend eingestellt ist.

BRIEF AN GEORGES CHARPENTIER

Dienstag, 28. Februar 1899

Mein alter Freund, Sie haben recht, was für Ereignisse erleben wir doch, was für gute Ereignisse! Gerade als wir die Tiefe des Abgrunds erreicht, da hebt uns das Schicksal mit einem neuen Flügelschlag wieder empor. Wir können wieder Hoffnung schöpfen.

Nicht, daß ich deshalb schon optimistisch wäre, denn vieles erscheint mir noch sehr unklar und ich fürchte die letzten Gemeinheiten. Solange das Gericht nicht sein Urteil gefällt hat, halte ich die schlimmsten Schandtaten für möglich. Sicherlich hat sich die Lage durch die Wahl von Loubet und den närrischen Streich von Déroulède[1] deutlich geändert, aber solange Dupuy an der Macht ist, halte ich irgendeinen Schwindel wenn schon nicht für sicher, so doch für wahrscheinlich. Unsere Freunde hätten nicht recht, schon über einen Sieg zu jubeln. Wie auch immer, es kann auch sein, daß ich mich irre.

Ich habe die Absicht, nach Paris heimzukehren, sobald das Gericht sein Urteil gefällt hat, wie immer es auch ausfallen mag. Labori, den ich dazu befragt habe, ist auch dieser Meinung. Wir müssen zu einem Ende kommen. Die Einsamkeit, in der ich mich befinde, macht mich allmählich verrückt. Nicht, daß es mir vollkommen mißfiele, allein zu leben, im Gegenteil: an den Tagen, an denen die eintreffenden Nachrichten mich nicht ganz außer Rand und Band bringen, arbeite ich sehr gut. Aber die Ungewißheit, in der ich seit Monaten lebe, bringt mich um, ich weiß nicht welche Vorkehrungen ich treffen und wie ich mein Leben gestalten soll. Ich hätte meinen Auslandsaufenthalt gleich auf ein Jahr anberaumen und die Meinigen mitnehmen sollen, dann hätte ich dem Schicksal sicher besser die Stirn geboten.

Wie auch immer, in einigen Wochen werde ich Sie wiedersehen. Aber es ist deshalb nicht gesagt, daß es dann nicht neue Sorgen gibt. Meine einzige Hoffnung ist die Macht der Wahrheit. Wenn die Untersuchung nicht eingestellt wird, wenn man ihre Ergebnisse nicht unterschlägt, dann sind wir bestimmt gerettet.

Aber Sie haben recht, mein alter Freund, wir werden noch lange auf den Trümmern dieser Affäre leben. Unser Leben wird verändert sein, denn zu arg sind die Verheerungen, die dieser Sturm hinterlassen hat. [...]

1) Der Nationalist Paul Déroulède hat anläßlich des Begräbnisses von Félix Faure einen Staatsstreich versucht, der aber mißlungen ist.

Dritter Teil

In Erwartung des Sieges

(März bis September 1899)

Für das Dreyfus-Lager ist der plötzliche Tod von Félix Faure im Februar 1899 ebenso ein Wink des Schicksals wie die Entdeckung der „Henry'schen Fälschung" im August des Vorjahres. Zola, der seit der Abreise von Alexandrine am 27. Februar in Norwood wieder allein ist, ist jetzt von der Möglichkeit eines baldigen Sieges überzeugt.

BRIEF AN PAUL ALEXIS

[Upper Norwood] Sonntag, 12. März 1899

Mein alter Freund, Ihre Vorstellung von einem Félix Faure, der an seinem schlechten Gewissen stirbt, ist sehr romantisch. Man könnte tatsächlich ein schönes Shakespeare'sches Drama daraus machen: Macbeth, der König werden will und im Halb-Wahnsinn eines Hamlet endet, eines Hamlet voller Gewissensbisse, der bis zum Selbstmord ginge. Aber ich versichere Ihnen, daß Félix Faure in Wirklichkeit niemals nur das geringste Bedauern angesichts aller Gemeinheiten, an denen er beteiligt war, gezeigt hat. Er hat große Angst gehabt, und ist vielleicht aus Angst gestorben, das ist möglich. Wie dem auch sei, sein Abgang ist jedenfalls ein schöner Glücksfall für die Gerechtigkeit; und Sie haben recht, es ist ein großartiges Drama, wie immer es sich auch entwickeln mag. Seit eineinhalb Jahren arbeitet die Geschichte für uns Schriftsteller.

Ich danke Ihnen für die wertvollen Erkundigungen, die Sie an zuständiger Stelle, bei Ihrem Cousin P.[1], für mich eingeholt haben. Sie sind sehr erfreulich und bestätigen, was ich schon gewußt habe. Der Sieg ist sicher, er ist nur mehr eine Frage der Zeit. Aber ich gestehe, daß ich ein wenig ungeduldig werde und mich die ständigen Aufschübe wütend machen. Ich bin jetzt davon abgekommen heimzukehren, solange die Unschuld von D. nicht endgültig anerkannt ist. Wenn man ihn also, was anzunehmen ist, neuerlich vor ein Kriegsgericht stellt, dann bin ich noch für drei lange Monate hier.

Ich habe von mir und meiner Umgebung selbstverständlich keinerlei interessante Neuigkeiten für Sie. Ich lebe in der Einöde, sehe absolut niemanden und verbringe oft drei oder vier Tage, ohne überhaupt den Mund aufzumachen, denn die Leute, die mich bedienen, sind wie stumm. Mein Roman macht große Fortschritte, ich habe schon dreiundzwanzig von dreißig Kapiteln fertig. Es ist ein großer Brocken, der mir unendliche Mühen bereitet. Aber ich werde damit schon zurechtkommen. Die Veröffentlichung soll in den ersten Maitagen in *L'Aurore* beginnen.

So werden wir uns, mein alter Freund, nach dieser schrecklichen Kampagne, in der wir einige Haare lassen mußten, schließlich doch wiedersehen. Ich weiß, daß Sie sehr rührig und sehr tapfer waren. Es wird Ihnen zur Ehre gereichen, mit uns allen, den Kämpfern der ersten Stunde, zur guten Sache gestanden zu sein. [...]

1) Paul Reibaud, Kanzleichef im Justizministerium: Er besaß Informationen, denenzufolge die Mehrheit des Kassationsgerichts für eine Revision des Dreyfus-Prozesses sei.

*

Die Osterferien nahen, Jeanne und die Kinder sind ab 29. März wieder in Norwood. Zola verläßt das „Queen's Hotel" und steigt mit Jeanne und den Kindern im „Royal Hotel" ab, das in der Nähe des Crystal Palace gelegen ist.

Die Debatten um die Wiederaufnahme der verschiedenen mit der Dreyfus-Affäre im Zusammenhang stehenden Prozesse treten in eine entscheidende Phase. Labori, wie immer äußerst vorsichtig, hält die „Partie" für „offen"... Er berichtet Zola Anfang April von einer Meinungsumfrage unter den Freunden: „Alle scheinen hier mit uns der Meinung zu sein, daß es das Passendste wäre, wenn Sie einige Tage vor dem Urteil des Kassationsgerichts zurückkehren und Ihnen ein schöner Artikel vorausgehen würde. Das ist *vorläufig* die Ansicht von Picquart, von Mathieu [Dreyfus], von Yves Guyot, von Reinach, von Mornard; ich habe noch nicht mit Clemenceau darüber gesprochen, aber ich bin mir sicher, daß er dieses Gefühl teilt."

Ein schwerer Schlag trifft das Dreyfus-Lager mit der Erkrankung von Labori. Er leidet nicht, wie zuerst angenommen, nur an einer Grippe, sondern an Typhus.

BRIEF AN FERNAND LABORI

[Upper Norwood] Dienstag, 11. April 1899

Lieber und großer Freund, es tut mir leid, Sie krank zu wissen, und wenn ich als Antwort auf den Brief Ihrer Frau Ihnen selbst schreibe, so weil ich hoffe, daß Sie schon wieder bei besserer Gesundheit sind, wenn Sie mein Brief erreicht[1].

Ich habe in London Trarieux getroffen und mehrere Briefe von unseren Freunden aus Frankreich erhalten; ich bin zur Auffassung gelangt, daß wir den Plan meiner Rückkehr vor dem Urteilsspruch aufgeben müssen. Alles spricht im Augenblick gegen diese Rückkehr. Die Wirkung, die Sie sich davon erhoffen, ist jetzt durch die Veröffentlichung der Untersuchungsergebnisse[2] erreicht. Wir waren uns ja einig, daß meine Rückkehr im Falle eines schlechten Urteils eine vortreffliche Sache wäre; sie wäre aber ein grober Fehler, wenn dieses Urteil gut ausfallen sollte. Ich bin einigermaßen ratlos, habe aber das Gefühl, daß unsere Freunde wieder mit dem Sieg rechnen.

Überlegen Sie selbst die Situation. Sie sind an Ort und Stelle und können sie besser beurteilen. Und handeln Sie je nach dem, ob Sie immer noch überzeugt sind, daß die Angelegenheit hoffnungslos genug ist, um meine Anwesenheit zu rechtfertigen, oder ob Sie sich der Meinung der anderen anschließen, die meine Rückkehr für eine gefährliche Taktik halten. Teilen Sie mir dann mit, was Sie beschlossen haben.

Wenn unser Projekt aufgegeben werden sollte, geben Sie bitte meinen Artikel, den Sie in den Händen haben, gleich meiner Frau zurück. Ich habe keine Abschrift und brauche ihn, um einige Stellen daraus für den Artikel wiederzuverwenden, der meine Rückkehr nach dem Urteil[3] ankündigen soll.

Nochmals gute Besserung, mein lieber, großer Freund. Herzlichen Dank an Ihre Frau für den lieben Brief und herzliche Grüße an Sie beide [...]

1) Tatsächlich war die Krankheit von Labori aber ziemlich schwer: er mußte über sieben Wochen lang das Bett hüten.

2) Der Figaro *hat ab 31. 3. die Ergebnisse der Untersuchung der Strafkammer veröffentlicht.*

3) Der erwähnte Text ist eine erste Fassung des Artikels „Justiz", der am 5. Juni in L'Aurore *erscheinen wird.*

*

Noch weiß allerdings niemand, wie das Kassationsgericht tatsächlich entscheiden wird. Reinach ist optimistisch, glaubt, daß die Revision möglich ist, und bekräftigt diese Meinung in einem seiner Briefe an Zola. Am 18. April bestätigt Paul Alexis, der über seinen Cousin neue Informationen erhalten hat, diesen Optimismus: Alexis Ballot-Beaupré, der in der Vollversammlung des Kassationshofs am 21. März zum Berichterstatter der Kommission ernannt worden ist, scheint ihm vertrauenswürdig; laut seiner Quelle, so fügt Alexis hinzu, seien achtzehn Richter für eine Revision des Dreyfus-Prozesses, fünfzehn lehnten sie kategorisch ab, rund zehn seien noch unentschlossen, „schwankend, und könnten auf die eine wie auf die andere Seite gezogen werden". In der Sitzung der Vereinigten Kammern des Kassationsgerichts wird Hauptmann Martin Freystaetter bestätigen, welch schwerwiegenden Einfluß die (falschen) Aussagen Oberst Henrys vor dem Militärgericht von 1894 für die Verurteilung von Dreyfus gehabt haben.

BRIEF AN JOSEPH REINACH

Dienstag, 18. April 1899

Lieber Freund und Kollege, ich teile wahrhaftig nicht Ihren Optimismus. Meiner Ansicht nach geht das Komplott weiter, und man wird den Effekt des Ausnahmegesetzes vollständig ausnützen. Wenn man die Schande auf sich genommen hat, ein solches Gesetz zu beschließen, dann doch nur, weil der ganze ungeheure Schlachtplan feststeht und weil man entschlossen ist, ihn trotz allem bis zum Ende durchzuziehen. Und Sie werden noch sehen, daß dieser Plan aufgeht. Hat nicht Lebret[1] erst vor kurzem Ballot-Beaupré zum Präsidenten des Zivilgerichts gemacht? Sagt Ihnen das nichts? Selbst die hochgelobte Ehrbarkeit dieses Richters ängstigt mich. Wenn der Ehrbarkeit nämlich Menschlichkeit und Intelligenz fehlen, dann kann sie zu einem überaus gefährlichen politischen Instrument werden. Erinnern Sie sich an Cavaignac. Präsident Ballot-Beaupré kann sicher juridisch fundiert argumentieren, daß es keine neuen Fakten gäbe – im guten Glauben vielleicht, Frankreich damit zu retten. Das Unglück ist dann, daß sich viele vor seiner „Ehrbarkeit" beugen werden. Sagt man nicht jetzt schon, daß sich der ganze Gerichtshof seiner Meinung fügt? Das ist meine Sorge und auch jene des armen Labori; der Gedanken, daß wir beide die einzigen gewesen sein könnten, die klar gesehen hätten, ängstigt mich.

Ich schreibe meinen Freunden ohne Unterlaß, daß die Revision abgelehnt werden wird. Sicherlich stört die Veröffentlichung der Untersuchung im *Figaro* Dupuy und Lebret. Aber ihre Unverfrorenheit bleibt intakt, glauben Sie mir. Es gibt nur eine einzige Hoffnung, die Zusatzuntersuchung, die Intervention von Hauptmann Freystaetter[2]. Das würde die sofortige Annullierung bedeuten. Wenn man aber diese Zusatzuntersuchung unterläßt, wenn man sich darauf einigen sollte, die Aussage des Richters nicht anzuhören, beginnen auch Sie dann zu zittern? Der Plan unserer Freunde wäre, im Falle einer Ablehnung der Revision, sofort die Frage der Annullierung aufzuwerfen. Großer Gott! Warum nicht gleich heute? Die Vorstellung, daß der Kampf wieder beginnt, daß sich die Trümmer weiter anhäufen werden, ist schrecklich. Nie werde ich verstehen, daß man nicht alle Energie darauf verwendet, mit einem Schlag alles zu beenden, solange noch Zeit dafür ist.

Ich lege Ihnen hier dar, was ich in meinem Kopf während der einsamen Spaziergänge hin- und herwälze. Ich fürchte, aus der Entfernung, in der ich mich befinde, einen klaren Blick auf die Dinge zu haben. Gott gebe, daß ich mich täusche!

Ich stehe ganz unter dem Eindruck der bewundernswerten, tapferen Kampagne, die Sie führen. Die Ehre wird letzten Endes noch gerettet werden, der Sieg ist uns gewiß. [...]

1) Der Jurist Georges Lebret (1853-1927), Universitätsprofessor, von 1893 bis 1902 Abgeordneter von Caen, von 1. November 1898 bis 22. Juni 1899 Justizminister

2) Martin Freystaetter, Hauptmann der Marine-Artillerie, war einer der sieben Militärrichter, die Dreyfus im Dezember 1894 verurteilt haben; er ist nach einem längeren Aufenthalt in Madagaskar nach Paris zurückgekehrt; Freunden vertraut er seine Überzeugung von der Unschuld von Dreyfus an und schreibt in diesem Sinne auch an Marineminister Edouard Lockroy; in der Presse werden seine Äußerungen teilweise abgedruckt; er wird am 24. April vom Kassationsgericht als Zeuge vernommen und bestätigt, daß 1894 der damalige Kriegsminister General Mercier den Kriegsrichtern ohne Wissen der Verteidigung die Geheimakte hat zukommen lassen.

BRIEF AN PAUL ALEXIS

Sonntag, 23. April 1899

Mein alter Freund, vielen Dank für Ihre zwei lieben Briefe. Vor allem der zweite enthielt einige Informationen, die uns Mut machen sollten. Ich hatte sie schon von anderer Seite, aber es tut gut, sie bestätigt zu wissen.

Sie wollen hören, was ich selbst von der Lage halte. Je nach den Depeschen, die ich am Morgen in den Zeitungen lese, schwanke ich zwischen Pessimismus und Optimismus. Aber ich gestehe, daß meistens der Pessimismus die Oberhand behält. Ich glaube, daß die Revision mit einigen Stimmen Mehrheit abgelehnt werden wird, denn als Dupuy sein Ausnahmegesetz hat verabschieden lassen, da mußte er wohl den Gerichtshof in seiner Tasche haben. Ich weiß wohl, daß seither die Veröffentlichung der Untersuchung im *Figaro* dazwischengekommen ist. Aber was macht das schon aus, diese Leute sind zu allen Gemeinheiten und zu allen Schandtaten fähig, und sie werden sich im Bewußtsein, daß sie tatsächlich die Abgeordnetenkammer auf ihrer Seite haben, über die Ergebnisse dieser Untersuchung hinwegsetzen.

Was mir jedoch seit vorgestern einige Hoffnung gibt, ist der Beschluß einer Zusatzuntersuchung. Wenn Freystaetter wirklich angehört wird, so kann seine

Aussage entscheidend sein. Außerdem scheint der Gerichtshof dadurch, daß er diese zusätzliche Untersuchung angeordnet hat, auf unserer Seite zu stehen, denn wenn er jetzt schon mehrheitlich zur Revision entschlossen wäre, würde er nicht das Risiko weiterer Erklärungen eingehen. Schließlich könnte es auch so sein, daß er im letzten Moment aus Angst vor einer Annullierung, deren Folgen schwerwiegend wären, die Revision beschließt. In diesem Fall würde vielleicht sogar Dupuy die Revision verlangen.

Ich muß hinzufügen, daß die Neuigkeiten, die ich seit einigen Tagen von überall her bekomme, ausgezeichnet sind. Die Familie des Verurteilten, die Rechtsanwälte, unsere Freunde, alle sind davon überzeugt, daß der Gerichtshof die Wiederaufnahme nicht ablehnen kann. Wir werden ja sehen. In meinem Innersten spüre ich trotzdem noch den Schauer der Angst.

Auf jeden Fall werden Sie mich in einem Monat wiedersehen, denn ich werde nach der Entscheidung heimkehren, wie immer sie auch ausfallen mag. Wenn wir verlieren, werden wir wutentbrannt den Kampf von neuem beginnen. Der endgültige Sieg ist uns trotz allem sicher. [...]

*

Labori erholt sich langsam von seiner Krankheit. Octave Mirbeau, der Zola Kunde über das Befinden des Rechtsanwalts gibt, vertraut dem Schriftsteller in einem Brief vom 23. April an: „Labori ist sehr angeschlagen. Es geht ihm jetzt besser, und wenn er keine Unklugheit begeht, kann man ihn als gerettet betrachten. Mit seiner Hilfe darf man aber frühestens in drei Monaten wieder rechnen. Der Typhus hat in arg mitgenommen und die Genesung wird viel Zeit in Anspruch nehmen.“ *Interessant ist folgender Zusatz von Mirbeau:* „Was ich noch dazu sagen möchte, klingt vielleicht grausam, aber ich glaube, daß man nun, da er gerettet ist, seinen Ausfall nicht mehr zu sehr zu bedauern braucht; seit einiger Zeit ist Labori nämlich zurückhaltend geworden, hat jede etwas lebhaftere Intervention gerügt und wollte, daß die Affäre in aller Stille zu Ende gehe. Meiner Meinung nach ist er mitschuldig, daß die Haft von Picquart verlängert wurde. Seine moralische Abgespanntheit und sein nervenaufreibender Pessimismus haben alle angesteckt. Labori hat viele Qualitäten, aber nicht die eines Häuptlings.“

BRIEF AN OCTAVE MIRBEAU

Donnerstag, 27. April 1899

Mein lieber und treuer Freund, ich habe tatsächlich eine schreckliche Krise voller Angst und Verzweiflung durchgemacht. Ich war, wie die Mystiker sagen, in einem Zustand der Dürre und des Glaubensverlustes. Es gab da einfach zu viele Lügen, zuviel Ungerechtigkeiten; weder Wahrheit noch Gerechtigkeit schienen möglich. Ich habe wirklich geglaubt, alles sei zu Ende. Und selbst zu dieser Stunde muß ich mich noch anstrengen, um Ihr tiefes Vertrauen zu teilen, so oft hat man uns getäuscht und so sehr fürchte ich, mich einer neuen Illusion hinzugeben.

Aber Sie haben recht, vielleicht feiern wir diesmal tatsächlich den Sieg. Ihr Brief hat mir jedenfalls große Freude gemacht. Langfristig ist uns der Sieg sicher, daran zweifle ich nicht. Dennoch: Eine derartige Anhäufung von Abscheulichkeiten, wie wir sie erleben, macht einen hoffnungslos! Man möchte fliehen, sich auf irgendeiner wilden Insel verbergen. Ich hatte tatsächlich den Eindruck, daß die Atmosphäre für uns unerträglich würde und es das Beste wäre, irgendwo anders hinzugehen.

Was Sie mir über Labori sagen, überrascht mich ein wenig. Ich habe ihn immer für sehr pessimistisch, aber auch für sehr tapfer gehalten. Er hat mich geholt, um einen großen Kampf zu liefern. Ich glaube übrigens, daß er schon die Krankheit gespürt hat. Er hat jetzt Zeit zur Genesung, denn Sie werden sehen, daß sich die Dinge noch in die Länge ziehen werden.

Ich hoffe also, Sie in einem Monat in die Arme schließen zu können. Wie immer auch das Kassationsgericht entscheidet, ich werde heimkehren. Inzwischen werde ich versuchen, meinen Roman fertig zu machen. Ich arbeite, es geht mir gut. Nur die Telegramme aus Frankreich bringen mich jeden Morgen durcheinander. Das Herz ist tapfer, aber die Nerven sind von den vielen Schlägen stark mitgenommen. Was für ein Leben müssen Sie führen, der Sie mitten im Sturm stehen! Hoffen wir, daß das alles unser Herz und unser Hirn erweitert hat; das zumindest sollte unser Gewinn an der Sache sein. [...]

Ich vergaß: Wollen Sie bitte Herrn Sébastien Faure mitteilen, daß ich leider nicht mehr über den Nachdruck meiner Romane verfügen kann[1], seit ich der Société des gens de lettres angehöre. Es gibt vielleicht eine Möglichkeit, die Angelegenheit zu regeln; bitten Sie ihn nur zu warten, bis ich wieder in Paris bin.

1) *Faure wollte im* Journal du peuple, *einer Tageszeitung, die er gerade gegründet hatte, Germinal möglichst ohne Bezahlung von Autorenrechten abdrucken.*

*

Das Kassationsgericht hat am 29. April die letzten Zeugen angehört. Am 29. Mai soll es zusammentreten, um den Bericht von Ballot-Beaupré entgegenzunehmen... Seine Entscheidung ist nur mehr eine Frage von Tagen.

BRIEF AN JOSEPH REINACH

Sonntag, 30. April 1899

Lieber Kollege und Freund, ich bedaure jetzt ein bißchen meinen letzten so schwarzen Brief, den ich Ihnen in einem Augenblick tiefer Besorgnis geschrieben habe. Ich bin immer noch ein wenig besorgt, denn unsere Gegner haben uns bewiesen, daß sie ungeahnte Reserven an Niedertracht besitzen; dennoch gestehe ich, daß die Wahrheit riesige Schritte macht und daß es mir, so wie Ihnen, jetzt unmöglich scheint, daß sie nicht in Bälde triumphiert. Jeder Tag kann irgendeine niederschmetternde Enthüllung bringen, die das Debakel der Schufte vollständig macht.

Wenn Sie beim Schreiben Ihrer Artikel für *Le Siècle* an mich denken, so kann ich Ihnen sagen, daß ich sie in meinem einsamen Winkel leidenschaftlich mit zunehmender Bewunderung lese. Einer meiner ersten Besuche in Paris wird mich zu Ihnen führen, um Ihnen all mein Unrecht zu beichten, vor allem die ungerechte Meinung, die ich von Ihnen hatte, und die sträfliche Unkenntnis Ihres Muts und Ihres Talents. Sie waren in dieser ganzen abscheulichen Affäre großartig.

Antworten Sie bitte den jungen Leuten, von denen Sie mir erzählen, daß ich aus der Ferne nicht mit ihnen verhandeln kann[1]. Erstens hat sich bis jetzt Busnach[2] um die geschäftlichen Angelegenheiten der Theaterstücke gekümmert, die er aus meinen Romanen gemacht hat. Er ist im Augenblick schwer krank, und ich möchte, daß man ihn in Ruhe läßt. Zweitens ist, solange unser Sieg nicht feststeht, nicht der geeignete Zeitpunkt gekommen, meinen Namen wieder auf die Plakate zu setzen. Alle diese Gründe sprechen gegen ein Projekt, dessen Scheitern mir unangenehm wäre und anderen Projekten schaden könnte, die ich für später habe. Drücken Sie bitte diesen jungen Leuten mein Bedauern aus und sagen Sie ihnen, daß ich ihnen für ihre mutige Idee danke, die mich unendlich gerührt hat.

Seien wir also fröhlich, lieber Kollege und Freund, weil sich das Werk der Erlösung erfüllt. Ich hege keinerlei Rachegefühle; eine ewig währende öffentliche Ächtung würde mir als Sühne für die Schuldigen genügen. Ich denke an den leidgeprüften Märtyrer dort unten auf der Teufelsinsel, und mir vorzustellen, daß wir ihn freibekommen werden, verschafft mir ein Gefühl freudiger Erregung. [...]

1) Es geht um ein Projekt, Zolas Theaterstücke aufzuführen und die Aufführungen durch einen Vortragszyklus zu ergänzen.

2) Zola hat seit 1879 gemeinsam mit William Busnach (1832-1907) mehrere seiner Romane (u.a. L'Assommoir, Nana *und* Germinal) *für die Bühne adaptiert.*

*

Am 29. Mai nehmen die Vereinigten Kammern des Kassationsgerichts den Bericht der Untersuchungskommission von Alexis Ballot-Beaupré, deren Berichterstatter, entgegen. Am 1. Juni wird Oberst du Paty de Clam festgenommen, am 3. Juni annulliert der Kassationshof das Urteil gegen Dreyfus von 1894 und beschließt die Revision des Prozesses. Dreyfus soll neuerlich vor ein Kriegsgericht gestellt werden. Damit ist der Weg zurück nach Frankreich frei – für Zola wie für Dreyfus.

Die folgenden Briefe sind die letzten, die Zola aus dem Exil an Labori geschrieben hat. Sie sind von Zola am Vortag seiner Rückreise verfaßt worden. Aus ihnen wird ersichtlich, daß der Rechtsanwalt bis zum letzten Moment gezögert hat, Zola die Rückkehr zu erlauben. Die Diskussion zwischen den beiden Männern betrifft auch die Voraussetzungen, die für eine Veröffentlichung des Artikels „Justice" in der Tageszeitung L'Aurore *gegeben sein müssen.*

BRIEF AN FERNAND LABORI

Samstag morgen, 3. Juni 1899

Mein lieber, mein großer und tapferer Freund, Ihr erstes Telegramm, das ich gestern hier über Wareham bekommen habe, hat mich betroffen gemacht, denn ich fürchtete herauszulesen, daß Sie Einwände gegen meine sofortige Rückkehr hätten. Aber die zweite Depesche, die mir am Abend um fast elf Uhr direkt zugekommen ist, hat mich vollauf beruhigt, denn sie wies mich an, nichts an unseren Plänen zu ändern.

Meine große Sorge ist, daß Ihr Brief, der über Wareham geht, heute erst sehr spät am Nachmittag hier eintreffen kann. Wenn ich also auf Ihn warten wollte, um Ihnen zu schreiben, so würde meine Antwort heute nicht mehr abgehen und wir wären durch den schrecklichen englischen Sonntag blockiert, Sie würden diesen Brief erst am Montag – zu spät – bekommen. [...]

Ihr erstes Telegramm hat mich deshalb so betrübt, weil ich fest dazu entschlossen war, Ihre Gründe, und wären sie noch so stichhaltig, nicht zu akzeptieren, wenn Sie mir einen neuerlichen Aufschub geraten hätten. Ich habe genug, nichts auf der Welt wird mich hier eine Stunde länger zurückhalten. Selbst wenn man mir drohte, mich an der Grenze festzunehmen, würde ich heimkehren. Außerdem fühlte ich die Stunde gekommen, und mein Gefühl hat mich noch nie getäuscht. Aber welchen Schmerz hätte es für mich bedeutet, mit Ihnen uneins zu sein und mich über einen Ihrer Wünsche hinwegzusetzen! Mir hätte das Herz geblutet.

Wenn Sie mich schätzen, dann fordern Sie bitte mit mir, daß mein Artikel am Montag früh erscheint, unter der Voraussetzung freilich, daß der Entscheid des Gerichts heute gefällt wird, was ich annehme. Ich sende Ihnen einen kleinen Vermerk zur Frage, ob *L'Aurore* allein den Artikel veröffentlichen oder ihn an die befreundeten Zeitungen weitergeben soll. Lesen Sie den Vermerk aufmerksam und handeln Sie, solange noch Zeit dafür ist.

Sie können sich nicht vorstellen, wie sehr mich Ihr Brief gerührt hat, dieser so gute, so tapfere Brief, der erste, den Sie nach dem schrecklichen Schlag, der Sie getroffen hat[1], geschrieben haben. Selbst die noch etwas zittrige Handschrift hat mich tief bewegt. Sie sind wieder auf den Beinen und bald wieder gerüstet für den Triumph. [...]

Notiz

Prinzipiell bin ich dafür, daß mein Artikel gleichzeitig allen befreundeten Zeitungen zur Verfügung gestellt wird, dem *Figaro* ebenso wie dem *Siècle* und den anderen. Aber unter der strikten Voraussetzung, daß ihnen der Artikel in voller Länge zur Verfügung gestellt wird. Ich habe mir die Sache überlegt und denke, daß die anderen Zeitungen, wenn wir ihnen nur Auszüge aus dem Artikel geben, diese Auszüge natürlich abdrucken werden; aber der Artikel würde sehr darunter leiden und nicht die gewünschte Werbewirksamkeit haben. Andererseits ist es sicher, daß sie ihn am folgenden Tag in voller Länge abdrucken werden, wenn sie ihn der *Aurore* entnehmen. Also, man gebe ihnen entweder den ganzen Artikel oder gar nichts. Ich wiederhole, daß ich dafür bin, ihnen gleich den ganzen Artikel zu geben, denn der Effekt ist größer, wenn der Artikel in allen befreundeten Zeitungen gleichzeitig erscheint.

Man würde mir eine große Freude machen, wenn man meinem Wunsch entsprechen könnte. Das ist aber nur ein Wunsch, und ich lasse Vaughan und Clemenceau natürlich die Freiheit so zu handeln, wie es den Interessen von *L'Aurore* entspricht, die bei der Entscheidung ebenfalls in Betracht gezogen werden müssen[2].

1) Anspielung auf die Typhus-Erkrankung von Labori.

2) Der Artikel „Justice" erscheint schließlich in voller Länge nur in L'Aurore.

*

Fast elf Monate nach dem „Offenen Brief an Ministerpräsident Brissot" vor dem zweiten Prozeß in Versailles meldet sich Zola am 5. Juni 1899, dem Tag seiner Rückkehr aus dem Exil, in der Tageszeitung L'Aurore *wieder zu Wort. Es handelt sich um den mit Labori und den Freunden abgesprochenen Artikel „Justice" („Gerechtigkeit"), in dem Zola seine Exilerfahrungen und die Ereignisse, die während seiner Abwesenheit den Fortgang der Affäre geprägt haben, zusammenfaßt.*

GERECHTIGKEIT

Vor fast elf Monaten habe ich Frankreich verlassen. Ich habe elf Monate Verbannung auf mich genommen und dabei vollständige Zurückhaltung und absolutes Stillschweigen gewahrt. Ich habe einem Toten geglichen, der in Erwartung der Wahrheit und der Gerechtigkeit freiwillig in der Tiefe seines Grabes ruht. Heute aber, da die Wahrheit gesiegt hat und das Recht endlich wieder herrscht, lebe ich wieder auf und kehre auf französischen Boden zurück.

Der 18. Juli 1898 wird für mich mein ganzes Leben lang jener schreckliche Tag bleiben, an dem ich mein ganzes Blut vergossen habe. Taktischen Notwendigkeiten und den Ratschlägen meiner Freunde gehorchend, die mit mir gemeinsam den Kampf um die Ehre Frankreichs führten, habe ich an diesem 18. Juli alles, was ich liebte, und alle meine Gewohnheiten zurücklassen müssen. Nach den vielen Tagen, an denen man mich mit Drohungen und Beleidigungen überhäuft hatte, war diese plötzliche Abreise das schlimmste Opfer, das ich für die Sache darbringen mußte. Die einfältigen Köpfe, die immer wieder behauptet haben, ich flüchte vor dem Gefängnis, waren ebenso bösartig wie dumm.

Großer Gott, was sollte mir das Gefängnis schon ausmachen! Ich habe nie etwas anderes als die Haftstrafe verlangt und ich bin immer noch bereit, ins Gefängnis zu gehen, wenn das notwendig sein sollte! Wer mich beschuldigt, davor zu fliehen, muß wohl die ganze Geschichte und den Prozeß vergessen haben, den ich einzig und allein in dem Wunsch angestrebt habe, er möge das Feld sein, auf dem die Saat der Wahrheit aufgeht; und man hat wohl auch vergessen, daß ich meine ganze Seelenruhe, meine Freiheit und schließlich mich selbst als Opfer dargebracht und im vorhinein meinen Ruin akzeptiert habe, wenn dafür nur die Gerechtigkeit triumphieren würde. Ist heute nicht einleuchtend, daß die ganze Kampagne für meine Berater, meine Freunde und mich selbst nichts anderes als ein uneigennütziger Kampf war, der das Ziel hatte, möglichst viele Fakten ans Tageslicht zu bringen? Wir haben Zeit gewinnen wollen und Verfahren über Verfahren angestrengt, weil uns die Wahrheit anvertraut war, so wie einem Seelen anvertraut sind, und weil wir den schwachen Hoffnungsschimmer, der täglich heller wurde, nicht erlöschen lassen wollten. Er war wie das heilige Licht, das man an Sturmtagen trägt und das man gegen den Zorn der durch die Lügen aufgebrachten Menge schützen muß. Unsere einzige Taktik war, Herren unserer Sache zu bleiben, sie so lange hinauszuzögern, bis bestimmte Ereignisse von selbst eintreffen würden; davon erwarteten wir uns schließlich die entscheidenden Beweise. Wir haben dabei nie an uns gedacht, sondern immer nur an den Triumph des Rechtes, und wir waren bereit, dafür mit unserer Freiheit und unsem Leben zu bezahlen.

Man erinnere sich daran, in welcher Lage ich mich im Juli in Versailles befunden habe. Man hat mir praktisch das Wort verboten. Ich aber wollte mich nicht so zum Schweigen bringen und mich nicht während der Parlamentsferien inmitten der brodelnden Leidenschaften verurteilen lassen. In der Hoffnung, daß die Wahrheit einen Schritt vorwärts machen und das Recht sich durchsetzen würde, wollten wir einfach Zeit bis Oktober gewinnen. Außerdem sollte man nicht die unentwegte, stille Arbeit vergessen und alles, was wir von den gegen Esterhazy und Oberst Picquart eingeleiteten Verfahren erwarten durften. Beide waren im Gefängnis, und wir wußten sehr wohl, daß beide Untersuchungen, sollten sie nur rechtmäßig geführt werden, wichtige Enthüllungen zutage bringen würden; ohne das Geständnis und den darauffolgenden Selbstmord von Oberst Henry vorhersehen zu können, bauten wir auf den unvermeidlichen Zwischenfall, der sich eines Tages zwangsläufig ereignen und die ganze schreckliche Affäre in ihrem wahren, traurigen Licht zeigen mußte. Ist unser Wunsch, Zeit zu gewinnen, deshalb nicht verständlich? Hatten wir nicht recht, alle legalen Mittel auszuschöpfen, um unsere Stunde im Interesse der Gerechtigkeit zu wählen? Hieß abwarten nicht, im schmerzlichsten und geheiligtsten aller Kämpfe zu siegen? Wir mußten um jeden Preis zuwarten, denn alles, was wir wußten, alles, was wir erhofften, erlaubte uns, für den Herbst mit dem Triumph der Wahrheit zu rechnen. Noch einmal: Es kam nicht auf uns selbst an, es ging ausschließlich darum, einen Unschuldigen zu retten und der Heimat das schrecklichste moralische Unheil zu ersparen, von dem sie jemals bedroht war. Diese Gründe allein waren entscheidend dafür, daß ich mich fügte und in der Absicht abreiste, im Herbst wieder zurückzukehren; ich habe aus der Überzeugung gehandelt, auf diese Weise der Sache zu dienen und ihren Triumph zu ermöglichen.

Heute will ich nicht von der Überwindung sprechen, die mich dieses Opfer gekostet hat und von seiner Bitterkeit; das werde ich später einmal machen. Man vergißt, daß ich weder ein Polemiker noch ein Politiker bin, der von solchen Kämpfen profitiert. Ich bin ein freier Schriftsteller, dessen einzige Leidenschaft immer schon die Wahrheit gewesen ist und der sich für sie mit der Feder in der Hand auf allen Feldern geschlagen hat: seit bald vierzig Jahren, im guten Glauben und so tapfer und so gut es eben möglich war. Ich schwöre Ihnen, daß es einem einen schrecklichen Schmerz bereitet, sich in dunkler Nacht allein fortstehlen zu müssen und in der Ferne die Lichter Frankreichs verlöschen zu sehen, wo man doch nur seine Ehre und seinen guten Ruf in den Augen der anderen Nationen wahren wollte. Ich, der ich es in über vierzig Werken besungen habe, ich, dessen Bemühen ein Leben lang gewesen ist, Frankreich überall auf der Welt bekannt zu machen, ich mußte fliehen, mit dieser Meute von armen Irren auf den Fersen, die mich verfolgte und mit Drohungen und Beleidigungen überhäufte! Das sind schwere Stunden, in denen die Seele gestählt und unempfindlich gemacht wird gegenüber ungerechten Verletzungen. Kann man sich vorstellen, welche Qualen es bedeutet hat, während der langen Monate des Exils aus der Welt der Lebenden gestrichen zu sein und täglich auf ein Erwachen der Gerechtigkeit zu warten, das immer wieder aufgeschoben wird? Nicht dem schlimmsten Kriminellen wünsche ich die Qualen, die mir jeden Morgen die Lektüre der Nachrichten aus Frankreich in diesem fremden Land bereitet hat, in dem sie sich wie ein fürchterliches Echo von Wahnwitz und Verderben ausgenommen haben. Man muß diesen Gram in sich getragen, man muß, aus der Ferne und immer allein, die Krise, in der die Heimat unterzugehen drohte, miterlebt haben, um zu wissen, was das Exil unter den tragischen Umständen bedeutet, unter denen ich es gekannt habe. Diejenigen, die glauben, ich sei geflohen, um dem Gefängnis zu entgehen und im Ausland – mit jüdischem Geld natürlich – lustig und in Freuden zu leben, sind bedauernswerte Menschen, die mir ein wenig Abscheu und viel Mitleid einflößen.

Ich sollte im Oktober zurückkommen. Wir hatten beschlossen, die Sache bis zur Wiederaufnahme der Parlamentssitzungen hinzuziehen, und dabei auch auf das unvorhersehbare Ereignis gezählt, das beim Lauf der Dinge sicher eintreten mußte. Wir haben nicht einmal bis Oktober darauf warten müssen, es hat sich schon Ende August mit dem Geständnis und dem Selbstmord von Oberst Henry ergeben.

Tags darauf wollte ich heimkehren. Aus meiner Sicht war die Revision unvermeidlich geworden, und die Anerkennung der Unschuld von Dreyfus mußte unmittelbar bevorstehen. Da ich stets nur die Revision verlangt hatte, war meine Aufgabe abgeschlossen, sobald der Kassationshof mit der Angelegenheit beschäftigt sein würde, und ich war bereit, mich zurückzuziehen. Mein eigener Prozeß war in meinen Augen nur mehr eine Formsache, weil das von den Generälen de Pellieux, Gonse und de Boisdeffre vorgelegte Schriftstück, das die

Geschworenen zu meiner Verurteilung veranlaßt hatte, eine Fälschung war, deren Urheber sich vor der Verantwortung in den Tod geflüchtet hatte. Als ich mich aber zur Heimkehr anschicken wollte, erhielt ich von meinen Pariser Freunden, von den Ratgebern, von allen, die den Kampf weitergeführt haben, beunruhigende Briefe. Die Lage blieb ernst. Die Revision schien ungewiß und war noch lange nicht beschlossene Sache. Brisson, der Regierungschef, stieß immer wieder auf neue Hindernisse, wurde von allen im Stich gelassen und hatte nicht einmal mehr Einfluß auf einen einfachen Polizeikommissar. Inmitten der erhitzten Gemüter konnte meine Rückkehr leicht ein Vorwand für neue Gewalttaten sein, eine Gefahr für die Sache, eine zusätzliche Belastung für den Minister in seiner ohnehin schon so schwierigen Lage. Da ich nicht wünschte, die Lage zu verschärfen, mußte ich mich fügen und mich weiter gedulden.

Als die Strafkammer endlich mit der Angelegenheit befaßt wurde, faßte ich aufs neue den Plan, heimzukehren. Ich wiederhole, daß ich immer nur die Revision angestrebt habe und meine Rolle in dem Augenblick als beendet betrachtete, da die Affäre vor das höchste im Gesetz dafür vorgesehene Gericht gebracht war. Aber da bekam ich wieder Briefe, die mich aufgefordert haben zuzuwarten und nichts zu übereilen. Die Lage, die ich für so klar hielt, war, so wurde mir versichert, ganz im Gegenteil reich an Unklarheiten und Gefahren. Mein Name, meine Person konnte da nur wie eine Fackel wirken, die den Brand aufs neue entfachen würde. Deshalb appellierten meine Freunde und Berater an meine patriotische Gesinnung, sprachen von einer notwendigen Beruhigung und sagten mir, daß ich auf den zwangsläufig zu erwartenden Umschwung der öffentlichen Meinung warten müsse, um unser armes Land nicht neuerlich in eine unheilvolle Verwirrung zu stürzen. Eine Lösung der Affäre wäre zwar in Sicht, aber noch sei nichts beschlossen; und welche Vorwürfe müßte ich mir machen, wenn der Triumph der Wahrheit durch eine Unvorsichtigkeit meinerseits hinausgezögert würde. Ich fügte mich noch einmal und verharrte in der Qual meiner Einsamkeit und meines Schweigens.

Dann wollte ich heimkehren, als die Strafkammer den Antrag auf Revision des Dreyfus-Prozesses angenommen und dazu eine umfassende Untersuchung angeordnet hatte. Zu diesem Zeitpunkt, das gebe ich gerne zu, hatte mich der Mut verlassen, denn ich verstand wohl, daß diese Untersuchung mehrere Monate dauern würde, und ich fühlte im voraus, mit welcher Beklemmung ich sie aus der Ferne miterleben würde. War nicht außerdem schon Klarheit genug geschaffen, hatten der Bericht des Rates Bard, die Anklagerede von Oberstaatsanwalt Manau und das Plädoyer des Rechtsanwalts Mornard nicht schon ausreichend viele Fakten aufgezeigt, sodaß ich erhobenen Hauptes zurückkommen konnte? Alle Anschuldigungen, die ich in meinem „Brief an den Präsidenten der Republik" ausgesprochen hatte, waren bestätigt. Ich hatte meine Rolle erfüllt und brauchte mich nur wieder in die Gesellschaft einzugliedern. Da empfand ich Kummer und Empörung, als ich bei meinen Freunden neuerlich auf Widerstand gegen meine Rückkehr stieß. Sie standen noch immer mitten im Kampf, sie schrieben mir, daß ich die Lage nicht so wie sie beurteilen könne und daß es ein gefährlicher Fehler sei, meinen Prozeß gleichzeitig mit der Untersuchung der Strafkammer wieder aufzunehmen. Die neue Regierung, die der Revision ablehnend gegenüberstand, würde in meinem Prozeß vielleicht eine gewünschte Ablenkung sehen und eine willkommene Gelegenheit, neue Unruhen zu entfachen. Der Gerichtshof wünschte, seine Arbeit bei vollkommenem Frieden durchzuführen, und ich würde unrichtig handeln, wenn ich ihn mit einem Volksaufruhr belasten würde, der sicher gegen uns verwendet werden würde. Ich habe mit mir selbst gekämpft, ich habe sogar daran gedacht, eines schönen Abends gegen den Rat aller meiner Freunde und ohne vorher jemanden zu benachrichtigen, in Paris zu erscheinen. Nur die Klugheit allein hat mich zurückgehalten, und ich habe mich damit abgefunden, noch weitere lange Monate die Qual des Exils auf mich zu nehmen.

Das sind die Gründe, weshalb ich seit bald elf Monaten nicht zurückgekehrt bin. Ich hielt mich von den Ereignissen fern, so wie ich mich vorher in den Vordergrund gestellt hatte – als Kämpfer für die Wahrheit und Gerechtigkeit. Indem ich mich selbst durch mein Exil geopfert habe, habe ich nur meine Pflicht als guter Bürger erfüllt, mit dem Wunsch, das Land zu beruhigen und die Debatten um die ungeheure Affäre nicht nutzlos von neuem zu beleben. Ich gebe zu, daß mein eigener Prozeß, über dessen siegreichen Ausgang ich sicher war, mir dabei eine Hilfe gewesen ist, wie das heilige Licht, mit dem wir uns Klarheit verschaffen, wenn die dunklen Mächte die Sonne zum Erlöschen bringen sollten. Ich wollte nicht nur ein Toter sein, sondern ein stummer Toter. Nachdem ich einmal die Grenze überschritten hatte, wußte ich zu schweigen. Man hat nur dann das Recht, sich zu äußern, wenn man dabei ist und die Verantwortung für das übernimmt, was man sagt. Niemand hat mich gehört, niemand hat mich gesehen. Ich war, wie ich schon sagte, wie in einem Grab verborgen, in einer unverletzbaren Einsamkeit, in einem unauffindbaren Schlupfwinkel, den kein Fremder kennen konnte. Die wenigen Journalisten, die behauptet haben, sie hätten mich getroffen, haben gelogen. Ich habe keinen von ihnen empfangen, ich habe in einer Einöde gelebt und wurde von niemandem erkannt. Und ich frage mich, was mir mein Land, das so hart gegen mich ist, eigentlich vorzuwerfen hat, wo ich doch seit elf Monaten die Verbannung in Würde und in stillem Patriotismus ertrage, um ihm den Frieden zurückzugeben.

Das hat jetzt ein Ende, und ich kehre heim, weil die Wahrheit ans Licht kommt und der Gerechtigkeit Genüge getan wird. Ich möchte in aller Ruhe zurückkehren, im Bewußtsein des Sieges, aber ohne daß meine Heimkehr Anlaß zum geringsten Trubel, zum geringsten Aufruhr in den Straßen sein könnte. Ich würde es als meiner unwürdig empfinden, wollte man mich auch nur einen Augenblick lang in einen Topf mit widerwärtigen Nutznießern öffentlicher Kundgebungen werfen. So wie ich im Ausland zu schweigen wußte, so werde ich in der Heimat wieder meinen Platz als friedlicher Bürger einnehmen, der niemandem lästig ist und sich bescheiden wieder an seine gewöhnliche Arbeit macht, ohne daß man sich weiter mit ihm beschäftigt.

Jetzt, da das Werk vollbracht ist, möchte ich weder Anerkennung noch Auszeichnungen, selbst wenn man der Ansicht sein sollte, daß ich einen nützlichen Beitrag zu dieser Arbeit geleistet habe. Mir kommt da kein Verdienst zu, die Angelegenheit selbst war so schön, so menschlich! Die Wahrheit hat gesiegt, wie es nicht anders sein konnte. Diese Gewißheit hatte ich von der ersten Stunde an, ich war meiner Sache sicher, und das verringert das Ausmaß meines Mutes. So einfach ist das. Es ist mir Lob genug, wenn man von mir sagt, daß ich weder ein Dummkopf noch ein Bösewicht war. Meine Belohnung habe ich schon, wenn ich an den Unschuldigen denke, zu dessen Befreiung aus dem Grab, in dem er lebend seit vier Jahren dahinschmachtete, ich beigetragen habe. Ich gebe zu, daß der Gedanke an seine Rückkehr, der Gedanke, ihn frei zu sehen und in die Arme zu schließen, mich mit einer ganz besonderen Gefühlsregung erfüllt und mir Freudentränen in die Augen treibt. Dieser Augenblick wird genügen, um mich für alle meine Leiden zu entschädigen. Meine Freunde und ich haben eine gute Tat vollbracht, für die uns die edlen Herzen in Frankreich ein bißchen Dankbarkeit bewahren werden. Und was wollen Sie denn mehr, als eine Familie, die uns lieben wird, eine Frau und Kinder, die uns dankbar sein werden, einen Mann, der den Triumph des Rechts und der menschlichen Zusammengehörigkeit verkörpert!

Dieser Kampf ist jetzt für mich zu Ende und ich wünsche aus dem Sieg keinerlei Profit zu ziehen, weder ein politisches Mandat, noch irgendeine Stellung noch Ehrungen; mein einziger Ehrgeiz besteht darin, meinen Kampf für Wahrheit mit der Feder weiterzuführen, solange ich dazu fähig bin, und ich möchte, bevor ich zu anderen Kämpfen übergehe, nur anmerken, mit welcher Vorsicht und Mäßigung ich diese Schlacht geschlagen habe. Wer erinnert sich nicht an das schreckliche Geschrei, mit dem mein „Brief an den Präsidenten der Republik" aufgenommen wurde? Ich galt als ein Beleidiger der Armee, als ein Verräter, als ein vaterlandsloser Geselle. Befreundete Schriftsteller haben sich entrüstet und bestürzt von mir abgewandt und mich aus Abscheu vor meinem

Verbrechen allein gelassen. Einige der damals geschriebenen Artikel werden jetzt wohl schwer auf dem Gewissen ihrer Unterzeichner lasten. Ihnen zufolge hatte nie zuvor ein grober, verrückt gewordener, größenwahnsinniger Schriftsteller einem Staatsoberhaupt einen so unverschämten, verlogenen und verbrecherischen Brief geschrieben. Man lese ihn jetzt nochmals, meinen armseligen Brief. Ich gebe zu, daß ich mich seiner ein bißchen schäme, ich schäme mich seiner Zurückhaltung, seines Opportunismus, fast möchte ich sagen, seiner Feigheit. Da ich nun einmal beichte, kann ich ja sagen, daß ich den Sachverhalt dadurch sehr gemildert hatte, daß ich viele Fakten, die heute bekannt und anerkannt sind, einfach verschwiegen habe, so ungeheuer und unfaßbar schienen sie mir. Ja, ich hatte Oberst Henry schon damals im Verdacht, aber ich hatte keinen Beweis und hielt es deshalb für besser, ihn gleich gar nicht zu verdächtigen. Ich ahnte wohl etliche Geschichten, gewisse Vertraulichkeiten waren mir zugekommen, aber sie waren so schrecklich, daß ich mir nicht das Recht anmaßte, sie zu veröffentlichen und die fürchterlichen Folgen zu verantworten, die sie nach sich ziehen würden. Jetzt aber sind sie enthüllt und gelten als landläufige Wahrheit! Mein armseliger Brief ist nicht mehr auf dem letzten Stand, er erscheint heute, angesichts der rücksichtslosen und schrecklichen Realität, kindlich, wie eine einfache Erzählung, wie die Erfindung eines schwächlichen Schriftstellers!

Ich wiederhole nochmals, daß ich weder den Wunsch noch das Bedürfnis habe zu triumphieren. Dennoch muß ich wohl feststellen, daß zu dieser Stunde die Ereignisse den Beweis für alle meine Anschuldigungen geliefert haben. Unter den von mir Beschuldigten ist kein einziger, dessen Schuld sich nicht im klaren Licht der Untersuchung bewahrheitet hätte. Was ich angekündigt und vorhergesehen habe, ist eingetreten. Ich empfinde heute stillen Stolz darüber, daß mein Brief ohne Gewalt gewesen ist, empört zwar, aber meiner würdig: Man findet darin nicht eine einzige Beschimpfung, nicht einmal ein übertriebenes Wort, nichts als den tiefen Schmerz eines Bürgers, der vom Staatschef Gerechtigkeit verlangt. Das entspricht auch der Geschichte meiner Bücher: Ich habe nicht ein Buch, nicht eine Seite geschrieben, ohne daß man mich mit Lügen und Beleidigungen überhäuft hätte, auch wenn man mir tags darauf recht geben mußte.

Ich habe also ein reines Gewissen, ohne Groll oder Zorn. Wenn ich nur der Schwäche meines Herzens gehorchen und meine Vernunft vernachlässigen würde, so wäre ich sogar für die allgemeine Begnadigung und würde die Schuldigen einzig und allein der ewigen öffentlichen Verachtung aussetzen. Aber ich glaube, daß Strafmaßnahmen angebracht sind; und der entscheidende Grund ist der, daß das einfache Volk nie an die Unermeßlichkeit des begangenen Verbrechens glauben wird, wenn nicht irgendein abschreckendes Beispiel statuiert wird und die Justiz nicht die hochgestellten Übeltäter trifft. Ein Pranger muß errichtet werden, damit die Menge endlich Gewißheit erlangt. Ich lasse also die Nemesis den Racheakt vollenden, ohne ihr beizustehen. In die Nachsicht des Poeten, der sich vollauf mit dem Triumph des Ideals begnügt, mischt sich nur noch bittere Empörung bei dem schrecklichen Gedanken, daß Oberst Picquart immer noch hinter Schloß und Riegel sitzt. Täglich habe ich in meinem Exil in brüderlich-schmerzlicher Verbundenheit an ihn gedacht, der im Gefängnis schmachtet. Es ist ungeheuer und unfaßbar, daß er festgenommen werden konnte, daß man ihn seit bald einem Jahr wie einen Übeltäter im Kerker behält, daß man seine Qual durch eine schändliche Justizkomödie in die Länge zieht. Ein Schandfleck wird unauslöschlich auf jenen haften bleiben, die diese himmelschreiende Ungerechtigkeit mitgetragen haben. Und wenn Picquart nicht bald freikommt, wird sich ganz Frankreich nicht mehr von der unsühnbaren Schande reinwaschen können, den edelsten, heldenhaftesten und tapfersten seiner Söhne den kriminellen Händen der Schlächter, Lügner und Fälscher überlassen zu haben.

Erst wenn auch Picquart frei ist, ist das Werk vollbracht. Es ist keine Saat des Hasses, sondern eine Saat der Güte, der Gerechtigkeit und der unendlichen Hoffnung, die wir gesät haben. Sie muß erst aufgehen. Heute kann man die reiche Ernte nur erahnen. Alle politischen Parteien haben Schiffbruch erlitten, das Land ist in zwei Lager gespalten: auf der einen Seite die reaktionären Kräfte der Vergangenheit; auf der anderen die kritischen Geister, die Geister der Wahrheit und der Redlichkeit, die in die Zukunft weisen. Diese Positionen sind in unserem Kampf die einzig logischen, wir müssen sie halten, um bald zur Eroberung schreiten zu können. Es gilt, ans Werk des Fortschritts und der Befreiung zu gehen: mit der Feder, mit dem Wort, mit der Tat! Das wird die Vollendung von 1789 sein, die friedliche Revolution der Geister und der Herzen. Endlich von den schädlichen Kräften befreit, wird die Demokratie die Gesellschaft auf das Gesetz der Solidarität und der Arbeit gründen und die gerechte Verteilung der Reichtümer erlauben. Dann wird das freie Frankreich, das gerechtigkeitsliebende Frankreich als Verkünderin der gerechten Gesellschaft des nächsten Jahrhunderts wieder seinen Rang unter den Nationen einnehmen. Es gibt kein Reich, das gut genug abgeschirmt wäre, um nicht zusammenzustürzen, wenn dieses Frankreich einmal der Welt die Gerechtigkeit gegeben haben wird, so wie es ihr bereits die Freiheit gebracht hat. Dies ist die einzige geschichtliche Rolle, die ich für unser Vaterland voraussehe, und nie zuvor hat es eine solch glänzende Ehre gehabt.

Ich bin wieder zu Hause. Der Herr Oberstaatsanwalt kann, wann immer es ihm beliebt, mir das Urteil des Geschworenengerichts von Versailles zustellen lassen, das mich in Abwesenheit zu einem Jahr Gefängnis und dreitausend Francs Strafe verurteilt hat. Wir werden uns dann vor den Geschworenen wiedersehen.

Als ich mich vor Gericht stellen ließ, da ist es mir nur um Wahrheit und Gerechtigkeit gegangen. Heute haben wir sie errungen. Mein Prozeß ist nicht mehr von Nutzen, er interessiert mich nicht mehr. Das Gericht braucht nur mehr festzustellen, ob es ein Verbrechen ist, die Wahrheit zu wollen.

*

Tatsächlich wird am 5. Juni Zola das Urteil des Gerichts von Versailles vom 18. Juli 1898 offiziell in der „Rue de Bruxelles", seiner Wohnadresse, zugestellt. Zola legt am 9. Juni Berufung ein. Am gleichen Tag wird Picquart aus dem Gefängnis entlassen und Alfred Dreyfus verläßt an Bord des Kreuzers „Sfax" die Teufelsinsel.

Zola empfängt nach seiner Rückkehr nach Paris nur wenige Journalisten. Einer von ihnen ist Siegfried Fleischer, ein Mitarbeiter der Wiener Literaturzeitschrift Die Wage. *Das Gespräch kommt auf Empfehlung von deren Herausgeber Rudolph Lothar zustande. Zola will mit dem Interview seinen Dank für die Unterstützungserklärung abstatten, die* Die Wage *und die* Neue Freie Presse *im Februar 1898 für Zola veröffentlicht haben.* Die Wage *bringt das Gespräch in ihrer Ausgabe vom 18. Juni 1899.*

BEI EMILE ZOLA

Er ist wieder da! Von glühender Sehnsucht nach dem geliebten Vaterlande verzehrt, hat Zola kaum 24 Stunden nach dem Spruche des Cassationshofes Frankreichs Erde geküßt. „Ich bin wieder daheim!" rief er seinen Freunden und seinen Feinden entgegen, und wie das Jauchzen einer von schwerem Leid befreiten Seele klang dieser Ruf. Das ist der Mann, dem die professionellen Verleumder nachgejohlt hatten, daß er feige die Flucht ergreife, weil er ein Fremdling sei und nicht französisch denke und fühle. Mit ergreifenden Worten hat er in seinem Briefe an die *Aurore* die Qual dieser elfmonatlichen [sic] freiwilligen Verbannung geschildert. Und er ist zurückgekehrt wie er gegangen ist, still, geräuschlos, mit keinem anderen Wunsche, als daß auch seine Wiederkehr der großen Sache der Gerechtigkeit, der Wahrheit und der Freiheit diene, der er sein Leben und die schöpferische Kraft seines Genius geweiht.

In das kleine Hôtel der rue de Bruxelles, in dessen Flur vor zehn Monaten der Hammer des Auktionators klang[1], ist wieder Leben eingekehrt. Aber das friedliche Leben eines Mannes, der von der Welt nichts wissen will, als daß sie seine ehrliche Überzeugung anerkenne und achte, und ihn im Übrigen seiner Arbeit überlasse. Zola ist nur für seine engsten Freunde zu sprechen. Aber in treuer und dankbarer Erinnerung an die großartige Huldigung, welche ihm vor Jahresfrist die freisinnige Bevölkerung Wiens durch die Vermittlung der „Wage" bereitet hat[2], gewährte er meine Bitte um einen Empfang.

Der Salon, in dem ich ihn erwarte, ist von Blumenduft erfüllt. Die kostbaren Antiken, die herrlichen Sculpturen, die diesen Raum zu einer Schatzkammer machen, verschwinden fast unter der Fülle der Liebesgaben, die dem großen und kühnen Kämpfer für Wahrheit und Recht zum Willkomm geboten wurden. Ein mächtiger Lorbeerkranz mit tricolorer Schleife krönt die von Meisterhand modellirte Bronzebüste Zola's auf dem Kaminsims, zu dessen Höhe ein Blumenkorb von gewaltigen Dimensionen emporstrebt. Auf allen Tischen und Tischchen, auf allen Etageren und Galerien, in allen Ecken und Winkeln Blumen und wieder Blumen!

Mit raschem, elastischem Schritte tritt Zola ein und mit gewinnender Herzlichkeit streckt er mir die Hände entgegen. „Ich heiße Sie willkommen als Vertreter unserer Freunde außerhalb Frankreichs. Ich empfange Sie gerne, weil ich der guten Gesinnung eingedenk bin, welche die *Wage* mir in der Zeit meiner schwersten Kämpfe erwiesen! Es ist eine Freude, sich Eins zu wissen mit den Gebildeten der ganzen Welt!"

Rasch und feurig richtete Zola diese Worte der Begrüßung an mich, noch ehe ich Zeit gefunden hatte, ihm von dem Glücke dieser Stunde und der begeisterten Hingebung zu sprechen, mit welcher die ehrlichen Leute in aller Welt seine bewunderungswürdigen Bemühungen für die sittliche Wiedererhebung des französischen Volkes verfolgen. Ich sah mit Freuden, wie das Gefühl des Sieges ihn verjüngt hatte. Keine Spur mehr von jener bekümmerten und sorgenvollen Miene, von jenen tiefen Furchen auf der Stirne, die mir von den Bildern des Vorjahres noch in Erinnerung waren. Muthig und hoffnungsvoll blitzt das Auge, metallisch klingt die Stimme, fest und bestimmt ist jedes Wort des Meisters. Und über dem geistvollen Antlitz liegt unausgesetzt ein stilles Lächeln der Befriedigung, des inneren Triumphes.

„Ich wünsche nicht", begann Zola die Unterhaltung, „daß meine Rückkunft irgend welches Aufsehen errege; daß sich an dieselbe Discussionen und Erörterungen knüpfen, sei es bei uns oder im Auslande. Meine Person, mein Schicksal kommt nach wie vor nicht in Betracht. So große Fortschritte auch unsere Sache gemacht hat, so unerwartet rasch die Wahrheit an ihr Ziel gelangt ist, so ist der Proceß des armen Dreyfus noch nicht beendigt und die Zeit ist noch immer zu ernst und zu bewegt, als daß ich die allgemeine Erregung vermehren wollte. Sie werden mich zu Dank verpflichten, wenn Sie auch unseren guten Freunden im Auslande sagen, daß sie uns heute keinen besseren Dienst erweisen können, als wenn sie mit uns ruhig und geduldig das Ende dieser unglückseligen Affäre abwarten."

– Aber ich erinnere mich, gelesen zu haben, daß Sie demnächst zwei Bücher veröffentlichen wollen, eines über Ihren Aufenthalt in England und eines über die Psychologie der Affäre Dreyfus?

„Jawohl, der *Daily Telegraph* war gut unterrichtet. Aber ich warte noch. Das Land muß sich erst beruhigen. Diese Publicationen werden vielleicht erst in zehn Monaten erfolgen. Ich finde ja auch nicht die Sammlung, zu arbeiten, so lange das Schicksal Dreyfus' nicht entschieden ist."

– Und Ihr Proceß?

„Ach, davon wollen wir gar nicht sprechen. Zuerst muß das neue Kriegsgericht sein Urteil über Dreyfus gesprochen haben, dann erst wird mein Proceß vor dem Appellhofe verhandelt werden."

– Und Sie glauben fest an den vollständigen Sieg?

„O, es ist nicht daran zu zweifeln. Sind Sie nicht auch überrascht davon, wie schnell, wie unaufhaltsam die Wahrheit sich ihren Weg gebahnt hat? Bedenkt man, wie tief unser ganzes Volk aufgewühlt ist, wie alle Parteiunterschiede, alle politischen und socialen Gegensätze zusammenflossen in zwei einzige große Parteien, die der Revisionisten und die der Antirevisionisten, bedenkt man die einem Nichtfranzosen schier unbegreifliche Leidenschaftlichkeit des Kampfes, dann muß man darüber staunen, wie kurz die Spanne Zeit zwischen dem ersten Aufleuchten der Wahrheit und dem jetzigen Umschwung der Geister ist!"

– Dieser Umschwung hat sich also wirklich vollzogen? Die große Masse steht bereits auf unserer Seite?

„So ist es. Wir sind noch nicht am Ziele, aber es ist kein Zweifel mehr, daß wir es sehr bald erreichen werden."

– Und fürchten Sie nicht, daß der Sturz des Ministeriums Dupuy neue Hindernisse, neue unangenehme Überraschungen bringen wird?

Zola erhebt sich, sein Auge strahlt, seine Gestalt scheint zu wachsen. „Aber das ist ja ein glückliches Ereignis", ruft er, „das ist ja der siegreiche Durchbruch der republikanischen Idee aus den Wirren der letzten Zeit. Der Sturz Dupuy's ist die nothwendige Folge der Coalition aller anständigen Leute, aller ehrlichen Republikaner. Dieser Dupuy ist nichts als ein ehrgeiziger Streber und hat eine sehr zweifelhafte Rolle gespielt. Sein Sturz ist nur mit Freude zu begrüßen. Man kennt noch nicht die neue Regierung, aber nach der ganzen Lage der Dinge kann ihr Programm kein anderes sein, als das der energischen Bekämpfung aller clericalen und monarchischen Elemente, die Frankreich vor dem Auslande so tief gedemüthigt und es fast an den Rand des Abgrunds gebracht haben."

– Dann wären ja Ihre prophetischen Worte noch in einem viel höheren Sinne in Erfüllung gegangen, als Sie selbst gehofft haben mögen?

„Gewiß, gewiß, in einem viel höheren Sinne! Unser Sieg wird ein vollständiger sein, und die Schlacht, die um die Affaire Dreyfus geschlagen wurde, ist eine wahre Entscheidungsschlacht zwischen der Freiheit und der Reaction, der Republik und der clerical-monarchischen Coalition. Und ich sage Ihnen noch mehr: Wir werden auch weiterhin für alle Zukunft siegreich bleiben, denn tief im Herzen des französischen Volkes wurzelt die Liebe zur Freiheit und ein Edelmuth, der zwar zeitweilig getrübt, ins Schwanken gebracht, aber nicht dauernd vernichtet werden kann."

Zola erhob sich. „Ich habe mich Ihnen gegenüber ausgesprochen, so weit ich konnte, weil ich meinen Freunden im Auslande ein Zeichen meiner Treue und Dankbarkeit geben wollte. Es besteht eine Solidarität aller guten Menschen des Erdballs. Ich drücke allen, allen so warm die Hände, wie ich die Ihrigen drücke. Wir sind auf gutem Wege; warten wir geduldig das Ende ab. Der Erfolg unserer Sache wird nicht nur Frankreich, er wird der gesammten Menschheit zugute kommen!"

Tief ergriffen verabschiedete ich mich von Emile Zola.

1) Anspielung auf die vorübergehende Beschlagnahmung eines Teils des Mobiliars von Zola im September 1898, durch deren Erlös die Schadenersatzforderungen der von Zola angegriffenen Schriftsachverständigen beglichen werden sollten. Zolas Verleger Eugène Fasquelle hat damals dank der finanziellen Hilfe von Joseph Reinach die geforderten 32.000 Francs bezahlt und damit die Beschlagnahmung rückgängig gemacht.

2) Zur Unterschriftenaktion der Wage *und der* Neuen Freien Presse *vgl. den Brief an Rudolph Lothar vom 18. März 1898 (Seite 128)*

*

Aufgrund der Untersuchung des Kassationsgerichtshofs und des darauf folgenden Revisionsentscheids wird Alfred Dreyfus nach mehr als vier Jahren Straflager von der Teufelsinsel zurückgeholt. Er trifft am 30. Juni in Port-Houliguen in der Bretagne ein und wird ins Militärgefängnis von Rennes überstellt. Am 4. Juli übergeben ihm seine Anwälte Edgar Demange und Fernand Labori das stenographierte Protokoll des Zola-Prozesses vom Februar 1898 und den Bericht der von der Strafkammer des Kassationsgerichts durchgeführten Untersuchung. Zola schreibt daraufhin Dreyfus folgenden Brief:

BRIEF AN ALFRED DREYFUS

Paris, 6. Juli 1899

Herr Hauptmann, wenn ich Ihnen nicht als einer der ersten meine ganze Sympathie und meine ganze Zuneigung ausgedrückt habe, so deshalb, weil ich befürchten mußte, daß mein Brief für Sie unverständlich bleiben würde. Ich wollte warten, bis Ihr bewundernswerter Bruder[1] Sie gesehen und Ihnen unseren langen Kampf geschildert hat. Er hat mir soeben gute Nachrichten von Ihrer Gesundheit, Ihrer Tapferkeit und Ihrem Vertrauen gebracht, und ich kann Ihnen nun mit dem Wissen, daß Sie mich verstehen werden, mein Herz öffnen.

Ach!, Ihr Bruder hat sich wie ein wahrer Held verhalten, er ist die Hingabe, die Tapferkeit und die Weisheit in Person. Ihm ist es zu verdanken, daß wir seit achtzehn Monaten Ihre Unschuld hinausposaunen. Sie können sich kaum vorstellen, was für eine Freude er mir mit der Nachricht gemacht hat, daß Sie lebend dem Grab entkommen sind und daß das schreckliche Martyrium Sie noch größer und edler gemacht hat! Denn das Werk ist noch nicht zu Ende. Die öffentliche Anerkennung Ihrer Unschuld muß Frankreich jetzt vor dem moralischen Unheil retten, in dem es beinahe untergegangen wäre. Solange der Unschuldige hinter Gittern sitzt, gehören wir nicht mehr zu den edlen und gerechten Völkern. In dieser Stunde ist es Ihre Aufgabe, uns mit der Gerechtigkeit auch den Frieden zu bringen, unser armes, großes Land wieder zu beruhigen, indem Sie unser Werk der Wiedergutmachung vollenden und sich als der Mann erweisen, für den wir gekämpft haben: als der, der für uns das Symbol des Triumphs der Solidarität unter den Menschen geworden ist. Wenn der Unschuldige wieder frei ist, wird Frankreich wieder das Land der Gerechtigkeit und der Güte sein.

Sie werden auch die Ehre der Armee zu retten haben, dieser Armee, die Sie so sehr geliebt und auf die Sie Ihren ganzen Lebenszweck gebaut haben. Hören Sie nicht auf jene, die lästern und die glauben, die Ehre der Armee durch Lüge und Ungerechtigkeit vergrößern zu können. Wir sind ihre wahren Verteidiger, wir werden an dem Tag applaudieren, an dem Ihre Kameraden Sie freisprechen und mit dem Eingeständnis ihres Irrtums der Welt ein nobles Schauspiel darbieten werden. An diesem Tag wird die Armee nicht nur eine Macht sein, sie wird auch die Gerechtigkeit sein.

Ich bin überwältigt und kann Ihnen nur mein brüderliches Mitgefühl dafür übermitteln, was Sie und was Ihre tapfere Frau durchgemacht haben. Meine Frau schließt sich mir an, und wir möchten das Beste, das Edelste und das Liebevollste unseres Herzens in diesen Brief legen, damit Sie spüren, daß alle tapferen Leute auf Ihrer Seite stehen. [...]

1) Mathieu Dreyfus hat sich von 1895 an intensiv für eine Revision des Prozesses gegen seinen Bruder eingesetzt und dafür die Leitung des Familienunternehmens aufgegeben.

*

Der neue Prozeß gegen Alfred Dreyfus wird vor dem Militärgericht in Rennes stattfinden. Zola hat sich entschieden, ihm nicht beizuwohnen. Er erläutert seine Gründe in einem Interview, das er Philippe Dubois in Médan gegeben hat. Es ist für ihn auch die Gelegenheit, über seine literarischen Pläne und über sein Exil in England zu sprechen.

BEI EMILE ZOLA
IN MEDAN

Radsport und Photographie. – Das Goldmedaillon von Charpentier. – Warum Zola nicht dem Prozeß in Rennes beiwohnen wird. – Warum er weder ein Drama noch einen Roman über die Affäre schreiben wird. – Diese Dinge gehören der Geschichte an. – Das Album des Exils.

Während ich, von der frischen Morgenluft umweht, Médan entgegenstrampelte und mit Wonne den Duft der Wiesen und Wälder in mich aufsaugte, da dachte ich mir:

– Wenn ich bei einem solchen Wetter Zola zu Hause antreffe, dann habe ich wirklich Glück gehabt!

Ich erinnerte mich daran, daß der Autor von *Fécondité* ebenfalls ein begeisterter Radfahrer ist und daß ihm die Bauern der Gegend an jedem Sommertag unweigerlich auf seinem Drahtesel begegnen, angetan mit seiner schwarzen Samtjacke und einem Strohhut im Kolonialstil.

Aber als ich mich dem berühmten, so oft beschriebenen Haus näherte, das hinter der kleinen Kirche der lieblichen Ortschaft liegt, in der Zola schon seit so vielen Jahre seine Sommerfrische bezieht, da sah ich durch das Gitter des Gartentores den Hausdiener mit Hingabe das Fahrrad seines Herren putzen. Dieser Anblick machte mir Mut.

– Herr Zola hat sich in seinem Labor eingeschlossen, sagt mir der Hausangestellte. Er entwickelt Photos. Ich werde ihm Ihren Besuch ankündigen. Radsport und Photographie sind Zolas hauptsächliche Beschäftigungen während der Ferien.

Einige Augenblicke später erscheint Zola in Landkleidung, mit einer weiß-schwarz karierten Flanelljacke und Hausschuhen im kleinen Salon des Erdgeschosses, in den man mich geführt hat. Lächelnd reicht er mir die Hand:

– Sie wollen wissen, wie es mir geht? Gut. Oder sagen wir lieber, es geht mir besser. Nach meiner Rückkehr aus England war ich krank. Ich bin noch nicht ganz wiederhergestellt, aber es ist nichts Besonderes. Die gute Luft und das Fahrrad werden die Genesung vollenden.

Und ich erfahre von Zola, daß er erst seit drei Tagen in Médan weilt. Er hat sich in Paris so lange für die Rechtsanwälte zur Verfügung gehalten, so lange es notwendig war, hat dabei aber die größte Abgeschiedenheit bewahrt, ist wenig ausgegangen und hat nur einige enge Freunde empfangen, um sorgsam jeden Vorwand für eine Demonstration in dem einen oder dem anderen Sinne zu vermeiden.

– Es gibt noch keinen Grund zu triumphieren, denn Hauptmann Dreyfus ist immer noch im Gefängnis, fügt er hinzu. Deshalb habe ich unsere Freunde gebeten, die goldene Gedenkmünze, die Sie mir neulich überreichen wollten[1], noch im Tresor des Crédit Lyonnais zu lassen, wo sie seit dem Vorjahr aufbewahrt wird. Später einmal, werden wir sehen ...

– Es wird behauptet, daß Sie zum Prozeß nach Rennes fahren werden. Ist das richtig?

– Überhaupt nicht. Mir wurden zwar mehrere Unterkünfte angeboten, eine davon in einem Schloß in der Umgebung. Aber ich habe abgelehnt. Was soll ich in Rennes machen? Meine Neugierde befriedigen? Ich bin nicht Zeuge. Mein Erscheinen dort könnte von unseren Gegnern ausgenützt werden. Einige Leute könnten glauben, daß ich einen Zweifel über den Ausgang des Prozesses hege, obwohl das überhaupt nicht der Fall ist. Ich werde hier in Médan – nicht ohne Ungeduld und Emotionen, das gestehe ich gerne – die Nachrichten abwarten, die ich jeden Tag bekommen werde. Ich werde mich hier nicht vom Fleck bewegen. Der Ausgang scheint mir, um es noch einmal zu sagen, sicher. Das Kriegsgericht von Rennes wird den Hauptmann Dreyfus, dessen Unschuld allen in die Augen springt, freisprechen und rehabilitieren.

– Ich erlaube mir, den berühmten Schriftsteller über seine derzeitige Arbeit zu fragen:

– Seit dem Abschluß des Romans *Fécondité,* den *L'Aurore* derzeit im Feuilleton veröffentlicht[2], habe ich nichts Ernsthaftes begonnen, sondern nur einzelne Ideen hingekritzelt. Schreiben Sie bitte, was dieses Thema betrifft, daß ich keinerlei literarischen Profit aus der Dreyfus-Affäre ziehen möchte. In England hat mein Übersetzer, Herr Vizetelly, Berge von Briefen erhalten, in denen man mir Vorschläge aller Art macht. Für Vorträge in Amerika[3] wurden mir verrückte Summen angeboten. Hunderttausend Francs und ein gewisser Prozentsatz an den Einnahmen wurden mir zugesichert, für den Fall, daß ich bereit wäre, ein Drama zu schreiben. Auch einen Roman möchte man haben. Ich habe alle Vorschläge abgelehnt. Es wäre niedrig und gemein von mir, die Dreyfus-Affäre auszunutzen. Im übrigen gehört die Affäre einzig und allein der Geschichte an. Ihr Verlauf ist so erhaben, tragisch und in sich geschlossen, daß ich sie mir auf einer Theaterbühne nicht vorstellen kann. Außerdem leben ihre Personen noch. Um ein Theaterstück daraus zu machen, müßte ein fiktiver Teil hinzugefügt werden, der sie verfälschen würde.

Zola beginnt sich zu ereifern und drückt sich mit einer beeindruckenden Wendigkeit aus:

– Ich beharre darauf, wiederholt er. Nie werde ich einen Roman oder ein Theaterstück über die Dreyfus-Affäre schreiben. Vielleicht werde ich eines Tages auf einigen Seiten meine persönlichen Eindrücke von meinen Prozessen und vom Exil zusammenfassen. Diese Anmerkungen werden mein Beitrag zur Geschichte sein. Ich werde sie den Autoren widmen, die zum Beispiel in fünfzig Jahren, wenn der nötige Abstand da ist, in der Lage sein werden, die Ereignisse unserer Zeit unter ihren wahren Gesichtspunkten zu erörtern.

Damit haben wir die Dreyfus-Affäre beiseite gelegt und über die Photographie gesprochen:

– Ist es indiskret, werter Meister, Sie über die Photos zu befragen, die Sie vorhin entwickelt haben?

– Überhaupt nicht. Es sind Negative aus England, Bilder von Hotels, Straßen und Tavernen in London und auch solche von armen Teufeln, zerlumpt und verkrüppelt, häßlich und bedauernswert, wie man dort leider so viele sieht. Ich habe rund dreihundert mit einem kleinen Zwillingsobjektiv von 6 1/2 x 9 gemacht, das ich auf meinen Spazierfahrten am Lenker meines Fahrrads angeschnallt habe; dieses Objektiv hat mir Negative von einer wunderbaren Reinheit und Klarheit geliefert. Ich werde meine Photos sammeln und ein Exil-

Album daraus machen. Dokumente und Erinnerungen werden dieses Album füllen. Leider sind auf der Reise vier schon entwickelte Klischees zerbrochen. Eines davon zeigte das wunderschöne Schaufenster eines Blumenladens. Bei diesem Blumenmädchen habe ich während der zwei Monate, in denen meine Frau krank war[4], jeden Morgen Blumen für sie gekauft.

Mit der Melancholie, die man in solchen Fällen bei allen Amateurphotographen beobachtet, fügte Zola hinzu: Die Klischees, die unterwegs in Stücke gegangen sind, waren natürlich die schönsten der Sammlung.

Als ich mich verabschiedete, kehrte Zola in sein Labor zurück.

1) Die Idee, zum Gedenken an „J'accuse" eine Münze zu prägen, ist im März 1898 aufgekommen. Das Projekt wurde vom Bildhauer Alexandre Charpentier ausgeführt. Die Münze wird Zola aber erst im Januar 1900 feierlich überreicht werden.

2) Fécondité erscheint im Feuilleton von L'Aurore *zwischen 15. Mai und 4. Oktober 1899*

3) Anspielung auf die im August 1898 von Paul Meyer und Edmond Gerson gemachten Vorschläge (siehe dazu den Brief an Eugène Fasquelle vom 21. August 1898).

4) Alexandrine war während ihres zweiten Aufenthalts in England, im Januar und Februar 1899, wochenlang bettlägrig.

*

Am 7. August um 6 Uhr 30 morgens beginnen im Festsaal des Gymnasiums von Rennes die Verhandlungen im neuen Dreyfus-Prozeß. Labori hat an Zola aus diesem Anlaß folgende Zeilen geschrieben: „Am Vorabend des letzten Gefechts ist es mir ein Anliegen, Sie aus der Ferne zu umarmen. Sie können sich vorstellen, wie sehr wir hier an Sie denken."

Am 14. August wird Labori auf dem Weg zu den Verhandlungen von einem Revolverschuß in den Rücken getroffen. Dem Attentäter gelingt die Flucht. Labori ist glücklicherweise nur verletzt und kann am 22. August wieder zu den Verhandlungen erscheinen. Trotz des Zwischenfalls hat sich das Kriegsgericht aber geweigert, den Prozeß zu unterbrechen; Edgar Demange, der zweite Anwalt von Dreyfus, vertritt in dieser Zeit allein den Hauptmann.

BRIEF AN FERNAND LABORI

Médan, 16. August 1899

Ach, mein lieber, tapferer Freund, wie groß war doch unsere Freude heute morgen, als wir erfuhren, daß Sie außer Gefahr sind und wir hoffen dürfen, Sie schon nächste Woche wieder auf Ihrem Posten zu sehen! Während der zwei vergangenen Tage haben wir uns hier in Todesangst um Sie verzehrt, waren wir doch ohne jede Nachricht über Ihren Zustand. Wir haben um Ihr Leben gezittert, aber auch um den Triumph der Wahrheit und des Rechts, dessen unersetzlicher Vorkämpfer Sie sind. In Ihrer Abwesenheit sind alle unsere Ängste wieder lebendig geworden; Sie allein waren der Garant für die Sühne der Schuldigen, wir zählten auf Sie, um sie an den Pranger zu stellen, vom Heil des Unschuldigen ganz zu schweigen. Dieses gerechte Werk muß einfach vollbracht werden; schon um der Gerechtigkeit willen hat Sie die Kugel des Mörders nicht tödlich getroffen. Die Rache des Schicksals ist jetzt auf unserer Seite. Ich sehe schon, wie Sie wieder unter dem Beifall der ganzen Welt Ihren Platz vor dem Kriegsgericht auf der Bank der Verteidigung einnehmen, als Held und Märtyrer, als höchster Verteidiger des Rechts.

Der Sieg wird im Glanz einer außerordentlichen Ehre errungen werden, und die verrückt gewordenen Halunken selbst haben für diese Apotheose gesorgt. Aber wie teuer haben Sie sie erkauft, und wie sehr hat unser Herz mit dem Ihrer teuren und mutigen Frau geblutet! An solchen Tagen, wenn der Beste von uns getroffen ist, möchte man wie er sein eigenes Blut opfern.

Antworten Sie mir nicht, werden Sie rasch wieder gesund und vollenden Sie unseren Sieg [...]

*

Oberst Panizzardi, der ehemalige italienische Militärattaché in Paris, ist eine der Schlüsselfiguren in der Dreyfus-Affäre. Zola versucht, mit Hilfe von Alessandro Lupinacci, eines hohen Beamten im römischen Finanzministerium, den er auf seiner Italienreise im Jahre 1894 kennengelernt hat, Kontakt mit ihm aufzunehmen. Die Tageszeitung L'Aurore *hat nämlich am 18. August aufgrund einer Information der* Wiener Allgemeinen Zeitung *gemeldet, daß Panizzardi ein Dokument in seinem Besitz habe, von dem im Bordereau die Rede ist: die von Esterhazy handschriftlich verfaßte „Note Madagascar".*

BRIEF AN ALESSANDRO LUPINACCI

[Médan] 22. August 1899

Sehr geehrter Herr Lupinacci!

Ich wende mich im Namen des Rechts und der Menschlichkeit an Sie. Einer österreichischen Zeitung[1] entnehme ich, daß sich die von Esterhazy handschriftlich verfaßte „Note Madagascar" zusammen mit einigen Briefen im Besitz von Oberst Panizzardi befinden soll. Die Stunde ist ernst, die Wahrheit in einem Maße bedroht, daß ich nicht zögere, Sie um eine dringliche Intervention beim Obersten Panizzardi zu bitten.

Kennen Sie ihn? Oder kennen Sie jemanden, der Sie mit ihm bekannt machen könnte? Ich bitte Sie, ihn in meinem Namen aufzusuchen und ihm zu sagen, daß ich ihn mit gefalteten Händen anflehe, diese Dokumente, falls er sie tatsächlich besitzt, auf dem Wege, der ihm der geeignetste erscheint, dem Kriegsgericht zukommen zu lassen. Diese Dokumente wären von entscheidendem Gewicht! Die Wahrheit würde endlich triumphieren, ein schreckliches Unheil würde Frankreich und der ganzen Welt vielleicht erspart bleiben. Und Oberst Panizzardi wäre ein Held des menschlichen Gewissens und der menschlichen Solidarität.

Ich gestatte Ihnen, ihm meinen Brief zu zeigen. Sagen Sie ihm, daß ich selbst nach Rom gefahren wäre, um ihn um diesen Dienst zu bitten, wenn ich nicht durch meine eigene Lage hier festgehalten wäre. Ich verbringe meine Tage in Sorge und Trauer. Wenn doch die starke Sonne der Wahrheit endlich die Lügen auflösen könnte, um der Erde Frieden zu spenden! Ich wiederhole es und richte dank Ihrer Vermittlung diesen letzten Appell an Oberst Panizzardi, an den Soldaten und den ehrenhaften Menschen. [...]

Dieser Brief ist natürlich nicht für die Öffentlichkeit bestimmt.

1) *Die* Wiener Allgemeine Zeitung *hat am Freitag, 18. August 1899 (Titelseite u. S. 4) unter der Überschrift* „Die Beweise für Esterhazys Schuld – Panizzardi besitzt die Originaldocumente" *gemeldet:* „Eine sensationelle Depesche sendet uns unser römischer Correspondent. Danach besitzt der ehemalige italienische Militärattaché in Paris, Panizzardi, der in der 'Affaire' eine so hervorragende Rolle spielt, eine Anzahl der im Bordereau aufgezählten Documente, geschrieben von der Hand Esterhazy's, auf ebenjenem seltenen, gestreiften Papier, welches auch zur Herstellung des Bordereaus verwendet wurde. [...]" *In seinem Bericht räumt der Korrespondent der* Wiener Allgemeinen Zeitung *dann zwar ein, daß die italienische Regierung Panizzardi die Publikation der Beweise nicht gestatte, daß sie sich aber bewußt sei, daß er viel Licht in die Affäre bringen könne:* „Denn Panizzardi besitzt außer vielen echten Briefen Esterhazy's auch das Original von einem der im Bordereau aufgezählten Aktenstücke, nämlich die Note über Madagascar, vom Anfang bis zu Ende von der Hand Esterhazy's geschrieben, auf dem nämlichen charakteristischen Papier, das auch zur Herstellung des Bordereau verwendet wurde." *Panizzardi habe das Dokument von Schwartzkoppen erhalten, nachdem dieser eine Abschrift nach Berlin gesandt hatte. Die Rückgabe an den deutschen Kollegen sei „aus irgendeinem Grunde" unterblieben.*

*

Zola selbst erhält Ende August im Zusammenhang mit seinem eigenen Prozeß eine Vorladung vor das Schwurgericht von Versailles. Die Sitzung ist für den 23. November anberaumt. Sein Prozeß wird aber nicht stattfinden: Er wird regelmäßig aufgeschoben und fällt Ende 1900 unter die allgemeine Amnestie, die alle im Zusammenhang mit der Dreyfus-Affäre laufenden Verfahren betrifft.

In Rennes befragt Labori am 24. August, dem elften Verhandlungstag, lange General Mercier. Diesem gelingt es zwar, einem großen Teil jener Fragen auszuweichen, die für ihn unangenehm sind; dennoch wird im Laufe der Einvernahme eine von General Chamoin begangene Unregelmäßigkeit aufgedeckt. Der Vertreter des Kriegsministeriums beim Prozeß in Rennes hatte den Auftrag, den Militärrichtern die Geheimakte von 1894 zu präsentieren, und dieser im letzten Moment ein verdächtiges Schriftstück hinzugefügt, das er von Mercier erhalten hatte.

Um die Wahrheit über den Spionagefall endlich vollständig aufzudecken, hat Labori die Absicht, den deutschen Militärattaché von Schwartzkoppen und dessen italienischen Kollegen Panizzardi als Zeugen vorzuladen oder sie wenigstens in Form eines Rechtshilfeansuchens zu befragen. Er richtet in diesem Sinne verfaßte Ansuchen telegraphisch an den Deutschen Kaiser und den König von Italien. Das Vorhaben ist ganz im Sinne Zolas.

BRIEF AN FERNAND LABORI

Médan, 6. September 1899

Mein lieber, großer Freund, Ihre Logik und Ihr Mut steigern immer noch meine Hochachtung für Sie. Sie haben über Ihre Pflicht als Verteidiger hinaus so gehandelt, wie es Ihnen die Vaterlandsliebe des guten Staatsbürgers vorschreibt. Ihre Telegramme an den Deutschen Kaiser und den König von Italien sind ein bewundernswerter Akt, zu dem ich Ihnen geraten hätte und für den die ganze Welt Sie ehren wird.

Ich heiße diese Handlung gut, was immer auch geschieht, aber ich zähle weder auf den Kaiser, noch auf den König; ich befürchte, daß weder der eine noch der andere der Wahrheit und der Gerechtigkeit zu Hilfe kommen werden[1].

Aber Sie haben gut daran getan, die Frage zu stellen; wenn Ihnen die Aussagen verweigert werden, dann haben Sie Frankreich zumindest einen Dienst erwiesen, indem Sie verhindern, daß der eine oder der andere später einmal die Dokumente verwenden kann, die er in Händen hat. Sie werden der Held von Rennes sein, Sie können Ihr Plädoyer darauf aufbauen, daß die Verteidigung diese Unterlagen gefordert hat, während die Anklage nichts dazu beigetragen hat, sie zu bekommen.

Sie werden Dreyfus retten, wenn er zu retten ist. Ich habe den Eindruck, daß Sie jetzt wieder ruhig und stark sind, und das gibt mir Hoffnung. In Rennes spielt sich ein Kampf der Giganten ab, wie man ihn noch nie gesehen hat. Er jagt mir Furcht und Schrecken ein, aber ich vertraue Ihnen voll und ganz.

Ich brauche Sie nicht zu ermutigen. Ich weiß, daß Sie bis zum Schluß der wachsame und redegewandte Verteidiger sein werden. Uns alle, die ganze Menschheit, verteidigen Sie. Nein, wir können nicht unterliegen, das wäre gegen jede Vernunft.

Ich schreibe Ihnen nur, um Sie inmitten des Kampfes zu umarmen und Ihnen zu sagen, daß ich in allem ebenso denke und ebenso handeln würde wie Sie.

1) Erwartungsgemäß hat keiner der beiden Militärattachés von seiner Regierung die Genehmigung zur Aussage erhalten. Maximilian von Schwartzkoppen hat aber seine Aufzeichnungen und seine Korrespondenz zur Affäre für eine posthume Veröffentlichung zusammengestellt: M. v. Schwartzkoppen: Die Wahrheit über Dreyfus, *Berlin: Verlag für Kulturpolitik, 1930; eine französische Übersetzung ist noch im selben Jahr in Paris (éd. Rieder) unter dem Titel* Les Carnets de Schwartzkoppen (La Vérité sur Dreyfus) *erschienen.*

*

In der Verhandlung vom 7. September fordert Maurice Paléologue als Vertreter des Außenministeriums Labori auf, auf das persönliche Erscheinen von Schwartzkoppens und Panizzardis zu verzichten. Die Regierung, so Paléologue, befürchte, daß das Erscheinen von ausländischen Militärattachés in Rennes zu Tumulten führt. Labori geht unter der Bedingung darauf ein, daß der deutsche und der italienische Militärattaché ihre Zeugenaussagen schriftlich dem Gericht zukommen lassen sollen; diese Forderung wird allerdings abgelehnt.

Am 8. September wiederholt der Reichsanzeiger, *das offizielle Organ des Deutschen Reiches, die Erklärung, die Staatssekretär Bernhard von Bülow am 24. Januar 1898 vor der Budgetkommission des Reichstags abgegeben hat und in der er jede Beziehung deutscher Stellen zu Dreyfus oder Esterhazy dementiert.*

Am 9. September wird Dreyfus in Rennes nach 25 Verhandlungstagen erneut schuldig gesprochen, allerdings mit „mildernden Umständen“, und zu zehn Jahren Festungshaft verurteilt. Zola ist von diesem Ausgang des Prozesses offenbar überrascht. Er reagiert mit einem Artikel, der am 12. September in der Tageszeitung L'Aurore *erscheint:*

Ich bin entsetzt. Aber ich verspüre nicht mehr den Zorn oder die rachsüchtige Verbitterung, nicht mehr das Bedürfnis, ein Verbrechen anzuprangern und im Namen der Wahrheit und Gerechtigkeit seine Bestrafung zu fordern; heute fühle ich das Entsetzen und den heiligen Schrecken eines Mannes, der sieht, daß das Unmögliche wahr wird, daß die Flüsse zu ihren Quellen zurückfließen, daß Erde und Sonne sich überschlagen. [...]

Wir hatten geglaubt, daß der Prozeß in Rennes der fünfte Akt der furchtbaren Tragödie wäre, die wir seit bald zwei Jahren miterleben. Alle gefährlichen Wendungen schienen hinter uns zu sein, und wir konnten guten Glaubens mit einem friedlichen Ausgang rechnen. Nach der schmerzvollen Schlacht schien der Sieg des Rechts sicher, das Stück mußte mit dem klassischen Triumph des Unschuldigen enden. Da aber entdecken wir, daß wir getäuscht wurden, daß ganz unvermittelt eine neue Katastrophe ausbricht und das Drama noch düsterer macht, es verlängert und das Ende in eine unbekannte Ferne rückt, vor der uns unsere Vernunft den Dienst versagt.

Der Prozeß in Rennes war, wie sich jetzt herausstellt, erst der vierte Akt. Großer Gott, wie wird wohl der fünfte ausfallen? Welche neuen Schmerzen und welche neuen Leiden wird er bringen? Welche Buße wird er der Nation auferlegen? Denn es ist doch zweifellos so, daß der Unschuldige nicht zweimal verurteilt werden kann und daß eine solche Lösung die Sonne verdunkeln und die Völker in Empörung versetzen würde.

Dieser vierte Akt, dieser Prozeß in Rennes, welche seelischen Qualen hat er mir in der vollständigen Einsamkeit bereitet, in die ich mich geflüchtet hatte, um als guter Staatsbürger von der Bühne zu verschwinden und nicht länger einen Anlaß für irgendwelche Leidenschaften oder Unruhen zu sein! Mit welcher Beklemmung habe ich die Nachrichten, die Briefe, die Zeitungen erwartet, und wie hat mich ihre Lektüre geschmerzt und erregt. Die wunderschönen Tage dieses Monats August kamen mir schwarz vor, und niemals zuvor habe ich unter einem strahlenderen Himmel den Druck und die Kälte einer so schrecklichen Trauer empfunden.

Seit zwei Jahren habe ich bestimmt genug Leiden erfahren. Ich habe gehört, wie die Menge in meinem Rücken Todesdrohungen geheult hat, ich habe zu meinen Füßen eine Flut von häßlichen Beleidigungen und Beschimpfungen sich wälzen sehen, ich habe elf Monate lang die Leiden des Exils durchgemacht. Ich habe auch zwei Prozesse hinter mir, klägliche Schauspiele der Gemeinheit und Ungerechtigkeit. Aber neben dem Prozeß von Rennes erscheinen meine Prozesse als eine Idylle, als erfrischende Szenen, in denen die Hoffnung blüht.

Wir hatten schon Ungeheuerliches erlebt: die gerichtliche Verfolgung von Oberst Picquart, die Untersuchung über die Strafkammer und das Gesetz über die Verweisung des Falles an ein anderes Gericht. Das alles aber sind heute nur mehr Kindereien; die unvermeidliche Entwicklung hat ihren Lauf genommen, der Prozeß von Rennes ist der Gipfelpunkt, die scheußliche Blume, die aus dem hochaufgetürmten Düngerhaufen erblüht.

Wir haben eine unendliche Zahl von Angriffen auf die Wahrheit und die Gerechtigkeit miterlebt. Wir haben da: eine Bande von Zeugen, die die Verhandlungen führt, sich allabendlich über den dunklen Hinterhalt für den nächsten Tag einigt, sich mit Hilfe von Lügen an Stelle der Staatsanwaltschaft zum Kläger aufspielt, die Gegenzeugen einschüchtert und beleidigt und mit ihren Offizierstressen und Federbüschen imponiert; einen Gerichtshof, der unter dem Druck dieser Invasion der Vorgesetzten steht, dem es offensichtlich Unbehagen bereitet, diese in der Rolle von Kriminellen zu sehen, und der einer ganz eigenen Mentalität gehorcht, die man länger wird analysieren müssen, um über die Richter urteilen zu können; eine groteske Staatsanwaltschaft, die an Albernheit alles bisher Dagewesene übertrifft und den Historikern von morgen eine Anklageschrift überläßt, deren stupide und verbrecherische Nichtigkeit sie in maßloses Staunen versetzen wird, eine Staatsanwaltschaft, deren greisenhafte und eigensinnige Grausamkeit von einem noch unbekannten menschlichen Tier herzurühren scheint; eine Verteidigung schließlich, die man zuerst umbringen möchte, der man jedesmal, wenn sie unbequem wird, das Wort entzieht und der man es verweigert, die einzigen Zeugen vorzuladen, die wirklich Kenntnis von der Sache besitzen, und die entscheidenden Beweise vorzubringen.

Einen Monat lang hat dieses schändliche Schauspiel gedauert, in Anwesenheit des Unschuldigen, des erbarmungswürdigen Dreyfus, der nur mehr ein menschliches Wrack ist, das selbst die Steine zum Weinen bringt, dem aber seine ehemaligen Kameraden noch einen Fußtritt versetzen und den seine ehemaligen Vorgesetzten mit der Macht ihrer Dienstgrade zermalmen, um selbst dem Zuchthaus zu entgehen; keine einzige Regung des Mitgefühls, keine einzige Anwandlung von Großmut ist diesen häßlichen Seelen entschlüpft. Ein derartiges Schauspiel hat unser gutes Frankreich der ganzen Welt geboten.

Wenn das Protokoll dieses Prozesses von Rennes einmal vollständig vorliegt, wird es das abscheulichste Mahnmal menschlicher Niedertracht sein. Es übertrifft alles bisher Dagewesene, es ist das ruchloseste Aktenstück, das jemals der Geschichte überliefert worden ist. Unwissenheit, Dummheit, Wahnsinn, Grausamkeit, Lüge und Verbrechen sind darin mit einer solchen Unverschämtheit ausgebreitet, daß sich die zukünftigen Generationen noch davor schämen werden. Man findet darin Eingeständnisse unserer Niedertracht, vor denen die ganze Menschheit erröten wird. Gerade das aber erfüllt mich mit Entsetzen: Eine Nation muß sich schon in einer ganz schrecklichen Krisenlage befinden, damit ein solcher Prozeß überhaupt möglich ist und sie bereit ist, der zivilisierten Welt auf diese Art ihren moralischen und geistigen Zustand zu enthüllen. Ist der Untergang also tatsächlich nahe? Oder gibt es ein Bad der Güte, der Reinheit und der Gerechtigkeit, das uns von dem giftigen Schlamm befreien wird, in dem wir umzukommen drohen?

Wie ich schon nach dem skandalösen Freispruch von Esterhazy in meinem „Brief an den Präsidenten der Republik" geschrieben habe, ist es natürlich unvorstellbar, daß ein Kriegsgericht das Urteil eines anderen Kriegsgerichts aufhebt. Das widerspricht der militärischen Disziplin. Der Spruch des Kriegsgerichts von Rennes, dieses Urteil, das nicht den Mut aufbringt, „ja" oder „nein" zu sagen, ist in seiner jesuitischen Zweideutigkeit der deutliche Beweis dafür, daß die Militärgerichtsbarkeit unfähig ist, gerecht zu sein, weil sie nicht frei ist, weil sie sich dem Augenscheinlichen verschließt und so weit geht, lieber einen Unschuldigen neuerlich zu verurteilen, als ihre eigene Unfehlbarkeit in Frage zu stellen. Sie erscheint nur mehr als ein Instrument der Befehlsausführung in den Händen der Vorgesetzten. So kann sie aber nur als Schnelljustiz in Kriegszeiten eine Rolle spielen. Wenn sie aber zu Gerechtigkeit, einfacher Logik und gesundem Menschenverstand unfähig ist, dann muß sie in Zeiten des Friedens abgeschafft werden. Sie hat sich selbst verurteilt.

Man denke nur an die schreckliche Lage, in der wir uns den anderen zivilisierten Nationen gegenüber befinden. Ein erstes Kriegsgericht, das zweifellos aufgrund seiner Unkenntnis der Gesetzeslage getäuscht werden konnte und sich ungeschickt verhalten hat, verurteilt einen Unschuldigen. Ein zweites Kriegsgericht, das ebenfalls durch ein schamloses Zusammenspiel von Lug und Trug getäuscht wurde, spricht einen Schuldigen frei. Ein drittes Kriegsgericht aber wagt es, als bereits Licht in die Sache gekommen ist und das Höchstgericht ihm die Ehre zukommen lassen will, die Irrtümer gutzumachen, das Offensichtliche zu leugnen und verurteilt den Unschuldigen erneut. Diese Entscheidung ist nicht wieder gutzumachen, sie stellt das größte aller begangenen Verbrechen dar. Selbst Jesus Christus ist nur einmal verurteilt worden! Aber was macht das schon aus: Lieber möge alles untergehen, Frankreich im Parteienstreit zerstört werden, die Heimat in Flammen aufgehen und in Schutt und Asche liegen, die Armee selbst ihre Ehre verlieren, als daß man eingestehen würde, daß Kameraden sich geirrt haben und daß Vorgesetzte Lügner und Fälscher sein konnten! Ideen können geopfert werden, wenn nur der Säbel weiter regiert.

In dieser schönen Lage befinden wir uns Europa und der Welt gegenüber.

Die ganze Welt ist von der Unschuld von Dreyfus überzeugt. Selbst wenn irgendwo in einem weit entfernten Land noch Zweifel geblieben wären, so hätte der Prozeß von Rennes mit seiner ins Auge springenden Wahrheit auch dort Klarheit geschaffen. Die Fürstenhöfe aller benachbarten Großmächte sind auf dem laufenden, kennen die Akten und besitzen den Beweis für die Würdelosigkeit von drei oder vier Generälen und die schändliche Lähmung unserer Militärjustiz. Wir haben ein moralisches Sedan erlitten, aber diese Niederlage ist hundertmal unheilvoller als jene andere Schlacht, in der „nur" Blut vergossen wurde. Ich wiederhole es nochmals: Ich bin so entsetzt, weil mir dieser Untergang unserer Ehre nicht wieder gutzumachen erscheint; denn wie soll man denn die Urteile von drei Kriegsgerichten aufheben, woher das Heldentum nehmen, diese Fehler einzugestehen, um wieder erhobenen Hauptes einhergehen zu können. Wo ist die mutige Regierung, die für das Staatswohl sorgt, wo sind die einsichtigen Kammern, die bereit sind zu handeln, ehe der endgültige Zusammenbruch unvermeidlich ist.

Besonders schlimm aber ist, daß in diesen Tagen unsere Ehre auf dem Spiel steht. Frankreich hat einem Jahrhundert der Arbeit, der Wissenschaften, der Kämpfe für Freiheit, Wahrheit und Gerechtigkeit ein Fest bereiten wollen. Man wird später einmal erkennen, daß es bisher tatsächlich noch kein Jahrhundert gegeben hat, in dem größere Fortschritte gemacht worden wären. Frankreich hat alle Nationen zu sich eingeladen, um diesen Sieg, um die errungene Freiheit, um das Versprechen von Wahrheit und Gerechtigkeit zu feiern. In wenigen Monaten werden also Vertreter aller Völker zu uns kommen, und was werden sie vorfinden?: einen zweimal verurteilten Unschuldigen, eine vergewaltigte Wahrheit, eine mit Füßen getretene Justiz. Wir haben uns ihre Verachtung zugezogen, sie werden bei uns aus dem vollen leben, unsere Weine trinken, unsere Mädchen küssen, wie in einer zwielichtigen Herberge, in der man leicht geneigt ist, ordinär zu werden. Ist das wirklich möglich? Wollen wir wirklich zusehen, wie unsere Weltausstellung zu einem verrufenen Ort wird, an dem sich alle Welt vergnügt? Nein, und nochmals nein! Der fünfte Akt der ungeheuerlichen Tragödie muß sofort gespielt werden, selbst wenn wir dabei unsere Haut lassen sollten. Wir müssen unsere Ehre wiederherstellen, bevor wir die Völker der Welt in einem wiedergenesenen Frankreich willkommen heißen können.

Dieser fünfte Akt geht mir nicht aus dem Kopf, ich komme immer wieder auf ihn zurück und versuche, ihn mir vorzustellen. Hat man eigentlich schon bemerkt, daß diese Dreyfus-Affäre, dieses großartige Drama, das das ganze Universum bewegt, von einem begnadeten Dramaturgen in Szene gesetzt zu sein scheint, der daraus ein unvergleichliches Meisterwerk machen will? Ich möchte hier gar nicht die ganz außergewöhnlichen Wendungen in Erinnerung rufen, die schon bisher alle Seelen bewegt haben. Jeder Akt hat stärkere Leidenschaften ausgelöst und tieferen Schrecken gebracht. In diesem aus dem Leben gegriffenen Stück waltet die Hand des Schicksals. Sie lenkt die Personen, sie bestimmt ihre Taten und entfesselt einen Sturm gewaltiger Ereignisse. Sicherlich möchte sie ein vollkommenes Meisterwerk schaffen und bereitet uns einen übermenschlichen fünften Akt vor, der aus Frankreich eine ehrenvolle Nation an der Spitze aller Nationen machen wird. Ich zweifle nicht, daß das Schicksal dieses unvergleichliche Verbrechen, die zweimalige Verurteilung eines Unschuldigen, gewollt hat. Dieses Verbrechen mußte wohl um der tragischen Größe, um der erhabenen Schönheit und vielleicht um der Sühne willen begangen werden, die das großartige Schlußbild, die Apotheose, erst möglich machen würde. Jetzt, da wir wohl den tiefsten Punkt des Abgrunds erreicht haben, erwarte ich den fünften Akt, der das Drama beenden und uns befreien wird, indem er uns neue Gesundheit und eine neue Jugend verleiht.

Ich will heute ganz deutlich sagen, was mich in schreckliche Angst versetzt. Ich habe schon wiederholte Male gesagt, daß ich am meisten fürchte, daß Deutschland uns den entscheidenden, schwer belastenden Beweis entgegenhalten könnte. Heute darf diese tödliche Gefahr nicht mehr verschwiegen werden. Es herrscht jetzt Klarheit genug, und wir müssen mutig den Fall ins Auge fassen, daß uns Deutschland mit einem Paukenschlag den fünften Akt liefert.

Ich lege ein Bekenntnis ab: Im Januar 1898, noch vor meinem Prozeß, erfuhr ich mit der größten Sicherheit, daß Esterhazy der Verräter ist, daß er Herrn von Schwartzkoppen eine beträchtliche Zahl an Papieren ausgeliefert hat, daß viele dieser Dokumente seine Handschrift tragen und daß sich die vollständige Sammlung im Kriegsministerium in Berlin befindet. Ich möchte mich hier nicht zum großen Patrioten aufspielen, aber ich gebe zu, daß mich die Zusicherungen, die mir gegeben wurden, bestürzt haben. Seither lebe ich als guter Franzose in der ständigen Angst, daß Deutschland, das schon morgen vielleicht wieder unser Gegner sein kann, uns eines Tages die Beweise, die es besitzt, ins Gesicht schleudern könnte.

Stellen Sie sich die Lage vor: Das Kriegsgericht von 1894 verurteilt Dreyfus, der unschuldig ist; das Kriegsgericht von 1898 spricht Esterhazy frei, der schuldig ist, und unser Feind hält die Beweise für den doppelten Irrtum unserer Militärjustiz in der Hand, Frankreich aber beharrt starrköpfig auf diesem Irrtum und nimmt es auf sich, dadurch einer schrecklichen Gefahr ausgesetzt zu sein! Es wird behauptet, daß Deutschland keinen Gebrauch von Aktenstücken machen könne, die es durch Spionage erhalten hat. Ist man sich dessen wirklich so sicher? Nehmen wir an, morgen bräche ein Krieg aus: Könnte Deutschland dann nicht versucht sein, diese Beweisstücke zu veröffentlichen, die schreckliche Ungerechtigkeit aufzudecken, deren sich bestimmte Generäle schuldig gemacht haben, und damit vor den Augen Europas unsere Armee ehrlos zu machen? Ist ein solcher Gedanke erträglich, kann Frankreich nur einen Augenblick lang seiner Ruhe froh sein, solange es die Beweise seiner Schande in den Händen des Auslands weiß? Ich gebe ganz offen zu, daß mir ein solcher Gedanke den Schlaf raubt.

Daher habe ich mit Labori beschlossen, die ausländischen Militärattachés als Zeugen vorladen zu lassen; es war uns natürlich klar, daß es uns nicht gelingen würde, sie tatsächlich in den Zeugenstand zu bringen, aber wir wollten der Regierung zeigen, daß wir die Wahrheit kannten, in der Hoffnung, daß sie darauf reagieren würde. Sie hat sich taub gestellt, sich lustig gemacht und die Waffe Deutschland überlassen. Das war der Stand der Dinge bis zum Prozeß in Rennes. Gleich nach meiner Rückkehr nach Frankreich habe ich Labori aufgesucht und dringlich darauf bestanden, daß die entsprechenden Anträge im Ministerium eingebracht würden; wir haben dem Minister die schreckliche Situation vor Augen gehalten und ihn gebeten, zu intervenieren, damit man uns, dank seiner Vermittlung, die Aktenstücke aushändige. Bestimmt war das alles sehr heikel, denn da war ja auch der unglückselige Dreyfus, den wir retten wollten, sodaß wir zu allen möglichen Zugeständnissen bereit gewesen wären, um die ohnedies schon erregte öffentliche Meinung nicht zu reizen. Wenn das Kriegsgericht Dreyfus freigesprochen hätte, hätte es gleichzeitig den Aktenstücken ihren ganzen schädlichen Charakter genommen und die Waffe in den Händen Deutschlands zerbrochen. Der Freispruch von Dreyfus hätte das Eingeständnis des Irrtums und seine Wiedergutmachung bedeutet. Die Ehre wäre gerettet gewesen.

Der Kummer, den mir meine Vaterlandsliebe bereitet, ist aber wieder erwacht und unerträglich geworden, als ich gemerkt habe, daß das Kriegsgericht die Gefahr verschärfte, wenn es den Unschuldigen neuerlich verurteilte, dessen Unschuld eines Tages durch die Veröffentlichung der Aktenstücke aus Berlin offengelegt werden würde. Deshalb habe ich Labori angefleht, die entsprechenden Aktenstücke zu verlangen und Herrn von Schwartzkoppen, den einzigen, der Klarheit schaffen kann, als Zeugen vorladen zu lassen. Und Labori, dieser Held, der am Schauplatz des Kampfes von einer Kugel verletzt worden ist, hat diese Aufgabe an jenem Tag erfüllt, an dem er verlangt hat, daß man den Mann anhöre, von dem ein einziges Wort die Affäre beenden könnte; an diesem Tag ist er die heroische Stimme gewesen, die nichts zum Schweigen bringen kann, die den Prozeß überdauert und die zwangsläufig im geeigneten Augenblick eine Wiederaufnahme des Prozesses erzwingen wird, um ihn mit dem einzig möglichen Ausgang, dem Freispruch des Unschuldigen, abzuschließen. Der Antrag auf Vorlage der Aktenstücke ist gestellt, man wage es, sie dem Gericht nicht vorzulegen!

Sie sehen, in welche große und unerträgliche Gefahr uns der Vorsitzende des Kriegsgerichts von Rennes gebracht hat, indem er kraft seiner unumschränkten Macht die Vorlage dieser Dokumente verhindert hat. Es gibt keine brutalere Entscheidung, keine Tür ist der Wahrheit jemals absichtlicher verschlossen worden: „Wir wollen nicht, daß der offensichtliche Beweis erbracht wird, denn wir wollen ihn [den Unschuldigen] verurteilen". Ein drittes Kriegsgericht hat sich also den beiden anderen in blindem Irrtum angeschlossen, sodaß die Berichtigung, die aus Deutschland kommen kann, jetzt gleich drei ungerechte Urteilssprüche betrifft. Ist das nicht reiner Wahnsinn, muß man dann nicht vor lauter Zorn und Besorgnis heulen?

Die Regierung, die von hohen Beamten verraten worden ist, die die Schwäche gehabt hat, große, unverständige Kinder mit Streichhölzern und Messern spielen zu lassen, diese Regierung, die vergessen hat, daß Regieren Vorausdenken bedeutet, diese Regierung muß sich jetzt beeilen, wenn sie den fünften Akt nicht dem Gutdünken Deutschlands überlassen will, eine Lösung der Affäre, vor der jeder Franzose zittern sollte. Es ist die Pflicht der Regierung, diesen fünften Akt so bald wie nur möglich zu spielen, um zu verhindern, daß er uns vom Ausland aufgezwungen wird. Sie kann sich die Unterlagen verschaffen, die Diplomatie hat schon größere Hindernisse bewältigt. Wenn sie sich dazu entschließt, die im Bordereau aufgezählten Schriftstücke einzufordern, wird man sie ihr geben. Das wäre dann der neue Sachverhalt, der eine zweite Revision des Prozesses vor dem Kassationsgericht nötig machen würde, das dann, so hoffe ich jedenfalls, die ganze Wahrheit anerkennen und das Urteil ohne Aufschub aufheben würde.

Wenn die Regierung aber wieder schwach werden sollte, dann werden die Verteidiger der Wahrheit und der Gerechtigkeit das Notwendige zu unternehmen wissen. Nicht einer von uns wird fahnenflüchtig werden, und wir werden uns die unwiderlegbaren Beweise beschaffen.

Am 23. November werden wir wieder in Versailles sein. Da wird mein Prozeß fortgeführt, denn er soll ja offensichtlich in seinem ganzen Umfang wiederaufgenommen werden. Wenn bis zu diesem Zeitpunkt dem Recht nicht Genüge getan ist, dann werden eben wir ihm zum Durchbruch verhelfen. Mein treuer, mein tapferer Labori wird dann in Versailles das Plädoyer halten, das er in Rennes nicht halten durfte; so einfach ist das, nichts geht verloren. Ich werde ihn sicher nicht zum Schweigen veranlassen. Er wird nur die Wahrheit zu sagen haben, ohne fürchten zu müssen, mir damit zu schaden; ich bin bereit, sie mit meiner Freiheit und meinem Blut zu bezahlen.

Vor dem Pariser Schwurgericht habe ich geschworen, daß Dreyfus unschuldig ist. Ich schwöre es vor der ganzen Welt, die jetzt ja mit mir diese Unschuld hinausposaunt. Ich sage es noch einmal: Die Wahrheit ist im Vormarsch und nichts wird sie aufhalten. In Rennes hat sie wieder einen Riesenschritt gemacht. Ich habe nur mehr eine schreckliche Sorge: daß uns diese Wahrheit wie der Blitzschlag der rachehungrigen Nemesis erreicht und die ganze Heimat verwüstet, wenn wir uns nicht beeilen, sie selbst unter der strahlenden Sonne unseres Frankreich erglänzen zu lassen.

*

Dieser „fünfte Akt" wird allerdings nicht so dramatisch gespielt, wie Zola das erwartet hat: Am 19. September begnadigt Staatspräsident Emile Loubet Dreyfus. Das entspricht einem Kompromiß, der Dreyfus die Freiheit gewähren und gleichzeitig die Ehre der Armee retten sollte. Im Gegensatz zu den unnachgiebigsten Dreyfus-Anhängern, aber im Einklang mit Dreyfus selbst, akzeptiert Zola diesen Kompromiß und erklärt drei Tage später seine Haltung in Form eines offenen Briefes, der an die Frau von Alfred Dreyfus gerichtet ist und am 22. September wieder in der Tageszeitung L'Aurore *erscheint.*

BRIEF AN MADAME DREYFUS

Sehr geehrte Frau!

Man gibt Ihnen den Unschuldigen und den Märtyrer wieder zurück, der Frau ihren Mann, dem Sohn und der Tochter ihren Vater, und mein erster Gedanke richtet sich an die endlich wieder vereinte, getröstete und glückliche Familie. Obwohl ich als Staatsbürger noch Trauer empfinde und die gerechten Seelen weiterhin schmerzliche Entrüstung und Angst verspüren, lebe ich mit Ihnen diesen herrlichen, von Freudentränen durchtränkten Augenblick, den Augenblick, an dem Sie den von den Toten Auferstandenen in die Arme geschlossen haben. Dieser Tag ist trotz allem ein großer Festtag, ein Fest des Sieges und der Freude.

Ich stelle mir den ersten Abend in der Traulichkeit der Familie vor, wenn die Türen geschlossen sind und die Gemeinheiten der Straße an der häuslichen Schwelle verebben. Die beiden Kinder sind da, der Vater ist von einer langen, einer so langen und geheimnisvollen Reise zurückgekommen. Sie küssen ihn, sie warten auf die Geschichte von dieser Reise, die er ihnen aber erst später erzählen wird. Welch vertrauensvoller Friede, welche Hoffnung auf eine erquicklichere Zukunft erfüllt den Raum, während sich die Mutter sanft und zärtlich um alles sorgt; nach soviel Heldentum muß sie noch eine andere heldenhafte Aufgabe erfüllen und durch ihre Pflege und ihre Zärtlichkeit das Heil des Gekreuzigten, des armen Wesens, das man ihr zurückgibt, vervollständigen. Sanftheit erfüllt das Haus, eine unendliche Güte dringt von allen Seiten in das verschwiegene Zimmer, in dem die Familie lächelnd beieinandersitzt; wir alle, die wir das erstrebt, die wir seit so vielen Monaten für diese Minute des Glücks gekämpft haben, stehen stumm und reichlich belohnt im Schatten dieses Raums.

Ich bekenne, daß ich am Anfang nur durch menschliches Solidaritätsgefühl, durch Mitleid und Nächstenliebe zum Handeln gedrängt wurde. Ein Unschuldiger litt die schrecklichsten Qualen: Das war das einzige, was ich gesehen habe, nur um ihn von diesem Leiden zu befreien, habe ich mich ans Werk gemacht. Sobald seine Unschuld für mich erwiesen war, hat mich ein schrecklicher Gedanke erfüllt, der Gedanke an alles, was der Unglückselige schon durchgemacht hatte und was er im Kerker, in dem er dahinsiechte, noch erleiden mochte – gezeichnet von einem schrecklichen Schicksal, das er sich nicht einmal erklären konnte. Was für ein Sturm mußte in seinem Kopf toben, wie aufzehrend mußte das Warten sein, das jede Morgenröte für ihn mit sich brachte! Das konnte ich nicht mehr ertragen, mein Mut entstand nur aus meinem Mitleid, mein einziges Ziel war es, dieser Qual ein Ende zu bereiten, den Stein von der Gruft zu heben, damit der Gequälte wieder ans Tageslicht komme und den Seinen zurückgegeben werde, die seine Wunden heilen würden.

Es war also eine reine Gefühlssache, wie die Politiker mit einem leichten Achselzucken sagen. Mein Gott, ja, mein Herz allein war angesprochen, ich eilte einem in eine Notlage geratenen Menschen zu Hilfe, mochte er nun Jude, Katholik oder Mohammedaner sein. Ich glaubte damals noch an einen einfachen Justizirrtum und kannte die Größe des Verbrechens nicht, das diesen Mann angekettet in einer Mördergrube festhielt, wo man kaltblütig seinen Todeskampf beobachtete. Deshalb hegte ich auch keinerlei Ärger den Schuldigen gegenüber, die mir noch unbekannt waren. Als einfacher Schriftsteller, der durch das Mitleid aus seiner gewöhnlichen Arbeit gerissen wurde, verfolgte ich keinen politischen Zweck und arbeitete für keine Partei. Von Beginn der Kampagne an bestand meine einzige Absicht darin, der Menschlichkeit zu dienen.

Erst später habe ich dann die ungeheure Schwierigkeit unserer Aufgabe verstanden. In dem Maße, wie sich der Kampf entwickelte und ausweitete, fühlte ich, daß die Befreiung des Unschuldigen übermenschlicher Anstrengungen bedürfen würde. Alle Kräfte der Gesellschaft hatten sich gegen uns verbündet, und wir hatten nur die Kraft der Wahrheit auf unserer Seite. Es würde eines

Wunders bedürfen, um den Begrabenen wieder auferstehen zu lassen. Wie oft habe ich doch in diesen zwei schrecklichen Jahren daran gezweifelt, ihn lebend seiner Familie zurückgeben zu können! Er lag in seinem Grab, weit von uns entfernt, und es schien vergebens, daß wir uns zu Hunderten, Tausenden, Zehntausenden zusammengetan hatten: Die Anhäufung von Ungerechtigkeiten lasteten so schwer auf seinem Grabstein, daß ich fürchtete, unsere Arme würden ermatten, ehe es zu der letzten, entscheidenden Anstrengung kam. Nie, nie mehr würden wir ihn sehen! Vielleicht würden wir eines Tages, in ferner Zukunft, die Wahrheit ans Tageslicht bringen und ihm Gerechtigkeit widerfahren lassen können. Aber er, der Unglückliche, würde dann wohl schon tot sein, nie würde seine Frau, nie würden seine Kinder die glückliche Rückkehr mit einem Kuß feiern können.

Heute aber, Madame, ist das Wunder vollbracht. Zwei Jahre unglaublicher Kämpfe haben das Unmögliche möglich gemacht, unser Traum ist in Erfüllung gegangen, der Gemarterte ist von seinem Kreuz herabgestiegen, der Unschuldige ist frei, der Gatte ist Ihnen zurückgegeben. Er wird nicht mehr leiden, auch die Qualen unserer Herzen sind vorbei, die unerträgliche Vorstellung stört nicht mehr länger unseren Schlaf. Und deshalb, ich wiederhole es, ist heute der große Freudentag, an dem wir den Sieg feiern. Alle unsere Herzen werden eins sein mit dem Ihren, es gibt heute wohl keine Frau, keine Mutter, die nicht im tiefsten Inneren gerührt wäre beim Gedanken an diesen ersten Abend des Beisammenseins im trauten Heim, umgeben von der liebevollen Zuneigung der ganzen Welt, deren Sympathie Sie errungen haben.

Zweifellos hat diese Gnade einen bitteren Beigeschmack. Ist es tatsächlich möglich, daß Ihrem Mann nach solchen physischen Qualen nun auch noch eine derartige moralische Qual auferlegt wird? Und wie empörend müssen Sie es empfinden, nur dank des Mitleids das zu bekommen, was Ihnen von Rechts wegen zusteht!

Das Schlimmste ist, daß alles abgesprochen schien, was zu dieser letzten Ungerechtigkeit geführt hat. Die Richter wollten absichtlich noch einmal den Unschuldigen bestrafen, um die Schuldigen zu retten, sie haben dabei noch eine schreckliche Heuchelei begangen und Barmherzigkeit vorgetäuscht: „Du willst deine Ehre wieder, wir geben dir aber nur das Almosen der Freiheit, damit deine gesetzlich verbriefte Unehre weiter die Verbrechen deiner Henker deckt." In der langen Reihe der begangenen Schandtaten gibt es wohl kein gemeineres Attentat gegen die menschliche Würde. Das göttliche Mitleid Lügen strafen, ein Werkzeug des Betrugs daraus zu machen und einen Unschuldigen erneut ins Gesicht schlagen, nur damit der wahre Verbrecher mit Goldtressen und Federbusch geschmückt in der Sonne spazierengehen kann – das übertrifft alles!

Wie traurig ist es, mitanzusehen, wie sich die Regierung eines großen Landes aus unheilvoller Schwäche heraus damit abfindet, barmherzig zu sein, wo sie doch gerecht sein sollte! Es ist wohl der Höhepunkt der Verblendung, vor dem Hochmut eines Klüngels zu zittern, zu glauben, daß man durch Unrecht eine Beruhigung erreicht, und von irgendeinem heuchlerischen und vergifteten Friedensschluß zu träumen. Müßte die Regierung nicht gleich am Tag nach dem skandalösen Urteil von Rennes die Angelegenheit dem Kassationsgericht zuweisen, diesem obersten Gericht, das auf so freche Weise mit Füßen getreten wird? Läge das Heil des Landes nicht in diesem notwendigen Akt, der in den Augen der Welt unsere Ehre retten und bei uns die Herrschaft des Gesetzes wiederherstellen würde? Endgültige Beruhigung läßt sich nur durch Gerechtigkeit erreichen, jede Feigheit kann nur Quelle für eine neuerliche Erregung sein; bisher hat uns die tapfere Regierung gefehlt, die bereit wäre, ihre Pflicht zur Gänze zu erfüllen und die irregeleitete, von Lügen verworrene Nation wieder auf den richtigen Weg zurückzuführen.

Aber wir sind schon so tief gesunken, daß wir uns damit zufriedengeben, die Regierung dazu zu beglückwünschen, daß sie Mitleid gezeigt hat. Großer Gott, sie hat es tatsächlich gewagt, großherzig zu sein. Was für eine Tollkühnheit, was für eine außerordentliche Tapferkeit, die sie noch den Zähnen der Bestien aussetzen wird, die aus dem Wald der Urahnen in wilden Horden zu uns gekommen sind! Es ist schon ein Verdienst, gut zu sein, wenn man nicht stark sein kann. Aber im übrigen, Madame, kann Ihr Mann diese Rehabilitierung, die zur Ehre des Landes selbst sofort hätte geschehen müssen, erhobenen Hauptes abwarten, denn es gibt keinen Unschuldigen, der in den Augen aller Völker der Erde unschuldiger wäre.

Lassen Sie mich Ihnen sagen, Madame, wie sehr wir Ihren Mann bewundern, wie groß unsere Verehrung und unsere Ehrfurcht für ihn ist. Er hat grundlos so sehr unter der Dummheit und der Schlechtigkeit der Menschen gelitten, daß wir jede seiner Wunden mit Hingabe heilen wollten. Wir merken wohl, daß eine Wiedergutmachung unmöglich ist, daß die Gesellschaft nie die Schuld wird zurückzahlen können, die sie dem mit einer so schrecklichen Hartnäckigkeit gequälten Märtyrer gegenüber hat; wir errichten ihm deshalb in unseren Herzen einen Altar, denn wir haben ihm nichts Reineres und Kostbareres zu bieten als diesen Kult bewegter Brüderlichkeit. Er ist ein größerer Held geworden als alle anderen, weil er mehr gelitten hat. Der ungerechte Schmerz hat ihn zu einem Heiligen gemacht, er ist erhaben und geläutert in jenen Tempel der Zukunft eingetreten, dessen Götter die Herzen bewegen und eine ewig blühende Güte heranwachsen lassen. Die unvergänglichen Briefe, die er Ihnen, Madame, geschrieben hat, werden als der ergreifendste Aufschrei einer gequälten Unschuld erhalten bleiben. Und wenn bisher kein Mensch von einem tragischeren Schicksal getroffen worden ist, so gibt es auch keinen, der so hoch in der Achtung und der Zuneigung der Menschen gestiegen wäre.

Als ob sie ihn dadurch noch größer machen wollten, haben ihm seine Henker jetzt auch noch diese unübertreffliche Qual des Prozesses von Rennes auferlegt. Sie sind an diesem Märtyrer, der, vom Kreuz genommen, sich nur noch durch seine moralische Stärke aufrecht halten kann, höhnend vorbeigezogen, haben ihn mit Unflätigkeiten überhäuft, mit Messerstichen durchbohrt und Galle und Essig auf seine Wunden gegossen. Er aber war in seiner stoischen Ruhe bewundernswert, hat nicht geklagt und mutvoll ein ruhiges Vertrauen in die Wahrheit an den Tag gelegt, das einmal das Staunen späterer Generationen hervorrufen wird. Dieses Schauspiel war so schön, so ergreifend, daß das ungerechte Urteil die Völker empört hat, denn jeder Tag dieser sich über einen Monat hinziehenden, schrecklichen Verhandlung hat die Unschuld des Angeklagten deutlicher gemacht. Das Schicksal erfüllte sich, der Unschuldige wurde zum Gott, damit der Welt ein unvergeßliches Beispiel gegeben werde.

Damit, Madame, erreichen wir den Höhepunkt. Es gibt keine größere Ehre, keinen größeren Ruhm. Man ist beinahe versucht, sich zu fragen, wozu eine gesetzliche Rehabilitierung, wozu eine juridische Unschuldserklärung noch gut sein könnte, denn man findet schon heute im ganzen Universum keinen ehrlichen Menschen mehr, der nicht von dieser Unschuld überzeugt wäre. Und jetzt ist dieser Unschuldige auch noch auf der ganzen Welt zum Symbol menschlicher Solidarität geworden. Während das Christentum vier Jahrhunderte gebraucht hat, um sich auszubilden und einige Nationen zu erobern, hat die Religion des zweimal verurteilten Unschuldigen mit einem Schlag die Welt erobert und alle gebildeten Völker in einer allumfassenden Einmütigkeit vereint. Ich suche in der Geschichte nach einer ähnlichen Bewegung universeller Brüderlichkeit und finde keine. Der zweimal verurteilte Unschuldige hat mehr für die Brüderlichkeit unter den Völkern, für die Idee der Solidarität und der Gerechtigkeit getan, als hundert Jahre philosophischer Erörterungen und humanitärer Theorien. Zum ersten Mal hat die ganze Menschheit nach Befreiung, Gerechtigkeit und Großmut gerufen, so, als ob sie nur mehr ein einziges Volk bildete, das von den Dichtern erträumte einige und brüderliche Volk.

Und so mag der Mann, der durch das Leiden zum Auserwählten wurde, in dem sich die ganze Welt vereint sieht, verehrt und vergöttert werden!

Im trauten Familienheim, das Ihre liebevollen Hände verschönt haben, kann Ihr Mann ruhig und vertrauensvoll schlafen, Madame. Was seine Verherrlichung betrifft, so können Sie mit uns rechnen. Wir, die Dichter, verleihen den Ruhm, und wir werden ihm einen so großen Anteil zukommen lassen, daß kein anderer Mann unserer Zeit ein ergreifenderes Andenken hinterlassen wird. Viele Bücher sind schon zu seiner Ehre geschrieben worden, eine ganze Bibliothek ist entstanden, um seine Unschuld zu beweisen und sein Martyrium zu verherrlichen. Während man auf seiten der Henker die wenigen Dokumente, Bände und Broschüren zählen kann, werden die Freunde der Wahrheit und der Gerechtigkeit nicht müde, ihre Beiträge zur Geschichte zu leisten und die unzähligen Beweisstücke der endlosen Untersuchung zu veröffentlichen, die es eines Tages möglich machen wird, die Tatsachen endgültig auf den Tisch zu legen. Das Urteil der Zukunft wird vorbereitet, und es wird den triumphalen Freispruch bedeuten, die strahlende Wiedergutmachung, ganze Generationen werden im Andenken an das glorreiche Opfer niederknieen und um Vergebung für das Verbrechen ihrer Väter flehen.

Und wir, die Schriftsteller, sind es, Madame, die die Schuldigen für immer an den Pranger stellen werden. Die kommenden Generationen werden jene verachten und verhöhnen, die wir verurteilen. Es gibt Namen von Kriminellen, die, wenn sie einmal von uns mit Verachtung geschlagen worden sind, zu ekelhaften Schmutzflecken ihrer Zeit werden. Die unbesiegbare Gerechtigkeit hat sich diese Sühne vorbehalten, sie hat die Dichter damit beauftragt, jene, deren gesellschaftliche Übeltaten und Verbrechen allzu groß sind und die deshalb der gewöhnlichen Gerichtsbarkeit entgehen, der Verachtung der Jahrhunderte preiszugeben. Ich weiß wohl, daß das für diese niederen Seelen, die in den Tag hinein leben, eine ferne Buße ist, über die sie sich lustig machen. Das Triumphgefühl des Augenblicks genügt ihnen. Mit gespornten Stiefeln alles niederzutreten, das ist der rohe Erfolg, der ihren ungezähmten Hunger stillt. Und was bedeutet schon das Übermorgen, was die Verachtung, wenn man nicht mehr da ist und nicht mehr erröten kann! Diese niederen Seelen sind auch die Erklärung für das beschämende Schauspiel, das wir gesehen haben: die frechen Lügen, die augenscheinlichen Schwindeleien, die ins Auge springenden Unverschämtheiten, alles, was von kurzer Dauer ist und den Untergang der Schuldigen beschleunigen muß. Haben sie denn keine Nachkommen, fürchten sie denn nicht, daß später einmal ihren Kindern und Kindeskindern die Schamesröte ins Gesicht steigt?

Ach, die armen Irren! Sie scheinen nicht einmal begriffen zu haben, daß sie selbst den Schandpfahl errichten, an den wir ihre Namen heften werden. Ich will wohl glauben, daß es unter ihnen einige schwache Köpfe gibt, die durch das besondere Milieu und einen gewissen Kastengeist verbildet wurden. Kann man sich etwas Dümmeres vorstellen als diese Richter des Kriegsgerichts von Rennes, die den Unschuldigen neuerlich verurteilen, um die Ehre der Armee zu retten? Wie gut haben sie doch der Armee gedient, indem sie sie in diesem ungeheuren Abenteuer kompromittiert haben, immer den plumpen unmittelbaren Zweck vor Augen und ohne jede Voraussicht für den folgenden Tag. Einige wenige Schuldige mußten gerettet werden, auch um den Preis, daß damit die Kriegsgerichte einen regelrechten Selbstmord begangen haben und daß die hohe Generalität in ihrer Gesamtheit mit einem schweren Verdacht belastet wurde. Es ist übrigens eines ihrer Verbrechen, die Armee entehrt zu haben und die Handlanger von noch größerer Unruhe und noch größerer Erbitterung geworden zu sein; die Regierung hat den Unschuldigen aus dem dringenden Bedürfnis heraus begnadigt, den Fehler wieder gutzumachen. Sie war gezwungen, die Gerechtigkeit zu leugnen, um wenigstens ein bißchen Ruhe herzustellen.

Aber Sie müssen vergessen, Madame, Sie müssen verachten lernen. Es ist im Leben eine große Hilfe, die Gemeinheiten und die Beleidigungen zu mißachten. Ich bin damit immer sehr gut gefahren. Ich arbeite nun bald seit vierzig Jahren, seit vierzig Jahren halte ich mich durch die Verachtung der Beleidigungen aufrecht, die mir jedes meiner Werke eingetragen hat. In den zwei Jahren, in denen wir jetzt für die Wahrheit und die Gerechtigkeit kämpfen, hat die Flut der Unflätigkeiten solche Ausmaße angenommen, daß wir für immer gepanzert und unverletzbar für alle Verwundungen geworden sind. Es gibt unsaubere Blätter und schmutzige Menschen, die ich für meinen Teil aus meinem Leben gestrichen habe. Sie existieren für mich nicht mehr, ich übergehe ihre Namen, wenn sie mir unterkommen, ich überspringe sogar das, was man aus ihren Schriften irgendwo auszugsweise zu lesen bekommen kann. Das ist einfach eine Frage der Hygiene. Ich weiß nicht, ob sie in ihren Schmähungen fortfahren, meine Verachtung hat sie aus meinen Gedanken verbannt, und ich warte, bis die Gosse sie für immer hinwegspült.

Dieses verächtliche Vergessen so vieler abscheulicher Beleidigungen rate ich auch dem Unschuldigen. Er steht so hoch darüber, daß er von ihnen nicht mehr erreicht werden kann. An Ihrer Seite, Madame, möge er wieder aufleben, unter der strahlenden Sonne, fern von der verhetzten Menge, und nur mehr das Konzert der universellen Sympathie hören, das zu ihm aufsteigt. Friede sei dem Märtyrer, der jetzt so viel Ruhe braucht; in der Zurückgezogenheit, in der Sie ihn durch Ihre Liebe heilen werden, möge er nichts anderes mehr verspüren als die gefühlvolle Rührung durch die Menschen und die Dinge.

Wir aber, Madame, wir werden den Kampf fortsetzen, wir werden uns morgen ebenso heftig für das Recht einsetzen wie gestern. Wir müssen die Rehabilitierung des Unschuldigen erreichen, und zwar weniger um ihn selbst, der nun so viel Ehre genießt, zu rehabilitieren, als um Frankreich zu rehabilitieren, das sonst sicher an diesem Übermaß an Ungerechtigkeit zugrundegehen würde.

Zu jeder Stunde wird es unser Bemühen sein, Frankreich dazu zu bringen, das schändliche Urteil aufzuheben und sich damit in den Augen der Völker zu rehabilitieren. Ein großes Land kann nicht ohne Recht leben, und unseres wird so lange Trauer tragen, solange es nicht den Schandfleck ausgelöscht hat, den dieser Schlag gegen sein höchstes Gericht darstellt, diese Verweigerung des Rechts, die jeden Staatsbürger betrifft. Sobald die Gültigkeit der Gesetze nicht mehr garantiert ist, gehen alle sozialen Bande auf, alles bricht zusammen. Mit dieser Rechtsverweigerung war ein solches Ausmaß an Frechheit, eine so unverschämte Herausforderung verknüpft, daß wir nicht einmal die Möglichkeit haben, das Unglück zu verschweigen und den Kadaver einfach zu vergraben, wenn wir nicht vor unseren Nachbarn erröten wollen. Die ganze Welt hat gesehen und gehört, was vor sich gegangen ist, die Wiedergutmachung muß vor der ganzen Welt stattfinden, und zwar auf so aufsehenerregende Weise, wie es beim Verbrechen der Fall war.

Ein ehrloses, vereinsamtes Frankreich zu wollen, ist ein verbrecherisches Unterfangen. Die Fremden werden zweifellos zu unserer Weltausstellung kommen, ich zweifle nicht daran, daß sie im nächsten Sommer Paris überfluten werden, so wie man auf einen grell erleuchteten, von lärmender Musik widerhallenden Jahrmarkt läuft. Aber kann das unserem Stolz genügen? Müssen wir uns nicht ebenso wie um das Geld auch um die Hochachtung unserer Besucher bemühen, die aus allen Teilen des Erdballs zu uns kommen? Wir feiern unsere Industrie, unsere Wissenschaften, unsere Künste, wir stellen die Arbeiten des Jahrhunderts aus. Werden wir es wagen, unsere Justiz auszustellen? Mir fällt diese ausländische Karikatur ein, die eine auf dem Champ de Mars ausgestellte Nachbildung der Teufelsinsel zeigt. Ich schäme mich zu Tode, ich verstehe nicht, wie die Weltausstellung eröffnet werden kann, wenn Frankreich nicht vorher wieder seinen Rang unter den gerechten Völkern eingenommen hat. Erst wenn der Unschuldige rehabilitiert ist, wird auch Frankreich rehabilitiert sein.

Ich wiederhole es zum Schluß noch einmal, Madame, Sie können den guten Bürgern vertrauen, die Ihrem Mann die Freiheit wiederbeschafft haben, und die ihm auch die Ehre wieder beschaffen werden. Nicht einer wird den Kampfplatz räumen, sie wissen alle, daß sie für das Land kämpfen, indem sie für die Gerechtigkeit kämpfen. Der bewundernswerte Bruder des Unschuldigen wird ihnen neuerlich ein Beispiel an Mut und Weisheit geben. Es ist uns nicht gelungen, Ihnen mit einem Schlag den geliebten Mann frei und von der lügenhaften Beschuldigung reingewaschen wiederzugeben, aber wir bitten Sie nur um noch ein wenig Geduld, wir hoffen, daß Ihre Kinder nicht mehr viel wachsen werden, bis ihr Name auch rechtens von jedem Makel befreit ist.

Meine Gedanken kehren heute unweigerlich zu diesen lieben Kindern zurück, und ich sehe sie in den Armen ihres Vaters. Ich weiß, mit welcher mütterlichen Sorge und mit welchem Wunder an Feinheit Sie sie in vollständiger Unwissenheit gelassen haben. Sie glaubten ihren Vater auf Reisen; dann ist aber ihre Intelligenz immer mehr erwacht, sie wurden anspruchsvoller, wollten Erklärungen für eine so lange Abwesenheit haben. Was sollte man ihnen sagen, solange sich der Märtyrer noch in der Ferne, im ruchlosen Grab befand, solange der Beweis seiner Unschuld nur für einige wenige Gläubige erbracht war? Ihr Herz mußte schreckliche Qualen ausstehen. Aber in den letzten Wochen, als seine Unschuld für alle im hellsten Sonnenlicht dagestanden ist, da hätte ich gewollt, daß Sie die beiden an der Hand genommen und ins Gefängnis von Rennes geführt hätten, damit ihnen für immer das Bild ihres Vaters in seiner ganzen Heldengröße im Gedächtnis bliebe. Sie hätten ihnen gesagt, was er alles ungerechterweise durchgemacht hat, welche moralische Größe er an den Tag gelegt hat und mit welcher hingebungsvollen Zärtlichkeit sie ihn lieben müßten, um ihn die Ungerechtigkeit der Menschen vergessen zu lassen. Ihre kleinen Seelen hätten sich in diesem Bad mannhafter Tugend gestärkt.

Es ist übrigens noch nicht zu spät. Eines Abends, im Frieden des trauten Heims, im sanften Licht des Lampenscheins, wird sie der Vater zu sich nehmen, sie auf seine Kniee setzen und ihnen die ganze tragische Geschichte erzählen. Sie müssen sie erfahren, damit sie ihn so anbeten und lieben, wie er es verdient. Wenn er ihnen alles erzählt hat, werden sie wissen, daß es auf der Welt keinen umjubelteren Helden gibt, keinen Märtyrer, dessen Leiden die Herzen tiefer erschüttert hat. Sie werden sehr stolz auf ihn sein, seinen Namen werden sie in Ehren als den eines tapferen und stoischen Mannes tragen, der unter dem furchtbaren Schicksal, das die Ruchlosigkeit und die Feigheit der Menschen ihm bereitet haben, zu erhabener Reinheit gewachsen ist. Eines Tages werden weder der Sohn noch die Tochter des Unschuldigen, sondern die Kinder der Henker unter der allgemeinen Verachtung zu erröten haben.

Nehmen Sie, Madame, den Ausdruck meiner Hochachtung und meines Respekts entgegen [...]

*

Im folgenden Interview, das Adolphe Retté führt, erläutert Zola die Bedeutung seines Romans Fécondité (Fruchtbarkeit)*, der am 12. Oktober in den Buchhandel gekommen ist. Es geht darin um das Problem des Bevölkerungsrückgangs. Vehement kritisiert Zola in diesem Zusammenhang den wirtschaftlichen Malthusianismus. Auch auf sein Exil in England kommt der Dichter zu sprechen. Das Gespräch wird am 24. Oktober 1899 in der Zeitung* Le XIXe Siècle *abgedruckt.*

BEI EMILE ZOLA

Um ihm für das schöne Buch zu danken, das er mir zum Geschenk gemacht hat, habe ich neulich dem Autor von *Fécondité* einen Besuch abgestattet. Im Lauf des Gesprächs habe ich ihn auch gefragt, ob sein Prozeß und sein Exil ihn nicht in seiner Arbeit gestört hätten; daraufhin hat er mir einige Auskünfte über die Entstehung von *Fécondité*, über die drei Bände, die folgen sollen, und über seinen Aufenthalt in England gegeben.

Das alles fand ich dermaßen interessant, daß ich ihn um die Erlaubnis gebeten habe, seine Worte für unsere Leser niederschreiben zu dürfen. Herr Zola hat freundlicherweise zugestimmt. Im Folgenden werden Sie also seine eigenen Sätze lesen, ich war in diesem Fall nur ein getreuer Stenograph.

– Das Thema von *Fécondité* [„Fruchtbarkeit"] hat mich schon seit langer Zeit beschäftigt. In meinem ersten Entwurf sollte der Roman *Le Déchet* [„Abfall", „Ausschuß"] heißen; zu diesem Zeitpunkt war es noch nicht mein Plan, den malthusianischen Praktiken und der von einer gewissen Bürgerschicht gewollten Sterilität – also Praktiken, aus denen das Laster, die Auflösung der Familie und die schlimmsten Katastrophen entstehen – das Beispiel einer gesellschaftlichen Gruppe gegenüberzustellen, die die Natur nicht betrügen würde und in der die große Zahl von Kindern eine Quelle des Wohlstands wäre. *Le Déchet* wäre so aber eine allzu düstere Darstellung der Lage ohne mildernde Umstände gewesen, ein Roman, der beim Leser vielleicht einen unerträglichen Eindruck hinterlassen hätte. Als ich den Zyklus der *Trois Villes* beendet hatte, habe ich meine Einstellung diesbezüglich geändert. Ich habe mich entschlossen, das Heilmittel an die Seite des Übels zu stellen, und so ist der Band entstanden, den Sie kennen.

Trotz allem hat man noch kritisiert, daß ich zu schwarz male; Philippe Gille hat mir im *Figaro* vorgeworfen[1], die Angaben aufgerundet und die Zahl der Frauen, die sich einer Sterilisierung unterziehen, übertrieben zu haben. Aber ich kann Ihnen versichern, daß ich alles eher abgeschwächt habe. Ich habe nicht alles gesagt. Sie wissen, mit welcher Sorgfalt ich mir meine Unterlagen beschaffe: Ich habe offizielle Statistiken herangezogen; ich habe kompetente Leute befragt; ich habe Bücher studiert, die sich mit dieser Frage beschäftigen; schließlich habe ich auch Vermittlungsbüros für Pflegemütter und Hebammen besucht. Mit einem Wort, ich bin nach genau überprüften Angaben vorgegangen. Ich fordere jeden heraus, mich in dieser Hinsicht zu widerlegen. Das Übel existiert sehr wohl so, wie ich es beschrieben habe, das ist das Schlimmste an der Sache ...

Ende Dezember 1897 habe ich begonnen, das Dossier für *Fécondité* zusammenzustellen. Das war keine geringe Aufgabe! Ich habe den Gesamtplan des Buches aufgeschrieben und Übersichtstafeln angelegt, um mich unter den zwölf Kindern von Mathieu Froment zurechtzufinden. Ich war mitten in den Vorbereitungen, als ich zu meinem ersten Prozeß vorgeladen wurde. Dank der methodischen Vorgangsweise, die ich bei allem, was ich mache, anwende, ist es mir gelungen, gleichzeitig meinen Entwurf auszuführen und Kampagne für Dreyfus zu machen.

Als mein (zweiter) Prozeß in Versailles stattfand, war mein Entwurf fertig. Das Gerüst des Werkes stand, und ich schickte mich an, mit der Abfassung des ersten Kapitels zu beginnen. Aber da ich damit rechnen mußte, noch im Gericht verhaftet zu werden, habe ich meiner Frau gesagt: „Wenn man mich unglücklicherweise gleich ins Gefängnis stecken sollte, dann bring mir alle Unterlagen meines Dossiers dorthin."

Ich wurde nicht festgenommen. Aber mehrere meiner Freunde haben behauptet, daß ich in Paris Gefahren ausgesetzt wäre, und haben mich bewogen, Frankreich zu verlassen ... Vielleicht haben sie recht gehabt. Ich gebe aber gerne zu, daß es mir nicht mißfallen hätte, ins Gefängnis zu gehen. Ich hätte in Ruhe arbeiten können und neue Erfahrungen gemacht.

Wie immer dem auch sei, ich habe den Rat befolgt, den man mir gegeben hat. Ich bin Hals über Kopf nach London aufgebrochen, ohne meine Unterlagen, ja sogar ohne Kleidung mitzunehmen. Im Hotel, in dem ich abgestiegen bin, wurde ich fast sofort erkannt. Da ich die Reporter fürchtete und um jeden Preis meine Ruhe haben wollte, bin ich in die Umgebung von London gezogen und habe mich unter dem Pseudonym „Beauchamp" zuerst in einem kleinen, abgelegenen Cottage und dann in Norwood in der Nähe von Sydenham niedergelassen. Dort habe ich im Queens Hotel gewohnt und man hat mir das Appartment gegeben, das Kaiser Friedrich bewohnt hatte, als er sich inkognito von englischen Ärzten wegen seiner Krebserkrankung hat behandeln lassen. Da hatte ich meine Ruhe! Nur meine Frau und einer meiner Freunde kannten meine Klause. Sie schickten mir mein Dossier und sonst das Notwendigste. Um mit ihnen zu korrespondieren, gab ich meine Briefe in einen doppelten Umschlag, der an einen unserer Bekannten in London adressiert war; dieser schrieb die endgültige Adresse mit seiner Handschrift aufs Kuvert und schickte die Briefe nach Paris weiter.

Am 4. August 1898 habe ich das erste Kapitel begonnen und war dann gleich mitten in der Arbeit. Ich las keine einzige Zeitung und sah niemanden. Ich schrieb den ganzen Vormittag, am Nachmittag machte ich eine Runde mit dem Fahrrad. Ich hatte also ausgezeichnete Voraussetzungen für mein Schaffen.

Anfang September waren sieben Kapitel abgeschlossen, als ich ein Telegramm von meinem Freund mit folgendem Wortlaut erhielt: „Sagen Sie Beauchamp sofort – Sieg". Dieses Telegramm hat mich sehr irritiert[2]. Zuerst glaubte ich an eine verfrühte Hoffnung. Ich dachte, daß es sich vielleicht um die Freilassung von Picquart handle. Schließlich sagte ich mir: „Sie stehen dort mitten im Kampf. Möglicherweise übertreiben sie die Tragweite irgendeines Zwischenfalls. Warten wir ab." Ich gestehe Ihnen auch, daß ich zu diesem Zeitpunkt die Angelegenheit vorläufig für verloren gehalten habe.

In der folgenden Nacht habe ich gut geschlafen. Aber als ich am nächsten Morgen aufgewacht bin, ist mir diese rätselhafte Depesche wieder in den Sinn gekommen. Ich war dermaßen von ihr besessen, daß ich mich nicht an die Arbeit setzen konnte. Ich habe mein Fahrrad genommen und bin losgefahren, um einige englische Zeitungen zu kaufen. Aber ich spreche nicht englisch und die Leute im Hotel wollte ich aus Angst, mein Inkognito zu verraten, nicht fragen. Deshalb habe ich mir auch ein Wörterbuch und eine Grammatik besorgt und schließlich entdeckt, daß es sich um den Selbstmord von Henry handelte.

Da war ich wirklich fassungslos. Von diesem Zeitpunkt an habe ich mir französische Zeitungen besorgt und dann die gleichen Krisen, die gleichen Höhen und Tiefen von Hoffnung und Verzweiflung wie Sie hier durchgemacht. Dennoch habe ich mein Buch nicht vernachlässigt. Ich habe ausnahmslos jeden Tag gearbeitet; mit einiger Willenskraft ist es mir gelungen, einige Stunden lang meine Sorgen beiseite zu schieben und nur an die Literatur zu denken, sodaß *Fécondité* vorankam und ich am 27. Mai 1899 endlich das Wort *„fin"* ans Ende meines Manuskripts setzen konnte. Am 4. Juni bin ich nach Frankreich zurückgekehrt, den Rest kennen Sie.

– Welche Vorstellungen haben Sie bezüglich der drei anderen Bände, die mit *Fécondité* Ihren Zyklus der *Quatre Evangiles*[3] bilden sollen, fragte ich Herrn Zola.

– Ich habe noch keine wirklich genauen Vorstellungen. Ich beginne aber, Aufzeichnungen für meinen zweiten Band zusammenzutragen, der *Travail* [„Arbeit"] betitelt sein wird. Aber ich bin noch ein wenig ratlos. Ich habe bereits über Kohlenbergwerke und Fabriken geschrieben. Das umfaßt aber nicht den ganzen Bereich von „Arbeit": Es gibt auch die Landwirtschaft. Die habe ich in *Fécondité* gepriesen und davor schon in einem Buch behandelt, das den Titel *Erde*[4] trägt... Ich werde schon sehen. Jaurès hat mir von der Glashütte in Carmaux erzählt, das wäre als Thema zu überlegen. Vielleicht zeichne ich auch das Ideal einer sozialistischen Stadt. Ich habe mich diesbezüglich noch nicht festgelegt.

– Und die anderen Bände? sagte ich.

– Einer wird *Vérité* [„Wahrheit"] betitelt sein und klarerweise auf der Wissenschaft beruhen. Denn, bekräftigte Zola mit einer energischen Geste, ich glaube weiterhin an die Wissenschaft. Trotz der Langsamkeit der Entwicklung und trotz mancher Rückschläge wird sie uns die Moral und die Ästhetik der zukünftigen Gesellschaft liefern. Der katholischen Doktrin, die die Arbeit als Sühne und Leiden darstellt, möchte ich eine Vision gegenüberstellen, die zeigt, daß sie ein Gut ist, eine „geheiligte Funktion" hat. Nur wenn man arbeitet, fühlt man sich wohl und ist glücklich... Das ist eine meiner tiefsten Überzeugungen. In meinem letzten Buch schließlich, *Justice* [„Gerechtigkeit"], werde ich mich ganz ins Reich der Utopie begeben. Es wird eine Art Traum sein, eine lyrische Apotheose der Menschheit auf dem Weg zur Schönheit und Güte. Alles in allem, ein großes Gedicht.

– Und was werden Sie danach machen?

– Danach werde ich mich ausruhen. Ich werde dann wohl das Recht haben, nichts mehr zu tun. Ich träume davon, mich auf den Balearen niederzulassen. Das ist ein wunderbares Land mit einem vorzüglichen Klima. Ich werde versuchen zu vergessen, daß ich jemand gewesen bin. Die Erinnerung an alle meine Kämpfe, an meine Niederlagen und an meine Siege werde ich beiseite schieben. Ich werde meine letzten Lebensjahre damit zubringen, in tiefem Seelenfrieden die Natur zu betrachten.

– Wenn im November Ihr Prozeß wiederaufgenommen wird, glauben Sie, daß Sie dann den gleichen Belästigungen wie in der Vergangenheit ausgesetzt sein werden?

– Ach, nein! Schließlich haben wir ja gewonnen. Die vollständige Rehabilitierung von Dreyfus ist nur mehr eine Frage der Zeit. Was die gerichtliche Lösung meiner Angelegenheiten betrifft, muß man abwarten, wie sich die Kammern verhalten. Ich habe diesbezüglich keine genauen Informationen... Jedenfalls bin ich mit dem, was ich getan habe, zufrieden. Ich habe meinen Willen durchgesetzt, ich habe gekämpft, ich habe meinem Land einen Dienst erwiesen. Mein Gewissen kann ruhig sein. Die Arbeit und der Wille – das ist alles im Leben.

– Sie haben das auch wirklich vorgelebt, verehrter Meister, antwortete ich, indem ich mich verabschiedete. Deshalb bewundern wir an Ihnen den Menschen ebenso wie den Schriftsteller.

1) Die Besprechung von Philippe Gille erschien im Figaro *vom 17. Oktober 1899.*

2) Vergleiche den Brief an Alexandrine vom 1. September 1898.

3) Der Zyklus Les Quatre Evangiles *sollte vier Romane umfassen, von denen aber nur drei vollendet worden sind:* Fécondité (Fruchtbarkeit), Travail (Arbeit) *und* Vérité (Wahrheit). *Nach der Darstellung der französischen Gesellschaft des 'Fin de Siècle' entwickelt Zola in den* Quatre Evangiles *seine Utopien von der zukünftigen Gesellschaft. Im Mittelpunkt der umfangreichen Romane stehen die vier Söhne von Pierre und Marie Froment.* Travail *stellt die ideale Gemeinschaftsarbeit im Sinne der Ideen Fouriers dar und erscheint im Feuilleton von* L'Aurore *vom 3. Dezember 1900 an sowie in Buchform bei Charpentier im Mai 1901;* Vérité *schildert die Auseinandersetzung zwischen der öffentlich-laïzistischen und der konfessionellen Schule und verarbeitet am Schicksal des zu Unrecht des Mordes an seinem Neffen verdächtigten Lehrers Simon Erfahrungen aus der Dreyfus-Affäre, die Veröffentlichung in* L'Aurore *beginnt am 10. September 1902 und endet am 15. Februar 1903, vier Monate nach dem Tod des Schriftstellers, der nicht mehr alle Abzüge korrigiert hat; die erste Buchausgabe bei Charpentier erscheint 1903 mit einem Trauerrand; von* Justice, *dem vierten Roman, der den Triumph der Menschenrechte und der Vernunft feiern sollte, hat Zola zum Zeitpunkt seines Todes am 29. September 1902 nur einige vorbereitende Aufzeichnungen hinterlassen.*

4) Der 1887 erschienene Roman La Terre *ist der 15. des 20-bändigen Zyklus* Les Rougon-Macquart.

*

Die beiden folgenden offenen Briefe an den Senat (29. Mai 1900) und an Präsident Emile Loubet (22. Dezember 1900) wurden in der Tageszeitung L'Aurore *veröffentlicht. Sie wurden von den Debatten angeregt, die das Amnestiegesetz ausgelöst hat. Zola läßt in ihnen noch einmal die Ereignisse der beiden abgelaufenen Jahre Revue passieren, kommentiert und interpretiert sie. Im Brief an den Präsidenten der Republik greift Zola mit einem Ton bitterer Ironie die Formulierungen von „J'accuse" wieder auf, dieser Brief ist gewissermaßen der Epilog, mit dem Zola sein Engagement in der Dreyfus-Affäre abschließt.*

BRIEF AN DEN SENAT

Verehrte Herren Senatoren!

Am Tag, an dem Sie, sicherlich schweren Herzens, das sogenannte Ausnahmegesetz angenommen haben, haben Sie Ihren ersten Fehler begangen. Sie, die Hüter des Gesetzes, haben einen Anschlag auf das Gesetz zugelassen und einem Angeklagten die ihm zustehenden Richter vorenthalten, die im Ruf standen, unbeeinflußt zu sein. Schon damals haben Sie dem Druck der Regierung im Namen des öffentlichen Wohls nachgegeben, um die Beruhigung zu erreichen, die man Ihnen für den Fall versprochen hat, daß Sie einem Verrat am Gesetz zustimmen.

Die Beruhigung! Erinnern Sie sich, daß am Tag nach dem Erkenntnis des Kassationsgerichts in allen Kammern die Aufregung heftiger und mörderischer als zuvor wieder losgebrochen ist. Sie haben sich ganz umsonst entehrt, weil Ihr den Umständen Tribut zollendes Gesetz statt der erwünschten Ungerechtigkeit einen Triumph für den Unschuldigen gebracht hat. Und Sie wissen, daß sich trotzdem ein Militärgericht gefunden hat, das bereit war, die schlimmste Ungerechtigkeit zu begehen und unserer höchsten Behörde einen Schlag ins Gesicht zu versetzen, vor dem das nationale Bewußtsein erröten muß, solange diese Schmähung nicht wieder gutgemacht ist.

Heute verlangt man von Ihnen, daß Sie Ihren zweiten Fehler begehen, den ärgsten, den ungeschicktesten und gefährlichsten. Es handelt sich nicht mehr um ein Ausnahmegesetz, sondern um ein Knebelungsgesetz. Beim ersten Mal hatten Sie nur die Richter ausgetauscht, diesmal werden Sie dringend ersucht festzustellen, daß keine Richter mehr nötig sind. Nachdem Sie die schmachvolle Aufgabe übernommen haben, die Gerechtigkeit zu vergewaltigen, sind Sie jetzt damit beauftragt, die Justiz für bankrott zu erklären. Und neuerlich setzt man Ihnen das Messer der politischen Notwendigkeit an die Kehle, man entreißt Ihnen Ihre Zustimmung im Namen des Wohls des Vaterlandes und will Sie davon überzeugen, daß die Beruhigung nur durch eine Untat Ihrerseits erreicht werden kann.

Die Beruhigung! Sie kann doch nur von der Wahrheit und der Gerechtigkeit ausgehen. Durch die Abschaffung der Richter werden Sie sie ebensowenig erreichen, wie Sie sie durch den Wechsel der Richter erreicht haben. Sie werden sie dadurch noch weniger erreichen, denn Sie verschlimmern die Zerrüttung der Gesellschaft, Sie stürzen das Land in noch mehr Lüge und Haß. Wenn die Erbärmlichkeit dieser Taktik einmal ans Tageslicht kommen wird, dann werden Sie zur Verantwortung gezogen werden, Sie werden die Schuldigen sein, die Volksvertreter, deren verbrecherische Schwäche in die Geschichte eingeht.

Als ich vor mehr als zwei Monaten den Wunsch geäußert habe, von Ihrer Kommission, verehrte Herren Senatoren, angehört zu werden[1], da wollte ich gegen das Projekt der Amnestie protestieren, mit dem man uns drohte. Heute schreibe ich diesen Brief, um am Vorabend der Debatte über das Amnestiegesetz diesen Protest mit noch größerem Nachdruck zu wiederholen; denn ich halte dieses Gesetz von meinem persönlichen Standpunkt aus gesehen für eine Rechtsverweigerung und vom Standpunkt unserer nationalen Ehre aus für einen unauslöschlichen Schandfleck.

Muß ich hier wiederholen, was ich schon vor Ihrer Kommission gesagt habe? Man wird es müde, immer wieder dasselbe sagen zu müssen. Es ist eine Geschichte, die die ganze Welt kennt, über die sie sich seit langem ein Urteil gebildet hat, und wegen der sich nur mehr Franzosen in ihrer Verblendung durch politischen und religiösen Wahnwitz herumschlagen. Nachdem man mir durch das dreiste „Diese Frage ist nicht zulässig“[2] in Paris den Mund gestopft hatte und nachdem man in Versailles Labori hatte „die Daumenschrauben anziehen“ wollen, war ich der Meinung, daß es wirklich ungeheuerlich wäre, mir den Prozeß zu verweigern, den ich gewollt habe, und mir die Richter vorzuenthalten, die ich mir wohl verdient habe – nach all den Angriffen auf meine Person, all den Qualen und fast einem Jahr des Exils, einzig und allein um des Triumphs der Wahrheit willen. Ich habe Ihnen gesagt, daß noch nie eine ungereimtere und provokantere Amnestie das Gesetz mit Füßen getreten hat: Stets hat man zur selben Zeit nur Delikte und Verbrechen derselben Art, und stets nur Verurteilte, die schon dabei waren, ihre Strafe abzubüßen, amnestiert. Hier geht es aber darum, das sonderbarste Gemisch verschiedener Handlungen zu amnestieren, von denen einige noch nicht einmal vor die Gerichte gebracht worden sind.

Ich habe Ihnen schon gesagt, daß die Amnestie sich gegen uns, gegen die Verteidiger des Rechts wendet und die wahren Verbrecher begünstigt, weil sie uns mit einer heuchlerischen und beleidigenden Gnade den Mund stopft, weil sie ehrenhafte Leute in einen Topf mit Spitzbuben wirft und damit eine Zweideutigkeit begeht, die das nationale Gewissen zersetzen muß.

Ich war an jenem Tag übrigens nicht der einzige, der Ihnen diese Dinge gesagt hat. Oberst Picquart und Joseph Reinach haben, wie ich, verlangt, von Ihrer Kommission angehört zu werden. Sie hatten also das erbauliche Schauspiel von drei Männern vor sich, deren Fälle grundsätzlich verschieden sind und die man durch denselben Kniff, die Rechtsverweigerung, loswerden wollte. Sie kannten einander vor der Affäre nicht, sie kamen aus drei verschiedenen Welten, dem einen droht eine Verhandlung vor einem Militärgericht, der andere hat gerade einen Prozeß vor einem Schwurgericht und der dritte wurde in Abwesenheit zu dreitausend Francs Strafe und einem Jahr Gefängnis verurteilt. Aber was macht das schon aus, man vermischt ihre Fälle und findet für alle drei die gleiche schlampige Lösung, ohne sich um die schreckliche Lage zu kümmern, in der man sie läßt, noch um ihr zerstörtes Leben oder um die Anschuldigungen, von denen sie sich nicht reinwaschen, um die Beweise ihres guten Glaubens, die sie nicht vorbringen dürfen. Und man beschämt sie vollends, indem man sie in eine Reihe mit ausgemachten Schurken stellt; das Ganze ist eine lächerliche Komödie, die einer Maßnahme von ungeheurer Ungerechtigkeit und Feigheit einen Anstrich von patriotischer Großherzigkeit geben soll. Und da wundern Sie sich, daß diese drei Männer protestieren, diese schmerzerfüllten Bürger, deren Liebe zum großen Frankreich, als dessen würdige Söhne sie sich stets betrachtet haben, tief gekränkt wurde. Ja, ich protestiere wieder, und ich weiß, daß Oberst Picquart und Joseph Reinach hier mit mir protestieren, so wie sie es am Tag der Anhörung vor Ihrer Kommission gemacht haben.

Aber das alles, verehrte Herren Senatoren, weiß jeder, und Sie wissen es selbst am besten, leben Sie doch in den Kulissen der Politik, dort wo das ungeheure Abenteuer zusammengebraut worden ist. Ihre Kommission wußte es, und das erklärt die juridischen Bedenken, in denen sie sich lange geübt hat, den Widerwillen, den sie einem würdelosen Plan gegenüber gezeigt hat, der aber unter den Ihnen bekannten Umständen dem Druck der Regierung gewichen ist. Sie selbst, dessen bin ich sicher, stimmen im Innersten darin überein, daß wir es noch nie mit einer solchen Ansammlung von Schandtaten, Lügen und Verbrechen, von offenen Ungesetzlichkeiten und Rechtsbeugungen zu tun gehabt haben. Diese fürchterliche Anhäufung von Anschlägen auf das Recht jagt Ihnen selbst Angst ein. Wie soll man das Land von all dem säubern? Wie einem jeden Gerechtigkeit widerfahren lassen, ohne daß das Frankreich der Vergangenheit bis auf seine ältesten Grundmauern zusammenstürzte und ohne daß man gezwungen wäre, endlich das junge, glorreiche Frankreich von morgen zu errichten? Den tapfersten Köpfen entspringen feige Gedanken, zu viele Leichen liegen herum, man will ein Loch schaufeln, um sie alle schnell zu verscharren, in der Hoffnung, man werde nicht mehr von ihnen sprechen, wenn man sie nicht mehr sieht, selbst auf die Gefahr hin, daß ihr Verfall eines Tages durch die dünne Erdschicht, die sie bedeckt, hindurchdringt und im ganzen Land tödliche Pest verbreitet.

So ist es doch, nicht wahr? Und wir sind uns darin einig, daß das Übel, das aus den verborgensten Tiefen des sozialen Körpers aufgestiegen ist und nun klar zutage liegt, ein schreckliches ist. Wir sind uns nur hinsichtlich der Heilmethode uneinig. Sie, die Männer der Regierung, vergraben das Übel einfach und scheinen zu glauben, daß das, was man nicht sieht, nicht mehr existiert; wir einfache Bürger hingegen, wir möchten es sofort reinigen, die verdorbenen Glieder verbrennen, die gärenden Zersetzungsstoffe beseitigen, damit der ganze Körper seine Gesundheit und seine Kraft wiedererlange.

Die Zukunft wird weisen, wer recht hat.

Die Geschichte ist ganz einfach, meine Herren Senatoren, aber es ist dennoch nicht unnütz, sie hier zusammenzufassen.

Am Anfang handelte es sich in der Dreyfus-Affäre nur um eine Frage der Gerechtigkeit, um den Justizirrtum, dessen Bereinigung einige Mitbürger verlangt haben, deren Herz gerechter und gefühlvoller war als das der anderen. Für mich war diese Angelegenheit zuerst jedenfalls nichts anderes. Bald aber hat sich die Frage auf die Politik ausgedehnt, und zwar umso mehr, je weiter sich die Geschichte entwickelt hat, je höher die Verantwortung angesiedelt war, und in dem Maß, indem sie sich auf militärische Führer, auf Beamte und Machthaber ausgedehnt hat; dabei hat sich der berühmt gewordene Fall in eine schreckliche allgemeine Krise gewandelt, in der das Geschick von Frankreich selbst auf dem Spiel zu stehen schien. Derart haben sich nach und nach zwei Parteien herausgebildet, die einander gegenüberstanden: auf der einen Seite die ganze Reaktion, alle Gegner jener wahren Republik, die wir eigentlich haben sollten, alle Köpfe, die, ohne es vielleicht zu wissen, für die Autorität in ihren verschiedensten – religiösen, militärischen, politischen – Erscheinungsformen eintreten; auf der anderen Seite die ganze freie Fortschrittsbewegung, die dank der Wissenschaft befreiten Kräfte, alle jene, die Wahrheit und Gerechtigkeit anstreben, die an den ständigen Fortschritt glauben und deren Errungenschaften eines Tages für das größtmögliche Glück sorgen werden. Der Kampf war erbarmungslos.

Die Dreyfus-Affäre war am Beginn eine juridische Affäre und hätte es bleiben sollen; sie ist aber eine politische geworden. Darin liegt das ganze Gift. Durch sie ist plötzlich die unterschwellige Arbeit der Vergiftung und Zersetzung, mit der die Gegner der Republik das Regime seit dreißig Jahren ausgehöhlt haben, ans Tageslicht gekommen. In den Augen aller scheint es heute so, als ob Frankreich, die letzte der großen katholischen Nationen, die ihre Macht behauptet hat, vom Katholizismus, oder sagen wir besser vom Papsttum, auserwählt worden sei, die sinkende Macht Roms wiederherzustellen; so geschah es, daß der Feind unterschwellig eingedrungen ist, daß sich die Jesuiten, ohne von den anderen Werkzeugen der Religion zu reden, mit unvergleichlichem Geschick der Jugend bemächtigt haben; und so ist eines schönen Morgens das Frankreich Voltaires, das Frankreich, das jedoch noch nicht mit den Pfaffen aufgeräumt hat, als klerikaler Staat erwacht, in den Händen einer Verwaltung, einer Justiz und einer Armeeführung, die ihre Befehle aus Rom erhalten. Die Fassade der Illusion ist mit einem Mal abgefallen, und wir haben erkannt, daß wir von der Republik nur den Namen haben, wir haben gespürt, daß wir uns auf einem verminten Boden fortbewegen, auf dem die demokratischen Errungenschaften von hundert Jahren in Gefahr waren.

Frankreich war dabei, in die Hände der Reaktion zu geraten, daher der Aufschrei, daher der Schrecken. Das erklärt den ganzen moralischen Verfall, in den uns die Feigheit der Kammern und der Regierung allmählich stürzten. Sobald eine Kammer, sobald eine Regierung nicht mehr zu handeln wagen, weil sie fürchten, nicht mehr auf der Seite der Herren von morgen zu stehen, ist der Niedergang unaufhaltsam und unabwendbar. Stellen Sie sich die Männer an der Macht vor, die entdecken, daß sie keinen ihrer Apparate mehr in der Hand haben, keine gehorsamen Beamten, keine gewissenhaften und disziplinierten Militärs, keine rechtschaffenen Richter. Wie soll man denn den General Mercier, einen Lügner und Fälscher, gerichtlich verfolgen, wenn sich alle Generäle mit ihm solidarisch erklären? Wie soll man denn die wahren Schuldigen vor die Gerichte bringen, wenn man weiß, daß sich Richter finden werden, um sie freizusprechen? Wie soll man schließlich ehrlich regieren, wenn nicht ein Beamter die Weisungen ehrlich ausführt? Unter solchen Umständen wäre ein Held an der Spitze des Staates notwendig, ein großer Staatsmann, der entschlossen wäre, sein Land nötigenfalls durch eine revolutionäre Tat zu retten. Und da uns solche Männer derzeit fehlen, haben wir die Abdankung unserer unfähigen und ungeschickten Minister erlebt, sofern sie nicht Komplizen des Verbrechens waren, und haben gesehen, wie sie kopfüber stürzten, und wie verrückt gewordene Kammern zum Spielball der Parteien geworden sind, die sich ihres engherzigen Egoismus zu schämen haben.

Aber das ist nicht alles; das Schlimmste und das Traurigste ist wohl der Umstand, daß man das Land durch eine Schmutzpresse hat vergiften lassen, daß man es frech mit Lügen, Verleumdungen, Schmutz und Beleidigungen bis zum Wahnsinnigwerden vollgestopft hat. Der Antisemitismus ist nichts anderes als die grobe Ausnützung alter Ängste, mit dem Ziel, in einem Volk von Ungläubigen, die nicht mehr zur Kirche gehen, die religiösen Leidenschaften wiederzuerwecken. Der Nationalismus ist nichts anderes als die ebenso grobe Ausnützung edler Vaterlandsliebe, eine abscheuliche politische Taktik, die das Land geradewegs in den Bürgerkrieg führt, wenn es gelingt, die Hälfte der Franzosen davon zu überzeugen, daß die andere Hälfte sie verrät und ans Ausland verkauft, nur weil diese politisch anders denkt. So konnte sich eine Mehrheit bilden, die Wahrheit als Irrtum, Gerechtigkeit als Ungerechtigkeit hingestellt hat, und die trotz aller Proteste einen Menschen verurteilt hat, nur weil er Jude war; die angebliche Verräter, deren einzige Absicht die Rettung der Ehre Frankreichs gewesen ist, mit Todesdrohungen verfolgt hat.

Von dem Augenblick an, als man glauben konnte, daß das ganze Land in einem Anfall von morbidem Wahnsinn zur Reaktion überlaufe, war es um die Tapferkeit der Kammern und der Regierung geschehen. Sich gegen mögliche Mehrheiten zu stellen, daran war doch nicht zu denken! Das allgemeine Wahlrecht, das so gerecht und logisch erscheint, hat den verhängnisvollen Nachteil, daß jeder gewählte Volksvertreter nur mehr der Kandidat der nächsten Wahl und damit ein Sklave des Volkes ist; wenn das Volk in einer dieser Krisen, die wir gerade erleben, verrückt wird, ist der Gewählte diesem Verrückten ausgeliefert und redet wie dieser, außer er hat das Herz, als freier Mensch zu denken und zu handeln. Seit drei Jahren wohnen wir nun diesem traurigen Schauspiel bei: Da haben wir ein Parlament, das aus Furcht, sein Mandat zu verlieren, nicht weiß, wie es davon Gebrauch machen soll, und eine Regierung, die Frankreich den Händen der Reaktionäre ausgeliefert hat und jetzt stündlich davor zittert, gestürzt zu werden; sie macht den Feinden der Staatsform, die sie repräsentiert, die schlimmsten Zugeständnisse, nur um einige Tage länger an der Macht zu bleiben.

Sind das nicht die Gründe, meine Herren Senatoren, die Sie dazu bewegen, dieses neuerliche Zugeständnis einer Amnestie zu machen, deren Ergebnis es sein wird, die wahren Schuldigen der Strafe zu entziehen? Sie glauben, sich selbst zu retten, wenn sie behaupten, man müsse die Regierung wohl von der tödlichen Bürde befreien, die sie sich selbst durch ihre fortgesetzten Schwächen auferlegt hat. Wenn nur ein energischer, ein ehrlicher Staatsmann General Mercier bei seinem ersten Verbrechen in Gewahrsam genommen hätte, wäre alles schon längst wieder in Ordnung. Aber mit jedem neuerlichen Rückzieher der Justiz ist natürlich der Wagemut der Verbrecher gewachsen; es ist schon richtig, daß der Berg an Ruchlosigkeiten dermaßen angewachsen ist, daß jetzt eine gehörige Portion Mut vonnöten ist, um die Affäre im Sinne der Gerechtigkeit und unter Wahrung der Interessen Frankreichs zu einem Abschluß zu bringen. Niemand hat diesen Mut, alle zittern bei der Vorstellung, sich einer Flut von antisemitischen und nationalistischen Beschimpfungen auszusetzen, alle beugen sich vor der Tollheit, die das Gift einer Mehrheit der Wähler eingeflößt hat, sodaß Sie jetzt in die Enge getrieben sind und eine neuerliche Feigheit, den allerschlimmsten Fehler begehen, der das Land schließlich ganz der Reaktion ausliefern wird, die immer siegesgewisser und dreister auftritt.

Sind Sie sich eigentlich dessen bewußt, daß es eine eigentümliche Art des Handelns ist, störende Fragen einfach zu begraben und dabei die kindliche Hoffnung zu hegen, daß sie dadurch erledigt seien? Seit drei Jahren höre ich von den Politikern immer wieder die Behauptung, daß es keine Dreyfus-Affäre gäbe, und es scheint in ihrem Interesse zu liegen, das auch noch zu glauben. Nichtsdestoweniger nimmt die Dreyfus-Affäre ihre folgerichtige Entwicklung, und es ist klar, daß sie erst dann zu einem Ende kommen kann, wenn man bereit ist, sie abzuschließen. Keine menschliche Kraft vermag die Wahrheit, die im Vormarsch ist, aufzuhalten. Heute, da neuerlich der Wind der Panik weht, sind alle tief erschrocken und neuerlich dazu entschlossen, zu behaupten, daß es keine Dreyfus-Affäre mehr gibt und nie mehr eine geben wird. Indem Sie die Grube, in der Sie sie verstecken, noch tiefer graben und indem Sie das Amnestiegesetz darüberschütten, hoffen Sie, daß sie nicht wieder aufleben wird. Das sind aber nutzlose Anstrengungen; solange nicht Recht gesprochen ist, wird die

Affäre wie ein Gespenst, wie eine Seele im Fegefeuer, immer wieder auftauchen. Nur in der Wahrheit und in der Gerechtigkeit kann ein Volk Ruhe finden.

Das Schlimmste ist, daß Sie, meine Herren Senatoren, wahrscheinlich sogar in gutem Glauben handeln, wenn Sie sich einbilden, daß Sie mit dieser Unterdrückung der Gerechtigkeit eine Beruhigung herbeiführen. Für diese so heiß ersehnte Beruhigung opfern Sie auf dem Altar des Vaterlandes Ihr Gewissen als ehrenhafte Gesetzgeber. Wie beschränkt oder einfach egoistisch und ungeschickt sind doch die, die einmal mehr nutzlos ihre Ehre preisgeben! Was für eine schöne Beruhigung erleben wir, seit die Republik Glied um Glied an ihre Gegner ausgeliefert wird, nur um deren Schweigen zu erkaufen. Bei jedem Zugeständnis, das ihnen gemacht wird, schreien sie noch lauter und verdoppeln ihre Schmähungen. Von diesem Amnestiegesetz, das Sie ja machen, um ihre Anführer vor dem Zuchthaus zu bewahren, behaupten sie schon überall, daß wir dieses Gesetz verlangt hätten. Sie sind Verräter, die Minister sind Verräter, der Präsident der Republik ist ein Verräter. Und wenn Sie einmal dieses Gesetz verabschiedet haben, dann haben Sie das Werk von Verrätern vollbracht, um Verräter zu retten. Was heißt da Beruhigung! Ich möchte Sie am Tag nach der Amnestie sehen, wie Sie unter dem Beifall der den Kriegstanz tanzenden Kannibalen mit einer Flut von Schmähungen übergossen werden.

Sind Sie denn blind und taub geworden? Wer spricht denn immer wieder von der Affäre, seit man übereingekommen ist, während der Weltausstellung nicht von der Affäre zu sprechen? Wer hat bei den letzten Gemeinderatswahlen die Lügen- und Haßkampagne wiederaufgenommen und damit Paris vergewaltigt? Wer bringt erneut die Armee mit diesen Schandtaten in Zusammenhang, wer läßt nicht davon ab, geheime Aktenstücke zu veröffentlichen, in der Absicht, die Regierung zu stürzen? Die Dreyfus-Affäre ist das rote Gespenst der Nationalisten und Antisemiten geworden. Sie können ohne sie nicht regieren, sie bedürfen ihrer fortwährend, um das Land in ihrer Gewalt zu haben. Sie brauchen nur mit der Affäre aufzufahren, um die armen Leute, deren Kopf sie verwirrt haben, noch weiter zu verdummen, so wie einst die Minister des Kaiserreichs von der Legislative dadurch alles erreicht haben, daß sie das rote Gespenst heraufbeschworen haben. Und wieder ist von Beruhigung die Rede: Aber Ihre Amnestie wird nur eine neue Waffe in den Händen jener Partei sein, die die Affäre ausgenützt hat, um das republikanische Frankreich umzubringen, und die umso leichter fortfahren wird, sie auszunützen, als Ihre Amnestie die Zweideutigkeit in Gesetzesrang erhebt, ohne daß die Nation fortan zu entscheiden vermag, auf welcher Seite die Wahrheit und die Gerechtigkeit liegen.

In dieser Situation drohender Gefahr hätte es nur eine Lösung gegeben: den Kampf gegen alle vereinten Kräfte der Vergangenheit aufzunehmen und die

Verwaltung, die Gerichte und das Oberkommando zu erneuern, die allesamt vom klerikalen Moder befallen sind; das Land durch Handlungen aufzuklären, die ganze Wahrheit zu bekennen und Recht zu sprechen; die großartige Lektion, die diese Angelegenheit enthält, dazu zu nützen, um dem Volk zu helfen, in drei Jahren einen Riesenschritt vorwärts zu machen, für den es sonst vielleicht hundert Jahre gebraucht hätte; wenigstens aber im Hinblick auf die Zukunft die Schlacht anzunehmen und jeden möglichen Nutzen für unsere künftige Größe daraus zu ziehen. Obwohl schon so viel Feigheit die Aufgabe fast unmöglich gemacht hat, bleibt auch heute nur noch eins zu tun: zur Wahrheit und zur Gerechtigkeit zurückzukehren in der Überzeugung, daß es ohne sie für ein Land nur den Niedergang und den nahen Tod gibt.

Mein lieber, großer Freund Labori, den man in einer jener Stunden der Feigheit, von denen ich gesprochen habe[4], zum Schweigen verurteilt hat, hat vor kurzem die Gelegenheit gehabt, das an anderer Stelle mit seiner großartigen Rednergabe zum Ausdruck zu bringen: Da die Regierung und die Politiker sich immer wieder in die Affäre eingemischt und sie den Gerichten entzogen haben, die alleine befugt waren, sie zu lösen, ist es nun die Aufgabe der Politiker, Ihre Aufgabe, meine Herren Senatoren, die Affäre im Interesse des Friedens und des Wohls der Nation zu einem Ende zu bringen. Und ich wiederhole, daß Sie Ihre alten Fehler durch einen neuen Irrtum nur verschlimmern, durch einen Irrtum, der tödlich werden kann und schwer auf Ihrem Andenken lasten wird, wenn Sie glauben, dieses Ziel durch Ihr armseliges Amnestiegesetz zu erreichen.

Ich bin sehr darüber verwundert, verehrte Herren Senatoren, daß man uns beschuldigt, die Dreyfus-Affäre wieder beginnen zu wollen. Das verstehe ich nicht. Es hat einen Fall Dreyfus gegeben, einen von seinen Henkern, die um seine Unschuld wußten, mißhandelten Unschuldigen, und diese Affäre ist, was das Opfer selbst anbelangt, abgeschlossen: die Henker mußten ihr Opfer dank unseres Einsatzes seiner Familie zurückgeben. Die ganze Welt weiß heute die Wahrheit, unsere schlimmsten Gegner kennen sie und bekennen sie hinter verschlossenen Türen. Die Rehabilitierung ist zur gegebenen Zeit nur mehr eine juridische Formalität, sodaß Dreyfus unser nicht mehr bedarf, weil er frei ist und zu seiner Hilfe seine bewundernswerte, tapfere Familie um sich hat, die nie an seiner Ehre und an seiner Freilassung gezweifelt hat.

Warum sollten wir die Dreyfus-Affäre also von neuem beginnen? Abgesehen davon, daß das keinen Sinn hätte, würde das niemandem nützen. Wir wollen aber, daß die Affäre durch den einzigen Ausgang, der geeignet ist, dem Land seine Kraft und seine Ruhe wiederzugeben, beendet werde, also dadurch, daß die Schuldigen verurteilt werden, und zwar nicht, um uns über ihre Strafe zu freuen, sondern damit das Volk endlich die Wahrheit erfahre und damit die

Gerechtigkeit zur einzigen wahren und dauerhaften Befriedung führe. Wir glauben, daß das Heil Frankreichs im Sieg der Kräfte der Zukunft über die Kräfte der Vergangenheit liegt, im Sieg der Männer der Wahrheit gegen die Männer der Autorität. Und deshalb können wir es nicht hinnehmen, daß zum Schluß der Dreyfus-Affäre nicht über alle Recht gesprochen wird und daß man aus ihr nicht die Lehren zieht, die dazu beitragen würden, morgen endgültig die Republik zu begründen, indem man alle Reformen verwirklicht, deren unbedingte Notwendigkeit sie an den Tag gebracht hat.

Noch einmal: nicht wir fangen wieder mit der Dreyfus-Affäre an, nicht wir nützen sie zu Wahlzwecken aus und liegen mit ihr der Menge in den Ohren, um sie zu betäuben. Wir verlangen nur die uns zustehenden Richter, wir setzen unsere ganze Hoffnung in die Justiz, auf daß sie schnell die Wahrheit ans Licht bringe und damit die Nation befriede. Es heißt, daß die Affäre Frankreich großen Schaden zugefügt hat; das ist ein Gemeinplatz, den sogar die Minister selbst verwenden, wenn sie auf Stimmenjagd gehen. Welchem Frankreich hat die Affäre so geschadet? Wenn es das Frankreich von gestern ist, umso besser! Tatsächlich sind durch sie alle alten Institutionen in Auflösung geraten, und bestimmt hat sie die unheilbare Fäulnis des alten sozialen Gebäudes zutage gefördert, sodaß man es nur noch niederzureißen braucht. Aber warum sollte ich mich über den Schaden grämen, den sie der Vergangenheit zugefügt hat, wenn sie dafür der Zukunft gedient und für die Sauberkeit und die Gesundheit des Frankreich von morgen gearbeitet hat? Niemals hat ein Fieber deutlicher die Krankheit, die es zu heilen gilt, zum Ausbruch gebracht. Nicht die Dreyfus-Affäre wollen wir wiederaufnehmen, wir wollen nur noch die Krankheit heilen, deren Akutheit sie uns so deutlich aufgezeigt hat.

Es gibt aber ein noch schwerer wiegendes Ziel, eine dringliche Notwendigkeit, die mich beschäftigt. Die Amnestie, die alles vergräbt und überall Lüge und Zweideutigkeit zurückläßt, hat zur schrecklichen Folge, uns einer öffentlichen Darstellung der Affäre durch Deutschland auszuliefern. Ich habe schon mehrmals diese schreckliche Lage angedeutet, die alle wahren Patrioten beunruhigen und sie veranlassen sollte, eine vollständige und endgültige Klärung der Dreyfus-Affäre als Maßnahme öffentlichen Heils zu fordern, von der die Ehre und das reine Bestehen Frankreichs abhängt. Da heute die Notwendigkeit besteht, klar und deutlich darüber zu sprechen, werde ich es tun.

Jedermann weiß, daß die zahlreichen Dokumente, die Esterhazy Herrn von Schwartzkoppen, dem deutschen Militärattaché, geliefert hat, im Kriegsministerium in Berlin liegen. Es sind Dokumente aller Art, Aufzeichnungen, Briefe, darunter, heißt es, auch eine ganze Reihe von Briefen, in denen Esterhazy seine Vorgesetzten beurteilt und nicht sehr erbauliche Einzelheiten über ihr Privatleben mitteilt. Auch andere Bordereaus sind darunter, ich meine andere Auflistungen von angebotenen und ausgehändigten Dokumenten, deren geringstes ohne jede Diskussion die Unschuld von Dreyfus und die Schuld jenes Mannes beweist, den zwei unserer Kriegsgerichte trotz der Augenscheinlichkeit seines Verbrechens freigesprochen haben. Was bedeutet das? Nehmen wir an, daß morgen ein Krieg zwischen Frankreich und Deutschland ausbricht, und die fürchterliche Gefahr wird deutlich: Noch bevor ein einziger Schuß gefallen und eine einzige Schlacht geschlagen ist, veröffentlicht Deutschland eine Broschüre mit der Akte Esterhazy; ich behaupte, daß damit schon die Schlacht verloren ist, daß wir vor der ganzen Welt als die Geschlagenen dastehen, ohne daß wir uns verteidigen konnten. Der Respekt und der Glauben, die unsere Armee ihren Führern schuldet, sind in Frage gestellt, drei unserer Kriegsgerichte sind der Ungerechtigkeit und Grausamkeit überführt, die ganze gräßliche Affäre breitet unseren Niedergang im hellsten Tageslicht aus, die Heimat bricht zusammen, wir sind nur mehr eine Nation von Lügnern und Fälschern.

Bei diesem Gedanken überkommt mich oft tödlicher Schauer. Wie kann es eine verantwortungsbewußte Regierung hinnehmen, nur eine Minute unter einer solchen Bedrohung zu leben? Wie kann sie die Affäre unter den Tisch kehren wollen, wie der Gefahr ausgesetzt bleiben, in der wir sind, nur unter dem Vorwand, das Land wolle Beruhigung? Das übersteigt meinen Verstand, und ich behaupte, daß es ein Verrat an der Heimat ist, nicht sofort mit allen möglichen Mitteln Licht in die Angelegenheit zu bringen, ohne darauf zu warten, daß Enthüllungen aus dem Ausland uns wie ein Blitzschlag treffen. Am Tag, an dem der Unschuldige rehabilitiert ist, am Tag, an dem die wahren Schuldigen abgeurteilt sind, erst an diesem Tag werden wir eine Waffe gebrochen haben, die Deutschland gegen uns in der Hand hat, denn Frankreich wird dann von sich aus den Irrtum erkannt und wieder gutgemacht haben.

Die Generalamnestie aber verschließt eine der letzten offenen Türen zur Wahrheit. Ich habe es ohne Unterlaß wiederholt, aber man wollte den einzigen Zeugen, der mit einem Wort alles klarstellen kann, nicht hören: Herrn von Schwartzkoppen[5]. Vor dem Schwurgericht in Versailles wäre er mein Zeuge, ich würde seine Anhörung mittels eines Rechtshilfeersuchens beantragen, er würde es nicht verweigern können, endlich die ganze Wahrheit aufzudecken und mit Hilfe der Dokumente, die er in Händen gehabt hat, zu bekräftigen. Das ist die einzige klare Lösung, es gibt keine andere. Früher oder später wird sie von dieser Seite kommen, und es ist wahnsinnig von uns, sie nicht selbst ans Licht zu bringen und zu warten, daß man sie uns eines Tages unter irgendwelchen tragischen Umständen ins Gesicht schleudert.

Mein Erstaunen war groß, als der Präsident Ihrer Kommission mich im Auftrag des Präsidenten des Ministerrats gefragt hat, ob ich neue Fakten besäße und sie in Versailles vorlegen könne. Das sollte wohl heißen, daß ich mich ohne viel Widerrede begnadigen lassen sollte, falls ich nicht die Wahrheit in meiner Tasche trüge wie mein Taschentuch. Eine solche Frage seitens des Ministerpräsidenten hat mich gewundert, denn er weiß sehr genau, daß man die Wahrheit nicht so einfach mit sich herumträgt und daß eben gerade Prozesse dazu da sind, sie durch Befragungen, Zeugenaussagen und Plädoyers ans Tageslicht zu fördern. Es war aber ganz außergewöhnlich ironisch, gerade mir diese Frage zu stellen. Man weiß doch, was alles unternommen wurde, um mir den Mund zu stopfen und um mich daran zu hindern, diese Wahrheit darzustellen, die man jetzt plötzlich in meiner Hosentasche finden will. Ich habe dem Präsidenten Ihrer Kommission geantwortet, daß ich neue Fakten besäße, daß ich genau wisse, wo man die Wahrheit finden könne, und daß ich einfach den Ministerpräsidenten ersuchen würde, den Justizminister anzuweisen, dem Präsidenten des Schwurgerichts von Versailles den Rat zu geben, er möge meinem Rechtshilfeansuchen nichts in den Weg legen, wenn ich die Befragung Herrn von Schwartzkoppens verlangen sollte. Damit wäre die Dreyfus-Affäre beendet und Frankreich vor der schlimmsten Katastrophe bewahrt.

Verabschieden Sie also das Amnestiegesetz, meine Herren Senatoren, führen Sie die Erdrosselung zu Ende, sagen Sie wie Präsident Delegorgue, daß die Frage nicht zulässig ist, setzen Sie wie Périvier, der erste Präsident, Labori die Daumenschrauben an; und wenn Frankreich eines Tages vor der ganzen Welt beschämt dasteht, dann ist das Ihr Werk.

Verehrte Herren Senatoren, ich habe nicht die Naivität zu glauben, daß dieser Brief auch nur einen Augenblick die Sicherheit erschüttern wird, mit der Sie, wie ich annehme, das Amnestiegesetz verabschieden werden. Das Ergebnis der Abstimmung ist leicht vorauszusehen, denn es ist eine Folge Ihrer andauernden Schwäche und Ohnmacht. Sie glauben, daß Sie nicht anders handeln können, weil Sie nicht den Mut haben, anders zu handeln.

Ich schreibe diesen Brief nur um der Ehre willen, ihn geschrieben zu haben. Ich tue meine Pflicht, zweifle aber daran, daß Sie die Ihre tun. Das Ausnahmegesetz war ein juridisches Verbrechen, das Amnestiegesetz wird ein Staatsverrat werden, eine Auslieferung der Republik an ihre ärgsten Feinde.

Verabschieden Sie dieses Gesetz, Sie werden in Kürze dafür bestraft werden, und es wird später Ihr Schandfleck sein.

1) Diese Anhörung hat am 14. März 1900 stattgefunden.

2) Dieser Satz wurde von François-Joseph Delegorgue, dem Präsidenten des Schwurgerichts vom Februar 1898, verwendet, um zu verhindern, daß sich die Verhandlungen der „Affäre Zola" auf die „Dreyfus-Affäre" ausweiteten.

3) Anspielung auf die Prozesse vom 23. Mai und 18. Juli in Versailles, in denen die Staatsanwaltschaft den Aktionsradius von Labori so weit wie möglich eingeschränkt hat.

4) Gemeint ist der Prozeß von Rennes.

5) Siehe weiter oben den Brief an Labori vom 6. September 1899.

BRIEF AN EMILE LOUBET
Präsident der Republik

Sehr geehrter Herr Präsident!

Vor bald drei Jahren, am 13. Januar 1898, habe ich Ihrem Vorgänger, Herrn Félix Faure, einen Offenen Brief geschrieben, dem er nicht Rechnung getragen und damit seinem guten Namen leider geschadet hat. Jetzt, da er im Grabe ruht, bleibt das Gedenken an ihn durch jene ungeheure Ungerechtigkeit belastet, auf die ich ihn aufmerksam gemacht habe; da er aber die ganze Macht, die ihm sein hohes Amt verlieh, darauf verwendet hat, die Schuldigen zu decken, hat er sich selbst zum Mittäter an dieser Ungerechtigkeit gemacht.

Jetzt sind Sie an seiner Stelle, und die schreckliche Affäre geht ihrem Ende zu, nachdem sie eine ganze Reihe einander ablösender, ebenso mitschuldiger wie feiger Regierungen mit Schande überhäuft hat. Derzeit nimmt der Abschluß allerdings die Form einer einzigartigen Leugnung der Justiz an, ich meine damit diese Amnestie, die die Kammern unter ungeheurem Druck verabschiedet haben und die in die Geschichte als „Amnestie der Niedertracht" eingehen wird. Da Ihre Regierung diese ungeheure Verantwortung auf sich nimmt, wird auch sie unter der Last der allgemeinen Schuld zusammenbrechen. Ich versichere Ihnen, daß gerade ein Blatt aus Ihrem Leben beschmutzt wird und daß Ihre Amtsführung Gefahr läuft, sich der Ihres Vorgängers anzuschließen und ebenfalls mit einem unauslöschlichen Schandfleck besudelt zu werden.

Erlauben Sie mir deshalb, sehr geehrter Herr Präsident, Ihnen meine tiefe Besorgnis zum Ausdruck zu bringen. Am Tag nach der Amnestie will ich mit diesem Brief eine Bilanz ziehen, nachdem mein erster Brief eine der Ursachen für diese Amnestie gewesen ist. Dennoch wird man mir nicht vorwerfen können, geschwätzig zu sein. Am 18. Juli 1898 fuhr ich nach England, von wo ich erst am 5. Juni 1899 zurückgekehrt bin; während dieser elf Monate habe ich geschwiegen. Ich habe mich erst im September 1899 nach dem Prozeß von Rennes wieder zu Wort gemeldet. Dann habe ich erneut Stillschweigen gewahrt und es nur einmal, im Mai dieses Jahres, gebrochen, um vor dem Senat gegen die Amnestie zu protestieren. Seit achtzehn Monaten warte ich nun darauf, daß mir Gerechtigkeit widerfährt, alle drei Monate bekomme ich eine Vorladung, und jedesmal wird mein Fall wieder auf die nächste Session verschoben. Ich finde das inzwischen jämmerlich und komisch. Anstatt der Gerechtigkeit bekomme ich heute diese niederträchtige und beleidigende Amnestie. Der gute Staatsbürger, der schweigsame Mensch, der weder lästig fallen noch Anlaß für Unruhe werden wollte, der geduldig auf die unerträglich langsame Gerechtigkeit gewartet hat, dieser Bürger hat heute, meine ich, das Recht, ja die Pflicht zu sprechen.

Ich wiederhole: Das alles muß zu einem Ende kommen. Die erste Phase der Affäre, die, welche das ganze Verbrechen umfaßt, geht in diesen Tagen zu Ende. Ich bin also wohl gezwungen zu sagen, wo wir stehen, was wir geleistet und welche Gewißheiten wir für die Zukunft haben, ehe ich mir erneut Schweigsamkeit auferlege.

Es scheint mir nicht nötig, bis zu den ersten Abscheulichkeiten der Affäre zurückzugehen, es genügt, sie am Tag nach dem schrecklichen Urteil von Rennes wieder aufzunehmen; nach diesem Akt der Provokation und der schamlosen Ungerechtigkeit, der die ganze Welt hat erschaudern lassen. Denn hier, Herr Präsident, beginnt die Schuld Ihrer Regierung und folglich auch die Ihre.

Ich bin mir sicher, daß man eines Tages anhand von Dokumenten beweisen wird, was in Rennes geschehen ist; ich meine damit die Art, wie sich Ihre Regierung hat täuschen lassen und wie sie dann geglaubt hat, uns verraten zu müssen. Die Minister waren überzeugt, daß Dreyfus freigesprochen werden würde. Wie hätten sie auch daran zweifeln sollen, da doch das Berufungsgericht geglaubt hatte, durch sein Erkenntnis das Kriegsgericht so weit in die Enge getrieben zu haben, daß die Unschuld sich zwangsläufig und ohne jede Diskussion ergeben mußte? Warum hätten sie sich auch nur im geringsten beunruhigen sollen, wo doch ihre Untergebenen, ihre Mittelsmänner, ihre Zeugen, ja selbst die Akteure des Dramas ihnen die Mehrheit, wenn schon nicht die Einstimmigkeit zugesichert haben? Sie lächelten über unsere Bedenken und übersahen, welchen Absprachen, Verleumdungen, offensichtlichen Einschüchterungsmanövern und Druckmitteln das Gericht ausgesetzt war; sie trieben das blinde Vertrauen so weit, Sie, Herr Präsident, dadurch bloßzustellen, daß sie Sie nicht gewarnt haben, denn ich will gerne glauben, daß Sie in Ihrer Rede in Rambouillet nicht die Zusage gemacht hätten, sich dem Urteil zu beugen, wie immer es auch ausfallen mag, wenn sie nur den geringsten Zweifel gehabt hätten. Heißt regieren etwa, daß man nicht in die Zukunft blickt? Wir haben da eine Regierung, die dazu ernannt ist, für den rechten Gang der Justiz zu sorgen und auf die redliche Ausführung eines Urteils des Kassationsgerichts zu achten. Sie weiß sehr wohl, welcher Gefahr dieses Urteil in den Händen leidenschaftlich engagierter Menschen ausgesetzt ist, die durch alle Arten von bösem Fieber recht skrupellos geworden sind. Aber sie handelt nicht, gefällt sich in ihrem Optimismus und läßt das Verbrechen im hellen Tageslicht geschehen! Ich will glauben, daß diese Minister damals Gerechtigkeit gewollt haben, aber ich frage mich, wie sie sich wohl verhalten hätten, um sie zu verhindern?

Dann ereignet sich die neuerliche Verurteilung von Dreyfus, diese bisher noch nicht dagewesene Ungeheuerlichkeit, daß ein Unschuldiger gleich zweimal verurteilt wird. Nach der Untersuchung durch das Berufungsgericht war die Unschuld von Dreyfus in Rennes doch augenscheinlich, niemand konnte daran zweifeln. Und dann dieser Blitzschlag, ein Grausen ergreift Frankreich und alle Völker dieser Erde. Was wird die Regierung wohl machen – diese verratene, getäuschte, verhöhnte Regierung, deren unverständliche Nachlässigkeit zu einem solchen Desaster geführt hat? Ich will immer noch glauben, daß dieser Tiefschlag, den alle Gerechten so schmerzlich empfunden haben, auch Ihre Minister erschüttert hat, diejenigen, die es sich zur Aufgabe gemacht hatten, dem Recht zum Triumph zu verhelfen. Aber was tun sie, welche Handlungen setzen sie am Tag nach dem Zusammenbruch ihrer Gewißheiten, nachdem sie gesehen haben, daß sie, anstatt Wahrheit und Gerechtigkeit zu bewirken, durch ihr Ungeschick und ihre Sorglosigkeit ein moralisches Debakel verursacht haben, von dem sich Frankreich lange nicht erholen wird? Hier, Herr Präsident, beginnt die Schuld Ihrer Regierung und Ihre eigene, hier gehen unsere Anschauungen und unsere Vorstellungen auseinander, und diese Differenz wird immer größer.

Für uns war kein Zaudern möglich; wenn man Frankreich wirklich heilen und ihm den wahren Frieden zurückgeben wollte, so gab es nur ein Mittel, nämlich das Übel, das an ihm zehrte, zu beseitigen, denn nur ein ruhiges Gewissen kann eine wahre Befriedung der Geister bringen; keine Gesundung war möglich, solange wir das Gift begangenen Unrechts in uns spürten. Man hätte sofort das Berufungsgericht neuerlich mit der Angelegenheit betrauen müssen; man sage ja nicht, daß das unmöglich gewesen wäre, denn die Regierung hat alle dazu notwendigen Fakten in den Händen gehabt – ganz abgesehen von der Frage des Amtsmißbrauchs. Man hätte alle laufenden Prozesse abschließen, die Justiz ihre Arbeit machen lassen und dafür sorgen müssen, daß ihr kein einziger Schuldiger entginge. Das Geschwür hätte gründlich ausgemerzt, unserem Volk eine schöne Lektion von Wahrheit und Gerechtigkeit erteilt und die moralische Ehre Frankreichs vor den Augen der ganzen Welt wieder hergestellt werden müssen. Erst dann hätte man sagen können, Frankreich sei geheilt und beruhigt.

Statt dessen hat Ihre Regierung einen anderen Weg eingeschlagen und beschlossen, noch einmal die Wahrheit zu knebeln, in der Meinung, es genüge, sie zu begraben, um sie zum Schweigen zu bringen. Ihre Regierung war durch die zweite Verurteilung des Unschuldigen dermaßen verwirrt, daß sie den einzigen Ausweg darin gesehen hat, zuerst jenen zu begnadigen und dann mit Hilfe eines Amnestiegesetzes Schweigen zu erzwingen. Die beiden Maßnahmen passen zusammen, ergänzen einander und sind das Flickwerk einer in die Enge getriebenen Regierung, die ihre Aufgabe verfehlt hat und keinen anderen Ausweg findet, als sich hinter die Staatsräson zu flüchten. Ihre Regierung hatte den großen Fehler begangen, Sie persönlich in die Affäre hineinzuziehen, und wollte Sie dann decken. Sie hat sich selbst retten wollen und glaubte vielleicht, damit die bedrohte Republik zu retten.

An jenem Tage, an dem sich eine letzte Gelegenheit bot, zu handeln und der Heimat ihre Würde und ihre Kraft wiederzugeben, wurde der Hauptfehler begangen. Danach, das will ich gerne zugeben, wurde es von Monat zu Monat schwieriger, das Heil zu finden. Die Regierung hat sich in eine ausweglose Situation treiben lassen und zweifellos recht gehabt, als sie vor den Kammern behauptet hat, sie könne nicht mehr weiterregieren, wenn man ihr die Zustimmung zum Amnestiegesetz verweigere; aber hat sie nicht selbst die Amnestie notwendig gemacht, indem sie die Justiz zu einem Zeitpunkt ausgeschaltet hat, als das Recht noch möglich gewesen wäre? Sie war gewählt worden, um alles zu retten, und hat letzten Endes alles zusammenstürzen lassen und die schlimmste Katastrophe herbeigeführt. Und als es galt, die höchste Form der Wiedergutmachung zu finden, da hat sie keine bessere Lösung gewußt, als dort zu enden, wo die Regierungen der Herren Méline und Dupuy angefangen hatten, mit der Erdrosselung der Wahrheit und der Ermordung der Gerechtigkeit.

Muß sich Frankreich nicht dafür schämen, daß nicht ein einziger seiner Politiker sich stark, intelligent und tapfer genug gefühlt hat, um Herr der Lage zu werden, jener zu sein, der die Wahrheit offen ausgesprochen und damit Frankreich gerettet hätte. Seit drei Jahren wechseln die Politiker einander an der Spitze der Macht ab, und wir haben sie alle straucheln und in den gleichen Irrtum verfallen sehen. Ich spreche gar nicht von Herrn Méline, dem unheilvollen Menschen, der das ganze Verbrechen verursacht hat, auch nicht von Herrn Dupuy, diesem doppelzüngigen Politiker, der von vornherein auf der Seite der Stärkeren stand. Aber denken Sie an Herrn Brisson, der mutig genug war, die Wiederaufnahme des Prozesses zu wollen: Ist es nicht bedauerlich, daß er den nicht wieder gutzumachenden Fehler begangen hat, noch nach der Entdeckung der Henry'schen Fälschung die Festnahme von Oberst Picquart zu gestatten. Und Herr Waldeck-Rousseau, dessen mutige Rede gegen das Ausnahmegesetz so edel geklungen hat: Ist es nicht ein Jammer zu sehen, daß er sich jetzt genötigt fühlt, seinen Namen mit dieser Amnestie zu verbinden, die

die Justiz auf noch brutalere Weise ihrer Aufgabe enthebt? Wir stellen uns die Frage, ob uns eine uns feindliche Regierung nicht besser behandelt hätte, denn die Freunde der Wahrheit und Gerechtigkeit finden, wenn sie einmal an der Macht sind, auch nur Lüge und Ungerechtigkeit, um das Land zu retten.

Herr Präsident, wenn die Kammern das Amnestiegesetz schlechten Gewissens verabschiedet haben, dann doch im Glauben, damit das Heil des Landes zu garantieren. Ihre Regierung hat sich in eine Sackgasse manövriert und mußte deshalb als Ausweg das bestmögliche Terrain für die Verteidigung der Republik wählen. Aber die Dreyfus-Affäre hat gerade die Gefahren gezeigt, denen die Republik ausgesetzt ist, wenn Klerikalismus und Militarismus gemeinsam im Namen aller reaktionären Kräfte handeln. Die politische Überlegung der Regierung ist einfach: Man entledigt sich der Dreyfus-Affäre, indem man sie unterdrückt, und gibt der Parlamentsmehrheit zu verstehen, daß sie die versprochenen Reformen nicht bekommen werde, wenn sie in dieser Angelegenheit nicht folgsam sein und nicht gehorchen sollte. Dagegen wäre nichts einzuwenden, wenn man, um das Land vom Gift des Klerikalismus und des Militarismus zu befreien, es nicht dem anderen Gift, jenem der Lüge und der Ungerechtigkeit, aussetzen müßte, unter dessen Wirkung wir es seit drei Jahren dahinsiechen sehen.

Die Dreyfus-Affäre ist gewiß ein abscheuliches politisches Feld. Sie ist es wenigstens dadurch geworden, daß man das Volk in den Händen der schlimmsten Verbrecher und der verderblichen Wirkung der Schundpresse belassen hat. Ich gestehe noch einmal ein, daß es zum jetzigen Zeitpunkt schwierig, ja fast unmöglich wird zu handeln. Nichtsdestoweniger scheint mir die Idee kurzsichtig, ein Volk von einem Übel dadurch erlösen zu wollen, daß man verfügt, daß es dieses Übel nicht mehr gibt. Die Amnestie ist verfügt, die Prozesse finden nicht mehr statt, die Schuldigen können nicht mehr verfolgt werden: Das ändert nichts an der Tatsache, daß Dreyfus als Unschuldiger zweimal verurteilt worden ist und diese schreckliche Ungerechtigkeit Frankreich so lange grauenvolle Alpträume bescheren wird, solange sie nicht beseitigt ist. Es ist vergebens, die Wahrheit zu vergraben, sie schreitet unterirdisch fort, treibt überall Keime und wird eines Tages in rachevollen Wucherungen erblühen. Noch schlimmer ist, daß Sie, Herr Präsident, die kleinen Leute demoralisieren, indem Sie ihr Gerechtigkeitsgefühl mißachten. Wenn es keine Verurteilten gibt, gibt es auch keine Schuldigen. Wie sollen denn Ihrer Ansicht nach die kleinen Leute, die mit verderblichen Lügen gefüttert wurden, die Wahrheit kennen? Das Volk hätte eine Lektion gebraucht, Sie aber verdunkeln sein Gewissen und führen es irre.

Da liegt das ganze Problem: Die Regierung behauptet, daß sie durch das Amnestiegesetz eine Befriedung herbeiführt, wir anderen aber sind der Ansicht, daß sie, ganz im Gegenteil, Gefahr läuft, neue Katastrophen heraufzubeschwören. Noch einmal: Es gibt keinen Frieden im Unrecht. Die Politik lebt von einem Tag in den anderen und glaubt schon an die Ewigkeit, wenn sie einmal sechs Monate Ruhe erreicht hat. Es ist möglich, daß der Regierung einige ruhige Tage beschert sind, und ich gestehe ihr sogar zu, daß sie sie nutzbringend verwenden wird. Aber die Wahrheit wird wiedererwachen, wird aufschreien und neue Stürme entfesseln. Ich weiß nicht, woher sie kommen werden, aber sie werden kommen. Wie ohnmächtig werden dann die Männer sein, die nicht handeln wollten, mit welch einer Last wird sie dieses verdammte Amnestiegesetz erdrücken, durch das sie ehrenhafte Menschen auf die gleiche Stufe mit Schurken gestellt haben! Wenn das Land einmal die Wahrheit kennen wird, wenn es sich erheben und Gerechtigkeit verlangen wird, wird sich sein Zorn dann nicht zuerst gegen jene richten, die es verabsäumt haben, es aufzuklären, als sie dazu in der Lage waren?

Labori, mein großer und teurer Freund, hat es in seiner glänzenden Redegewandtheit so ausgedrückt: Das Amnestiegesetz ist ein Gesetz der Schwäche und der Ohnmacht. In ihm ist die Feigheit aller Regierungen angehäuft, es ist aus allen Schwächen der Männer gemacht, die einer abscheulichen Ungerechtigkeit gegenüber nicht die Kraft gefunden haben, sie zu verhindern oder wiedergutzumachen. Alle sind vor der Notwendigkeit, Hochstehende zu verurteilen, in die Knie gegangen. Nach so vielen Verbrechen beschert man uns am letzten Tag nicht Vergebung und Gnade, sondern Angst, Schwäche und die Ohnmacht aller Minister, die sich einfach damit begnügt haben, bestehende Gesetze anzuwenden. Es wird behauptet, daß man uns durch gegenseitige Zugeständnisse Frieden bringen werde: Das ist nicht wahr, wahr ist vielmehr, daß man nicht den Mut gehabt hat, Hand an die alte, verdorbene Gesellschaft zu legen; und um diese Schwäche zu verbergen, spricht man von Güte und wirft Esterhazy, den Verräter, und Picquart, den Helden, dem zukünftige Generationen Denkmäler errichten werden, in den gleichen Topf. Das ist eine Handlungsweise, die der verdienten Strafe nicht entgehen wird, denn sie verdirbt nicht nur das Gewissen, sondern untergräbt auch die Moral der Nation.

Ist das wohl die richtige Erziehung für eine Republik? Welche Lehren geben Sie denn unserer Nation, wenn Sie ihr zu verstehen geben, daß es Augenblicke gibt, in denen es das Interesse des Staates erforderlich macht, Wahrheit und Gerechtigkeit zu leugnen? Das bedeutet doch, daß die Staatsräson von freien Männern, die sie unter der Monarchie und in der Kirche verurteilt haben, wieder zu Ehren gebracht wird. Die Politik muß den Charakter wirklich in höchstem Maß verderben. Man denke daran, wie mehrere unserer Freunde, mehrere von denen, die vom ersten Tag an so tapfer gekämpft haben, dem Trugschluß auf den Leim gegangen sind und das Amnestiegesetz als eine politisch notwendige Maßnahme unterstützt haben! Es bricht mir das Herz, wenn ich sehe, wie ein Ranc, der so aufrecht und tapfer war, nun Picquart gegen dessen Willen verteidigt und sich über ein Amnestiegesetz freut, das diesen zwar vor dem Haß eines Kriegsgerichts rettet, ihn aber daran hindert, seine Ehre zu verteidigen. Und Jaurès, der edle, großzügige Jaurès, der sich so großmütig eingesetzt und sein Abgeordnetenmandat geopfert hat, was in diesen Zeiten des Wahlhungers eine schöne Tat ist! Auch er nimmt es hin, uns alle in einem Aufwaschen amnestiert zu sehen, Picquart und Esterhazy, Reinach und du Paty de Clam, mich selbst und den General Mercier! Hört die absolute Gerechtigkeit also dort auf, wo das Interesse einer Partei beginnt? Ach, wie schön ist es doch, ein einsamer Mensch zu sein, keiner Sekte anzugehören, nur seinem Gewissen zu gehorchen, und welch ein Wohlgefühl, seinen Weg in gerader Richtung zu gehen, nur die Wahrheit zu wollen, selbst wenn sie die Erde erschüttern und den Himmel zum Einsturz bringen sollte!

In den Tagen, als wir in der Dreyfus-Affäre noch Hoffnung hatten, Herr Präsident, da hatte ich einen schönen Traum. Hatten wir mit dieser Affäre nicht einen einzigartigen Fall in der Hand, ein Verbrechen, an dem alle reaktionären Kräfte beteiligt waren, alle diejenigen, die dem freien Fortschritt der Menschheit Hindernisse in den Weg legen? Niemals würde sich eine beweiskräftigere Erfahrung bieten, niemals könnte dem Volk eine klarere Lehre erteilt werden. Innerhalb einiger Monate würden wir sein Gewissen erleuchten, und wir würden mehr für seine Aufklärung und Mündigkeit tun als ein Jahrhundert politischer Kämpfe. Es würde genügen, ihm alle schädlichen Kräfte in ihrem Zusammenwirken an diesem abscheulichsten aller Verbrechen zu zeigen, der Unterdrückung eines Unschuldigen, dessen namenlose Qualen der ganzen Menschheit einen Schrei der Empörung entreißen.

Im Vertrauen auf die Kraft der Wahrheit warteten wir auf den Triumph. Es sollte eine Apotheose der Gerechtigkeit sein, das aufgeklärte Volk sich massenhaft erheben und Dreyfus bei seiner Rückkehr nach Frankreich zujubeln, das Land würde sein reines Gewissen wiederfinden, der Gerechtigkeit einen Altar errichten und das Fest der Wiedererlangung des erhabenen und souveränen Rechts feiern. Das alles würde in einer weltumspannenden Umarmung enden, alle Bürger wären beruhigt und in menschlicher Solidarität vereint. Aber leider, Herr Präsident, wissen Sie ja, was aus diesem Traum geworden ist: ein zweifelhafter Sieg, jedes Teilchen der Wahrheit um den Preis von Wirrnissen erkauft, die Vorstellung von Gerechtigkeit im Bewußtsein des unglücklichen Volkes dunkler denn je. Es zeigt sich, daß unsere Vorstellung vom Triumph zu konkret und zu plump gewesen ist. Der Gang der Menschheit kennt diese strahlenden Triumphe nicht, die eine Nation erheben und an einem Tag stark und allmächtig machen. Entwicklungen dieser Art vollziehen sich nicht mit einem Schlag, sondern unter harter Arbeit und Mühsal. Der Kampf ist nie zu Ende, jeder Schritt vorwärts wird um den Preis neuer Leiden erkauft, und erst die Söhne werden die von den Vätern errungenen Siege feststellen können. Auch wenn ich in meiner glühenden Liebe für das französische Volk untröstlich darüber bin, daß ich die in der Dreyfus-Affäre enthaltene unvergleichliche Lehre nicht für seine staatsbürgerliche Bildung nutzbar machen konnte, so habe ich mich doch schon längst damit abgefunden, daß die Wahrheit es nur allmählich durchdringen wird, bis der Tag kommt, an dem es reif für sein Geschick der Freiheit und der Brüderlichkeit sein wird.

Wir haben immer nur ans Volk gedacht, die Dreyfus-Affäre hat aber schnell weitere Formen angenommen und ist eine Affäre der Gesellschaft und der Menschlichkeit geworden. Der Unschuldige, der auf der Teufelsinsel schmachtete, war nur ein Beispiel, das ganze Volk litt mit ihm unter dem Druck der schädlichen Gewalten und unter der schamlosen Verachtung von Wahrheit und Gerechtigkeit. Indem wir ihn gerettet haben, haben wir alle Unterdrückten und Geopferten gerettet. Wer aber sind die Schurken und Dummköpfe, die uns, seit Dreyfus befreit und der Liebe der Seinen wieder anvertraut ist, beschuldigen, die Dreyfus-Affäre wieder aufnehmen zu wollen? Es sind dieselben, die durch ihre unsauberen politischen Geschäfte und dadurch, daß sie das Land weiterhin mit Lügen vergiften, die Regierung gezwungen haben, die Amnestie zu fordern. Daß Dreyfus mit allen legalen Mitteln danach trachtet, daß das Urteil von Rennes aufgehoben wird, ist selbstverständlich, und sobald sich die Gelegenheit dazu bietet, werden wir ihn nach besten Kräften unterstützen. Ich kann mir sogar vorstellen, daß das Kassationsgericht glücklich sein wird, das letzte Wort zu haben und so die Ehre des hohen Richteramts zu retten. Das ist aber ausschließlich eine juridische Frage, und keiner von uns hatte jemals den dummen Gedanken, die Dreyfus-Affäre in vollem Umfang wieder aufzunehmen; heute besteht das einzig wünschenswerte und mögliche Bemühen darin, die politischen und gesellschaftlichen Folgen aus dieser Affäre zu ziehen, die Reformen einzuleiten, deren Dringlichkeit sie aufgezeigt hat. Das ist unsere Antwort auf die schrecklichen Anschuldigungen, mit denen man uns überhäuft, und das wird unser endgültiger Sieg sein.

Ein Ausdruck, Herr Präsident, ärgert mich jedesmal, wenn ich ihn höre, und zwar jener Gemeinplatz, der sagt, daß die Dreyfus-Affäre Frankreich großen Schaden zugefügt hat. Er ist in aller Munde und ich treffe ihn unter jeder Feder an, Freunden von mir ist er geläufig, und vielleicht habe auch ich ihn schon verwendet. Dennoch kenne ich keinen unzutreffenderen Ausdruck. Dabei spreche ich nicht einmal von dem erhebenden Schauspiel, das Frankreich der Welt geboten hat, von diesem gigantischen Kampf um eine Justizangelegenheit, diesem Zusammenstoß aller lebenden Kräfte im Namen eines Ideals. Ich spreche auch nicht von den bereits erreichten Ergebnissen, davon, daß die Büros des Kriegsministeriums gesäubert und alle, die in dem Drama eine zweifelhafte Rolle gespielt haben, beseitigt wurden, weil die Justiz ja trotz allem einen Teil ihrer Arbeit gemacht hat. Aber liegt das unermeßliche Wohl, das die Dreyfus-Affäre für Frankreich bedeutet, nicht darin, wie ein fauler, modriger Ausschlag gewesen zu sein, der auf der Haut erscheint und den inneren Verfall anzeigt? Man muß auf die Zeit zurückdenken, als man der klerikalen Gefahr gegenüber nur mit einem Achselzucken geantwortet hat und als es zum guten Ton gehört hat, einen Monsieur Homai als einen verspäteten und lächerlichen Voltairianer zu belächeln. Alle reaktionären Kräfte haben unter dem Pflaster unseres großen Paris ihr Werk getan, die Republik unterminiert und damit gerechnet, sich der Stadt und Frankreichs zu bemächtigen, wenn die jetzigen Institutionen zusammenbrechen würden. Und da deckt die Dreyfus-Affäre alles auf, noch bevor die Erdrosselung stattfinden kann, und da erkennen die Republikaner endlich, daß man ihnen ihre Republik entreißen wird, wenn sie nicht Ordnung schaffen sollten. Die Bewegung zur Verteidigung republikanischer Ideen ist geboren, und Frankreich verdankt es der Dreyfus-Affäre, endlich vom Komplott der Reaktion befreit zu sein.

Ich würde mir wünschen, daß die Regierung die Verteidigung der Republik fortsetzt, auf die sie sich berufen hat, um von den Kammern die Verabschiedung des Amnestiegesetzes zu erreichen. Es ist die einzige Möglichkeit für sie, endlich einmal tapfer und nützlich zu sein. Aber sie möge die Dreyfus-Affäre nicht leugnen, sondern sie als das größte Wohl anerkennen, das Frankreich widerfahren konnte, und sie möge gemeinsam mit uns erklären, daß Frankreich ohne die Dreyfus-Affäre heute zweifellos in den Händen der Reaktionäre wäre.

Was nun meine persönliche Situation anbelangt, Herr Präsident, so möchte ich mich nicht beklagen. Seit bald vierzig Jahren arbeite ich an meinem schriftstellerischen Werk, ohne mich um die ablehnenden oder zustimmenden Urteile über meine Bücher zu kümmern; ich überlasse es der Nachwelt, eine endgültige Entscheidung zu fällen. Ein unvollendeter Prozeß kann mich also weiter nicht aus der Ruhe bringen. Es ist nur eine Angelegenheit mehr, über die erst die Zukunft richten wird. Natürlich tut es mir leid wegen der Klarheit, die ein neuerlicher Prozeß ans Tageslicht gebracht hätte, aber ich tröste mich damit, daß die Wahrheit gewiß auf einem anderen Weg an den Tag kommen wird.

Dennoch gebe ich zu, daß ich neugierig darauf gewesen wäre, was andere Geschworene über meine erste Verurteilung gedacht hätten, die unter dem Druck der mit der Henry'schen Fälschung bewaffneten Generäle zustandegekommen ist. Nicht, daß ich in einem rein politischen Prozeß großes Vertrauen in die Geschworenen hätte, denn sie lassen sich allzu leicht bedrohen und in die Irre führen. Dennoch wäre es eine interessante Lektion gewesen, die Verhandlungen wiederaufzunehmen, nachdem die Untersuchung durch das Kassationsgericht den Beweis für alle von mir vorgebrachten Anschuldigungen erbracht hat. Können Sie sich das vorstellen? Ein aufgrund einer Fälschung verurteilter Mann, der nun, da die Fälschung erwiesen ist, neuerlich vor seine Richter tritt! Ein Mann, der andere aufgrund von Tatsachen beschuldigt hat, deren absolute Wahrheit der oberste Gerichtshof inzwischen bestätigt hat! Ich hätte da wohl einige angenehme Stunden verbracht, und ein Freispruch hätte mir Freude gemacht; und selbst wenn es für mich eine neuerliche Verurteilung gegeben hätte, so hätte ich mich an der eigenartigen Schönheit erfreut, die mich an der feigen Dummheit und blinden Leidenschaft immer wieder interessiert hat.

Aber ich muß hier etwas genauer werden, Herr Präsident. Ich schreibe Ihnen nur, um unter diese ganze Affäre einen Schlußstrich zu ziehen, und deshalb ist es wohl angebracht, daß ich Ihnen gegenüber die Anschuldigungen wiederhole, die ich seinerzeit an Herrn Félix Faure gerichtet habe, um damit ein für allemal festzustellen, daß sie gerechtfertigt, gemäßigt, ja vielleicht sogar ungenügend gewesen sind und daß das Gesetz Ihrer Regierung in mir nur einen Unschuldigen amnestiert.

Ich habe Herrn Oberstleutnant du Paty de Clam angeklagt, *„unbewußt, wie ich gerne glauben will, der teuflische Handlanger des Justizirrtums gewesen zu sein und seit drei Jahren sein unheilvolles Werk durch die abstrusesten und schuldvollsten Machenschaften aufrechterhalten zu haben"*. – Das ist doch zurückhaltend und höflich ausgedrückt, wenn man damit den Bericht des Hauptmanns Cuignet vergleicht, der die Anschuldigung der Fälschung erhebt, nicht wahr?

Ich habe Herrn General Mercier angeklagt, *„zumindest aus Geistesschwäche zum Komplizen einer der größten Ungerechtigkeiten des Jahrhunderts geworden zu sein"*. – Hier leiste ich öffentlich Abbitte und nehme das Wort „Geistesschwäche" zurück. Wenn aber General Mercier nicht eine nachlassende Intelligenz als Entschuldigung vorbringen kann, dann ist er für die Handlungen voll verantwortlich, die in der vom Kassationsgericht veranlaßten Untersuchung als „kriminell" eingestuft werden.

Ich habe Herrn General Billot angeklagt, *„die sicheren Beweise für die Unschuld von Dreyfus in den Händen gehabt und sie unterdrückt zu haben, sowie sich dieser Verletzung von Menschlichkeit und Recht in politischer Absicht schuldig gemacht zu haben, um den kompromittierten Generalstab zu schützen"*. – Alle heute bekannten Dokumente belegen, daß General Billot zwangsläufig über die kriminellen Machenschaften seiner Untergebenen auf dem laufenden war; ich füge hinzu, daß auf seine Veranlassung hin eine meinen Vater betreffende Geheimakte einem Blatt der Schundpresse zugespielt wurde.

Ich habe die Generäle de Boisdeffre und Gonse angeklagt, Mittäter am selben Verbrechen zu sein, *„der eine zweifellos aus klerikaler Leidenschaft, der andere vielleicht aus diesem Korpsgeist heraus, der das Kriegsministerium zu einem unangreifbaren Heiligtum macht"*. – General de Boisdeffre hat sich mit seinem Rücktritt am Tag nach der Entdeckung der Henry'schen Fälschung selbst verurteilt; sein Abgang von der Bühne ist der Sturz eines Mannes, der für die höchsten Ränge und die höchsten Ämter ausersehen war und der ins Nichts fällt. General Gonse wiederum wird durch die Amnestie von einer schweren, ganz klar bewiesenen Verantwortung befreit.

Ich habe Herrn General de Pellieux und Hauptmann Ravary angeklagt, *„eine verbrecherische Untersuchung durchgeführt zu haben, und verstehe darunter eine Untersuchung von ungeheurer Parteilichkeit, von der uns der Bericht des Letzteren ein unvergängliches Monument kindlicher Kühnheit liefert"*. – Man lese den Bericht der Untersuchung durch das Berufungsgericht und man wird das abgekartete Spiel entdecken, das durch Dokumente und schwer belastende Zeugenaussagen aufgedeckt wurde. Die Untersuchung gegen Esterhazy war nichts als eine schamlose Justizkomödie.

Ich habe die drei Schriftsachverständigen, die Herren Belhomme, Varinard und Couard angeklagt, *„unwahre und trügerische Gutachten erstellt zu haben, es sei denn, daß eine ärztliche Untersuchung sie für augen- und geisteskrank erklären sollte"*. – Ich habe das angesichts der unglaublichen Aussage dieser drei Experten gesagt, die behauptet haben, die Handschrift des Bordereau sei nicht jene von Esterhazy; das war von ihnen ein Irrtum, den, meiner Ansicht nach, nicht einmal ein zehnjähriges Kind begangen hätte. Jetzt wissen wir, daß Esterhazy selbst zugibt, das Bordereau geschrieben zu haben, und Präsident Ballot-Beaupré hat in seinem Bericht feierlich erklärt, daß für ihn kein Zweifel möglich sei.

Ich habe die Ministerialbüros angeklagt, *„in der Presse, namentlich im* Eclair *und im* Echo de Paris *eine widerwärtige Kampagne geführt zu haben, um die öffentliche Meinung in die Irre zu führen und ihre eigenen Fehler zu decken"*. – Ich verliere darüber kein Wort, denn ich denke, daß der Beweis dafür durch alles, was bisher bekannt geworden ist und was die Schuldigen selbst haben zugeben müssen, erbracht ist.

Ich habe schließlich das erste Kriegsgericht angeklagt, *„das Recht verletzt zu haben, indem es einen Angeklagten aufgrund eines geheim gebliebenen Beweisstücks verurteilt hat"*, und ich habe das zweite Kriegsgericht angeklagt, *„diese Gesetzwidrigkeit auf Befehl gedeckt zu haben und dabei seinerseits das Rechtsvergehen begangen zu haben, wissentlich einen Schuldigen freizusprechen"*. – Was das erste

Kriegsgericht betrifft, so wurde die von ihm veranlaßte Herstellung einer Geheimakte durch die Untersuchung des Kassationsgerichts und dann im Prozeß von Rennes eindeutig aufgezeigt. Auch für das zweite Kriegsgericht liegt eine Untersuchung vor, die die Absprachen und ständigen Interventionen von General de Pellieux und den offensichtlichen Druck beweist, unter dem auf Wunsch der obersten Militärführung der Freispruch Esterhazys erreicht wurde.

Wie Sie sehen, Herr Präsident, ist unter meinen Anschuldigungen keine einzige, die die aufgedeckten Vergehen und Verbrechen nicht gerechtfertigt hätten, und ich wiederhole, daß sich meine damaligen Anschuldigungen heute angesichts der entsetzlichen Menge begangener Scheußlichkeiten matt und bescheiden ausnehmen. Ich gebe zu, daß ich es nie gewagt hätte, mir eine derartige Anhäufung auch nur vorzustellen. Ich frage Sie also, welches ehrliche oder einfach verständige Gericht heute die Schande auf sich nehmen würde, mich noch einmal zu verurteilen, wo doch der Beweis für die Richtigkeit aller meiner Aussagen offenliegt? Und glauben Sie nicht, daß das Gesetz Ihrer Regierung, das mich, den Unschuldigen, gleichzeitig mit dem Haufen von Schuldigen, die ich angeklagt habe, begnadigt, wirklich ein niederträchtiges Gesetz ist?

Die Angelegenheit geht also zu Ende, Herr Präsident, zumindest für den Augenblick und zumindest, was diesen ersten Abschnitt der Affäre betrifft, der durch das Amnestiegesetz zwangsläufig zu den Akten gelegt wird.

Man hat uns als Entschädigung das Urteil der Geschichte versprochen. Das erinnert mich ein bißchen an das Paradies der Katholiken, das dazu dient, auf dieser Erde die armen Irren, die Hunger leiden, zu vertrösten. Leidet nur, meine Freunde, eßt Euer trockenes Brot und schlaft auf dem bloßen Boden, während die Glücklichen dieser Erde in ihren Daunen schlafen und von Leckerbissen leben. Laßt ebenso die Schurken eine wichtige Rolle spielen, während man Euch, die Gerechten, in den Rinnstein stößt. Und es wird noch hinzugefügt, daß man uns Denkmäler errichten wird, wenn wir einmal gestorben sind. Für meinen Teil will ich das gerne annehmen und ich hoffe sogar, daß die Revanche der Geschichte wirklicher sein wird als die Wonnen des Paradieses. Ein bißchen Gerechtigkeit auf dieser Erde hätte mir dennoch Freude gemacht.

Ich beklage uns jedoch nicht, ich bin überzeugt, daß wir auf dem richtigen Weg sind, wie man so sagt. Der Nachteil der Lüge ist, daß sie nicht ewig hält, während die Wahrheit, die tatsächlich eine ist, die Ewigkeit für sich hat. So erklärt Ihre Regierung, Herr Präsident, daß sie durch das Amnestiegesetz für Frieden sorgen wird, und wir anderen, wir meinen, daß sie damit nur neue Katastrophen vorbereitet. Ein bißchen Geduld, und wir werden sehen, wer recht hat. Meiner Ansicht nach, das wiederhole ich immer wieder, kann die Affäre kein Ende finden, solange Frankreich die Ungerechtigkeit nicht erkennt und vollständig wiedergutmacht. Ich habe schon erklärt, daß der Prozeß von Rennes der vierte Akt gewesen ist und daß zwangsläufig ein fünfter Akt folgen muß. Davor habe ich im Grunde meines Herzens Angst, denn wir vergessen immer wieder, daß der Deutsche Kaiser die Wahrheit kennt und sie uns ins Gesicht schleudern kann, wann immer er den Zeitpunkt dafür gekommen hält. Das wäre dann der fünfte Akt, den ich immer noch fürchte und dessen schreckliche Möglichkeit eine französische Regierung niemals akzeptieren dürfte.

Man hat uns das Urteil der Geschichte versprochen; auch Sie, Herr Präsident, stelle ich ihm anheim. Die Geschichte wird Ihre Taten festhalten, Sie werden Ihre Seite in ihrem Buch haben. Denken Sie nur an den armen Félix Faure, den vergötterten Gerber[1], der am Beginn seiner Amtszeit so populär gewesen ist und der selbst mich durch seine demokratische Volksnähe gerührt hat: Er wird für immer der ungerechte und schwache Mensch bleiben, der das Martyrium eines Unschuldigen zugelassen hat. Überlegen Sie, ob es Ihnen nicht besser gefallen würde, als Mann der Wahrheit und Gerechtigkeit auf dem Marmor der Geschichte verewigt zu werden. Es ist vielleicht noch möglich.

Ich bin nur ein Poet, ein einsamer Geschichtenerzähler, der in einem stillen Eck sein Werk vollbringt und darin vollends aufgeht. Ich habe erkannt, daß es die Aufgabe eines guten Bürgers ist, für sein Land die Arbeit zu leisten, für die er am wenigsten ungeschickt ist; deshalb lebe ich ganz für meine Bücher. Jetzt, da die Mission, die ich mir auferlegt habe, zu Ende ist, kehre ich wieder zu ihnen zurück. Ich habe meine Rolle so ehrlich, wie es mir möglich war, gespielt und hülle mich von nun an endgültig wieder in Schweigen.

Nur muß ich hinzufügen, daß meine Augen und Ohren weit offen bleiben werden. Ich fühle mich ein wenig wie Anna[2], ich verfolge Tag und Nacht unruhig, was am Horizont vor sich geht, ich gebe sogar zu, daß ich an der zähen Hoffnung festhalte, daß uns von den weiten Gefilden, in denen die Zukunft gedeiht, bald viel Wahrheit und viel Gerechtigkeit entgegenkommen wird.

Ich warte darauf.

Nehmen Sie, Herr Präsident, den Ausdruck meiner vorzüglichen Hochachtung entgegen [...]

1) Félix Faure besaß einen großen Lederwarenhandel in Le Havre.

2) Anspielung auf das Märchen von Herzog Blaubart, der seine siebte Ehefrau, Anna, in seiner Burg eingekerkert hat; sie wartet sehnsüchtig auf Rettung durch ihre Brüder.

BIOGRAPHISCHE ANGABEN

zu den wichtigsten Persönlichkeiten der Dreyfus-Affäre und zu den Adressaten der Briefe von Emile Zola

ALEXIS, Paul (1847-1901), französischer Schriftsteller und enger Vertrauter von Emile Zola. – Nach dem Jus-Studium in Aix-en-Provence, das er abbricht, läßt sich der Sohn eines Notars 1869 in Paris nieder und tritt in den Kreis um Zola ein. Er wendet sich der Literatur zu, arbeitet für mehrere Zeitungen, schreibt Romane, Novellen, Theaterstücke und beteiligt sich am Novellenband *Les Soirées de Médan* (1880). Mit Zola verbindet ihn eine tiefe Freundschaft. 1882 veröffentlicht er unter dem Titel *Emile Zola, notes d'un ami* eine Biographie des Schriftstellers, die für die Kenntnis des (früheren) Schaffens von Zola von großer Bedeutung ist. Emile und Alexandrine Zola sind die Taufpaten der ersten Tochter von Alexis. Dieser ist Pate von Zolas Sohn, Frau Alexis die Patin von Zolas Tochter. Das Ehepaar Alexis zählt zu den wenigen Personen, die sowohl mit Zolas Frau als auch mit Jeanne Rozerot, der Mutter von Zolas Kindern, verkehren. Alexis gilt als „der Schatten Zolas", ist Sozialist und überzeugter „Dreyfusard".

BERNARD-LAZARE [Ps. von LAZARE, Bernard] (1865-1903), französischer Schriftsteller. – Sohn eines Schneiders; studiert in Nîmes und kommt im Oktober 1886 nach Paris; schließt sich den Dichtern des Symbolismus und der Décadence an und schreibt sich in die neugeschaffene Abteilung für Religionswissenschaften der „Ecole pratique des hautes études" ein. 1891 wird er Literaturkritiker der Tageszeitung *La Nation*, später Direktor der Zeitschrift *Entretiens politiques et littéraires.* 1892 erscheint unter dem Titel *Le Miroir des légendes* eine Sammlung symbolistischer Erzählungen. Bernard-Lazare ist Anhänger eines revolutionären Internationalismus und tritt anfangs für eine vollkommene Assimilation der Juden ein. 1894 erscheint sein Buch *L'Antisémitisme, son histoire et ses causes (Der Antisemitismus – Geschichte und Ursachen).* Im Februar 1895 macht er die Bekanntschaft von Mathieu Dreyfus, der ihm vorschlägt, eine Broschüre über die Affäre zu verfassen. Nach deren Erscheinen (1896) ruft er in seinen Artikeln in der Tageszeitung *L'Aurore* zur Verteidigung von Dreyfus auf und kontaktiert diesbezüglich mehrere Persönlichkeiten, darunter Zola. Im selben Jahr tritt er mit Theodor Herzl in Verbindung, mit dem er aber einige Monate nach dem zweiten Zionistenkongreß von Basel (1898) bricht. Dennoch tritt er weiterhin für die Bildung eines demokratischen und laizistischen Judenstaates in Palästina ein. Ein Werk mit dem Titel *Le Fumier de Job*, in dem sich der Jude als Paria der Gesellschaft sieht, bleibt unvollendet (1928 posthum veröffentlicht). Eine Neuauflage ist 1990 bei den Editions Circée in Straßburg mit einem Nachwort von Hannah Arendt, „Herzl et Lazare", erschienen.

BERTILLON, Alphonse (1853-1914). Verfasser einer Methode der Anthropometrie, d.i. die Identifikation von Kriminellen; Direktor der juridischen Erkennungsabteilung der Polizeipräfektur von Paris. Er wird im Oktober 1894 von General Mercier beauftragt, ein Gutachten über das Bordereau zu erstellen, und kommt zum Schluß, daß Alfred Dreyfus dessen Verfasser sei.

BILLOT, Jean-Baptiste (1828-1907). Kriegsminister von April 1896 bis Juni 1898; obwohl ein Freund von Scheurer-Kestner, lehnt er eine Revision des Dreyfus-Prozesses vehement ab.

BJØRNSON, Bjørnstjerne (1832-1910), norwegischer Dramatiker. – Sein Werk hat neben Ibsen und Strindberg zur großen Ausstrahlung des skandinavischen Dramas Ende des 19. Jahrhunderts beigetragen.. Nach historischen Dramen (*Sigurd Slembe*) wendet er sich aktuellen, sozialen Themen zu (*Ein Bankrott*). In Frankreich wird er vor allem durch Lugné-Poe und dessen „Théâtre de L'Œuvre" bekannt, wo sein humanistisches Drama *Über die Kraft* im Januar 1897 mit großem Erfolg aufgeführt wird.

BOISDEFFRE, siehe LE MOUTON DE BOISDEFFRE

BRISSON, Henri (1835-1912), französischer Politiker. – Freimaurer, Parteigänger der Radikalen und Antiklerikalen, 1881 Präsident der Abgeordnetenkammer, 1885 Ministerpräsident; 1894 und 1898 erneut Präsident der Abgeordnetenkammer. Am 28. Juni 1898 bildet er zum zweiten Mal eine Regierung; nach einigem Zögern tritt er für eine Revision des Dreyfus-Prozesses ein, der Rücktritt dreier aufeinanderfolgender Kriegsminister – Cavaignac, Zurlinden und Chanoine – führt aber zu seinem Sturz. 1904 und 1906 ist er erneut Parlamentspräsident.

BRUNEAU, Alfred (1857-1934), französischer Komponist und Freund von Emile Zola. – Sohn eines Violonisten und Musikverlegers, selbst mehrfach ausgezeichneter Cellist. Seine Oper *Le Rêve (Der Traum)* basiert auf dem gleichnamigen Roman von Zola und einem Libretto von Louis Gallet. Der Erfolg der Uraufführung im Juni 1891 an der Pariser „Opéra Comique" veranlaßt das Duo Bruneau-Gallet, einen anderen Text von Zola für die Oper zu adaptieren: die Novelle *L'Attaque du moulin (Der Angriff auf die Mühle)*. Die Uraufführung findet im November 1893 statt. Eine enge Freundschaft verbindet Zola und Bruneau von da an; in gemeinsamer Arbeit entstehen *Messidor* (Februar 1897), *L'Ouragan* (April 1901) und *L'Enfant roi* (April 1905), dessen Partitur wenige Wochen vor dem Tod von Zola (September 1902) abgeschlossen wird. 1931 erscheinen Bruneaus Erinnerungen an Zola unter dem Titel *A l'ombre d'un grand coeur.*

CAVAIGNAC, Godefroy (1853-1905), französischer Politiker. – Sohn von Eugène Cavaignac, der 1848 Chef der Exekutive gewesen ist. 1882 Abgeordneter, 1885 Unterstaatssekretär im Kriegsministerium der Regierung Brisson, 1895/96 Marineminister und Minister der Kolonien in der Regierung Léon Bourgeois. Nach dem Sturz von Méline Kriegsminister in der zweiten Regierung Brisson. Berühmt geworden ist seine Rede in der Abgeordnetenkammer vom 7. Juli 1898, in der er endgültige Beweise für die Schuld von Dreyfus vorzulegen glaubt. Tatsächlich handelt es sich um die „Henry'sche Fälschung", die Hauptmann Cuignet, sein Militärattaché, am 13. August entdeckt. Obwohl Cavaignac diese Entdeckung nicht verheimlicht, lehnt er eine Revision des Dreyfus-Prozesses weiter ab, demissioniert – nach dem Selbstmord Henrys – am 3. September 1898 und tritt der „Ligue de la Patrie française" bei.

CHARPENTIER, Georges (1846-1905), Verleger und Freund von Emile Zola. – Nach der Übernahme des Verlagshauses seines Vaters verlegt er ab 1872 die Werke von Zola, der Brüder Goncourt, von Flaubert und Daudet und wird, nach eigenen Angaben, zum „Verleger des Naturalismus". Seine Frau Marguerite, Tochter des Hofjuweliers Gabriel Lemonnier, unterhält von 1875 an einen der gefragtesten „Salons" von Paris. Schriftsteller, Musiker, Maler (Frau Charpentier unterstützt die Impressionisten, besonders Renoir) und Politiker (Léon Gambetta, Jules Ferry, Georges Clemenceau) treffen sich dort Freitag abends. Nach dem Tod seiner beiden Söhne überläßt Charpentier 1896 den Verlag dem Freund und Gesellschafter Eugène Fasquelle. – Charpentier und seine Frau setzen sich zeitlebens für wohltätige Zwecke ein, 1891 gründen sie eine Kinderkrippe, an der auch Alexandrine Zola mitwirkt. Die Ehepaare Charpentier und Zola waren eng befreundet und haben gemeinsam mehrere Reisen unternommen.

CLEMENCEAU, Georges (1841-1929), Französischer Politiker. – Nach dem Abschluß seines Medizinstudiums (1865) engagiert sich Clemenceau in der „Republikanischen Jugend". Es folgt ein vierjähriger Aufenthalt in England und den Vereinigten Staaten, nach der Rückkehr nach Frankreich übt er seinen Arztberuf aus. Am 8. Februar 1871 wird er in die Nationalversammlung gewählt, er ist einer von 107 Abgeordneten, die Vorverhandlungen mit Deutschland ablehnen. Nach der Niederschlagung der „Commune" tritt er zurück. Von 1876 bis 1893 ist Clemenceau ununterbrochen Mitglied der Nationalversammlung. Er betreibt eine Reform der Verfassung, die Annahme eines weitreichenden Plans für das Unterrichtswesen, wirtschaftliche und soziale Reformen und ist ein vehementer Gegner der Kolonialpolitik. Der Panama-Skandal führt zum Sturz von Clemenceau, der sich fortan dem Journalismus widmet. 1897 bis 1899 führt er als Chefredakteur von *L'Aurore* die Kampagne für eine Revision des Dreyfus-Prozesses und unterstützt Zola, den er zweimal in dessen Exil in England besucht (Januar und Mai 1899). Als Innenminister (März 1906) und Regierungschef (Oktober 1906 – Juli 1909) betreibt er die Trennung von Kirche und Staat und geht gegen die Gewerkschaftsbewegung vor, was ihm die erklärte Gegnerschaft der Sozialisten einhandelt. Im November 1917 bildet er auf Ersuchen von Staatspräsident Raymond Poincaré jene Regierung, der ein erfolgreicher Kriegsabschluß gelingen wird. Nach dem Vorsitz bei der Friedenskonferenz 1919 und dem Abschluß der Verträge von Versailles und Saint-Germain zieht er sich aus dem öffentlichen Leben zurück und verfaßt zwei Bände persönlicher Reflexionen: *Démosthène* (1926) und *Au soir de la pensée* (1927).

DEMANGE, Edgar (1841-1925). Rechtsanwalt, Verteidiger von Alfred Dreyfus vor dem Kriegsgericht in Paris im Dezember 1894 und jenem in Rennes von 7. August bis 9. September 1899.

DEROULEDE, Paul (1846-1914), Journalist. – Nach abgeschlossenem Jusstudium Freiwilliger im Krieg von 1870/71. Er schreibt Dramen und Gedichte. 1882 gründet er mit Henri Martin die „Ligue des patriotes", die später General Boulanger unterstützen wird. Die 1889 aufgelöste Liga reorganisiert er 1898 und stellt sich mit ihr an die Spitze der Dreyfus-Gegner. Nach dem Scheitern des Staatsstreichs, den er im Februar 1899 während des Begräbnisses von Präsident Faure unternommen hat, und einem neuerlichen Komplottversuch wird er im Januar 1900 zu zehn Jahren Verbannung verurteilt und kehrt 1905 dank des Amnestiegesetzes nach Frankreich zurück.

DESMOULIN, Fernand (1853-1914), Maler und Freund von Emile Zola. – Desmoulin, der aus materiellen Gründen gezwungen ist, sein Medizinstudium aufzugeben, lebt als Zeichner und Graveur. 1892 debütiert er im „Salon" als Maler mit Landschaftsbildern, die von seinen Reisen, u.a. nach Brügge, Prag, Monaco und Venedig inspiriert sind. Desmoulin lernt Zola durch Georges Charpentier kennen, mit dem er befreundet ist und für dessen Zeitschrift *La Vie moderne* er arbeitet. Er zeichnet drei Porträts von Zola: 1890 für die illustrierte Ausgabe der *Soirées de Médan*, 1893 und 1898. Desmoulin unterstützt Zola während der Dreyfus-Affäre. Von ihm stammen auch Porträts von Oberst Picquart, von Scheurer-Kestner und Waldeck-Rousseau.

DREYFUS, Alfred (1859-1935). Stammt aus einer alteingesessenen jüdischen Familie aus dem Elsaß. Sein Vater, ein reicher Industrieller, wählt 1871 die französische Staatsbürgerschaft. Alfred Dreyfus besucht 1878 die „Ecole Polytechnique" in Paris und 1882 die „Ecole d'application" in Fontainebleau. 1882 Leutnant im 31. Artillerieregiment, wird er 1889 mit dem Grad eines Hauptmanns in die Schule für Pyrotechnik nach Bourges versetzt. 1890 tritt er in die Schule des Kriegsministeriums ein und heiratet Lucie Hadamard. Zwei Jahre später wird er Offizier im Generalstab der Armee. Am 15. Oktober 1894 wird er beschuldigt, der Verfasser eines Schriftstückes zu sein, das die Auslieferung vertraulicher Dokumente der Landesverteidigung an eine feindliche ausländische Macht beweist, und am 22. Dezember 1894 zu lebenslänglicher Verbannung und zur Degradierung verurteilt, die am 5. Januar 1895 im Hof der „Ecole militaire" vorgenommen wird. Am 21. Februar 1895 wird er auf die „Teufelsinsel" (Französisch-Guyana) gebracht. Nach der Aufhebung des Urteils von 1894 wird er am 9. September 1899 in Rennes erneut verurteilt, zehn Tage später aber von Staatspräsident Emile Loubet begnadigt. Er läßt sich daraufhin zuerst bei einer Schwester in Carpentras, dann in Cologny bei Genf nieder. Am 5. März 1904 wird sein Revisionsantrag vom Kassationsgericht angenommen, am 12. Juli 1906 wird das Urteil gegen ihn endgültig aufgehoben, tags darauf beschließt die Abgeordnetenkammer seine Reintegration in die Armee mit dem Grad eines „chef d'escadron" (Geschwaderoffiziers). Dreyfus wird mit der Ehrenlegion ausgezeichnet und im Oktober 1907 in den Ruhestand versetzt. Am Ersten Weltkrieg nimmt er als Artillerieoffizier im Generalstab teil.

DREYFUS, Lucie (1869-1945), Frau von Alfred Dreyfus. – Lucie Hadamard, Tochter des Diamantenhändlers David Hadamard, heiratet Hauptmann Dreyfus im April 1890. Das Ehepaar hat zwei Kinder: Pierre (geb. im April 1891) und Jeanne (Februar 1893).

DREYFUS, Mathieu (1857-1930), älterer Bruder von Alfred Dreyfus. – Er verläßt Anfang 1895 den Familienbetrieb, den er mit seinen Brüdern Jacques und Léon führt, um sich voll und ganz der Revision des Prozesses von Alfred zu widmen. Mathieu Dreyfus ist ein diskreter, aber wachsamer Organisator der Dreyfus-Anhänger. Seine Erinnerungen sind 1978 unter dem Titel *L'Affaire telle que je l'ai vécue* erschienen.

DRUMONT, Edouard (1844-1917), französischer Schriftsteller, Journalist und Politiker. – Edouard Drumont ist der wichtigste Publizist des französischen Antisemitismus. Ursprünglich Verwaltungsbeamter der Präfektur des Departements Seine, wendet er sich bald dem Journalismus zu. 1886 veröffentlicht er *La France juive*, das als regelrechtes Manifest des Antisemitismus gilt. Das Werk erreicht schnell 150 Auflagen und bringt dem Verfasser neben einem hohen Bekanntheitsgrad auch eine hohe Geldstrafe und zwei Duelle ein. Zwischen 1886 und 1892 bringt er fünf weitere antisemitische Bücher heraus. Um seiner Kampagne eine noch größere Wirkung zu verleihen, gründet er 1892 die Tageszeitung *La Libre Parole*, die den Untertitel trägt „Frankreich den Franzosen". Im Mai 1898 wird er im Zuge antisemitischer Unruhen zum Abgeordneten von Algier gewählt. In der Abgeordnetenkammer erklärt er sich zum „Chef der antijüdischen Partei". Er nimmt vehement gegen eine Wiederaufnahme des Dreyfus-Prozesses Stellung und verlangt eine strafrechtliche Verfolgung von Zola.

DURET, Théodore (1838-1927), Kunstkritiker und Freund von Emile Zola. – Das große Vermögen seiner Familie erlaubt ihm ein zwangloses Leben, in dessen Verlauf er zahlreiche Reisen unternimmt. 1865 lernt er in Spanien Manet kennen, der ihn mit Zola bekannt macht. Er gründet die Zeitung *La Tribune française*, deren Mitarbeiter Zola wird. Als Kunstkritiker veröffentlicht er mehrere Studien über die Impressionisten. Duret zählt während der Dreyfus-Affäre zu den Stützen Zolas.

ESTERHAZY, Ferdinand (1847-1923). Sohn des Generals Walsin-Esterhazy, der der französischen Linie einer der berühmtesten Familien Ungarns angehört. 1865 Beginn eines Jusstudiums in Paris, 1866 Mißerfolg bei der Aufnahmeprüfung in die Militärschule von Saint-Cyr, 1868 (bischöflicher/päpstlicher) Zuave. 1869 Unterleutnant, wechselt er 1870 in die Fremdenlegion, nimmt am französisch-preußischen Krieg teil und wird 1874 in Paris Ordonnanzoffizier von General Grenier. Zu dieser Zeit entdeckt er das „süße Pariser Leben", spekuliert an der Börse und hat zahlreiche amouröse Abenteuer, unter anderem mit der berühmten Kokotte Léonide Leblanc. Diese Verbindung ebnet ihm den Weg in das „Service des renseignements", den Geheimdienst der Armee, wo er mit Hauptmann Joseph Henry Bekanntschaft macht. Seine Heirat mit der zwanzigjährigen Anne de Nettancourt (1886) verschlechtert seine ohnedies schon prekäre finanzielle Lage. Im Juli 1894 – er ist zu diesem Zeitpunkt Major – bietet er dem deutschen Militärattaché Maximilian von Schwartzkoppen seine Dienste an. Im November 1897 wird er von Mathieu Dreyfus beschuldigt, der wahre Verfasser des Bordereau zu sein, am 11. Januar 1898 aber von einem Militärgericht freigesprochen. Nach der Entdeckung der „Henry'schen Fälschung" wird er am 31. August 1898 ausgemustert und geht ins Exil nach London, wo er als Korrespondent für die antisemitische Tageszeitung *La Libre Parole* tätig ist. Nach 1908 lebt er unter dem Namen „Jean de Voilemont" in Harpenden in Hertfordshire und schreibt für die Tageszeitung *L'Eclair*.

FASQUELLE, Eugène (1863-1952), Verleger und Freund von Emile Zola. – 1886 tritt der Angestellte eines Börsenmaklers als Sekretär in den Verlag von Georges Charpentier ein, im folgenden Jahr heiratet er Jeanne Marpon, die Tochter des Verlegers Charles Marpon. 1891 wird er Gesellschafter von Charpentier, im Juli 1896 übernimmt er in Alleinverantwortung die Buchhandlung und den Verlag. Dank seiner Kenntnis der Welt der Börse kann er Zola wertvolle Informationen für den Roman *L'Argent (Das Geld)*, den 18. Band des Zyklus der *Rougon-Macquart*, liefern. Er verlegt u.a. die Werke von Alfred Jarry, Pierre Louÿs, Maurice Maeterlinck, Marcel Pagnol und Edmond Rostand, sowie von Georges Clemenceau und Raymond Poincaré, lehnt 1912 aber die erste

Version von *A la Recherche du temps perdu*, die ihm Proust angeboten hat, ab. – Zwischen Fasquelle und Zola wird aus dem Arbeitsverhältnis rasch Freundschaft, die Dreyfus-Affäre bringt die beiden Männer einander noch näher. Während des Prozesses gegen Zola im Februar 1898 bilden Fasquelle, Bruneau, Charpentier und Desmoulin im Gerichtssaal die „Leibgarde" des Schriftstellers. Fasquelle besucht Zola im Exil in England und begleitet ihn bei der Rückkehr. Später wird er Zolas Nachlaßverwalter sein.

FAURE, Félix (1841-1899), französischer Staatspräsident von 1895 bis 1899. – Aus einer Pariser Familie stammend, erwirbt er seinen Reichtum als Lederwarenhändler in Le Havre und wird 1881 als Kandidat der „Union républicaine" zum Abgeordneten des Departements „Seine-Maritime" gewählt. 1894 Marineminister in der Regierung Dupuy, kandidiert er im Januar 1895 nach dem Rücktritt von Casimir-Perier bei den Präsidentschaftswahlen und schlägt zur allgemeinen Überraschung Waldeck-Rousseau und Brisson. Seine Regierungszeit ist außenpolitisch vor allem durch die Verstärkung der Achse mit Rußland geprägt. Von Beginn seiner Präsidentschaft an ist er sich der Probleme bewußt, die die Dreyfus-Affäre aufwirft: Im Februar 1895 enthüllt er die Existenz einer Geheimakte einem Freund, Dr. Gibert, der diese Information an Mathieu Dreyfus weitergibt. Dennoch weigert sich Faure hartnäckig, eine Revision des Prozesses einzuleiten. Sein plötzlicher Tod am 16. Februar 1899 macht die Wiederaufnahme des Prozesses in Rennes möglich. Sein Staatsbegräbnis am 23. Feburar 1899 ist von nationalistischen Ausschreitungen und einem Putschversuch geprägt.

FLEISCHER, Siegfried (1856-1924), Journalist und Schriftsteller. – 1856 in Kapuvar (Ungarn) geboren, studiert Fleischer in Wien Jus. 1879-1880 gibt er die *Zeitschrift für dramatische Kunst und Literatur* heraus. Danach Chefredakteur des *Schlesischen Tagblattes* in Troppau, politischer Redakteur u. a. der liberalen *Wiener Allgemeinen Zeitung* und Mitarbeiter mehrerer belletristischer Zeitschriften, u. a. der *Wage* von Rudolph Lothar, für die er im Juni 1899 ein Interview mit Emile Zola führt. Fleischer ist während einiger Jahre Sekretär der „Österreichisch-israelitischen Union".

FORZINETTI, Ferdinand (geb. 1839). Direktor des Gefängnisses „Cherche-Midi", in das Alfred Dreyfus am 15. Oktober 1894 eingeliefert wird. Forzinetti ist von dessen Unschuld überzeugt und unterstützt im November 1896 die ersten Versuche von Bernard-Lazare, eine Wiederaufnahme des Verfahrens zu erreichen. Am 18. November 1897 wird er seiner Funktionen enthoben, drei Tage später veröffentlicht er im *Figaro* einen Bericht über die Gefangenschaft von Dreyfus und beschuldigt darin du Paty de Clam, seinen Gefangenen gefoltert zu haben. Als Zeuge (der Verteidigung) im Prozeß Zola vorgeladen, wird ihm von höherer Stelle untersagt, seine Aussage zu machen.

FRISCHAUER, Berthold (geb. 1852), Journalist. – Nach dem Jusstudium in Graz übersiedelt der in Brünn geborene Berthold Frischauer nach Wien, wo er als Journalist tätig ist. Er ist innenpolitischer Redakteur des *Neuen Wiener Tagblatts* und begleitet Kronprinz Rudolf auf dessen Reise durch die Balkanländer. Als großer Frankreich-Liebhaber geht er 1895 als Korrespondent der *Neuen Freien Presse* nach Paris.

GOBERT, Alfred (geb. 1848). Schriftsachverständiger in der „Banque de France". In seinem Gutachten über den Verfasser des Bordereau bringt er im November 1894

Zweifel an der Täterschaft von Dreyfus zum Ausdruck. Das veranlaßt General Mercier, Alphonse Bertillon mit einem Gutachten zu beauftragen.

GOHIER, Urbain [d.i. Urbain DEGOULET] (1862-1951), Journalist. – Seit 1884 Redakteur des royalistischen *Soleil*, wechselt Gohier 1897 in die Redaktion von *L'Aurore* und nimmt dort aktiv an der Kampagne für Dreyfus teil. Ab 1902 arbeitet er für die verschiedensten Zeitungen, darunter für *Le Libertaire* und *La Libre Parole*. Als Kolumnist ist er für seine scharfe Feder gefürchtet, er kritisiert die Mißstände der Republik und die Kirche. Sein 1906 veröffentlichtes Buch *Leur République (Ihre Republik)* ist ein wilder Angriff gegen Zola und die Dreyfus-Anhänger im allgemeinen.

GONSE, Charles-Arthur (1838-1917), 1896 stellvertretender Chef des Generalstabs. – Er ist für den Geheimdienst verantwortlich und in zahlreiche Intrigen rund um die Dreyfus-Affäre verwickelt. Er tritt gegen Picquart auf, als dieser Zweifel an der Herkunft des Bordereau zum Ausdruck bringt, und enthebt ihn seines Postens als Abteilungsleiter. Er initiiert und deckt alle Handlungen von Henry. Nach der Abdankung von de Boisdeffre wird er am 1. Oktober 1898 vom Dienst suspendiert.

HENRY, Joseph (1846-1898), französischer Offizier. – Sohn eines Landwirts, im Krieg von 1870/71 Unterleutnant, 1874 Leutnant, zwei Jahre später Ordonnanzoffizier von General Miribel, dem Chef des Generalstabs. 1877 wird er in den Geheimdienst aufgenommen, aber bald nach Algerien versetzt. Nach einigen Dienstjahren in Tonkin wird er 1890 Major und Waffenkommandant in Péronne (Picardie, Nordfrankreich) und heiratet 1892 die Wirtstochter Berthe Bertincourt. Im Januar 1893 wird er trotz seines beruflichen Unvermögens auf Weisung von General de Boisdeffre wieder in den nunmehr von Oberst Sandherr geleiteten Geheimdienst aufgenommen. Gegner von Major Picquart, der im Juli 1895 den Geheimdienst übernimmt, steht er im Mittelpunkt der Intrigen um die Dreyfus-Affäre: Am 31. Oktober 1896 stellt er das als „Henry'sche Fälschung" in die Geschichte eingegangene „Beweisstück" her. Im November 1897 wird er Oberstleutnant. Nach der Entdeckung der Fälschung am 30. August 1898 durch Hauptmann Cuignet wird er von Kriegsminister Godefroy Cavaignac einem Verhör unterzogen. Er gesteht und wird ins Militärgefängnis am Mont-Valérien (im Westen von Paris) überstellt. Tags darauf wird er tot aufgefunden: Er hat sich mit einem Rasiermesser, das er noch in den Händen hält, die Kehle durchschnitten. Durch die Geheimhaltung der Umstände hält sich lange Zeit auch die Version von der Ermordung Henrys. Seinem Begräbnis in Pogny wohnt eine große Menschenmenge bei.

HERZL, Theodor (1860-1904), Schriftsteller und Journalist. – Der Autor des Buches *Der Judenstaat* (1896) und Begründer des Zionismus war von 1891 bis 1895 Pariser Korrespondent der Wiener *Neuen Freien Presse* und hat über den ersten Dreyfus-Prozeß sowie über die Degradierung von Dreyfus im Januar 1895 berichtet. Dieses Erlebnis und die Lektüre von Edouard Drumonts *La France juive* sollen seine Überzeugung von der Notwendigkeit der Gründung eines eigenen Judenstaates beeinflußt haben. Sie sind jedenfalls wichtige Etappen seiner Wandlung vom assimilierten Juden zum Zionisten.

JAURES, Jean (1859-1914), führender sozialistischer Politiker. – Der Sohn eines Landwirts tritt 1877 – gleichzeitig mit Alfred Dreyfus – in das Collège Sainte Barbe in Paris ein. Sein Mitschüler in der „Ecole normale supérieure" ist Henri Bergson. 1881 legt er die Lehramtsprüfung für Philosophie ab, wird Professor im Gymnasium von Albi, 1883 Assistent an der Philosophischen Fakultät der Universität Toulouse. Er schreibt Beiträge für die Tageszeitung *La Dépêche* und wird 1885 zum Abgeordneten von Castres gewählt. Nach seinen politischen Anfängen in den Reihen des „opportunistischen" Jules Ferry wendet sich Jaurès bald dem Sozialismus zu. Im Januar 1893 wird er als Abgeordneter des Bergarbeiter-Wahlkreises Carmaux nach vierjähriger Abwesenheit wieder ins Abgeordnetenhaus gewählt und avanciert gleich zum Sprecher der sozialistischen Abgeordneten. Am 19. Januar 1898 unterzeichnet er ein Manifest, das jedes Engagement der Sozialisten für Dreyfus ausschließt. Schon am 22. Januar kritisiert er aber im Parlament die Haltung der Regierung in der Affäre, im Februar sagt er im Prozeß Zola zugunsten des Schriftstellers aus. Nach seiner Wahlniederlage im Mai 1898 wird er Mitherausgeber der Tageszeitung *La Petite République*; zwischen 10. August und 20. September veröffentlicht er dort eine Artikelserie, die unter dem Titel „Les preuves" („Die Beweise") alle Anschuldigungen gegen Dreyfus widerlegt. 1902 neuerlich als Abgeordneter von Carmaux gewählt, gründet Jaurès 1904 die Tageszeitung *L'Humanité*. Nach der Gründung der SFIO (Section française de l'internationale ouvrière) wird er zum wahren Führer des französischen Sozialismus. Am 31. August 1914 wird er in Paris von Raoul Villain, einem Mitglied der „Ligue des jeunes amis de l'Alsace-Lorraine" („Liga der jungen Freunde von Elsaß-Lothringen") ermordet.

JUDET, Ernest (1851-1943), Journalist und militanter Antisemit. – Als Professor am Gymnasium von Bastia wird er 1878 in den Ruhestand versetzt, weil er eine Stelle in Châteauroux ablehnt. Er wird Redakteur der Tageszeitung *Le National* und kandidiert 1881 bei den Parlamentswahlen erfolglos. Er arbeitet an den Zeitungen *La France* und *La Nouvelle Presse* mit und wird 1886 Redakteur des *Petit Journal*. Innerhalb von drei Jahren wird er zum eigentlichen Direktor der Zeitung, die zu den auflagenstärksten in ganz Frankreich gehört. Er führt eine heftige Kampagne gegen Georges Clemenceau und ist vehementer Gegner einer Revision des Dreyfus-Prozesses. Im Mai 1898 verwendet er die von Henry gefälschten Dokumente und veröffentlicht zwei ehrenrührige Artikel über den Vater von Emile Zola. Am 3. August wird er deshalb zu 2000 Francs Geldstrafe verurteilt. Am selben Tag läßt der Schriftsteller nach neuerlichen Attacken von Judet Klage wegen Verwendung gefälschter Dokumente einreichen. Judet nützt die Einstellung des Verfahrens, um seinerseits Zola wegen Verleumdung zu klagen. Der Schriftsteller wird im Januar 1900 freigesprochen. 1905 übernimmt Judet die Direktion des *Eclair*. Während des Ersten Weltkriegs unterhält der germanophile Judet geheime Beziehungen mit Baron von Romberg, dem deutschen Botschafter in der Schweiz. Im Dezember 1917 verkauft er *L'Eclair*, weil er sich überwacht fühlt, und geht in die Schweiz. 1919 wegen Hochverrats angeklagt, wird er 1923 in Abwesenheit verurteilt. Kurz darauf kehrt er nach Frankreich zurück und wird freigesprochen.

LABORI, Fernand (1860-1917), Rechtsanwalt, Verteidiger von Zola und von Dreyfus. – Der Sohn eines Inspektors der Ostbahn beginnt 1880 sein Jusstudium in Paris, das er 1884 abschließt. Er wird im selben Jahr in die Rechtsanwaltskammer aufgenommen, ist Chefredakteur der *Gazette du Palais* und kandidiert 1893 bei den Wahlen zur Abgeordnetenkammer im Wahlkreis Reims. Bekannt wird er 1894 durch die Verteidigung des Anarchisten Auguste Vaillant. 1897 gründet er eine Literaturzeitschrift, die zuerst den Titel *La Revue du Palais* trägt und ab November 1898 zur *Grande Revue* wird. Im Januar 1898 vertritt er Lucie Dreyfus im Prozeß gegen Esterhazy, nach der Veröffentlichung von *J'accuse* ersucht Zola ihn, seine Verteidigung zu übernehmen. Im Juli wird er mit der Verteidigung von Oberst Picquart beauftragt, im Januar 1899 vertritt er Joseph Reinach im Prozeß, den Berthe Henry gegen ihn angestrengt hat. Während des Dreyfus-Prozesses in Rennes wird am 14. August 1899 ein Attentat auf Labori verübt. Als Abgeordneter – nach einem Mißerfolg 1902 wird er 1906 als unabhängiger Kandidat in die Nationalversammlung gewählt – unterstützt er die erste Regierung Clemenceau, seine Reden über den Heimfall (die Rechtsübertragung) der Kirchengüter und über die Abschaffung der Kriegsgerichte sind berühmt geworden. 1911 wird er zum Präsidenten der Anwaltskammer gewählt.

LEBLOIS, Louis (1854-1928), Rechtsanwalt und Politiker. – Der Sohn des Pastors Georges-Louis Leblois ist Mitschüler von Georges Picquart. Nach einem Jusstudium in Paris wird er 1878 Anwalt, 1880 Vertreter der Staatsanwaltschaft in Dijon. Nach seiner Versetzung nach Lille (1885) macht er die Bekanntschaft des Schriftstellers Marcel Prévost, mit dem ihn eine enge Freundschaft verbindet. 1890 verläßt er die Staatsanwaltschaft, um sich als Rechtsanwalt in Paris niederzulassen. Ihm vertraut Picquart im Juni 1897 seine Entdeckungen an, er gibt die Informationen an Scheurer-Kestner weiter und engagiert sich im Kampf um eine Wiederaufnahme des Dreyfus-Prozesses. Sein Engagement hat Folgen: Nach dem Zola-Prozeß wird er am 24. Februar 1898 seiner Funktionen eines stellvertretenden Bürgermeisters (Bezirksvorstehers) des 7. Arrondissements von Paris enthoben, am 22. März suspendiert ihn die Anwaltskammer für sechs Monate, am 12. Juli erhält er, zum gleichen Zeitpunkt wie Picquart, die von Kriegsminister Cavaignac eingebrachte Klage. Beim Prozeß von Rennes sagt er nicht aus, danach setzt er aber seinen politischen Kampf fort: im April 1903, als sich eine zweite Revision des Dreyfus-Prozesses und dessen endgültige Rehabilitierung abzeichnet, ist er an der Seite von Jaurès, er unterstützt die in große Schwierigkeiten geratene Tageszeitung *L'Aurore* finanziell und fördert dadurch die politische Karriere von Clemenceau. Aus seiner Feder stammt eine umfangreiche dokumentarische Abhandlung über die Dreyfus-Affäre (*L'Affäre Dreyfus. L'iniquité, la réparation. Les principaux faits et les principaux documents)*, die erst nach seinem Tod erscheint.

LE MOUTON DE BOISDEFFRE, Charles (1839-1919), französischer Offizier. 1887 Brigadegeneral, 1892 Divisionsgeneral. 1894 Chef des Generalstabs. – In der Dreyfus-Affäre deckt er seine Untergebenen. Seine Aussagen im Zola-Prozeß (18. Februar 1898) und der Druck, den er durch eine unverhüllte Rücktrittsdrohung auf die Geschworenen ausübt, erregen Aufsehen. Nach Entdeckung der „Henry'schen Fälschung" demissioniert er am 31. August 1898, im folgenden Jahr sucht er um Dienstfreistellung an.

LOTHAR, Rudolph [d.i. Rudolf SPITZER] (1865-1943), Wiener Journalist, Schriftsteller und Literaturkritiker. – 1865 in Budapest geboren, studiert Spitzer in Wien zuerst Jus, dann in Wien, Rostock, Jena und Heidelberg Philosophie und romanische

Philologie. Er lebt längere Zeit in Paris und Berlin, ehe er nach Wien zurückkehrt. Mitarbeiter der *Neuen Freien Presse*, der *Zukunft* und der *Nation*, gründet Spitzer unter seinem Schriftstellernamen Rudolph Lothar 1898 die politisch-literarische Wochenschrift *Die Wage*, die er bis 1902 leitet. In ihr lanciert er am 29. Januar 1898 gemeinsam mit der *Neuen Freien Presse* eine Solidaritätskundgebung für Zola. Neben literaturkritischen Arbeiten (u.a. *Das Wiener Burgtheater*, *Henrik Ibsen*) und Übersetzungen veröffentlicht Lothar auch eigene literarische Werke (mehrere Bühnenstücke, u.a. *Cäsar Borgia's Ende* und *Ritter, Tod und Teufel*, den Roman *Halbnaturen*, die Novelle *Der Golem*). Sein Maskenspiel *König Harlekin* (1900) ist in mehrere Sprachen übersetzt. Die französische Ausgabe hat er im Dezember 1900 mit einer persönlichen Widmung Zola übersandt.

LOUBET, Emile (1838-1929), französischer Staatspräsident von 1899 bis 1906. – Er ist Jurist, Bürgermeister von Montélimar, Abgeordneter des Departements Drôme von 1876 bis 1885, bekennt sich zur republikanischen Linken; nach 1885 einer der einflußreichsten Politiker der republikanischen Gruppe im Senat. Im Februar 1892 wird er Ministerpräsident und versucht als solcher einige Monate später, den Panama-Skandal zu vertuschen. Seine Regierung wird am 29. November 1892 gestürzt. Im Januar 1896 wird er zum Präsidenten des Senats gewählt, drei Jahre später, im Februar 1899, wird er der siebente Präsident der Dritten Republik: das Dreyfus-Lager hat seine Kandidatur unterstützt. Noch am Wahlabend demonstriert die „Ligue des patriotes" gegen seine Wahl, im Juni wird er an der Pferderennbahn von Auteuil beschimpft und erhält einige Schläge ins Gesicht. Nach der Begnadigung von Dreyfus im September tritt er für eine Amnestie für alle mit der Dreyfus-Affäre im Zusammenhang stehenden Verfahren ein. Seine Präsidentschaft ist durch die antiklerikale Politik der Regierungen Waldeck-Rousseau und Combes, durch die Weltausstellung des Jahres 1900 sowie durch eine intensive diplomatische Tätigkeit geprägt. Seine Reisen führen zur Annäherung mit Italien und der „Entente cordiale". 1906, nach dem Ablauf seiner siebenjährigen Amtszeit, zieht er sich auf sein Gut in Montélimar zurück.

LUPINACCI, Alessandro (geb. 1858). Der italienische Journalist ist 1899 Beamter im Finanzministerium in Rom. Das Ehepaar Zola hat ihn auf der Italienreise von 1894 kennengelernt.

MERCIER, Auguste (1833-1921), Offizier und Politiker. – Als französischer Kriegsminister (Dezember 1893 bis Januar 1895) ist Mercier für die Verhaftung von Alfred Dreyfus verantwortlich. Er beharrt konsequent auf der These von dessen Schuld, besonders im Sommer 1899 während des Prozesses in Rennes, wo er geschickt das Lager der Militärs und der Dreyfus-Gegner organisiert. 1900 zum Senator gewählt, widersetzt er sich 1906 dem Gesetzesentwurf zur Rehabilitierung von Dreyfus.

MERCIER DU PATY DE CLAM, Armand (1853-1916). Der ehemalige Schüler der Militärschule von Saint-Cyr und der Generalstabsschule ist zu Beginn der Dreyfus-Affäre stellvertretender Chef des „dritten Büros" im Kriegsministerium. Am 14. Oktober 1894 wird er beauftragt, eine Voruntersuchung gegen Alfred Dreyfus einzuleiten. Seine ungezügelte Phantasie macht ihn für die Umtriebe von Henry anfällig. Er wird am 1. Juni 1899 verhaftet, kommt aber in den Genuß einer Einstellung des Verfahrens.

Im November 1900 wird er vorzeitig in den Ruhestand versetzt, mit Beginn des Ersten Weltkriegs nimmt er aber seinen Dienst an der Spitze seines Regiments wieder auf, er stirbt im September 1916 an den Folgen seiner Kriegsverletzungen.

MIRBEAU, Alice (1849-1931). Gattin von Octave Mirbeau. – Augustine-Alexandrine Toulet heiratet mit 16 Jahren einen Fabrikanten und ist schon mit 18 Witwe. Unter dem Namen Alice Regnault startet sie eine Karriere als Schauspielerin und Lebedame. 1881 nimmt sie Abschied vom Theater und verfaßt Klatschchroniken für den *Gaulois*. So lernt sie den Schriftsteller Octave Mirbeau kennen, den sie 1887 in London heiratet. Sie schreibt die Romane *Mademoiselle Pomme* und *La Famille Carmettes*.

MIRBEAU, Octave (1848-1917), französischer Schriftsteller. – Eine traumatische Jugenderfahrung – Mirbeau soll während seines dreijährigen Aufenthaltes im Jesuiteninternat von Vannes von einem Erzieher vergewaltigt worden sein – erklärt seinen Haß auf den Klerus und den Adel. Auf Wunsch des Vaters, der Arzt ist, studiert er entgegen seinen literarischen Neigungen von 1866 bis 1868 in Paris Jus. Nach dem Krieg von 1870/71 wird er Mitarbeiter bei den verschiedensten Zeitungen und verteidigt als Kunstkritiker die Impressionisten. Nach einem Abstecher in die Politik als Kabinettschef des Präfekten des Departements Ariège (1877) kehrt er bald wieder zum Journalismus zurück und schreibt Kritiken und Novellen, u. a. in *Le Gaulois, La France, Le Figaro, L'Echo de Paris, Le Journal* etc. In der 1883 erscheinenden satirischen Zeitschrift *Les Grimaces* läßt er seinem – wirtschaftlich motivierten – Antisemitismus freien Lauf, ehe er 1898 in seinen *L'Aurore*-Artikeln ein glühender Anhänger von Zola und einer Revision des Dreyfus-Prozesses wird. Mirbeau, der sich vom Monarchisten zum Anarchisten und Pazifisten gewandelt hat, kritisiert in seinen Werken die etablierten Institutionen, die Vorurteile und vor allem die Allmacht des (Groß-)Bürgertums. Seine Jugenderlebnisse arbeitet er in den drei autobiographisch gefärbten Romanen *Le Calvaire* (1886, dt. *Ein Golgotha*), *L'Abbé Jules* (1888) und *Sébastien Roch* (1890) auf, bekannter sind allerdings *Le Jardin des supplices* (1899, dt. *Der Garten der Qualen*) und das u. a. von Luis Bunuel verfilmte *Tagebuch einer Kammerzofe* (*Le Journal d'une femme de chambre*, 1900), in dem er auch die antisemitische Stimmung während der Dreyfus-Affäre wiedergibt. Immer noch häufig auf den Spielplänen der Theater zu finden ist seine Gesellschaftssatire *Les Affaires sont les affaires* (1903, dt. *Geschäft ist Geschäft*).

MONOD, Gabriel (1844-1912), Historiker, von 1897 bis 1905 Direktor der „Ecole pratique des hautes études“. – Er ist der erste „Intellektuelle“ des Dreyfus-Lagers, der – in einem in der Zeitung *Le Temps* vom 5. November 1897 erschienenen Artikel – öffentlich seine Überzeugung von der Unschuld von Dreyfus dargelegt hat.

PELLIEUX, Georges-Gabriel de (1842-1900), französischer Offizier, Kommandant des Departements Seine. Infolge der von Mathieu Dreyfus erhobenen Anschuldigungen wird er mit einer verwaltungsrechtlichen und einer strafrechtlichen Untersuchung gegen Esterhazy beauftragt: Sie fördern kein Belastungsmaterial zutage. Im Zola-Prozeß begeht er die Ungeschicklichkeit, auf die „Henry'sche Fälschung“ anzuspielen und bewirkt damit einen ersten Riß in dem vom Generalstab ausgeheckten Verteidigungsplan. Kriegsminister General Galliffet entläßt ihn im Juli 1899 aus seinen Funktionen.

PICQUART, Georges (1854-1914), französischer Offizier. – Stammt aus einer alten lothringischen Beamtenfamilie und ist Schulkamerad von Louis Leblois. Nach dem Besuch der Militärschule von Saint-Cyr tritt er 1874 in die Generalstabsschule ein. Seine ersten Sporen verdient er sich 1878 in Afrika. Von 1885 bis 1888 nimmt er am Krieg in Tonkin teil und wird nach seiner Rückkehr nach Frankreich zum Major befördert. Ab 1890 unterrichtet er an der „Ecole supérieure de guerre" Topographie, einer seiner Schüler ist Alfred Dreyfus. Picquart ist zu diesem Zeitpunkt Attaché von General Galliffet, dem späteren Kriegsminister, und gilt aufgrund seiner außergewöhnlichen geistigen Fähigkeiten als eine der Hoffnungen der französischen Armee. Im Oktober/November 1894 nimmt er, ohne dabei eine große Rolle zu spielen, an der wegen Spionageverdachts innerhalb des Generalstabs eingeleiteten Untersuchung teil und wohnt in der Folge dem Prozeß gegen Dreyfus und dessen Degradierung bei. Am 1. Juli 1895 tritt er die Nachfolge von Oberst Sandherr an der Spitze des Nachrichtendienstes an. Er nimmt die Untersuchung seines Vorgängers wieder auf und gewinnt dabei die Überzeugung von der Schuld Esterhazys, stößt aber auf Ablehnung seiner Vorgesetzten, die ihn im Oktober 1896 mit einer unbefristeten Inspektionsmission zuerst in Frankreich, dann in Tunesien beauftragen. Sein von Herbst 1897 an zunehmendes Engagement in der Dreyfus-Affäre führt am 13. Januar 1898 zu seiner ersten Festnahme. Nach seiner Abmusterung muß er eine elfmonatige Gefängnisstrafe (13. Juli 1898 bis 9. Juni 1899) abbüßen. Am 13. Juli 1906 wird er mit dem Grad des Brigadegenerals wieder in die Armee aufgenommen, am 28. September zum Divisionsgeneral befördert. In der ersten Regierung Clemenceau ist er Kriegsminister. Nach dem Sturz der Regierung wird er dienstfreigestellt, am 22. Februar 1910 übernimmt er die Leitung des in Amiens stationierten zweiten Armeekorps. Dort stirbt er 1914 nach einem Sturz vom Pferd.

RAVARY, Alexandre-Alfred. Als Berichterstatter des ersten Kriegsgerichts erhält er von General Saussier, Militärgouverneur von Paris, am 4. Dezember 1897 den Auftrag, einen Prozeß gegen Esterhazy einzuleiten. Er läßt das Bordereau begutachten und schließt seine Untersuchung am 31. Dezember 1897 mit dem Antrag auf Einstellung des Verfahrens: Sein Bericht entlastet Esterhazy und erhebt schwere Vorwürfe gegen Picquart.

REINACH, Joseph (1856-1921), französischer Historiker und Politiker. – Der deutschstämmige Bankierssohn studiert zuerst Jus und arbeitet dann für die von Gambetta herausgegebene Zeitung *La République française.* Er wird Miteigentümer des Blattes und führt eine lebhafte Kampagne gegen General Boulanger. Nach einem Mißerfolg bei den Wahlen zur Abgeordnetenkammer im Jahre 1885 wird er 1889 und 1893 im Wahlkreis Digne (Basses-Alpes) gewählt; durch seinen Stiefvater Jacques de Reinach, einen der Financiers von Ferdinand Lesseps, ist er in die Panama-Affäre verwickelt, zahlt aber freiwillig 40.000 Francs zurück, die er von ihm als „Familienabrechnung" erhalten hat. Er hält Dreyfus vom Tag von dessen Verhaftung an für unschuldig und interveniert – vergeblich – bei Casimir-Perier, dem damaligen Präsidenten der Republik, um eine Verhandlung gegen Dreyfus unter Ausschluß der Öffentlichkeit zu vermeiden. 1897 schließt er sich Scheurer-Kestner im Kampf um eine Revision des Dreyfus-Prozesses an. Seine Artikel in *Le Siècle* lösen in der nationalistischen Presse Haßtiraden aus. Im Mai 1898 verliert er sein Abgeordnetenmandat, im Juni wird ihm sein Grad in der (Land-)Armee aberkannt. Seine Enthüllungen über Joseph Henry bringen ihm eine gerichtliche Klage durch die Witwe Henrys ein. Sein Abgeordnetenmandat gewinnt er 1906 wieder zurück. Ab 1901 schreibt er seine monumentale *Histoire de l'affaire Dreyfus,* die sechs Bände und einen Registerband umfassen wird. Er ist auch Autor von Abhandlungen über Gambetta und über den Ersten Weltkrieg. 1912 heiratet sein Sohn Adolphe Reinach, der 1914 an der Front fallen wird, Marguerite Dreyfus, die Tochter von Mathieu Dreyfus.

ROZEROT, Jeanne (1867-1914). Von bescheidener Herkunft und früh verwaist, wird Jeanne im Frühjahr 1888 als Wäscherin im Zola'schen Haushalt in Médan aufgenommen. Ihre Beziehung mit Emile Zola beginnt am Ende desselben Jahres. Sie gebärt Zola zwei Kinder: Denise 1889 und Jacques 1891. Zur Zeit der Dreyfus-Affäre wohnt sie mit den Kindern in Paris, rue du Havre, und verbringt die Sommermonate in Verneuil, in der Nähe von Médan, wo Zola für sie von 1895 an ein Landhaus mietet.

SANDHERR, Jean (1846-1897). Der ehemalige Schüler von Saint-Cyr wird 1891 Chef der „Statistischen Abteilung", der Nachrichtenabteilung des Kriegsministeriums. 1894 zählt Major Henry zu seinen Mitarbeitern. Aus gesundheitlichen Gründen wird er am 1. Juli 1895 durch Picquart ersetzt. Er stirbt im Mai 1897 an ganzseitiger Lähmung.

SCHEURER-KESTNER, Auguste (1833-1899), französischer Industrieller und Politiker. – Er stammt aus einer republikanisch eingestellten protestantischen Industriellenfamilie, heiratet 1856 Céline Kestner aus Thann im Elsaß und tritt in die Chemiefabrik seines Schwiegervaters ein. 1862 wird er wegen republikanischer Agitation zu vier Monaten Haft verurteilt, die er im Pariser Gefängnis Sainte-Pélagie absitzt. Nach der Invasion der deutschen Truppen im Elsaß bietet er 1870 der Regierung der „nationalen Verteidigung" seine Dienste an und wird mit der Leitung der pyrotechnischen Einrichtungen in Sète beauftragt. Am 8. Februar 1871 wird er zum Vertreter des Departements Haut-Rhin in der Nationalversammlung gewählt, am 2. Juli in Erinnerung an das vom Deutschen Reich annektierte Elsaß-Lothringen Abgeordneter des Departements Seine. Im September 1875 wird er Senator auf Lebenszeit. Vier Jahre später vertraut ihm Gambetta, inzwischen Parlamentspräsident, die Leitung der Zeitung *La République française* an. 1883 übernimmt er die technische Leitung der Firma Kestner, die jetzt eine Aktiengesellschaft ist. Sein ganzes Leben lang wird er sich sowohl seinen politischen Aufgaben als auch seiner beruflichen Verantwortung widmen. Im Januar 1895 wird er Vizepräsident des Senats, einen Monat später sucht ihn Mathieu Dreyfus auf, und er beginnt, sich über die Affäre zu informieren. Nachdem ihm Louis Leblois im Juli 1897 sein ganzes Wissen enthüllt hat, zögert er keinen Augenblick und beginnt eine Kampagne zur Rehabilitierung von Dreyfus. Vergeblich versucht er am 7. Dezember seine Kollegen im Senat von der Unschuld von Dreyfus zu überzeugen, am 13. Januar 1898 verliert er die Vizepräsidentschaft des Senats. Aus gesundheitlichen Gründen – er leidet an einem Kehlkopfkrebs – zieht er sich vom Kampf um eine Wiederaufnahme des Prozesses zurück.

TRARIEUX, Ludovic (1840-1904). Jurist, Abgeordneter von Bordeaux 1879-1881, Senator des Departements Gironde von 1888 bis zu seinem Tod. Berichterstatter von drei der vier Anti-Anarchisten-Gesetze (1893/94), Justizminister (26. Januar bis 1. November 1895). Ab 1897 setzt er sich für eine Revision des Dreyfus-Prozesses ein, im Februar 1898 sagt er im Prozeß Zola aus und ist einer der Initiatoren der „Ligue française pour la défense des Droits de l'homme et du citoyen" („Liga zur Verteidigung der Menschen- und Bürgerrechte"), deren Statuten er mit Paul Viollet verfaßt und zu deren Vorsitzendem er am 10. Juli 1898 gewählt wird.

VAUGHAN, Ernest (1841-1929), Gründer der Tageszeitung *L'Aurore.* – Nach der Ausübung verschiedenster Berufe übernimmt er die Leitung einer Stoffdruck- und Färbemittelfabrik in Darnétal. Er ist ein Anhänger Proudhons und der Sozialistischen Internationalen und fordert seine Arbeiter zum Beitritt auf. Im April 1872 wird er wegen Unterstützung der Pariser „Commune" verhaftet, nach einigen Wochen Gefängnis flieht er nach Brüssel, wo er eine belgische Sektion der Internationalen gründet. 1880 kehrt er nach Frankreich zurück und wird im Jahr darauf Verwalter der von Henry Rochefort herausgegebenen nationalistisch eingestellten Zeitung *L'Intransigeant*, 1888 Chefredakteur des *Petit Lyonnais*, dessen Spalten er den Sozialisten öffnet. 1897 gründet er *L'Aurore.* 1903 verläßt er die Presse und leitet bis 1919 das auf Augenleiden spezialisierte Pariser Krankenhaus „des Quinze-Vingts". Danach ist er noch als Verwalter der von Gustave Hervé herausgegebenen Tageszeitung *La Victoire* tätig.

VIZETELLY, Ernest Alfred (1853-1922), Sohn des Verlegers Henry Vizetelly, der Zolas Bücher in England verlegt hat. – Nach Studien am Eastbourne College und in Paris wird er stellvertretender Direktor der „Folies-Bergères". In der berühmten Music-Hall der rue Richer trifft er während des Winters 1877/78 erstmals mit Zola zusammen. 1887 kehrt er mit seiner Frau, Marie Tissot, nach London zurück und tritt in den Verlag seines Vaters ein: Eine seiner ersten Aufgaben ist es, die englische Übersetzung von Zolas Roman *La Terre* zu überarbeiten – sie bringt ihm im Oktober 1888 eine Geldstrafe von 100 £ wegen Verletzung der guten Sitten ein. Nach dem Konkurs seines Vaters übersetzt er 1892 *La Débâcle.* Der große Erfolg des Romans, der bei Chatto und Windus erscheint, ermuntert die englischen Verleger, auch andere Bücher von Zola auf den Markt zu bringen. Vizetelly ist nunmehr der autorisierte Übersetzer von Zola für alle englischen Ausgaben. Während dessen London-Aufenthalts im September 1893 und während der Monate des Exils 1898/99 steht Vizetelly Zola hilfreich zur Seite. Neben eigenen Romanen verfaßt Vizetelly zwei Bücher über Zola: *With Zola in England* (1899) und *Emile Zola, Novelist and Reformer* (1904).

ZOLA, Alexandrine (1839-1925), Ehefrau von Emile Zola. – Emile Zola lernt Alexandrine 1865 kennen, sie heiraten 1870. Aus dem einfachen Volk stammend, ist sie eine vollendete Hausfrau. In ihrer zugleich autoritären, aber auch zuvorkommenden Art gelingt es ihr, für den Schriftsteller eine Atmosphäre des Wohlbehagens zu schaffen, die seine Arbeit fördert. Nach einer schweren Krise 1891 infolge der Entdeckung der Liaison von Emile mit Jeanne Rozerot werden die Bande zwischen den beiden Ehepartnern wieder enger, das Bewußtsein der gemeinsam verbrachten Jahre und der gemeinsam gemachten Erfahrungen stärkt sie. Alexandrine akzeptiert die Kinder von Jeanne, sie ist für sie wie eine Tante oder Großmutter. Nach dem Tod ihres Mannes erkennt sie die Kinder offiziell an und gestattet ihnen dadurch, den Familiennamen „Emile-Zola" zu tragen.

ZOLA, François, ursprüngl. Francesco ZOLLA (1795-1847), Vater von Emile Zola. – Der aus Venedig stammende François Zola hat rund zehn Jahre seines Lebens in Österreich verbacht: Nach seinem an der Universität Padua 1818 mit einer *Abhandlung über topographische Nivellierung* beendeten Studium wird er Zivilingenieur und verläßt kurz darauf Venedig. Er läßt sich als „Kadastralgeometer" in Linz nieder. 1824 wird er von Franz Anton von Gerstner für die Planung der „Schienenstraße" Linz – Budweis engagiert und ist einer der ersten Ingenieure der *Ersten österreichischen Eisenbahn-Gesellschaft*. 1827 sucht er um das kaiserlich und königliche Privileg für den Bau eines Schienenweges von Linz nach Gmunden an, das er 1829 erhält. Die Aufhebung des staatlichen Monopols für den Salzverkauf in Böhmen bedeutet allerdings einen schweren wirtschaftlichen Schlag. 1830 gründet er eine Aktiengesellschaft, die *kaiserlich-königlich privilegierte Zola'sche Eisenbahn-Gesellschaft*, die aber aufgrund verschiedener Intrigen die Auflagen nicht einhalten kann und noch im selben Jahr in Konkurs geht. Die Bahn Linz – Gmunden wird schließlich von der *Ersten österreichischen Eisenbahn-Gesellschaft* nach den Plänen von F. Zola gebaut und 1836 fertiggestellt. F. Zola selbst verläßt, enttäuscht über das Scheitern seines Projekts, Österreich; das Frankreich der Juli-Revolution von 1830 zieht ihn an, er reist nach Paris und legt ein Projekt zur Befestigung der Hauptstadt vor, das zwar Interesse erregt, aber nicht weiter verfolgt wird. Mittel- und arbeitslos tritt er 1831 in die neugeschaffene Fremdenlegion ein, demissioniert aber im folgenden Jahr. 1832 läßt er sich als Zivilingenieur in Marseille, später in Aix-en-Provence nieder. 1839 heiratet er Emilie Aubert. Zu seinen großen Projekten gehört der Bau eines Staudamms und eines Kanals zur Wasserversorgung von Aix; während der Verwirklichung dieses Projekts stirbt François Zola 1847 in einem Hotelzimmer in Marseille an einer Rippenfellentzündung und hinterläßt eine schwer verschuldete Familie. Emile, das einzige Kind, ist gerade sieben Jahre alt. (Zur Tätigkeit von François Zola in Österreich siehe F.W.J. Hemmings, „Le père d'Emile Zola et les chemins de fer d'Autriche", in: *Les Cahiers naturalistes* (Paris), no. 55, 1981, pp. 156 – 168, und Karl Feiler, *Die alte Schienenstraße Budweis – Gmunden. Ernstes und Heiteres aus dem Leben der einzigen großen Überlandbahn mit Pferdebetrieb*, Wien, 1952.)

CHRONOLOGIE

1894

Juli – August: Marie-Charles-Ferdinand Walsin-Esterhazy, Major im 74. Infanterieregiment, bietet dem deutschen Militärattaché in Paris, Oberstleutnant Max von Schwartzkoppen, seine Dienste an. Nach Rücksprache mit dem deutschen Nachrichtendienst kauft Schwartzkoppen für 1.000 Francs von Esterhazy den Plan der Mobilmachung der Artillerie. Esterhazy liefert Dokumente, die das kurze 120-mm-Geschütz, den Entwurf der Schießvorschrift der Feldartillerie und die Bedeckungstruppen betreffen.

September. Die von Oberst Sandherr geleitete „Sektion für Statistik" – wie der Nachrichtendienst der französischen Armee genannt wird – fängt einen Brief („Bordereau") ab. Er ist an Schwartzkoppen adressiert und enthält eine Auflistung von geheimen Dokumenten, deren bevorstehende Übermittlung ankündigt wird.

6. Oktober. Photographische Wiedergaben des Bordereau werden an die Chefs der Büros des Generalstabs verteilt. Aufgrund eines ersten Handschriftenvergleichs wird der Verdacht auf den Artilleriehauptmann Alfred Dreyfus gelenkt. Er absolviert ein Praktikum im „Großen Generalstab" und ist dort der einzige Offizier jüdischer Abstammung. Kriegsminister General Mercier drängt auf eine rasche Verhaftung, sie wird am 11. Oktober vom „kleinen Rat" beschlossen.

15. Oktober. Dreyfus wird von Major du Paty de Clam, der mit der Untersuchung des Falles beauftragt ist, einem raschen Verhör unterzogen und daraufhin im Militärgefängnis Cherche-Midi eingekerkert.

31. Oktober/1. November. Die Presseagentur „Agence Havas" meldet, daß ein französischer Offizier wegen Landesverrats verhaftet worden sei. Die Tageszeitung *La Libre Parole*, Sprachrohr der Antisemiten, nennt Dreyfus als den Verräter.

19.-22. Dezember: Prozeß gegen Dreyfus vor dem Pariser Militärgericht unter Ausschluß der Öffentlichkeit. Als Vertreter des „Nachrichtenbüros" bekräftigt Major Henry seine Überzeugung von Dreyfus' Schuld. Den Richtern wird ohne Wissen der Verteidigung ein „geheimes" Aktenstück zugespielt, sie erkennen daraufhin Dreyfus für schuldig und verurteilen ihn zu lebenslänglicher Verbannung „an einen befestigten Platz".

1895

5. Januar. Hauptmann Dreyfus wird öffentlich degradiert. Die Menge der Schaulustigen äußert lautstark ihre Abneigung gegenüber dem Verurteilten; dieser beteuert seine Unschuld und ruft „Vive l'armée, vive la France".

7. Februar. Eine erste Vorsprache von Dreyfus' Bruder Mathieu beim Vizepräsidenten des Senats Auguste Scheurer-Kestner (er stammt wie die Familie Dreyfus aus dem Elsaß) bleibt ohne Folgen.

21. Februar: Dr. Gibert, ein Freund von Staatspräsident Félix Faure, unterrichtet Mathieu Dreyfus davon, daß sein Bruder aufgrund eines geheimen Aktenstückes verurteilt worden sei, das während der Verhandlungen dem Kriegsgericht nicht vorgelegt wurde. Wenig später erfährt auch Dreyfus' Verteidiger Maître Edgar Demange von einem Dokument, in dem sich der Wortlaut „ce canaille de D. ..." befinde.

März/April: Dreyfus wird auf die Teufelsinsel vor Französisch-Guyana, den Ort seiner Verbannung, deportiert.

1. Juli: Major Georges Picquart löst Sandherr an der Spitze des Geheimdienstes ab.

1896

Anfang März: Im Geheimdienst taucht ein zerrissener, an Major Esterhazy adressierter, aber nicht abgesandter Brief aus der deutschen Botschaft auf. Durch dieses „petit bleu" genannte Dokument gelangt Picquart auf die Spur Esterhazys.

29. April: Bildung der Regierung Méline.

August/September: Picquart kommt zur Überzeugung, daß Esterhazy der wahre Verfasser des Bordereau ist, verfertigt eine schriftliche Darstellung des Falles und versucht, seine Vorgesetzten, die Generäle de Boisdeffre und Gonse, von der Notwendigkeit einer Revision des Dreyfus-Prozesses zu überzeugen. Er stößt aber auf deren Widerstand, wird einige Monate später, im November, der Leitung des Geheimdienstes enthoben und auf eine mehrmonatige Dienstreise nach Tunesien geschickt; er bleibt mit General Gonse in brieflichem Kontakt.

16. September: Lucie Dreyfus richtet an das Abgeordnetenhaus ein Gesuch um Revision des Prozesses gegen ihren Gatten; es bleibt ohne Erfolg.

1. November: Major Henry läßt ein Schriftstück verfassen, das Dreyfus schwer belasten soll und als die „Henry'sche Fälschung" in die Geschichte eingehen wird: Es ist ein fiktiver Brief des italienischen Militärattachés Panizzardi an Schwartzkoppen.

6. November: Der Schriftsteller Bernard-Lazare veröffentlicht in Brüssel eine Broschüre mit dem Titel *Une erreur judiciaire. La vérité sur l'Affaire Dreyfus* (*Ein Justizirrtum. Die Wahrheit über die Dreyfus-Affäre*) und versucht (vorerst vergeblich), Persönlichkeiten des öffentlichen Lebens (unter ihnen auch Emile Zola) für Dreyfus zu gewinnen.

10. November: Die Tageszeitung *Le Matin* veröffentlicht ein Faksimile des Bordereau.

1897

Januar: Picquart wird zum 4. algerischen Schützenregiment abkommandiert.

Ende Juni: Während eines Aufenthaltes in Paris vertraut Picquart – unter dem Siegel der Verschwiegenheit – dem mit ihm befreundeten Rechtsanwalt Leblois an, was er über die Dreyfus-Affäre und die Rolle von Esterhazy weiß.

13. Juli: Unterredung Leblois' mit Scheurer-Kestner. Der Vizepräsident des Senats beschließt nach einem mehrwöchigen Gedankenaustausch mit Leblois, der Regierung eine Revision des Dreyfus-Prozesses nahezulegen.

16. Oktober: Im Kriegsministerium wird auf einer Sitzung mit Gonse, Henry und Du Paty de Clam beschlossen, Esterhazy von den Anschuldigungen, die gegen ihn erhoben werden, in Kenntnis zu setzen.

23. Oktober: Heimliches Treffen von Esterhazy mit Du Paty de Clam und Henry im Park Montsouris. Esterhazy besucht Schwartzkoppen zum letzten Mal und versucht ihn zu überreden, Beziehungen zum Hauptmann Dreyfus vorzutäuschen.

29./30. Oktober: Gespräche von Scheurer-Kestner mit Félix Faure, dem Präsidenten der Republik, und Kriegsminister Billot bleiben erfolglos.

2. November: Schwartzkoppen wird wegen der möglicherweise bevorstehenden Entlarvung Esterhazys aus Paris abberufen.

6. November: Bernard-Lazare veröffentlicht – diesmal bei Stock in Paris – eine zweite Broschüre *Une erreur judiciaire. L'affaire Dreyfus* und besucht erneut Emile Zola.

9. November: Offizielle Pressemitteilung des Kriegsministeriums, Dreyfus sei „gemäß dem Gesetz und rechtens" verurteilt worden. – Der Bankier de Castro erkennt in der Handschrift des Bordereau jene seines Kunden Esterhazy.

12./13. November: In der Wohnung von Scheurer-Kestner wird eine Pressekampagne vorbereitet. Zola und der Romancier Marcel Prévost nehmen an der zweiten Sitzung teil.

16. November: In mehreren Zeitungen erscheint ein Brief, in dem Mathieu Dreyfus Esterhazy als den Verfasser des Bordereau und damit als den wahren Verräter anklagt.

17. November: Esterhazy, der seit Oktober drei Briefe an Präsident Félix Faure und einen Drohbrief an Picquart gerichtet hat, beantragt eine Untersuchung, mit der General de Pellieux beauftragt wird. De Pellieux hält Esterhazy für „über jeden Verdacht erhaben".

25. November: Im *Figaro* erscheint der erste Artikel von Zola zur Affäre („M. Scheurer-Kestner"). Er endet mit dem berühmt gewordenen Satz: *„La vérité est en marche, et rien ne l'arrètera"* (*„Die Wahrheit ist im Vormarsch, und nichts wird sie aufhalten"*).

27. November: Der italienische Botschafter Graf Tornielli protestiert beim französischen Außenminister Hanoteaux gegen die Fälschung eines Briefes des Obersten Panizzardi, von dem in der Presse die Rede ist. Es handelt sich um die „Henry'sche Fälschung".

1. und 5. Dezember: Weitere Artikel von Zola im *Figaro* („Das Syndikat" und „Bestandsaufnahme").

2.-4. Dezember: Esterhazy verlangt, vor ein Kriegsgericht gestellt zu werden, die Anklage gegen ihn wird erhoben und Major Ravary mit der kriegsgerichtlichen Untersuchung beauftragt. In der Untersuchung des Falles Esterhazy werden drei Experten zum Schluß kommen, daß das Bordereau nicht die Handschrift Esterhazys trage, sondern diese nur „durchgepaust" sei.

14. Dezember: Nachdem Zola seine Kampagne für eine Wiederaufnahme des Dreyfus-Prozesses im *Figaro* wegen heftiger Reaktionen zahlreicher Abonnenten einstellen muß, veröffentlicht er bei Fasquelle die Broschüre *Lettre à la jeunesse* (Brief an die Jugend).

1898

Anfang Januar: Die dritte Broschüre von Bernard-Lazare *Comment on condamne un innocent* (*Wie man einen Unschuldigen verurteilt*) und Zolas *Lettre à la France* erscheinen kurz hintereinander.

10./11. Januar: Esterhazy wird von einem Kriegsgericht, das nur teilweise öffentlich tagt, einstimmig freigesprochen.

13. Januar: Zolas „Offener Brief an den Präsidenten der Republik" erscheint in Georges Clemenceaus Tageszeitung *L'Aurore*. Er trägt den Titel „J'accuse" (Ich klage an). – Am selben Tag wird Oberstleutnant Picquart verhaftet und Scheurer-Kestner als Vizepräsident des Senats abgewählt.

14. Januar: L'Aurore veröffentlicht die erste Petition der „Intellektuellen" für eine Wiederaufnahme des Dreyfus-Prozesses (unter den Unterzeichnern sind Anatole France, Octave Mirbeau und Alfred Jarry).

1. Februar: Ein Offiziersrat spricht sich – wegen „schwerer Verfehlung im Dienst" – für die Verabschiedung von Oberstleutnant Picquart aus.

7.-23. Februar: Prozeß gegen Zola vor dem Schwurgericht des Departement Seine (Paris) wegen Verleumdung. Nach leidenschaftlich geführten Debatten wird der Autor von „J'accuse" zur möglichen Höchststrafe von einem Jahr Haft und 3.000 Francs Geldstrafe verurteilt. Alexandre Perrenx, der Herausgeber von *L'Aurore*, erhält vier Monate und ebenfalls 3.000 Francs Geldstrafe. Im Verlauf des Prozesses zitiert General de Pellieux ein „Geheimdokument" als den „unwiderlegbaren Beweis für die Schuld von Dreyfus", es ist die „Henry'sche Fälschung".

2. April: Aufhebung des Urteils gegen Zola und Perrenx wegen eines Formfehlers.

8. Mai: Bei den Parlamentswahlen verlieren die Dreyfus-Anhänger Jean Jaurès und Joseph Reinach ihre Sitze, der Antisemit und Dreyfus-Gegner Edouard Drumont wird im Wahlkreis Algier gewählt.

23. Mai: Beginn des zweiten Prozesses gegen Zola, nun vor dem Schwurgericht von Versailles. Zolas Verteidiger Labori stellt fest, daß das Gericht von Versailles für die Angelegenheit nicht zuständig sei, und legt Nichtigkeitsbeschwerde ein, der Prozeß wird vertagt und im Juli wieder aufgenommen.

28. Mai: Zola veröffentlicht in *L'Aurore* den Artikel „Mon Père", um auf die diffamatorischen Angriffe des *Petit Journal* gegen seinen (50 Jahre zuvor verstorbenen) Vater zu antworten.

4. Juni: Offizielle Gründung der „Liga zur Verteidigung der Menschen- und Bürgerrechte".

15. Juni: Rücktritt der Regierung Méline.

28. Juni: Henri Brisson bildet eine neue Regierung; Godefroy Cavaignac wird Kriegsminister.

3. Juli: Lucie Dreyfus fordert die Annullierung der Verurteilung ihres Gatten; der Justizminister weigert sich, das Verfahren einzuleiten, und zwar wegen „Mangels an Beweisen“ für die ungesetzliche Vorgangsweise des Kriegsgerichts von 1894.

7. Juli: Der neue Kriegsminister Cavaignac präsentiert vor dem Abgeordnetenhaus die „Henry'sche Fälschung“ als eindeutigen Beweis für die Schuld von Dreyfus. Die Kammer beschließt, die Rede Cavaignacs in allen Gemeinden Frankreichs öffentlich anschlagen zu lassen.

9. Juli: Wegen Beleidigung der Experten des Esterhazy-Prozesses (Belhomme, Couard, Varinard) wird Emile Zola zu einem Monat Gefängnis und einer Schadenersatzzahlung von 10.000 Francs pro Kläger, also insgesamt 30.000 Francs, sowie zur Zahlung der Gerichtskosten von 2.000 Francs verurteilt.

12. Juli: Verhaftung Esterhazys und seiner Maitresse, Madame Pays, die im Verdacht stehen, die gegen Picquart verwendeten gefälschten Telegramme „Speranza“ und „Blanche“ verfaßt zu haben; das Verfahren wird einen Monat später wieder eingestellt.

16. Juli: *L'Aurore* veröffentlicht einen Offenen Brief von Emile Zola an Ministerpräsident Brisson.

18. Juli: Die Geschworenen von Versailles bestätigen das Urteil des Pariser Schwurgerichts gegen Zola vom 23. Februar. Auf Anraten seiner Freunde bricht Zola noch in der Nacht ins Exil nach England auf, um den Vollzug des Urteils zu verhindern.

3. August: Labori erreicht die Verurteilung von Ernest Judet und dem *Petit Journal* wegen Diffamierung (des Vaters) von Zola.

13. August: Hauptmann Cuignet, Attaché im Kriegsministerium, entdeckt die Wahrheit um die „Henry'sche Fälschung“.

27. August: Eine militärische Untersuchungskommission regt die Versetzung Esterhazys in den vorzeitigen Ruhestand an.

30. August – 5. September: Major Henry gesteht gegenüber Minister Cavaignac seine Fälschung und wird ins Militärgefängnis am Mont-Valérien (im Westen von Paris) eingeliefert. Am folgenden Tag wird er tot in seiner Zelle aufgefunden. – Die Generäle de Boisdeffre und de Pellieux demissionieren, Minister Cavaignac tritt ebenfalls zurück, widersetzt sich aber weiter einer Revision des Prozesses gegen Dreyfus. Lucie Dreyfus richtet erneut ein Revisionsgesuch an die Regierung. Esterhazy verläßt Frankreich. General Zurlinden übernimmt am 5. September das Kriegsministerium, wird aber schon zwölf Tage später von General Chanoine abgelöst.

20./21. September: Kriegsminister Chanoine läßt Picquart wegen „der Umtriebe“ anklagen, die er „verursacht“ hätte, um „an die Stelle von Dreyfus einen anderen Schuldigen zu setzen“; die zivile Justiz liefert Picquart der Militärjustiz aus.

25. September: Esterhazy legt der Londoner Zeitung *The Observer* gegenüber erstmals ein Teilgeständnis ab: Er gibt an, das Bordereau auf Anweisung des – inzwischen verstorbenen – Geheimdienstchefs Oberst Sandherr geschrieben zu haben.

26. September: Der Ministerrat weist den Revisionsantrag von Lucie Dreyfus dem Kassationsgericht zur Behandlung zu.

25. Oktober: Sturz der Regierung Brisson nach dem Rücktritt von General Chanoine; unter Charles Dupuy, dem neuen Ministerpräsidenten, wird Freycinet Kriegsminister.

29. Oktober: Die Strafkammer des Kassationshofes bestätigt durch eine Strafaufhebung die Option der Regièrung für die Revision und leitet eine Untersuchung des Falles Dreyfus ein.

7. November: Joseph Reinach behauptet in einem Artikel in *Le Siècle*, daß Oberst Henry der Komplize von Esterhazy gewesen sei.

1899

Januar: Quesnay de Beaurepaire, der Präsident einer der Zivilkammern des Kassationsgerichts, stellt sich gegen die Strafkammer und damit gegen die Revision des Dreyfus-Prozesses.

15. Januar: Die antisemitische Tageszeitung *La Libre Parole* berichtet, daß die Spendenaktion für die Witwe des Obersten Henry 131.000 Francs eingebracht habe. Die Summe wird dazu dienen, Madame Henry eine Klage gegen Joseph Reinach zu ermöglichen.

19. Januar: Gründungsversammlung der „Liga für die französische Heimat".

30. Januar: Justizminister Lebret legt einen Gesetzesentwurf vor, der vorsieht, der Strafkammer des Kassationsgerichts den Fall Dreyfus zu entziehen und ihn an die Vereinigten Kammern des Kassationshofes zu überweisen (= „Loi de dessaisissement"); dieses „Ausnahmegesetz" wird am 10. Februar vom Abgeordnetenhaus mit 324 gegen 207 Stimmen angenommen und am 1. März vom Senat bestätigt.

16. Februar: Tod von Präsident Félix Faure, eines entschiedenen Gegners der Revision.

18. Februar: Emile Loubet wird vom Parlament zum neuen Präsidenten der Republik gewählt.

23. Februar: Im Anschluß an das Begräbnis von Félix Faure kommt es zu einem nationalistischen Putschversuch, der scheitert.

3. Juni: Der Kassationshof hebt das Urteil von 1894 auf, der Fall Dreyfus wird an das Kriegsgericht in Rennes verwiesen.

5. Juni: Zola kehrt nach elfmonatigem Exil aus London nach Paris zurück.

9. Juni: Picquart wird aus der Haft entlassen; Dreyfus verläßt die Teufelsinsel; er wird am 30. Juni in Frankreich eintreffen und am 1. Juli ins Militärgefängnis von Rennes eingeliefert werden.

12. Juni: Sturz der Regierung Dupuy.

22. Juni: Bildung der Regierung der „Republikanischen Verteidigung" unter Waldeck-Rousseau; Kriegsminister Galliffet soll der Armee die Notwendigkeit der Revision des Dreyfus-Prozesses schmackhaft machen.

7. August – 9. September: Zweiter Dreyfus-Prozeß, diesmal vor dem Kriegsgericht in Rennes. Dreyfus wird erneut schuldig gesprochen, es werden ihm aber „mildernde Umstände" zuerkannt und er wird zu zehn Jahren Haft verurteilt. Dreyfus verzichtet auf eine Berufung. – Während des Prozesses, am frühen Morgen des 14. August, wird ein Mordanschlag auf Dreyfus' Verteidiger Fernand Labori verübt. Labori wird dabei aber „nur" verletzt und kann am 24. August wieder zu den Gerichtssitzungen erscheinen.

19. September: Dreyfus wird von Präsident Loubet begnadigt.

1900 – 1908

März 1900: Der Senat erwägt eine Amnestiegesetz für alle im Zusammenhang mit der Dreyfus-Affäre gefällten Urteile. Dieses Gesetz wird am 18. Dezember vom Abgeordnetenhaus und am 24. Dezember vom Senat verabschiedet.

22. Dezember 1900: Mit seinem letzten Offenen Brief im Zusammenhang mit der Dreyfus-Affäre protestiert Zola gegen dieses Gesetz, das Schuldige und Unschuldige in einen Topf wirft („An Emile Loubet" in *L'Aurore*).

1. Februar 1901: Emile Zola veröffentlicht *La Vérité en marche*, einen Sammelband aller seiner Artikel zur Dreyfus-Affäre.

29. September 1902: Tod von Emile Zola. Beim Begräbnis am 5. Oktober hält Anatole France die Grabrede und bezeichnet Zola als „Gewissen der Menschheit".

Juli 1906: Der Kassationsgerichtshof hebt das Urteil von Rennes auf und rehabilitiert Hauptmann Dreyfus. Dreyfus wird als Major, Picquart mit dem Rang eines Brigadegenerals wieder in die Armee aufgenommen. Picquart wird in der Regierung Clemenceau Kriegsminister. Dreyfus wird in die Ehrenlegion aufgenommen.

4. Juni 1908: Die sterblichen Überreste von Zola werden in einer feierlichen Zeremonie ins Pantheon überführt. Grégori, ein Journalist und nationalistischer Fanatiker, schießt auf Dreyfus und verwundet ihn am Arm; er wird freigesprochen.

1914: General Picquart stirbt an den Folgen eines Sturzes vom Pferd.

11. Juli 1935: Tod des Oberstleutnants außer Dienst Alfred Dreyfus im Alter von 78 Jahren.

BERNARD-LAZARE (= LAZARE, Bernard): *Une erreur judiciaire. La vérité sur l'Affaire Dreyfus,* éd. par Philippe Oriol, Paris: Editions Allia, 1993 (1. Auflage, Bruxelles: Imprimerie de Vve. Monnom, 1896 und Paris: P.V. Stock, 1897).

BIRNBAUM, Pierre: *L'Affaire Dreyfus – la République en péril,* Paris: Gallimard, 1994 (= Découvertes Gallimard, no. 213).

BREDIN, Jean-Denis: *L'Affaire,* Paris: Fayard/Juillard, 1993 (1. Auflage, 1983).

BLUM, Léon: *Souvenirs sur l'Affaire,* Paris: Gallimard, 1993, (= coll. „Folio-Histoire") (1. Auflage, Gallimard, 1935).

CAHM, Eric: *L'Affaire Dreyfus: histoire, politique, société,* Paris: Librairie générale française, 1994 (= Livre de poche no. 512, coll. „Références").

DENIS, Michel, LAGREE, Michel, VEILLARD, Jean (sous la direction de): *L'Affaire Dreyfus et l'opinion publique en France et à l'Etranger.* Actes du colloque international tenu à l'Université de Rennes les 22/23 septembre 1994, Rennes: Presses Universitaires de Rennes, 1995.

DREYFUS, Alfred: *Cinq années de ma vie (1894-1899),* Préface de Pierre Vidal-Naquet. Postface de Jean-Louis Lévy, Paris: La Découverte, 1994 (1. Auflage, Paris: Fasquelle, 1901).

DREYFUS, Mathieu: *L'Affaire telle que je l'ai vécue,* Paris: Grasset, 1978.

DROUIN, Michel: *L'Affaire Dreyfus de A à Z,* Paris: Flammarion, 1994.

DUCLERT, Vincent: *L'Affaire Dreyfus,* Paris: Ed. La Découverte, 1994 (= Coll. „Repères").

EMILE-ZOLA, François et MASSIN: *Zola photographe,* Paris: éd. Hoëbeke, 1990 (1. Auflage, Paris: Denoël, 1979); dt.: *Emile Zola, Photograph – eine Autobiographie in 480 Bildern,* München: Schirmer/Mosel, 1979.

GERVEREAU, Laurent, PROCHASSON, Christophe: *L'Affaire Dreyfus et le tournant du siècle (1894-1910),* Paris, Nanterre: Musée d'histoire contemporaine, BDIC, La Découverte, 1994 (Catalogue d'exposition).

JAURES, Jean: *Les Preuves. Affaire Dreyfus,* Paris: Le Signe, 1981 (1. Auflage, 1898).

LABORDE, Albert: *Trente-huit années près de Zola. La vie d'Alexandrine Zola,* Paris: Les Editeurs Français Réunis, 1963.

LEBLOND-ZOLA, Denise: *Emile Zola raconté par sa fille,* Paris: Grasset, 1986 (1. Auflage, Paris: Fasquelle, 1931).

MIRBEAU, Octave: *L'Affaire Dreyfus,* éd. Pierre Michel et Jean-François Nivet, Paris: Librairie Séguier, 1991.

PAGES, Alain: *Emile Zola, un intellectuel dans l'Affaire Dreyfus. Histoire de „J'accuse".* Paris: Librairie Séguier, 1991.

REINACH, Joseph: *Histoire de l'Affaire Dreyfus*, Paris: Ed. de la Revue Blanche/Fasquelle, 1901-1911, 7 vol. Tome I: *Le Procès de 1894* (1901), tome II: *Esterhazy* (1903), tome III: *La Crise. Procès Esterhazy. Procès Zola* (1903), tome IV: *Cavaignac et Félix Faure* (1904), tome V: *Rennes* (1905), tome VI: *La Révision*, 1908, tome VII: *Index général* (1911).

SCHEURER-KESTNER, Auguste: *Mémoires d'un sénateur dreyfusard*, éd. A. Roumieux, Strasbourg: Bueb et Reumaux, 1988.

THOMAS, Marcel: *L'Affaire sans Dreyfus*, Genève: Idégraf, 1978, 2 vol. (1. Auflage, Paris: Fayard, 1961).

ders.: *Esterhazy ou l'Envers de l'Affaire Dreyfus*, Paris: Vernal – P. Lebaud, 1989.

ZOLA, Emile: *Correspondance*, éd. dirigée par B. Bakker, 10 Bände, Paris: Editions du CNRS u. Montréal: Presses de l'Université de Montréal, 1978-1995.

ders.: *L'Affaire Dreyfus. La Vérité en marche* – derzeit sind von dieser Sammlung der Texte zur Dreyfus-Affäre drei verschiedene Ausgaben verfügbar:

Bruxelles: Editions Complexe, 1991, présentatation de Henri Guillemin; Paris: Imprimerie Nationale, 1992, préface de Jean-Denis Bredin, Paris: Garnier-Flammarion, 1994, préface de Colette Becker (= GF, no. 220).

ders.: *Entretiens avec Zola*, éd. Dorothy E. Speirs et Dolorès A. Signori, Ottawa: Les Presses de l'Université d'Ottawa, 1990.

IN DEUTSCHER SPRACHE:

CZEMPIEL, Ernst-Otto: *Das deutsche Dreyfus-Geheimnis.* Eine Studie über den Einfluß des monarchischen Regierungssystems auf die Frankreich-Politik des Wilhelminischen Reiches, München, Bern, Wien: Scherz, 1966.

DUCLERT, Vincent: *Die Dreyfus-Affäre. Militärwahn, Republikfeindschaft, Judenhaß*, Berlin: Wagenbach, 1994. (= Wagenbachs Taschenbuch, 239) (enthält eine ausführliche Bibliographie mit rund 150 Titeln zur „Affäre").

FUCHS, Eckhardt u. Günther: *„J'accuse!" – Zur Affäre Dreyfus*, Mainz: Decaton, 1994.

HAASE, Amine: *Katholische Presse und Judenfrage.* Inhaltsanalyse katholischer Periodika am Ende des 19. Jahrhunderts, München: Verlag Dokumentation Saur KG, 1975.

HERZOG, Wilhelm: *Der Kampf einer Republik – Die Affäre Dreyfus.* Dokumente und Tatsachen, Zürich, Wien, Prag, 1933.

HÜBINGER, Gangolf, und Wolfgang J. MOMMSEN (Hg.): *Intellektuelle im Deutschen Kaiserreich*, Frankfurt: Fischer, 1993 (= Fischer Taschenbuch, Nr. 11322).

MAGNOU, Jacqueline: *Die Dreyfus-Affäre im Spiegel der Wiener Presse – eine ideologische Studie*, Siegen: Veröffentlichungen des Forschungsschwerpunkts *Massenmedien und Kommunikation* an der Universität/Gesamthochschule Siegen, 1983 (= MuK, 24).

MATRAY, Maria: *Dreyfus – ein französisches Trauma*, München, Wien: Langen-Müller,

1986 und Frankfurt/Main, Berlin: Ullstein, 1988 (= Ullstein Sachbuch 34533). (Eine rein narrative Darstellung der Affäre).

SCHOEPS, Julius H., und Hermann SIMON: *Dreyfus und die Folgen*, Berlin: Edition Hentrich, 1995.

SCHWARTZKOPPEN, Max von: *Die Wahrheit über Dreyfus*, Berlin: Verlag für Kulturpolitik, 1930.

THALHEIMER, Siegfried (Hg.): *Die Affäre Dreyfus*, München: dtv, 1986 (= dtv-Dokumente, 2954; 1. Aufl., 1963). (Eine problematische Darstellung, weil Thalheimer einen betont antidemokratischen Standpunkt einnimmt und für seine Hypothese, das Bordereau sei vom französischen Generalstab selbst als Instrument eines antisemitischen Komplotts fabriziert worden, keinerlei Beweis liefert.)

WEIL, Bruno: *Der Prozeß des Hauptmanns Dreyfus*, Düsseldorf: Verlag der Allgemeinen Wochenzeitung der Juden in Deutschland, 1960 (1. Auflage, 1930).

ZOLA, Emile: *Mein Kampf um Wahrheit und Recht. Meist unveröffentlichte Briefe aus dem Nachlaß. Mit einem Bild seines Lebens von seiner Tochter Denise (Le Blond-)Zola*, Dresden: Carl Reißner, 1928.

ders.: *Der Fall Dreyfus und andere Kämpfe in Briefen und Bekenntnissen. Mit einer biographischen Einleitung von Denise (Le Blond-)Zola*. Dresden: C. Reißner, 1930.

DANK

an Heide GUICHOU, Hans GARZANER, Martin HAUTZ und Yannick HERNANDEZ, die durch ihre kritische Lektüre, ihre Anregungen und ihre technische Hilfe zum Zustandekommen der vorliegenden Übersetzung beigetragen haben;

an Martine ZIEGER-BASPEYRAS, meine Frau, für ihr Verständnis, ihre sachkundigen Ratschläge und die stetige Ermunterung;

an Liliane BRUNEAU (éditions CNRS) und Michael FORCHER, die dem Projekt von Beginn an mit großem Interesse gegenübergestanden sind und ohne die dieses Buch nicht zustandegekommen wäre.

Nicht zuletzt soll diese Übersetzung auch ein Dank an die Familie LEBLOND-ZOLA (Jean-Claude und Martine, sowie Françoise) sein für ihre Offenheit und Hilfsbereitschaft, mit der sie mir seit vielen Jahren bei meinen Zola-Forschungen entgegengekommen ist.

K. Z.